中国人保资产管理股份有限公司十周年文集之三

股票市场研究

——以逻辑与方法探索为核心

周立群　主编

中国财政经济出版社

图书在版编目（CIP）数据

股票市场研究：以逻辑与方法探索为核心 / 周立群主编. —北京：中国财政经济出版社，2013.6

ISBN 978 - 7 - 5095 - 4572 - 0

Ⅰ. ①股… Ⅱ. ①周… Ⅲ. ①股票市场—研究 Ⅳ. ①F830.91

中国版本图书馆 CIP 数据核字（2013）第 129329 号

责任编辑：赵　力　　　　责任校对：黄亚青
封面设计：郁　佳　　　　版式设计：郁　佳

中国财政经济出版社 出版

URL：http：//www.cfeph.cn

E - mail：cfeph @ cfeph.cn

社址：北京市海淀区阜成路甲 28 号　邮政编码：100142

营销中心电话：88190406　北京财经书店电话：64033436　84041336

北京牛山世兴印刷厂印刷　各地新华书店经销

787 × 1092 毫米　16 开　18.25 印张　359 000 字

2013 年 6 月第 1 版　2013 年 6 月北京第 1 次印刷

定价：88.00 元

ISBN 978 - 7 - 5095 - 4572 - 0/F · 3705

（图书出现印装问题，本社负责调换）

质量投诉电话：010 - 88190744

反盗版举报热线：010 - 88190492、010 - 88190446

Introduction | 导言

保险资产管理机构是现代资本市场的重要参与者之一。面对着起伏不定，有时甚至还会出现惊涛骇浪的资本市场，保险资产管理机构和其他机构投资者一样，要想长期生存下去，就必须建立起较完善的研究体系，以及以此为支撑的资产配置能力和市场开拓能力。基于这种认识，人保资产一直高度重视研究体系与研究能力建设，注重在提高研究能力的基础上提高判断与投资决策的能力。

中国人保资产管理股份有限公司是经国务院同意、中国保监会批准，由中国人民保险集团发起设立的国内首家保险资产管理机构，目前管理着大约 4 000 亿元的保险资金及企业年金，主要投资于中国内地固定收益市场、A 股市场和香港股票市场。2013 年 7 月 16 日，人保资产将迎来十年华诞。作为庆祝与纪念活动的一部分，我们把公司成立以来，尤其是过去五年来，较具有代表性的研究成果汇集成三本书。收入书中的“老”文章，有些在文字上做了精简与润色，有些是由 PPT 文档改写而来，但主要观点基本保持了原样。

这三本书分别是：《2008 ~2013：全球经济趋势分析与研判》、《保险与投资若干问题研究》、《股票市场研究——以逻辑与方法探索为核心》。我们出版这三本书的主要动因有两点：

第一，我们觉得，有必要真实地记录公司在相关专业领域研究和探索所走过的历程，让公司客户和各界读者对人保资产专业团队观察问题的视角、分析问题的方法与风格、在各个利益攸关领域的研判能力与基本见解，都有更进一步的了解。

第二，我们相信，人保资产专业团队对国际国内经济波动、大类投资市场尤其是 A 股市场波动、保险资金特性与保险资产管理、保险业形势与趋势等一系列领域的研究，无论是给出的主要见解，还是研究过程中采用的基本逻辑与方法，在某种程度上都具有与同行交流和广泛传播的价值。

像任何一个资本市场参与者一样，我们在研究中提出的观点，永远都不可能做到绝对正确、没有偏差。我们相信，过去的偏差乃至错误，在今天和将来都是一笔宝贵财富，因为它至少能帮助我们反思自己的不足，从而减少以后可能出现的错误与偏差。

《2008 ~2013：全球经济趋势分析与研判》这本书，汇集了人保资产研究与投资团队从 2008 年初至 2013 年 4 月这五年多时间里较具代表性的研究成果。此书分为上篇和下篇——上篇汇集的文章体现了我们的专业团队对国际、国内经济大势进行前瞻性研判所走过的历程。由于一系列重大风险的显露、释放与演化是五年多全球经济运行的基本特征，所以将上篇命名为“全局性风险的诊断与透视”。下篇汇集的文章，主要体现了我们的专业团队对宏观经济各个“子领域”的思考、研究与探索。

从《2008～2013：全球经济趋势分析与研判》这本书中可以看到，作为一家视野广阔、目标远大的大型资产管理机构，人保资产在宏观经济研究方面主要有四点特色：

第一，与世界经济高度一体化的现实相吻合，我们的专业团队把中国经济当作世界经济的一部分来研究，高度关注国际环境变化可能给中国带来的影响与冲击。

第二，在密切关注国际国内当下经济态势的同时，我们更重视主要矛盾及其演化方向的分析与把握，以及中长期趋势的脉络梳理和预判。

第三，高度重视宏观经济与大类投资市场之间的交互影响，投入较多精力关注和研究国际大类投资市场波动对中国经济和资产价格可能产生的影响。

第四，在理论逻辑层面，既努力做到对各个经济学派的兼收并蓄，也高度重视根据全球经济格局与环境的重大变化修正“老逻辑”、构建新逻辑。

近六年来，全球经济形势大体经历了三个阶段：一是2007年下半年爆发的美国“次贷”危机，在2008年扩散成全球经济危机。二是2009年全球各大经济体几乎同时实行力度罕见的刺激政策，带来了经济数据、股票市场和国际商品市场的显著回升，但也留下了发达国家政府财政与债务风险急剧上升，新兴经济体资产价格风险、汇率风险和产能过剩进一步加重等诸多“后遗症”。三是2010年以来，世界经济的系统性风险向许多老牌发达国家的财政与债务体系、欧元区和新兴经济体全面转移，各国政府应对风险的手段则越来越依赖于央行的“无限量印钞”。

目前，欧元区许多国家面临着政府偿付能力风险，欧元体制面临着巨大挑战，日、美、英等国政府（尤其是日本政府）在维持债务循环方面面临着巨大压力并且严重依赖央行的“无限量印钞”，内忧外患导致中国原有的经济模式难以延续，许多新兴经济体在经济增速稳定、金融体系稳定、汇率稳定和资产价格稳定等层面都面临着巨大压力……这一系列问题都或多或少地带有“堰塞湖”的性质，也将对国际国内经济形势的中长期演化产生深远影响。对于这些问题，《2008～2013：全球经济趋势分析与研判》一书的相关章节做了较全面的分析和阐述。

从《2008～2013：全球经济趋势分析与研判》这本书的相关内容可以看到，人保资产的专业团队较紧密、较准确地把握了五年多来全球经济形势的演化过程与基本脉络；对国际国内经济形势与政策演化趋势的预判，尽管在某些方面存在偏差，但提出的大部分见解，以及依托的“主逻辑”，较好地经受住了时间与现实的检验。

特别是，我们的员工在相关时点较有预见性地提出了：美国“次贷”危机将会冲击全球并演化为一场历史罕见的全球性经济危机；2008年国际国内股市面临巨大风险；美联储和欧洲央行将会步日本之后尘，在货币政策上全面且长久地陷入“零利率”；各大经济体为应对危机而实行的超强刺激政策不仅效果有限而且可能带来深远的负面影响；老牌发达国家政府债务困局将对全球经济趋势以及财政与货币政策走向产生深远影响；日本政府债务和日元汇率积累了较大风险；美、欧、日股市将在某种程度上与经济形势脱钩，并从债市的“极低收益率”获得相对价值支撑；中国经济长期平均增速将会“下台阶”；中国虽可能出现一个加息过程，但不可能出现较长的加息周期；中国虽会努力防止经济硬着陆，但不大可能推出“新版4万亿”等一系列较有价值的前瞻性见解。

2013年5月28日我在中共中央党校学员论坛就“欧债”危机相关问题发表演讲，演讲提纲作为第一本书的附录供读者们参考。

《保险与投资若干问题研究》这本书，汇集了人保资产员工，以及包括我个人在内的公司管委会部分成员，五年多来对于保险业运行与发展、保险资产管理、绝对收益投资能力建设、“资产管理新政”应对、保险业国际经验等一系列问题的研究与思考。

人保资产研究体系的特色之一是，我们的研究体系从保险资金投资研究向“上游”延伸至保险负债特性以及保险业发展研究，从而形成对保险业资产与负债“两端”业务的完整覆盖。我们高度重视对“保险业大环境将会怎样演化”、“如何根据保险资金特性进行投资”等问题的研究，力图从这些角度巩固并不断提升公司在保险资产管理领域的传统优势。《保险与投资若干问题研究》这本书的相关内容在一定程度上体现了我们对保险业许多问题的重视与思考。

《保险与投资若干问题研究》这本书的相关文章简要阐述了我们对中国保险业中长期趋势的基本认识。我们倾向于认为：尽管中国保险业长远的发展空间还很大，但“补课效应”带来的超高速增长已告一段落。中国保险业当前和今后一个时期面临的主要挑战之一，是寿险业以较粗放的模式与银行、信托、基金等机构争夺居民储蓄，在很大程度上难以持续，需要在产品、渠道以及整体经营模式上进行全面的转型与创新。这种转型与创新过程不可能一蹴而就，可能需要经历一个较痛苦、较漫长的过程，对寿险资产管理的理念与风格可能也会产生深远影响。

同时，尽管近几年中国财险业形势明显好于寿险业，但随着全社会汽车保有量基数不断扩大以及汽车销量转入温和增长期乃至徘徊期，中国车险保费增速可能也会表现出逐步回落的趋势。同时，费率市场化等因素可能给财险业综合成本率带来上升压力。因此，中长期角度，财险业经营与盈利对投资收益的依赖程度可能会上升。

不论是保险资金、企业年金还是社会公众资金，都兼有“绝对投资回报”与“相对投资收益”双重愿望——在绝对投资回报的角度，客户们希望自己的资产增值幅度不低于负债成本、存款利率和通胀率等某个关键的“底线”；在相对投资收益的角度，客户们希望自己的资产增值幅度不低于自己的竞争伙伴或同业。然而，从另一角度看，资本市场尤其是股票市场固有的不稳定性与不确定性决定了，对于任何一家保险资产管理公司或财富管理机构来说，满足客户对投资收益的双重期盼，都是一个永恒的挑战。在股市较弱的环境下，尤其如此。

从《保险与投资若干问题研究》这本书的相关内容可以看到，近两年，人保资产的专业团队从理论与实践、机理与机制等层面，对如何加强“以绝对投资回报为硬约束的相对投资收益能力”建设进行了较深入的研究与探索，提出了一些有价值的思路和建议，也出现了健康的争鸣。

比如，在这本书的相关文章中，有研究员提出：较高、较稳定的绝对投资回报可通过各层次资产配置中较高、较稳定的相对收益的叠加来实现；为了在各层次资产配置中实现较高、较稳定的相对收益，针对各层次资产配置探索并建立合乎投资规律的理念、逻辑与方法体系，以及合理的业绩评价与激励制度，是必由之路；在各层次资产配置方法体系的建设方面，需要博采众长、深入研究股市等投资市场的波动规律与特性，进而构建能够经得起市场检验的各层次资产配置量化模型；即便是专业投资人员，也很难完全摆脱个人情绪波动的干扰，其自身知识与经验也都具有某种程度的局限性，如果撇开量化工具，就很难做到以较高的概率持续实现较高的相对收益与绝对回报。

在保险业环境和保险资金投资两个角度的研究中，我们都比较重视研究发达国家保险业和国际知名机构的经验与教训。从《保险与投资若干问题研究》这本书的相关文章可以看到，在美国AIG爆发危机之后，人保资产较早地对这场全球保险史上罕见的危机进行了较全面的研究。同时，在研究寿险资产管理国际经验、寿险业税收国际经验、保险资产管理机构国际经验等方面，人保资产的专业团队也付出了努力。

《股票市场研究——以逻辑与方法探索为核心》这本书，汇集了人保资产研究与投资团队，在研究股市发展及投资思路、探索股市波动特性、构建股市研判方法体系等方面的代表性研究成果。

投资学理论和众多机构投资者的长期实践经验表明：对于“大资金”而言，大类资产配置，或者说，大类资产之间的“相对选时”，应该是投资决策的首要考量。人保资产研究大类资产配置策略的基本模式是：在充分重视债市研判的同时，以股市研判作为大类资产配置策略的“主变量”。

之所以把股市研判作为大类资产配置策略的“主变量”，是因为在现实环境中，固定收益市场所能提供的投资收益与寿险业的保单获取成本之间存在显著“缺口”，也难以为财险业实现稳定、合理的盈利提供足够的支撑；保险资产管理机构如果不能从股票市场获取足够高的投资收益，就无法达到委托人对投资收益的基本要求。

在以股市研判作为大类资产配置策略“主变量”的这个背景下，人保资产专业团队一直高度重视股市研判，也在一系列重要关口对股市走向做出了比较准确的判断。但我们并不满足于此。在理念层面，与某员工某一次或某几次对股市走向做出的预判是否准确相比，我们更重视其结论背后的逻辑与方法是否科学，因为没有较科学的逻辑与方法作为支撑，就不可能长期经受住股市波动的考验。

从《股票市场研究——以逻辑与方法探索为核心》这本书可以看到，人保资产的专业团队投入了大量的精力，尝试从“价值属性”和“波动属性”两个角度，最大限度地利用数量化方法，努力构建股市研判的逻辑与方法体系。

侧重于“价值属性”的角度，我们的专业团队已经构建了“A股估值中枢及波动区间分析系统”、“股债相对价值分析模型”和“基于盈利与利率预期的A股合理估值模型”。

侧重于“波动属性”的角度，我们的专业团队将A股波动划分为：大级别波动、长线波动、中线波动、次中线波动和短线波动等五个层次。针对大级别波动，构建了“A股大级别波动模糊研判系统”；针对长线、中线和次中线波动构建了“A股多层次波动量化监测系统”。在“A股多层次波动量化监测系统”的基础上，还构建了“A股试错型选时量化模型”。

随着这些“系统”与“模型”不断趋于完善，以及它们的使用价值逐步在现实检验中显现，它们在人保资产的战略资产配置和战术资产配置中正发挥越来越重要的作用。

在股市投资方面，除了针对股市大盘的“选时”之外，板块选时和个股精选也很重要。人保资产专业团队在A股板块选时和个股精选两个层面，分别从量化方法和非量化方法两个角度进行了探索。

以上述“系统”和“模型”为基础，人保资产已经初步形成了一个多角度、多层次、量化与准量化方法相结合的股市研判及大类资产配置策略研究的“工具”体系。在我们了解的范围内，在中国财富管理行业还没有一个与此相近的方法体系。

我们清醒地认识到，上述“工具”体系及其构成因子，必然在某些方面存在局限性。尤其是，中国经济环境正发生深刻变化，资本市场正逐步开放，A股市场上“做空机制”、“杠杆交易”和各类衍生工具在被不断地引入和拓展，这一系列因素可能导致A股市场的运行特性发生改变。因此，我们的专业团队将会定期或不定期地对已有“系统”与“模型”进行原理反思和参数优化。当然，我们也会进一步拓展量化与准量化“工具”体系，使其在最大程度上满足各层次资产配置的需要。

尽管股市研判方法的探索和研判“工具”的构建与完善充满挑战，但较早构建的“老系统”与“老模型”自诞生以来在模拟应用和实际应用尝试中显现出的良好效果带给我们这样一份自信——人保资产专业团队对股市研判方法体系的探索已走上一条正确的道路；继续坚持下去，必将给公司的股市研判与投资能力带来突破性提升。

我们认为，对于一家投资机构来说，在专业见解方面保持开放性与包容性，是很有必要的——如果一家投资机构内部始终只有一种声音，或简单地选择始终与“主流”观点保持一致，那么，它所能达到的最高境界只能是平庸。

所以，人保资产高度重视“开放、包容的专业氛围”建设——除了各部门负责人可能从内部管理角度对本部门员工撰写的研究报告进行专业指导与把关之外，公司领导层对各部门员工就专业问题所撰写的、不代表公司对外使用的研究报告，既不干预、也不审查。因此，除非有特别的说明，否则，每篇研究报告的内容与观点都由作者本人负责。这种开放与包容的研究氛围，带来了公司内部的“百花齐放”，本次出版的三本书可在某种程度上显示出人保资产内部这种活跃的研究与工作氛围。

五年多来，人保资产员工们的研究成果甚为丰富，但不少颇有价值的研究成果因来不及按照正式出版的要求进行体例调整及文字润色，而未能汇集成书或纳入上述三本书之中。此为一憾。

作为中国首家保险资产管理公司，人保资产到今年只有“十岁”，这体现出保险资产管理作为中国一个新兴的子行业还处在“儿童”期。2012 年以来，相关监管部门对保险资产管理与财富管理领域监管政策做了较大调整，这为人保资产走进非保险资产管理以及更为广阔的财富管理领域打开了大门。面对更广阔的天地带来的机遇与挑战，人保资产将会进一步拓展和深化自己的研究体系，持之以恒地提升自己各方面的专业能力，更好地履行我们对客户、股东、员工和社会的责任。在此过程中，人保资产的员工们一定会拿出更多、更好的研究成果支撑公司各项业务发展，并且奉献给广大读者。

中国人保资产管理股份有限公司总裁 周立群

2013 年 6 月 6 日

CONTENTS 目录

第一章 股市发展及投资思路

第二章 股市波动的一般性讨论

第三章 股市与宏观经济的关联性

第四章 估值水平与股市波动

第五章　股市较高等级波动的“场内”特征

第六章　从经验走向模型

第一章

股市发展及投资思路

中国证券市场的希望：监管回归　市场回归

秦　岭　　　　2012 年 5 月

中国证券市场连续三年领跌全球资本市场，创造了一个“奇迹”。无论是机构投资者还是散户都“很受伤”。大家都很困惑：什么是 A 股市场持续低迷的“罪魁祸首”？

是经济基本面不行吗？显然不是。2008 年世界金融危机以来，全球经济复苏缓慢，传统发达国家和美国的 GDP 增速在 3% 以下的低水平徘徊，而中国经济一枝独秀，连续多年 GDP 增速保持在 10% 以上。尤其是 2011 年以来，欧债危机愈演愈烈，中国经济已成为世界经济的中流砥柱。

是资金面过紧吗？也不是。与 2009 年底相比，2011 年美国的狭义货币供应量（M1）和广义货币供应量（M2）分别增加了约 20% 和 10%，而中国增长了 40% 左右，远远超过美国。同时伴随着人民币不断升值，热钱不断流入，2011 年 11 月末的外汇占款比 2009 年底增加超过 6 万亿元。2011 年底中国金融机构人民币的各项存款余额和储蓄存款余额分别高达 79.5 万亿元和 33 万亿元，远超过 16.4 万亿元的 A 股流通市值规模。可见，实际和潜在的资金供给并不少。

是新股发行过多过快吗？2001 ~ 2011 年，A 股累计融资 3.96 万亿元（2010 年、2011 年分别为 9 860 亿元、7 011 亿元），IPO 1 322 家（2010 年、2011 年分别为 347、277 家）。而同一时期美股累计融资 1.76 万亿美元（2010 年、2011 年分别为 1 831 亿美元、1 685 亿美元），IPO 2 189 家（2010 年、2011 年分别为 197、201 家）。融资金额、上市数量都远超过 A 股。由此看来，新股发行也不完全是 A 股表现低迷的主要原因。相反，作为资本市场的重要组成部分，A 股市场的核心任务就是扩大直接融资、充分发挥市场在资源配置中的基础性作用。目前中国的资本化率还不到 60%，而美、欧、日等发达国家和印度、巴西、俄罗斯等新兴市场国家普遍都在 100% 以上。中国的直接融资比例还不到 30%，而美国在 80% 以上。因此，努力提高中国经济资本化率和直接融资比例水平是中国证券市场的职责所在。

问题的根源在哪里？那就是：市场的扭曲和监管的缺位。证券市场是市场经济的产物。而我国证券市场则是一个体制性的“怪胎”：二级市场是市场化交易；一级市场（发行市场）却是行政审批制。作为股市的源头，发行体制的扭曲可谓“荼毒”无穷。非市场化的发行机制和二级市场市场化的运行机制相悖，给 A 股市场带来了诸多弊端。

第一，监管缺位。监管的职责应当是维护证券市场秩序，打击伪劣，保护守法合规经营，保护投资者权益，确保证券市场公开、公正、公平的原则得到落实。打一个通俗的比方，证监会就是证券市场的警察，是证券市场的执法者，警察的职责是打击犯罪、保护好人，维护法制的尊严。而上市公司、中介机构、交易所、证券机构及其从业人员、投资者都是被监管对象。然而，在证监会主导新股发行审核的机制下，监管者从源头开始即陷入上市公司精心编制的利益链条，与被监管者形成了利益“同盟”。监管者既是裁判员又是运动员，证券市场的主体——上市公司当然无法受到有效的监管。ST绿大地就是现行发行体制弊端的缩影：监管部门、各地方政府、上市公司早已结成利益“同盟”，这样的上市公司通过IPO寻租绑架了证监会、证监局、各级政府。在这种机制下，证监会能够做的只是抓几只内幕交易、老鼠仓、操纵股价的小苍蝇，而对造假圈钱、伪劣横行的上市公司视而不见、束手无策。证券市场成为造假圈钱的“乐园”。

第二，权力寻租。在行政审批、监管缺位的发行机制下，上市圈钱的违规违法成本太低。企业的成功、个人的价值体现在一纸上市批文；一旦获得批文成功上市，风投、PE的收益又能通过二级市场以完全合法的形式实现。这种权力和市场的完美结合为“冒险家”们提供了巨大的寻租空间，各种寻租行为大行其道，不仅为一些人提供了腐败的温床，也为“冒险家”们提供了实现“个人价值”和一夜暴富的“合法”途径。而真正好的企业为了获得上市发行，也要把精力放在长时间的排队、公关之中，大大降低了市场效率。在权力寻租的竞争中，烂公司寻租的能力和紧迫性要远远大于好公司，优胜劣汰的市场机制在这里失去效能。在这种体制下，权力寻租已成为当今最大的腐败温床；巨大的财富效应，使IPO成为冒险家洗钱、寻租、一夜暴富的首选之路。

第三，首发市盈率居高不下。监管者和地方政府想出政绩，保荐人、会计师、律师等中介结构想高收费，发行人更想多圈钱，围绕发行上市形成了一条关系紧密的利益链，齐心协力抬高发行价。连二级市场上相当一批有背景、有实力的投资者都被这种“鲍鱼之肆”所吸引，转战PE和一级市场。在一些上市公司各种违法违规的暗箱操作配合下，炒作新股盛行，更加剧了新股发行市盈率被高估的程度。证监会垄断发审权是选优的思维，选优的思维就是“天下无贼”，都是好公司，哪一份招股说明书不是把上市公司打扮得像花枝招展的新娘？投资者买好公司何罪之有？

第四，二级市场估值体系混乱。新股发行市盈率过高必然导致二级市场以“讲故事”的炒作为主，业绩稳定的蓝筹股、绩优股无人问津，估值长期处于底部，甚至成为所谓的“僵尸股”。一批擅长“讲故事”、编造题材的概念股估值居高不下，成为市场明星。在这种极端扭曲的估值结构下，财富效应完全向IPO聚集，向题材股、伪劣公司、ST公司聚集。难以形成稳定的估值体系，真正的价值投资者屡遭重创，最终不得不黯然离场，“劣币驱逐良币”的恶性机制在市场大行其道。

第五，退市机制难以建立。截至2011年底，A股上市公司总数、总市值和流通市值分别比十年前增长了大约1倍、3倍和8倍，而数据显示，2009年度，纽约证券交易所新上市公司94家，退市公司212家；东京证券交易所新上市公司23家，退市公司78家；德国证券交易所新上市公司6家，退市公司61家；伦敦证券交易所新上市公司73家，退市公司385家。而我国股市建立二十年来真正退市的公司不过数十家。从这个对比可以看出，成熟证券市场的精髓是优胜劣汰！可喜的是证监会最近推出了《退市制度征求意见稿》，让人们看到了净化证券市场的曙光。我认真读了这个文件，感到有一点遗憾，在退市条件中对造假、违法、违规没有明确的规定。经营的好坏是自由竞争的必然结果，而上市公司“罪”与“非罪”的区别就在于真与假。经营失败可以退市，但违法造假更应该退市。这一点在创业板退市制度中有所体现，但不够理直气壮。证监会的职责就应该是清除证券市场害群之马，净化证券市场的环境。如果证监会不让出发审权，真正履行证券市场警察之职责，那么像ST绿大地这样绑架了政府和监管部门并得到政府拼命救助的伪劣公司们如何能退市呢？

A股市场长期低迷的根源就在于证券市场体制的扭曲和监管的缺位。在证监会垄断发审权的体制下中国证券市场创造了两个世界第一：(1) IPO首发市盈率全球最高；(2) 全球投资者保护能力度排名倒数第一（第93位，数据来自世界银行《经商环境报告》）。在监管缺失、伪劣横行、恶意圈钱、严重失血、劣币驱逐良币的市场环境下，财富效应完全向IPO寻租市场聚集，二级市场财富效应丧失殆尽，价值投资成为梦想，市场怎能不跌呢？

体制改革是纲，其余都是目，纲不举目不张。发行体制不改，其他修修补补的所谓改革、创新都不能解决根本问题。因此我们呼吁：监管回归，市场回归。对此笔者提出三个建议——加强监管、放开发行、严审上市。

第一，加强监管。证监会的职责是维护证券市场健康、稳定、高效的市场化运行。把监管的思维由“选好人”转变为“抓坏人”，证监会只有交出“选好人”的权力，才能真正履行“抓坏人”的职责。审→选好人→天下无贼→监管缺失→权力寻租→财富效应向IPO聚集→恶炒新股→伪劣横行→劣币驱逐良币→价值投资边缘化！不审→抓坏人→强势监管→三公到位→退出机制得以建立→优胜劣汰发挥效用→价值投资得以畅行→财富效应向二级市场聚集！证监会只有让出发审权才可以独立地、客观地、公正地对证券交易所、上市公司、证券公司、中介机构、投资者在股票发行、上市、交易、退市等全过程履行严格的监管职责。一句话，就是要斩断监管者与被监管者的任何利益联系，监管才能真正回归。

第二，放开发行。就是采取市场化发行方式，把IPO由证监会审核制转为向交易所注册制。让企业自主选择要不要通过公开发行募集资金，能不能经得起严格的监管，能不能承受违规违法所应承担的代价。而能不能发出去、发出什么价格则由市场决定。

当一家公司是否能够发得出去，发行之后是否能够顺利上市，是否能够经得起监管检查等诸多因素都不确定时，他就要承受可能被抓的法律风险和发行失败的风险。在市场化发行有诸多不确定风险的机制下有多少投资者敢于冒风险去盲目投资？还有多少投资者敢去恶炒新股？有几家想在证券市场通过造假骗钱的公司敢去冒险且能够发得出去？只有真正好的公司才敢去发行，才能发得出去。这就是我们许多企业到海外市场发行常常会终止发行的原因，也是在海外市场首发市盈率大大低于A股的原因。

第三，严审上市。在市场化发行机制下，上市的审核就凸显其重要性。应该建立规范严格的上市审核机制，将发行和上市环节真正分开，适当拉长发行和上市之间的时间跨度（如6个月）。发行是一回事，上市是另一回事。公司发行完成之后能否进入上市程序，交易所要严格履行审核的职责，同时相应地也要承担审核的责任。上市公司如果违反发行时的承诺或被发现有造假行为，将不得上市并承担相应的法律责任。这样不仅可以减少企业上市前编造报表，上市后迅速变脸的现象，而且能够促使参与发行者在评估企业价值时更加审慎，真正消除一级市场定价过高的情况。

优胜劣汰是市场经济的恒定法则，也是市场经济健康发展的基本特征。当一个市场失去这个特征时，说明这个市场的运行机制遭到了破坏，发生了扭曲。而证券监管机构的职责就是要维护证券市场健康稳定高效的运行机制，保持证券市场优胜劣汰的生机与活力。具体说就是要通过严格的监管，确保证券市场的市场化运行机制不受任何违规违法行为的干扰和驱使，把那些违规、违法、经营不善而不符合上市条件的企业清出市场，让证券市场成为检验企业经营能力、管理能力、竞争能力、遵纪守法能力的试金石。让证券市场成为广大投资者放心的投资场所。只有切实履行对上市公司的监管职责，切实保证上市公司信息披露的真实性、准确性、完整性和及时性，证券监管才能真正保护投资者尤其是中小投资者的利益。

中国A股市场曾经经历过一次体制性变革，那就是股权分置的改革，它曾给中国股市带来了一段好时光。相信发行体制回归市场化的改革一定会给中国股市带来更灿烂的明天！

A股投资者的问题及未来

吴明远 2013年4月

A股市场长期低迷，许多投资者损失惨重。造成这种结果的原因是多方面的，除了经济增速放缓，经济结构调整与转型，A股制度缺陷，上市公司财务造假，包装上市，圈钱套现等经济与股市制度问题外，投资者自身也存在诸多问题。本文试图探讨投资者自身存在的各种问题，希望通过自身的反省来做出改变，并努力寻找未来的方向。

一、投资者的问题

A股市场上的投资者，尤其是基金经理，都会认为自己在投资而非投机。许多机构投资者一般都会煞有介事地对上市公司进行调研，认真询问上市公司的长期发展规划，用模型预测未来3年甚至5年的业绩。然而，具体到实际投资，许多股票买入之后，因为各种原因，往往几个月就卖掉了。2012年机构投资者的换手率超过200%，也就是说，一年之内机构会把持仓的股票换手2次以上。股票买卖的动机各异，比如低买高卖，或者跌多了买、涨多了卖、价值投资、行业轮动、投资选时、分散投资、心理上的贪婪与恐惧等等。尽管我们有许多正确的投资理念，但具体的运用却非常混乱，投资者存在诸多问题和困惑。

（一）跌多了买

许多人觉得股票跌多了就可以买，支持这种操作的一个重要理由就是巴菲特说过的在别人恐慌时进取一些。然而，究竟股价跌20%算多，还是跌50%，或者甚至70%算多呢？以中国远洋为例，2007年10月该股创出历史高点67元之后，开始大幅下跌，虽然2009年有所反弹，但之后没有改变下跌命运（参见图1）。如果以为跌多了就可以买，你会发现一旦买入，就会备受折磨，这个股票的价格现在只有3块多钱，相对历史高位，最大下跌幅度高达95%，有人以66元的价格买入100万，至今仅剩下5万元。

持续下跌的股票例子很多，如中国铝业、中国中铁、中国中冶、中国建筑、中国一重、河北钢铁、华瑞风电等，这些股票下跌的幅度普遍超过70%，有的超过90%，如果在下跌的过程中因为跌多了就买，都将承受折磨。用彼得·林奇的话说，这些下跌的股票就像掉下来的刀子，用手去接，会很受伤害。

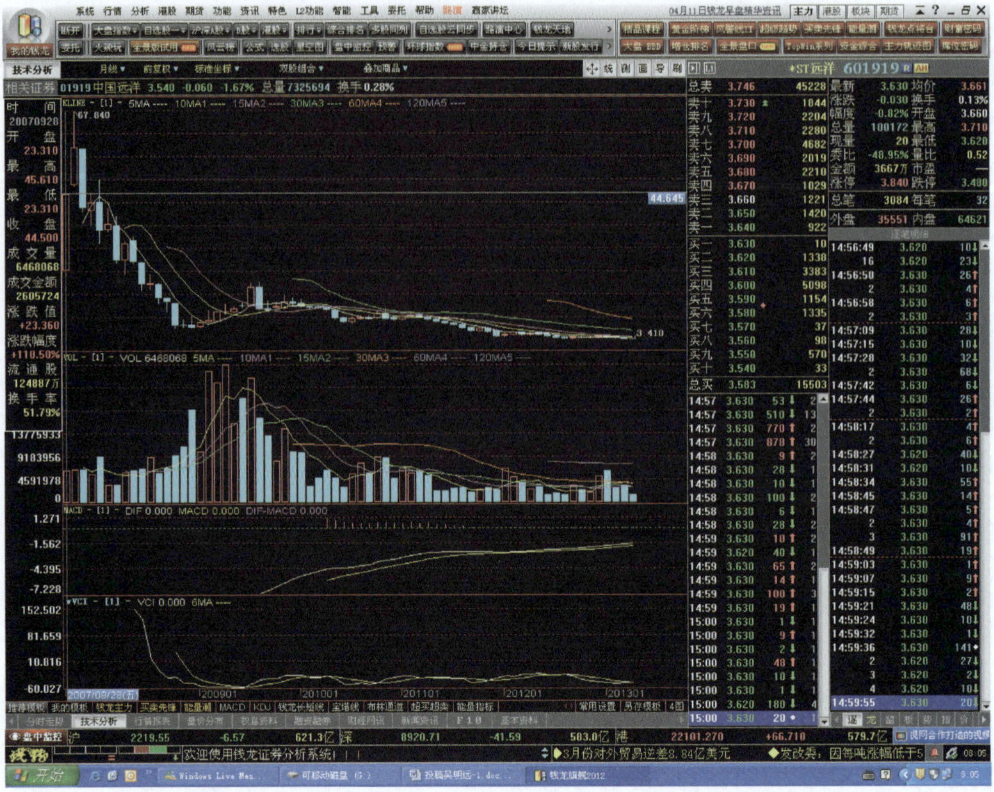

图 1

（二）涨多了卖

很多人在股票价格上涨之后，倾向于兑现利润，落袋为安，遵循“涨多了就卖”的原则。然而，这样做往往就同大牛股失之交臂。以广州药业为例，从2008年11月至今，广州药业的股价上涨了7倍（参见图2）。

其实，A股市场持续上涨的股票很多，比如，从2008年11月至今伊利股份上涨超过10倍，大华股份超过20倍，格力电器上涨了5倍，上海家化超过5倍，新华医疗上涨4倍，宇通客车上涨了4倍。所以，并不是A股没有机会，而是我们不能静下心来认真反思寻找机会。查理·芒格曾经说过：“对于一个投资者来说，一生中能发现一到两个真正杰出的长存的企业并坚持长期投资，就已经会十分富有”。

（三）价值投资

许多机构自我标榜是价值投资，许多个人投资者也以为自己是价值投资，然而对真正的价值却认识不清。有人认为，低市盈率、低市净率、高分红就是价值，但在实际投资中，采用这个标准，也许可以获得阶段性的成功，但长期来看，很可能会失效。比如，以往低估值高分红的钢铁股，就让很多投资者损失惨重。究其原因，是因为这

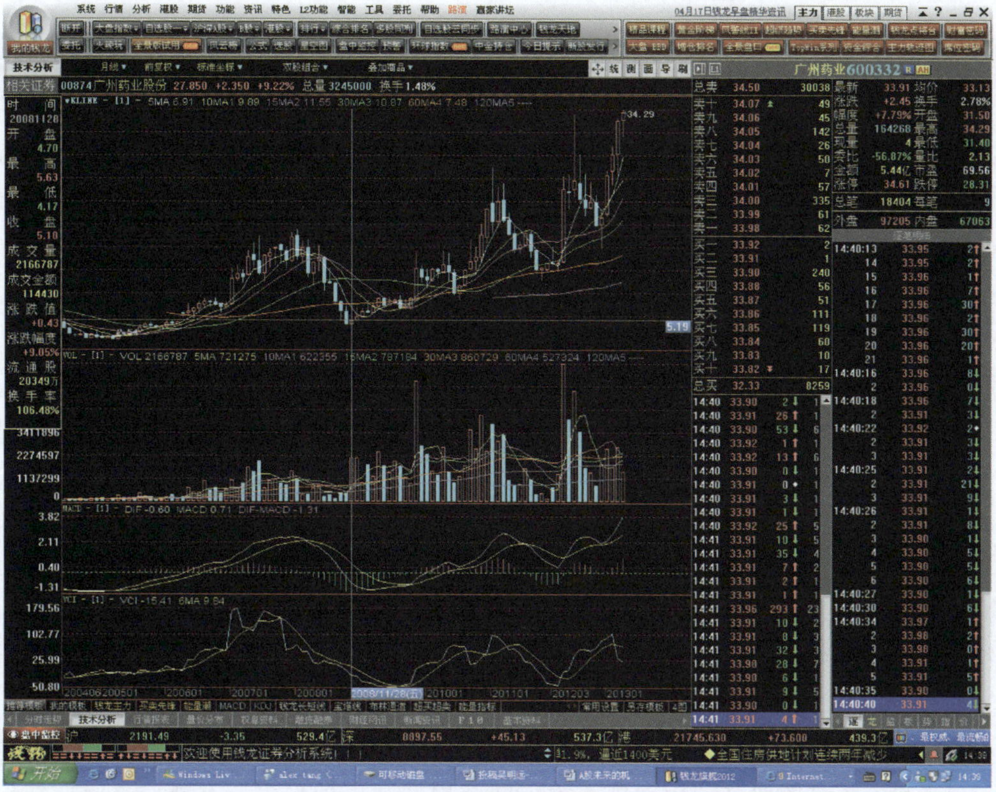

图 2

些指标反映的是历史，而股票价格最终取决于上市公司未来的赢利能力和现金流。

我们常常可以看到以下几种投资逻辑或投资建议：

1. “B 股票的市盈率只有 12 倍，比 A 股票 15 倍的市盈率便宜 25%，所以，建议买入 B 股票”；

2. “B 股票的市净率很低，股价只是账面价值的 0.8 倍，按照目前原材料价格建造同样规模的生产能力，重置成本将是股票市值的 1.5 倍，价值严重低估，强烈推荐 B 股票”；

3. “B 股票过去三年的股利率为 4% ~6%，远高于银行一年期存款利率，投资价值显著，建议买入 B”；

4. “B 股票历史平均市盈率为 25 倍，目前仅 20 倍，低于历史平均水平，建议买入”。

股票投资如果能建立在这些简单的数字比较之上，那么投资股票赚钱岂不太容易了。实际上，按照上述逻辑去进行股票投资，失败的概率要远大于成功的概率，脱离上市公司的基本面和未来长期发展的潜力，仅按 PE、PB 这些估值指标做投资，可能掉入价值陷阱。

（四）长期投资

长期投资是获得投资财富的必由之路，本文前面提到一些优秀股票，只有长期持有，才有可能获得巨额的回报。然而，长期投资的前提条件是持有真正杰出的具有长期稳定成长性的企业。对于许多A股投资者而言，残酷的现实是，大多数品种缺乏长期投资价值，尤其是A股这样一个盛行炒作和不规范的股票市场，做长期投资，陷阱确实非常多。比如绿大地、万福生科等股票，长期持有就是一种灾难。

真正杰出的值得长期投资的公司实际上很少，投资者需要对买入的股票进行动态评估，一旦发现原来看好的理由出现问题，发现自己买错了股票，就要及时处理。

大部分新上市的股票，往往在完成最初的“表演”之后，即步入长期下跌的过程之中。这是因为最初上市的价格本来就非常高，上市之后还会被炒得更高，许多企业还存在财务造假，如果投资者买入并长期持有，结果也必然是损失惨重。

许多概念炒作的股票，可能也会涨很多，但如果没有业绩支撑，当概念不再有吸引力的时候，股票价格也会步入长期下跌的过程。在A股市场上，牛股多由概念出，但各领风骚仅一两年。

（五）投资选时

很多投资者试图通过分析宏观政策、经济周期和市场趋势，不断调整股票的持仓比例，以便实现投资收益最大化。然而，大量的研究表明，做好投资选时，只是一个美好的愿望。用先锋投资集团公司（Vanguard）董事长博格尔（John Bogle）的话来说，“以我30年的从业经验，我不知道有哪个人能够持续地成功选时，也不知道谁知道有这样的人，的确，在我的记忆中，那些选时的努力，不仅不能对你的投资产生任何附加值，反而是减少价值”。国内基金业也存在所谓的“88魔咒”，也就是当基金的股票仓位达到88%的高位时，A股市场往往会大跌。近几年来A股市场“88魔咒”屡屡显灵，说明基金作为国内主流的投资机构在选时上已经成为市场反向指标。投资者也会发现，国内券商提供的年度或者季度资产配置建议也是让人失望的，有的即使对了一两次，但整体上出错的概率很大。

那么究竟应该如何才能做好选时并调整好资产配置呢？笔者认为，正确的选择是放弃小波段，重视大波段和长周期。在市场普遍恐慌、股价大幅下跌时买入；在市场过度亢奋、股价普遍大幅上涨时卖出，因为股票市场的繁荣与崩溃周而复始。

巴菲特多数时候不做选时，他强烈反对频繁交易。他说过，一个股票如果不准备持有十年，那么十分钟也不要持有。尽管巴菲特不做短期选时，但对于长周期波动他还是非常在意的。实际上，每当市场处于关键的转折点时，他往往表现出精准的判断力和胆识。2008年金融危机发生，在别人惊慌不已的时候，他在当年大胆买入30亿美元通用电器和50亿美元高盛的永久股息10%的可转换优先股。2008年9月，他在香港出手买入2.3亿美元比亚迪的股票。这些投资都取得了巨大的成功。

彼得·林奇也认为，“试图预测未来一年，或者甚至两年市场的方向是不可能的事情”；他认为，“市场大幅下跌是买入自己喜欢的公司的绝好机会，市场调整即按照华尔街的标准就是市场大幅下跌，会把杰出公司的股价推至廉价的水平”。

（六）行业轮动

板块轮动是股市投资经常需要面对的问题，尤其是那些面临业绩排名压力，比较在意短期收益的投资者，行业轮动可能会显得更加重要。过去四年中，A股市场存在所谓的价值股和成长股之间的轮动。当金融、地产、钢铁、水泥、有色股等周期股上涨时，食品饮料、医药等成长股就往往会下跌，当后者上涨幅度较大时，市场上就会有人提示风险建议抛掉这些“泡沫股”，买入市盈率和市值较低的“价值股”。2008年金融危机以来，这种行业轮动已经经历了很多次，但最后的结果是，金融地产钢铁有色等股票等产能过剩周期行业的股票经历的只是过山车的行情，到现在股价仍旧在底部徘徊，而那些反映扩内需和未来经济发展方向的食品饮料医药股票由于业绩的不断上升，股价也不断地创出新高。在实行行业轮动时，如果操作不当，行业轮动带给投资者的只能是机会的丧失和失败的痛苦。

有些行业在过去很长时间内都处在区间震荡之中，实行行业轮动可能效果不错，然而，一旦行业竞争格局发生较大改变，比如新技术的出现，股票价格将不再按照过去规律运行，轮动将突然失败。比如，百货行业的竞争格局由于电商以及过度开店带来的竞争压力发生了根本改变，当股价跌破前期运行区间，有人买入等待上涨，结果发现，股价继续大幅下跌，已经回不到从前的区间了。

最激动人心的行业轮动，可能要数金融危机之后，2009年政府出台一系列产业振兴规划。股市按照政府出台的产业规划的顺序，把不同行业的股票轮番炒了一遍，最后产能过剩传统行业更加过剩，战略性新兴产业如风电、光伏等也成了重灾区，有些参与这些行业股票炒作的人损失惨重。

通过买入某一板块股票，或者卖出另一板块，作出这种选择的理由可能五花八门：可能是因为跌多了，或者涨多了；心态变得更加贪婪，或者恐惧了；技术图形走好，或者走坏了；传说中的股神买入，或者卖出了；某大机构买了，或者卖了；股票的市盈率太低了，或者太高了；出现季节性的业绩上升，或者下滑；等等。许多券商研究报告也热衷于做这种预测或建议，但是从来没有任何证据可以证明这些行业轮动具有合理的内在逻辑。从本质上讲，以预测股票价格短期涨跌，希望通过股票买卖获利的行为，是投机行为。

（七）分散投资

长期以来，分散组合投资作为控制风险的手段，在西方现代投资理论中占据重要地位，该理论认为，持有相关性比较低的股票可以有效地分散个股风险。然而，所谓相关性比较低的股票是按照股价的历史表现进行统计的结果。在一般情况下，相关性可能不太会发生改变，但如果上市公司基本面出现变化，相关性往往也会发生改变，从而失去作用。其次，两个股票的相关性比较低，是指一个股票价格上涨，另一个股票的价格相对变动较小，或者甚至下降，把这些股票组合起来，会降级股票组合整体表现，并降低资金的运用效率。再次，由于分散投资，投资者往往会掉以轻心，不花大力气对每一只股票做认真仔细的调查研究，投资决策也会比较随意。当整个组合表现不错时，即使个别股票价格出现波动，甚至公司的基本面恶化，投资者可能也不太在意。分散投资会鼓励平庸和懒惰的投资行为。最后，分散投资还可能让投资者陷入频繁交易的陷阱。

如果投资者真正有前瞻性的眼光，坚强的毅力和耐心，就应该集中投资少数的优秀公司，采取集中投资，投资者就不敢掉以轻心，在投入之前，会动用一切可以动用的人力、物力和财力，做认真仔细的调查研究，在投资之后，也会密切跟踪。

实际上，在股票市场上取得巨大成功的投资者，大多数都是采取集中投资的方式。例如，巴菲特持有的可口可乐曾经一度占到其组合的40%。很长时间内，巴菲特的股票市值75%集中在5只股票上。在他过去整个事业生涯中，巴菲特的成功主要来自他持有的12只股票。

（八）心理因素

投资者买入或者卖出股票的理由往往千奇百怪，事后分析会发现，许多股票投资的决策其实非常轻率，受投资者心理因素影响很大。有的时候，可能是因为听信别人推荐，轻易去买一个股票。有的时候，又会因为一个负面消息突然爆出，投资者又争先恐后地去抛售股票。在市场大幅上涨时，可能会因为踏空的压力，就盲目地去买入那些涨得少的股票，以为这些股票会补涨。而在市场大幅下跌时，可能因为恐惧，去抛售那些还没有怎么下跌的股票，以为这些股票会补跌。

一些机构投资者还会表现出明显的从众行为，会跟随其他机构买入或者卖出股票。通常，大型投资机构，往往会影响其他机构的投资决策。这也就是为什么基金公司的仓位会趋同，并在市场达到相对高位时会成为市场的反向指标。机构往往还表现出非常显著的追涨杀跌的行为，这可能是因为基金追求相对排名，基金难以避免地表现出较强的“羊群效应”。大多数投资者在市场底部时倾向于更悲观，而在市场高位时倾向于更加乐观，往往在大多数投资者斩仓出局并发誓再也不买股票时，市场可能就在底部了；而当大多数投资者普遍表现出乐观情绪，对股市充满信心时，市场离调整就不远了。

一些个人投资者还会设立不同的“心理账户”，获利的账户往往表现出更强的风险承受能力，对市场的看法也会倾向于乐观，账户投资于股市的资金规模会增加；而亏损的账户则表现出较弱的风险承受能力，对市场的看法也会倾向于悲观，账户投资资金规模会减少。投资者还会因为资金性质的不同而采取不同的投资态度，如果投资者的资金来源于借贷，他们的投资期限往往同借贷的期限有关且受到限制，风险承受能力更小，变现能力或流动性要求更高；如果投资者用自己的闲钱进行投资，则投资期限可能更长，风险承受能力更强，变现能力或流动性要求更低。

二、方法的探讨

出现上述种种问题的原因，归根到底是人们把投资变成了投机，或者以为是在投资，其实是在投机。比如，明明知道新股发行可能存在财务造假，包装上市，股价操纵，可大家却还是要去抢购，总认为自己不会接最后一棒。投资亏损了，我们就抱怨股市制度。虽然股市制度的不合理是A股市场低迷的重要原因，但作为投资者，我们自己必须反思。从本文前面的分析可以看到，A股市场的机会也是存在的，而且有的机会还非常好，能否抓得住，关键还是要有正确的方法。

（一）现代投资理论

目前国内主流投资机构采用的投资方法的核心思想是资产配置与分散化投资，政府的监管规定也都是按照这些思想制定的，这些方法实际上受到西方现代投资理论的深刻影响。西方学院派推崇的现代投资理论包括三个方面的内容，即投资组合的多元化理论，投资组合风险理论与有效市场假设理论。

现代投资理论存在许多的缺陷。首先，现代投资理论把投资者关注的焦点引导到股票价格的变动以及统计分析上，使投资变成了对价格变动进行统计的工作，投资偏离了上市公司的内在价值分析这一基础。所谓分散多元化投资，就是要求构建一个完全分散的投资组合，挑选价格变动相关性较小的股票，这样做往往只考虑了价格波动，上涨的股票搭配下跌的股票，高β值的股票搭配低β值的股票，结果构建起来的投资组合就是一个平均化的组合。组合中的股票数量越来越多，对股票了解越来越浅，投资业绩越来越平庸。其次，现代投资理论分散投资的思想规避的只是个股风险，不是整个市场下跌的系统风险，如果市场出现系统性下跌，投资者会很受伤害。再次，市场有效性假设理论更是无法解释市场泡沫的形成与破灭，无法解释市场为何从一个极端走向另一个极端。股票市场是由人组成的，人性的贪婪与恐惧，人们之间相互影响和适应，使得股市成为一个极其复杂的系统。最后，有效市场假设理论是基于市场的参与者都是勤奋努力的，都能对市场的信息做出快速合理的解释，并采取快速正确的行动，然而，这些假设都难以成立。

尽管现代投资理论被许多成功的投资者所质疑或者抛弃，但是我们许多机构投资者却受到非常深刻的影响，导致国内许多机构投资者的行为出现异化，比如实行分散化组合投资，投资者随意买卖股票，投资变成投机。

（二）基本面投资方法

其实正确的方法是存在的，这就是按上市公司的基本面进行投资，格雷厄姆是这一方法的奠基人。他在《证券分析》一书中指出，“投资业务是以深入分析为基础的，确保本金安全，并获得适当回报；不能满足这些要求的业务就是投机”。后来他在成名之作《聪明的投资者》中进一步论述了“安全边界”的概念，即证券价格低于证券的内在价值。他认为投资获利主要是买入风险更小和获利机会更大的廉价证券。不过，他的这些思想在实际的操作中很容易导致人们去购买价格下跌但确实存在问题的股票，从而掉入价值陷阱。巴菲特在他早期投资中，比较喜欢买入便宜证券从事套利，但到后来，他自己嘲笑这种投资就是捡烟头最后吸一口。

基本面投资方法的另一位有影响力的人物是威廉姆斯（John Burr Williams），他在《投资价值理论》一书中提出，股票投资应该是根据股票的内在价值通过长时间持有获得回报，而以预测股价变化为依据进行股票买卖的行为则是投机行为。

费舍（Philip Fisher）进一步发展了基本面投资方法，他提出，投资就是要买入杰出的具有长期成长性的公司，以便获得长期巨大的投资回报。

有人把格雷厄姆的方法称为价值投资，把费舍的方法称为成长投资，其实两者本质上是一致的，即按照上市公司基本面投资，两者的差异在于如何评估价值。格雷厄姆可能比较注重过往的业绩，而费舍则比较注重未来的成长。

从实际情况来看，没有成长性的公司，股价难以有好的表现，上市公司是否有价值，既要考虑公司的历史，又要考虑公司的未来。巴菲特采用的方法就是基本面投资方法，他放弃了早期专门挑廉价股票套利的做法，专注于投资长期稳定增长的杰出公司，取得了巨大的成功。

（三）寻找杰出公司的投资方法

寻找杰出公司的方法包括定性分析和定量分析。定性分析是前提，需要洞察力和眼光，也需要丰富的知识和经验，而定量分析则是印证定性分析的辅助手段。在做定性分析时，首先应该把关注焦点放在上市公司的长期经济特征及其确定性上，要寻找那些具有强有力竞争优势，尤其是具有强大品牌和不可复制的独特竞争优势、业绩能够长期稳定增长的公司。要做好这项分析，需要结合一个国家、行业、技术的发展阶段和公司的历史、文化及经济特征，注重品牌的价值、文化的价值、不可复制的竞争优势，即寻找具有较宽较深护城河的公司。

其次是要关注管理层的能力与诚信。管理团队要能充分发挥企业的潜力，能够不断地创造业绩和现金流并且能够运用好现金流。更加重要的是，管理团队要诚实可信，能真正给股东提供回报。有些A股投资者把是否分红作为上市公司是否给股东提供回报的重要指标，然而，许多A股上市公司一边向股东分红，一边又以更高的资金成本从股东手中或者从资本市场上融资，这其实不仅没有给股东提供真实的回报，反而严重损害了股东的利益。真正能够给股东提供回报的上市公司是那些能有效运用现金流的公司，把利润留存下来，再投资到资本回报率更高的项目上，反而更有利于股东利益的最大化。还有，国内许多企业乍看起来治理结构良好，但管理层却不断地把上市公司的利益输送给上市公司以外的个人公司，最后股东根本得不到应有的回报，这样的公司即使经济特征再好，也难以成为有价值的公司。

在考察这些要素之后，最后需要关注的才是买入价格。这就需要作定量分析，即对财务表报进行分析，分析资产负债情况、持续经营业务的毛利润与净利率，以及现金流等，通过分析财务表报的质量，对比分析上市公司战略制定与执行情况，去印证定性分析的结论。A股许多投资者在评估上市公司价值时，忽视上市公司的长期经济特征及其确定性，反而把价格便宜视为价值投资优先考虑的标准，有些投资者甚至认为，逆向思维就是买入价格大幅下跌的便宜股票，过分看重低估值及高分红等定量指标，这也是许多人投资失败的重要原因。如果一个上市公司的经济特征和管理团队不能满足杰出公司的评判标准，股价大幅下跌，导致估值指标看似便宜，最多只能成为投机的理由，并不能作为长期投资的依据。一个长期经济特征不确定、竞争激烈或产能过剩、前景不妙的公司，即使在价格看似很便宜时买入，也有可能导致重大损失。而一个具有长期发展前景、管理团队优秀、业绩长期稳定增长的真正杰出的上市公司，即使在价格稍贵一点时买入，也有可能成就一番事业。当然，杰出的上市公司，如果能够以较低的价格买入，不仅可以有效地降低风险，而且还能大幅提高投资回报，这也是为什么在市场大幅度下跌的时候，往往是买入杰出上市公司的良机。

三、A股投资者的未来

如果能够找到杰出公司，就要进行集中投资和长期投资，这才是股票投资取得成功的正确选择。要挑选到杰出的上市公司，我们需要富有远见的洞察力，本文认为我们除了要恰当运用基本面分析方法外，我们需要考虑经济的发展，行业的兴替，技术的变革，因为随着这些条件的变化，股市在不断进化演变。

（一）股市进化论

翻开格雷厄姆1934年出版的《证券分析》等早期著作，我们发现，当时该书讨论对象很多是铁路股和交通运输股。到后来《聪明的投资者》一书，讨论的股票变成了工业股、公共事业股与金融股等。再看巴菲特的投资时，主要的股票是同日常生活有关的消费股。股市的变化反映了经济发展、经济结构变化与技术革命。

西格尔教授的研究表明，当某一个行业市值膨胀到占标普500指数超过30%之后，就出现了盛极而衰的现象。如20世纪70年代的能源行业，90年代后期的信息技术行业，在达到行业的鼎盛之后都出现了崩溃现象，代之以其他行业的兴盛和股价的上涨。笔者也观察到，2000年以后美国金融行业的比重一直处于上升的趋势，然而，2008年美国金融危机爆发，金融行业股票出现大幅下跌。

西格尔的研究表明，美国股市1957~2003年20个最佳“幸存者”公司股价上升380~4 000倍，表现最好的公司来自拥有知名品牌的日常消费品行业和制药行业，其中知名消费品牌有11家，制药公司有6家，两项合计占到85%（参见表1）。

表1　1957~2003年20个最佳“幸存者”

排名	2003年的公司名称	1 000美元初始投资积累金额（美元）	年收益率（%）
1	菲利浦—莫里斯公司	4 626 402	19.75
2	雅培制药公司	1 281 335	16.51
3	百时美施宝公司	1 209 445	16.36
4	小脚趾圈实业公司	1 090 955	16.11
5	辉瑞公司	1 054 823	16.03
6	可口可乐公司	1 051 646	16.02
7	默克公司	1 003 410	15.90
8	百事可乐公司	866 068	15.54
9	百露洁棕榄公司	761 163	15.22
10	克瑞公司	736 796	15.14
11	亨氏公司	635 988	14.78
12	箭牌公司	603 877	14.65
13	富俊公司	580 025	14.55
14	克罗格公司	546 793	14.41
15	先灵葆雅公司	537 050	14.36
16	宝洁公司	513 752	14.26
17	好时食品公司	507 001	14.22
18	惠氏公司	461 186	13.99
19	荷兰皇家石油公司	398 837	13.64
20	通用磨坊公司	388 425	13.58
	标准普尔500指数	124 486	10.85

西格尔的研究印证了股市存在进化演变现象，表明股市同一个国家的经济特征和经济发展的阶段特征密切相关。

在过去30年中，中国经济主要靠投资和出口推动，重化工业及房地产占比较大，经济粗放扩张特征明显，与此相适应，股市的阶段性机会主要体现在传统的周期性行业。在过去22年的A股历史上，行业兴衰更替，股票进化演变也非常明显。一些公司曾经走向辉煌，股价也随之大幅上涨，但由于经济发展，结构调整，技术变革，公司没能及时转型，出现盛极而衰，股价大幅下跌。如果没有考虑到这些因素，去抄底这些股票，期望股价重新涨上去，最终投资者会经历痛苦的折磨。

四川长虹1996年达到鼎盛，股价也创出历史新高，但之后股价逐渐下跌，即使到2007年上证指数超过6 000点时，四川长虹也只有1996年最高价的1/2，时至今日，股价不到历史高点的1/5。

钢铁、有色等行业在2007年达到鼎盛，随后在2008年金融危机中大幅下跌，虽然2009年有所反弹，但后来却持续下跌。这些行业面临严重的产能过剩压力，同时也面临环境和资源的约束，在没有实现产能合理化并提升环境保护措施之前，很难有长期趋势性的机会。

百货与家电传统零售业本来一直持续增长，股价表现也很不错，但最近两年由于互联网技术和网上购物的兴起，百货和家电零售等传统销售渠道的增长速度大幅下降。相应地，一些传统公司的股票价格也出现了大幅下降。

洞悉经济发展的阶段特征，技术变革，行业兴替，竞争格局的变化，把握股市进化演变，有助于我们弄清楚哪些股票应该买，哪些股票应该卖，从而把握未来的机会。

（二）A股投资者的未来

A股投资者应该遵循股市进化演变的规律，尽可能回避那些有可能盛极而衰的行业，而在符合中国经济未来发展方向，发展潜力巨大的行业内，去发掘未来可能出现上涨十倍甚至十倍以上的股票投资机会。

房地产行业有可能就是一个未来需要回避的行业。房地产行业经历了10年黄金时期，房地产行业占GDP的比重从十年前的3%～4%，大幅提高到现在的14%，大量房地产公司已经上市。然而，最近几年，随着政府加强调控，房地产公司面临诸多挑战，尤其是资金成本大幅上升，使房地产公司沦为银行及信托公司的打工者。虽然我国的城市化进程还没有完成，房地产行业还有一定的发展空间，但房地产行业的黄金时期应该一去不复返了，除少数资金实力比较雄厚和品牌较好的公司，这个行业整体不太可能像过去那样出现大幅上涨的趋势性机会。

银行业也面临诸多的不确定性。过去十年国内银行资产迅速扩张，资产规模达到125万亿元，占整个金融业资产规模超过90%。银行业的规模扩张同国内经济依靠固定资产投资和出口的发展、国内经济粗放式发展与间接融资模式等有关。2009 年以后，银行理财产品爆发式增长，大量信贷业务从表内转移到表外，本该消耗资本金的业务不再占用资本金，由此银行的业绩在过去两年出现虚高。然而，随着政府着手治理理财产品，银行将承担资产错配、风险错配和期限错配等风险。同时，随着经济转型，产能过剩行业和地方融资平台的还贷压力日益加大，银行业将面临较大的不良贷款压力。从本质上讲，我国的银行业仍旧是政府的“钱袋子”，治理结构和信贷方式存在本质的缺陷。除非我国政府再度大幅放松货币政策，否则，银行将面临巨大的坏账压力。因此，笔者对银行业保持谨慎的态度。不过，民生银行、兴业银行及平安银行等，由于治理结构较好，管理机制灵活，应变能力与创新能力较强，也许还有机会。

未来真正的机会应该在日常消费、医疗保健、节能环保、科技创新，这也是中国经济未来的发展方向。随着我国经济增速放缓、经济结构调整和经济转型，我们需要提高人民的生活水平，需要应对日益增加的环境、资源以及人口老龄化的压力。因此，与生老病死、衣食住行、人口老龄化等民生问题相关的行业以及与经济转型相关的科技创新行业存在巨大机会。中国目前类似于美国 20 世纪 50 年代，日常消费与医疗保健行业很有可能成为未来十倍以上大牛股集中出现的地方。

日常消费行业，尤其是同吃喝相关的股票值得关注。食品饮料在数量上增长的空间可能有限，但在价格和质量上提升的空间巨大。中国人多地少，城市化发展更加重了这一矛盾，食品饮料将来会变得越来越贵。同时，随着瘦肉精、地沟油、毒食品等食品安全问题不断爆料，消费者将会越来越转向知名品牌、高品质和安全的产品。中华老字号、地方老字号非常值得关注，这些品牌代表时代记忆、文化传承、信誉及品质，其兴起也是经济繁荣与文化复兴的必然结果。

医疗保健行业包括制药、生物技术、医疗器械、医疗服务及保健等，非常值得关注。假设中国 GDP 以 7% 的速度增长，十年后 GDP 将从目前的 50 万亿元增加到 100 万亿元。再假设医疗保健行业占 GDP 比重从目前的不到 5% 上升到 10% 的水平，相比美国 16% 的水平，这个假设是比较合理的。那么，十年内中国医疗保健行业将从目前的不到 2.5 万元亿上升到 10 万亿元的规模，即增长 4 倍。考虑到中国人口老龄化加速，未来的规模可能还会更大，因此潜力巨大。

节能环保也是未来潜力很大的领域。中国经济过去三十年高速发展，造成空气、水、土壤的严重污染和资源的大量消耗，欠下了巨大的环境与资源债，妨碍着中国经济的持续发展，也有违提高人民生活品质的根本目标。节能环保是中国经济转型发展绕不过去且必须大力发展的领域。

科技创新是股市永远的主题，只有不断地进行科技创新，中国才有可能真正地实现经济转型并最终迈进发达国家的行列，对那些真正能够进行科技创新的企业，比如腾讯公司，股市从来都会提供很好的回报。

然而，热门的行业往往会吸引大量资金介入，从而导致过度竞争，加上股票估值通常较高，最后往往会成为股市的超级杀手。因此，投资者应该在上述行业挑选那些具有明确竞争优势、业绩能够长期持续增长且确定性高、治理结构清晰、管理机制合理、管理团队能力强诚实可信的公司。所幸的是，知名日常消费品公司与医疗保健行业的优势公司都存在较大的壁垒，发展前景广阔，这些公司应该是A股投资者未来的机会所在。

经济转型期我国股市面临的挑战与机遇

黄本尧　　　　2013年5月

一、日本、韩国经济转型期股市的表现

20世纪70年代的日本和90年代中后期的韩国都经历了经济结构的转型。从日本和韩国的历史经验来看，在转型期经济潜在增长率会下降，而且这一般发生在一个经济周期积累的问题爆发之后。潜在增长率下降的背后实际上是旧一轮经济增长核心动力的减弱，因此潜在增长率下降的过程往往伴随着产业结构调整。

不同国家由于在转型期面临的内外部环境不同和自身禀赋的差异，其潜在经济增速的下降程度和产业结构的调整方向也不尽相同。股市是经济的晴雨表，这些不同最终都会通过股市的变化体现出来。

（一）日本经济转型期的股市表现

尽管经济转型对同期日本股市的冲击巨大，但是对比转型前后，主要股票价格指数在转型后期一路上扬，迎来了长达十六年的超级大牛市。转型前期宏观经济的剧烈动荡直接投射到股市上，对日本资本市场造成了巨大冲击。1970年日经225指教下挫了15.4%。在日本政府过度宽松的财政政策和货币政策刺激下，日经指数又随经济迅速反弹，1971年和1972年分别上涨了36.6%和91.9%。1973年2月20日日经225指数在达到5 334.69点的高点后开始震荡下行，到1974年10月才开始触底反弹。可以看到，这一时期日本股市的走势与经济增长的波动基本一致。转型后期日本迎来了大牛市，从1974年10月到1989年底的长达十六年的时间里，除去1981~1982年的短暂调整以及期间的零星反复外，日经指数从3 350多点上涨到38 900点，涨幅超过10倍。

转型前后日本股市行业轮动轨迹比较明显。1975年以前，能够跑赢大盘的行业主要集中在传统周期性行业。1975~1985年行业轮动主要沿两条线展开：一是出口线，包括半导体、计算机、信息通信在内的TMT行业表现出色；二是消费线，包括休闲娱乐、生物医药在内的新兴消费行业表现出色。1985年以后，股市泡沫开始形成，重回传统周期主线，房地产、建筑、机械、钢铁等传统周期股跑赢大盘。

（二）韩国经济转型期的股市表现

经济转型初期韩国股市受到较大冲击，股指大幅下跌。在1989至1992年下半年，

即经济转型前期，指数大幅下滑 50%。其原因在于经济的下滑，一方面导致上市公司盈利下降，另一方面打压市场预期，带来估值水平下降。在转型中前期股市开始反弹，自 1993 年开始，韩国经济阶段性反弹，股指在两年的时间内不仅收复前期跌幅，而且创下新高，期间涨幅达到 109%。除经济复苏带来的业绩和估值水平上升外，资本市场国际化带来的外资流入也是股市上涨的主要驱动因素。在转型后期股市步入震荡格局，1995 年初经济回落，1997 年遭受亚洲金融危机的直接冲击，到 1998 年 6 月底股市大幅回落 72%。1998 年至 2000 年经济恢复，股市又大幅上涨 245%。转型之后自 2003 年开始，经济步入平稳发展阶段，经济增速较 20 世纪 80 年代显著下降，但从 2003 年至 2008 年全球金融危机前夕，韩国股市迎来了长达 5 年的牛市，涨幅达 285%。在 2008 年遭受全球金融危机后，韩国股市也仅用时两年即收复“失地”，并且再次创下新高。

经济转型期间，韩国股市共有三个行业表现超越大市，分别为电气与电子、食品饮料和基本金属，相对收益率分别达到 208%、90% 和 35%。电气与电子、基本金属行业指数的相对收益源自于行业基本面的快速增长，而食品饮料行业在转型期间产业占比逐步缩小，良好的相对收益可能来自于盈利能力的显著改善。

二、我国经济转型期股市面临的挑战与机遇

过去 30 年，驱动我国经济快速增长的根本因素是制度变革和人口结构变化带来的红利，从需求层面体现为投资和出口对 GDP 的贡献度上升、消费对 GDP 的贡献度下降。未来人口红利的逐步消退和政策变革将促进“中国制造”向“中国消费”转型，需求结构和产业结构的变化将对我国股市产生深远的影响。在转型期，传统的周期产业依靠低廉的劳动力成本、粗放式的投资、低技术含量和附加值的产品出口的发展模式，将面临结构调整和产业升级的巨大压力。符合未来经济转型方向的新兴战略行业和消费行业将迎来更多的投资机会。

（一）转型期产业轮动特征趋弱，趋势性投资思维将遭遇挑战

按照常规的产业轮动，传统周期行业在经济增长和通胀率回落之后，随着政策放松会重新进入新一轮轮动，但当经济周期的波动被经济转型所打断时，常规的产业轮动将被迫终止。在转型期，符合经济转型方向的行业由于受到政策鼓励和支持，产能持续扩张，而传统周期行业长期面临需求不足和去产能的过程。行业间的利润增长速度的分化将持续时间较长。因此，在转型期是一种结构性萧条和结构性繁荣并存的格局。从国外经验看，我们以日本 20 世纪 70 年代之后经济转型过程为例，可以发现生物制药、零售、传媒、食品饮料、科技等行业的市值持续扩张，而钢铁、有色、化工、采矿等行业的市值持续缩小，汽车行业的市值在转型初期扩张后期缩减，银行地产的市值在转型前期缩减转型后期扩张。

近两年我国股市对医药、TMT、新兴产业的热衷和对传统行业的抛弃既反映了经济周期中的产业轮动，也反映了投资者对经济转型期的一种布局和战略性投资选择。我们认为，当周期波动遭遇经济转型，产业轮动很可能逐步转化为结构性分化的延展，新兴产业和基础消费的表现很可能持续较好、传统周期行业仅存在探底反弹的机会。这也说明，转型期产业轮动特征趋弱，将对我国股市趋势型投资思维带来严重挑战。市场不再同涨同跌，自下而上的选股能力将更加重要。

（二）收入增长所带动的消费升级是投资的中长期线索

从美国和日本消费升级和产业转型的经验看，在中等收入阶段，耐用消费品仍然是核心消费需求，同时居民消费重心逐步转向健康和理财。我国当前与美国 20 世纪 50 年代、日本 70 年代初处于大致同等的阶段。而且与日本当时类似，我国“十八大”文件中也提出了城乡居民收入比 2010 年翻一番的“收入倍增计划”，在这一阶段我国的消费升级路径很可能与国际惯例保持一致。

目前对于我国城市居民而言，日常生活必需消费已经得到了基本满足，消费升级的主要特点将是高端化、个性化和健康化。对于农村居民而言，收入的增加将大幅提高日常生活品质，这主要体现在耐用消费品拥有量的增加和农村居民生活逐渐向城市居民生活靠拢，其特点是普及化和类城市化。

（三）我国经济转型期重点行业投资机会

我国经济转型将以收入分配改革、资源要素价格改革、新型城镇化、加大环境保护力度、打破行业垄断、调整政府收支结构为核心，未来新型城镇化、绿色经济、新消费和战略新兴产业将会成为经济转型的最大受益者。

1. 新型城镇化下的投资机会：中低端消费、医疗。新型城镇化注重统筹区域和城乡协调发展，促进城镇建设和新农村建设双轮驱动，逐步取消城乡户口差别，使城镇和乡村人口都能够享有政府基本公共服务，逐步实现公共卫生、义务教育、社会保障等基本公共服务均等化。随着新型城镇化与农业现代化、工业化的正循环步入正轨、逐步成型，新城镇居民的消费需求将逐步提升。首先，是对耐用消费品需求的增加。农村居民在转为城镇居民后，生活方式的改变将提升对家电、汽车等耐用消费品的需求。从农村、城市的耐用消费品保有量对比来看，消费升级仍有很大的空间。同时，以医疗设施为主的配套设施建设也将受益于新型城镇化。

2. 绿色经济：天然气产业链、水资源产业链、环保行业。绿色经济包括能源资源的有效利用和环保产业的发展。我们认为，相关要素市场的改革将会以价格的持续上升为主线，因为只有以价格为核心才能实现资源的有效配置，同时政策扶持和技术革新也是关键因素。在我国的能源构成中，90% 左右是以石油和煤炭为主的一次能源，非石化能源占一次能源消费比重在5%以内，远低于全球13%的平均水平。我国计划至2020年将非石化能源占一次能源消费比重提升至15%。其中，天然气将会成为最为安全、高效、低价的替代能源。我国人均水资源极度匮乏，只占世界人均水平的27%，新型城镇化、工业化和农业化的发展对水资源的需求将会持续增加。但同时，我国不仅人均占有率低，而且水资源的污染也非常严重。在水资源产业链中，从原水开发、工业用水到水处理都将会有较大的发展空间。以2009年为基点，到2025年为止，水产业链的发展空间接近4倍；同时，从传统逻辑出发，以固废处理、大气处理和重金属处理为主的环保行业也将随政策扶持和需求增长而打开盈利空间。

3. 新消费：儿童产业、文化传媒、日用保健、旅游购物、4G。收入增长导致的消费升级必然带来非生活必需品的增加。据预测，我国在2020年的中等收入家庭的数量将会在2010年的基础上增长50%，而高等收入家庭将会增长5倍之多，以休闲娱乐、教育、交通和通讯为主的非生活必需品的消费占比将会上升10个百分点。文化传媒、以品牌保健为主的日用保健、旅游购物以及以4G为引领的通讯将会大幅受益。

4. 战略新兴产业。2010年10月18日，国务院下发《关于加快培育和发展战略性新兴产业的决定》，将节能环保、新一代信息技术、生物、高端装备制造、新能源、新材料和新能源汽车七个产业确定为战略性新兴产业，并明确了战略性新兴产业的62个重要领域。

当前上市公司中，新兴产业类总体估值偏高，虽然有些公司的成长性依然不错，但市盈率水平依然偏高，盈利大幅提升的空间不大。我们认为应重点挖掘四类企业：所处产业正处于或即将进入爆发增长期的公司，这些公司会伴随下游需求的增长而获益；产品和技术突破国外垄断，替代进口或打入国际市场的公司；在全球新兴产业的产业链中，逐渐占据一席之地，成为主流产品的主要零部件或材料供应商的公司；由传统产业转型到新兴产业，具有一定的技术优势和先发优势，能够逐步提升业绩的公司。

三、对股市促进经济转型的相关政策建议

经济转型是我国未来经济发展的必然趋势。我们认为，“中国梦”体现在经济发展上就是在保持合理增长的同时，提高经济增长质量，顺利完成经济结构的调整，以适应全球经济未来的发展格局和国内潜在增长力的变化。“中国梦”体现在股市上就是在完善股市相关功能的基础上服务于经济转型，推动经济的可持续发展。为此，我们提出如下建议：

（一）加强制度建设，进一步完善股市基础功能

经过20多年的发展，我国股市的规模快速增长，对经济发展起到了重要的促进作用，但与成熟证券市场相比，在基础制度建设方面仍然存在缺失，一定程度上影响

了优化资源配置基础功能的发挥。为了更好地服务于经济转型，我国股市需要改变过去“重融资、轻投资”的发展思路，建立完善投资者利益保护机制，提高违法成本，切实维护投资者利益。加强信息披露监管，提高信息披露的质量和可信度，让投资者及时了解上市公司的相关信息以进行理性决策。进一步完善发行和退市制度，充分发挥市场的价格发现和优胜劣汰机制。完善市场交易制度，提高交易效率，降低交易成本。这些基础制度的完善将会进一步提升市场优化资产配置的效率。

（二）简政放权，充分发挥市场自我调节机制

我国股市的波动往往与股市监管政策高度相关，政策的“缺位”和“越位”都会对市场产生较大的负面影响。哪些事项需要行政审批，哪些领域应当交由市场自我调节，都需要进行梳理和审视。比如在市场发行方面，监管部门监管的重点应当在于信息披露的格式要求和满足上市规则的程序复核，定价、发行时间和信息披露的真实性应当由市场参与主体（投资者、中介，以及上市公司）决定和负责。但监管部门应当加强对虚假信息披露的违规监管，通过提高违法违规成本切实保护投资者的利益。

（三）建立多层次的市场体系，满足不同市场主体的融资需求

我国过去的经济增长模式主要是投资推动型的，国有资产主要布局在资源、基础设施和投资性行业中，这导致我国上市公司中具有重工业特点的传统行业占据了绝对主导，占了市值的70%以上。经济转型使整个投资品行业面临着巨大的转型压力。近年来，一些中小型创新类上市企业由于代表了未来经济转型的方向，被过度炒作，导致目前我国股市整体估值偏低、结构泡沫存在的现状。建立多层次的市场体系，加快场外市场建设，降低中小型创新企业的上市门槛，将有效引导各类金融要素和资源向高新技术领域和应用技术领域流入，推动新兴技术产业和高新技术企业的快速发展。

（四）推动传统行业企业并购重组，为经济转型服务

随着中国经济由投资推动向消费推动转型，对于传统周期行业，如采掘、有色金属、普通机械制造、钢铁、水泥等产能过剩的行业，应当创造条件鼓励和引导行业内部整合，推动市场化并购、重组，加快传统产业优化升级，同时淘汰落后产能，促进优质资源向优势企业集中，提高产业集中度，为经济结构调整提供重要的平台和支持。

妥善解决 B 股遗留问题

蔡红标　　2012 年 5 月

时至今日，中国 B 股市场已完成其历史使命，现在的问题是如何让 B 股体面而稳妥地退出历史舞台，但各方面对此尚存分歧。股权分置改革中老股东以让利换取流通权的方式解决不了 B 股问题，B 股已有流通权；折价换股的方式也存在法理障碍；B 股直接换成 A 股面临 A 股市场尚未开放问题。因此，如何提出可行方案是解决 B 股问题的重点所在。本文借鉴 QFII、香港怡富基金的经验，提出一种解决思路。

B 股退出历史舞台，需要解决如下问题：第一，汇率问题，主要是外资流出，这个相对好办。目前两市 B 股市值约 1 650 亿元人民币，占外汇储备的 1.14%，因此即使 B 股完全退出，对外储影响甚微。况且 2001 年后，B 股市场的主要参与者是国内个人投资者。第二，A 股市场尚未对外开放问题，即 B 股投资者中的外国投资者怎么办。第三，B 股改革是否会影响 A 股市场的“维稳”。这是能否妥善解决 B 股问题的要害所在。

针对以上几个问题，监管部门解决 B 股问题可以遵循以下步骤：

首先，监管部门可以先征集社会及业界意见，在形成正式方案后，公示期不应少于三个月，以便所有的 B 股投资者知晓，也便于不接受该方案的 B 股投资者在市场自由套现。

其次，监管部门批准设立至少两只（上海、深圳因分别使用美元、港币为交易货币，因此分开是有必要的）B－QFII 基金，额度上限不妨宽泛些。在事先三个月公示的登记日，B 股投资者必须把所持 B 股申购 B－QFII 基金——当然完全可以允许 B 股投资者同时以一定比例的现金申购。这实际上是成立沪、深两市的 B 股 ETF 基金。

经一定的批准手续后，这些 B－QFII 基金正式成立，并立即成为上市 LOF 基金。这些基金在成立后不再接受申购，但可以在二级市场自由交易，封闭期后也允许赎回。为公平起见，赎回时应允许归还其原有的外币（美元或港币，下同），但二级市场交易在过渡期内可以外币交易，也可以人民币交易，也可以两者混合（如简单计，则只允许人民币交易）。境外投资者如在二级市场卖出，可以通过原托管券商/托管银行进行换汇。这些 B－QFII 基金，可以采用外资、大券商和前十大基金三方合作方式，但必须托管在大银行，以方便投资者。

再次，过渡期后，QFII 可以把对应的 B 股直接转为 A 股。具体来说，可以有以下几个步骤：

一是过渡期不应少于3个月，甚至可以是一年，以便投资者充分了解，同时提供足够的自由选择机会。

二是有A股的上市公司，既可以1:1的比例直接转为A股，理论上也可以将过去20个交易日的加权价作为“合并日”的开盘价，当日可以考虑不设涨跌幅，这可以由该上市公司股东大会决定。

三是无A股的纯B股公司，以1:1比例转为A股，其开盘参考价则为停牌前的B股价乘以开盘前一交易日的外汇牌价。应该明确，纯B股公司如尚未进行股权分置，则最好在提出方案后再在A股复牌——当然也可以规定在3~6个月内解决，否则就是S股，这些S股按照现行制度规则管理即可。需要明确的是，B-QFII基金持有的由B股而来的A股，在过渡期结束、卖出原有A股后，即可自由买卖其他A股。与目前的QFII基金最大的区别是：一旦投资者赎回后，其份额不再增加。

四是关于B股账户的解决。对于国内的投资者，可以允许该账户直接投资A股，当然再投资必须以人民币。对于境外投资者，则可以继续保留B-QFII基金。以开放的精神看，这些账户未来可以允许其购买其他的QFII基金，甚至在适当时候允许其购买A股公募基金，但在国家决定人民币完全自由可兑换前，不得直接购买A股股票。

五是为解决原有境外投资者的货币兑换问题，可以考虑一周兑换一次。事实上，这是个技术细节，不必讨论过多。

B股问题的解决，实质上也可作为A股市场进一步开放的契机，可以作为股市制度红利，增强投资者的信心，而这对于资本市场是至关重要的。

A 股公司与行业生命周期分析

章　斌　谢一飞　　　　2011 年 5 月

一、企业生命周期理论

伊查克·爱迪斯教授在其著作《企业生命周期》中，将企业的生命周期划分为十个阶段：孕育期、婴儿期、学步期、青春期、壮年期、稳定期、贵族期、官僚化早期、官僚期、死亡期，由此构成生命周期曲线。

按照爱迪斯教授的理论，有的企业生命周期曲线可以延续上百年，有的只有短短几年就消亡了；有的企业按照十个阶段循序渐进发展，有的则未到壮年期就被迫“二次创业”。在各个阶段中，壮年期是企业生命周期曲线中最为理想的阶段，此时企业的自控力和灵活性达到了平衡。壮年期的企业知道自己在做什么，该做什么，以及如何才能达到目标。

本报告尝试将企业生命周期理论应用至 A 股市场。一是观察 A 股市场投资哪个阶段的公司能获得较高回报，而投资哪个阶段的公司风险最大。二是观察各行业目前处于哪个发展阶段。

爱迪斯教授的生命周期阶段划分方法过于复杂，并且包含很多主观因素，因此需要对其进行适当的简化。我们参考申万的生命周期阶段划分方法，将十个阶段简化为五个，分别为：初创期、成长期、成熟期、官僚期和死亡期，并利用经营性净现金流、融资净现金流、投资净现金流的变化识别企业生命周期（参见表 1、表 2）。

表 1　　不同生命周期阶段公司现金流变化的特征

初创期	企业需要投入大量现金，主营收入和盈利都很少，且有很强的融资需求
成长期	经营逐渐步入正轨，融资需求依然较强，投资规模较大，企业发展势头良好
成熟期	经营稳定健康，经营性现金流充裕，投资开始减少，融资需求亦逐渐降低
官僚期	现金流状态复杂。总体上讲，企业主营业务开始遇到问题，为了增收，开始依赖于投资
死亡期	经营活动难以为继，经营性现金流持续减少，为了增收，更依赖于投资

表 2　企业不同生命周期阶段的现金流状态（“+”“−”表示净现金流的正负值状态）

	初创期	成长期	成熟期	官僚期			死亡期	
经营净现金流	−	+	+	+	+	−	−	−
融资净现金流	+	+	−	+	−	−	−	+
投资净现金流	−	−	−	+	+	−	+	+

二、A股上市公司生命周期阶段分布：多数公司处于成长期和成熟期

表3、表4是全部A股生命周期阶段统计结果。按2010年年报公布后计算的结果看，当前处于成长期的上市公司最多，共748家，占比为37.49%；其次是成熟期公司，共570家，占比为28.57%；之后是处于初创期的公司，共369家，占比为18.5%；处于官僚期的公司数量为192家，占比为9.62%；处于死亡期的公司有116家，占比为5.81%。

表3　全部A股不同生命周期阶段的公司分布（数量）

年份	初创期	成长期	成熟期	官僚期	死亡期	总数
1999	147	311	198	99	60	815
2000	154	442	208	99	48	951
2001	136	404	265	167	58	1 030
2002	105	400	398	131	64	1 098
2003	158	460	327	152	68	1 165
2004	150	487	400	157	71	1 265
2005	101	362	533	203	80	1 279
2006	114	438	504	197	92	1 345
2007	186	509	436	224	115	1 470
2008	193	510	553	194	98	1 548
2009	179	583	553	233	98	1 646
2010	369	748	570	192	116	1 995

表4　全部A股不同生命周期阶段的公司分布（比例）

年份	初创期	成长期	成熟期	官僚期	死亡期	总数
1999	18.04%	38.16%	24.29%	12.15%	7.36%	100%
2000	16.19%	46.48%	21.87%	10.41%	5.05%	100%
2001	13.20%	39.22%	25.73%	16.21%	5.63%	100%
2002	9.56%	36.43%	36.25%	11.93%	5.83%	100%
2003	13.56%	39.48%	28.07%	13.05%	5.84%	100%
2004	11.86%	38.50%	31.62%	12.41%	5.61%	100%
2005	7.90%	28.30%	41.67%	15.87%	6.25%	100%
2006	8.48%	32.57%	37.47%	14.65%	6.84%	100%
2007	12.65%	34.63%	29.66%	15.24%	7.82%	100%
2008	12.47%	32.95%	35.72%	12.53%	6.33%	100%
2009	10.87%	35.42%	33.60%	14.16%	5.95%	100%
2010	18.50%	37.49%	28.57%	9.62%	5.81%	100%

1999年至2009年，A股不同生命周期阶段的公司占全部上市公司比重表现出的变化特征是：初创期公司占比减少、成熟期公司占比增加、成长期/官僚期/死亡期公司占比则保持相对稳定。

但观察2010年的数据可以发现：初创期公司占比大幅上升，而成熟期公司占比明显减少。这与2010年大量中小板和创业板公司上市有关，就总数量而言，成熟期公司仍然小幅上升。

三、长期来看，成熟期公司是投资者的最佳选择，成长期公司次之，官僚期和死亡期公司在熊市期间下跌风险显著

从2001年1月至2010年5月的累计回报来看，成熟期公司最高（261.4%），成长期公司次之（188.9%），初创期（127.9%）和死亡期（132.6%）公司最低，官僚期公司略高于死亡期公司。

以全部A股算术平均涨跌幅为基准，在过去的10年里，坚持投资成熟期公司能获得显著的超额回报，投资成长期公司也能获得一定的超额回报，而投资初创期、官僚期和死亡期公司则不能获得超额回报（参见表5）。

表5　不同生命周期阶段的公司股价年度涨跌幅（%）

年份	初创期	成长期	成熟期	官僚期	死亡期	全部A股算术平均
2001	-23.21	-21.67	-20.26	-22.04	-20.89	-20.57
2002	-20.45	-19.46	-17.72	-20.60	-22.76	-19.16
2003	-18.59	-8.88	-8.95	-19.77	-25.07	-11.35
2004	-19.21	-11.74	-12.71	-19.72	-16.87	-14.01
2005	-16.36	-8.87	-12.51	-17.57	-13.29	-10.17
2006	88.27	93.51	99.35	89.41	86.86	75.45
2007	206.54	194.41	205.27	212.78	194.89	152.56
2008	-58.19	-59.17	-54.66	-55.62	-57.36	-41.44
2009	153.46	131.58	144.50	153.21	186.06	106.10
2010	10.93	16.03	17.41	6.77	4.87	11.94
累计	127.99	188.96	261.39	133.61	132.60	163.26

注：2010年数据截至5月31日。

从夏普比率看，成熟期和成长期公司显著高于其他三类公司，说明投资这两类公司在承担相同风险的情况下，能获得较高的回报；初创期和官僚公司次之，死亡期公司最低（参见图1）。

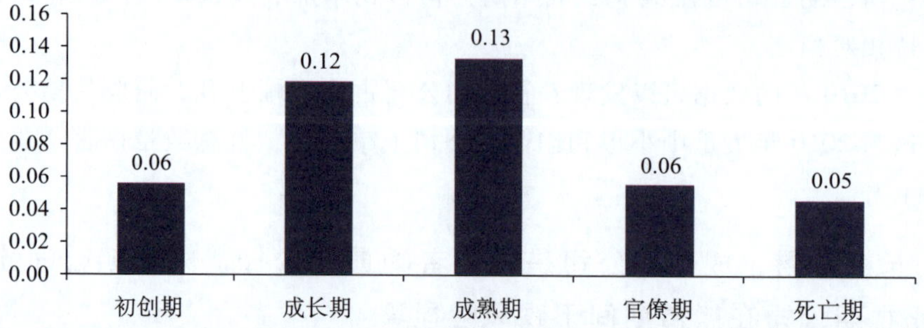

图 1　投资五类公司的夏普比率比较

综合过去 10 年的累计回报以及夏普比率两个角度来看，投资成熟期和成长期公司是中长期投资者比较明智的选择。

如表 5 所示，牛市期间，官僚期和死亡期公司的股价表现并不弱于成长期和成熟期公司。这似乎说明在 A 股牛市期间，“差公司”的表现未必差。究其原因，这三类公司最有可能成为“讲故事”的对象；而牛市往往为故事的诞生和传播提供了土壤。

但熊市期间，初创期、官僚期和死亡期公司表现都不好，后两者的下跌风险尤其显著（参见图 2）。在 2001、2002、2003、2004、2005、2008 年这 6 个熊市年份，官僚期和死亡期公司历年跌幅都大于 A 股平均跌幅。巴菲特曾说“当潮水退去时，方能看出谁在裸泳”。当熊市来临，那些牛市时被炒作过度、主营业务已走下坡路的官僚期和死亡期公司的股价就会大幅下挫。初创期公司中虽然有些日后能够步入成长期和成熟期的公司，但这类公司面临的不确定因素太多，而且夭折在婴儿期的风险（常被称为“实验室风险”）难以排除，因此它们在熊市中的表现也很差。但整体上看，初创期公司的股价表现要略好于官僚期和死亡期公司。

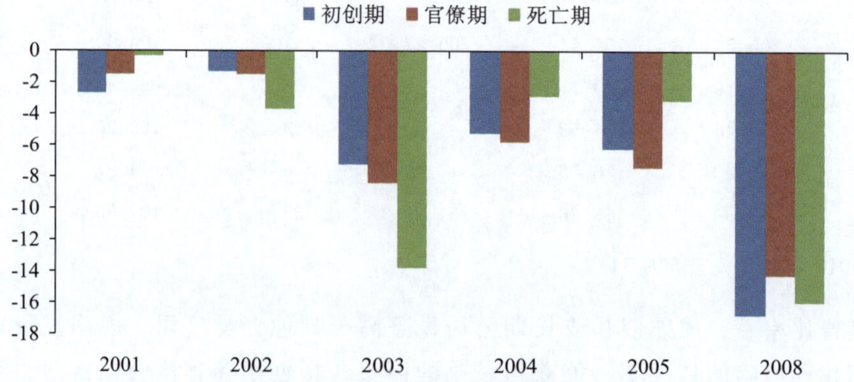

图 2　熊市期间初创期、官僚期和死亡期公司跌幅大于全部 A 股平均跌幅的幅度（百分点）

四、A 股市场各行业内公司生命周期阶段分布

表 6 为 A 股各行业不同生命周期阶段公司的比例分布。由此表可见：

表 6　　　　A 股各行业不同生命周期阶段公司比例（按公司家数计算）

年份	初创期	成长期	成熟期	官僚期	死亡期
农林牧渔	24.59%	40.98%	18.03%	6.56%	9.84%
采掘	2.7%	56.76%	40.54%	0.0%	0.0%
化工	14.75%	52.07%	21.2%	5.53%	6.45%
黑色金属	9.09%	57.58%	33.3%	0.0%	0.0%
有色金属	27.94%	44.12%	16.18%	8.82%	2.94%
建筑建材	15.46%	51.55%	24.74%	5.15%	3.09%
机械设备	22.44%	52.36%	17.32%	5.91%	1.97%
电子元器件	20.00%	40.00%	28.0%	6.0%	6.0%
交运设备	12.37%	46.39%	28.87%	5.15%	7.22%
信息设备	26.67%	38.67%	20.00%	6.67%	8.00%
家用电器	20.00%	37.14%	31.43%	8.57%	2.86%
食品饮料	8.77%	38.6%	35.09%	12.28%	5.26%
纺织服装	12.33%	39.73%	28.77%	12.33%	6.85%
轻工制造	19.72%	52.11%	21.1%	5.63%	1.41%
医药生物	6.41%	46.15%	35.9%	8.97%	2.56%
公用事业	3.7%	61.73%	30.86%	3.7%	0.0%
交通运输	7.5%	53.75%	31.25%	3.8%	3.8%
房地产	30.88%	22.06%	11.76%	16.18%	19.12%
商业贸易	12.22%	34.44%	40.00%	5.56%	7.78%
餐饮旅游	7.14%	46.43%	32.14%	14.29%	0.0%
信息服务	10.58%	58.65%	23.08%	5.77%	1.92%
金融服务	8.89%	44.44%	22.2%	15.56%	8.89%

1. 采掘、公用事业、医药生物、交通运输、商业贸易 5 个行业成长期和成熟期公司占比都相对比较高。此类公司成长性和成熟的商业模式兼具，历史经验表明其股价表现也很好；因此就行业选择而言，应优先考虑。其中采掘、商业贸易和医药生物 3 个行业成熟期色彩在 22 个行业中最浓厚，吸引力也更强。黑色金属成长期公司占比很高，但我们对此结果有所怀疑。

2. 食品饮料、餐饮旅游、家用电器 3 个行业成熟期公司占比也比较高，但官僚期色彩较重。这说明这些行业的发展阶段可能在由成熟期向官僚期转移。这些行业未来股价表现可能仍然不错，但如果官僚期公司占比进一步提高，风险度就会相应上升。

3. 化工、建筑建材、机械设备、轻工制造 4 个行业属于初创期和成长期色彩都很重的行业。轻工制造是典型的传统行业，但初创期公司占比较高，投资者需提防行业内不少公司“二次创业”的风险。

4. 电子元器件、信息设备和农林牧渔行业的初创期色彩很重，但成长期和成熟期公司占比都不高，而死亡期公司占比超过6%。这反映这些行业内很多公司商业模式还不成熟，且业内竞争激烈，很多公司没能沿生命周期曲线顺向移动。对于这些行业，自下而上的研究显得尤为重要。值得注意的是，同为TMT范畴的信息服务业的很多公司似乎已成功地从初创期过渡到成长期，从而使该行业成长期公司占比接近60%。

5. 纺织服装、房地产和金融服务3个行业官僚期和死亡期公司占比最高。从行业基本面看，纺织服装行业内部恶性竞争激烈，毛利率很低；房地产业则有可能已处于周期顶部。因此，这两个行业的风险值得高度警惕。需注意的是，房地产行业初创期公司超过30%，这可能是因为前几年的暴利吸引不少公司转行进入房地产业，从基本面看，相关公司未必能转入生命周期的下一阶段。金融服务业官僚期与死亡期公司占比已接近1/4，从数据层面看风险也很大；但金融服务业现金流量表与一般企业差异较大，由此得出的周期分布特征可能未必真实。

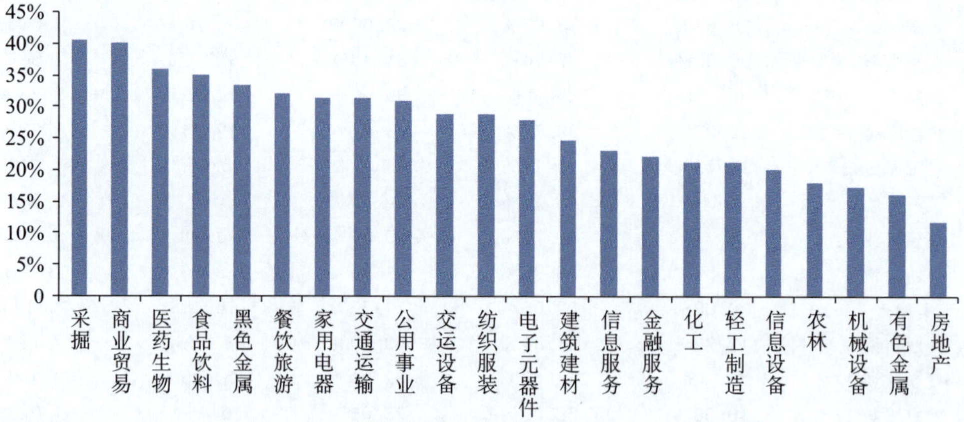

图3 A股各行业成熟期公司占比

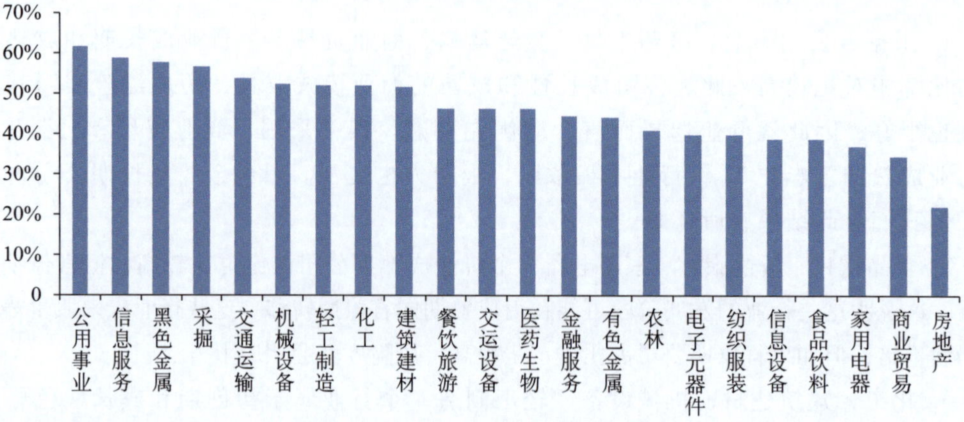

图4 A股各行业成长期公司占比

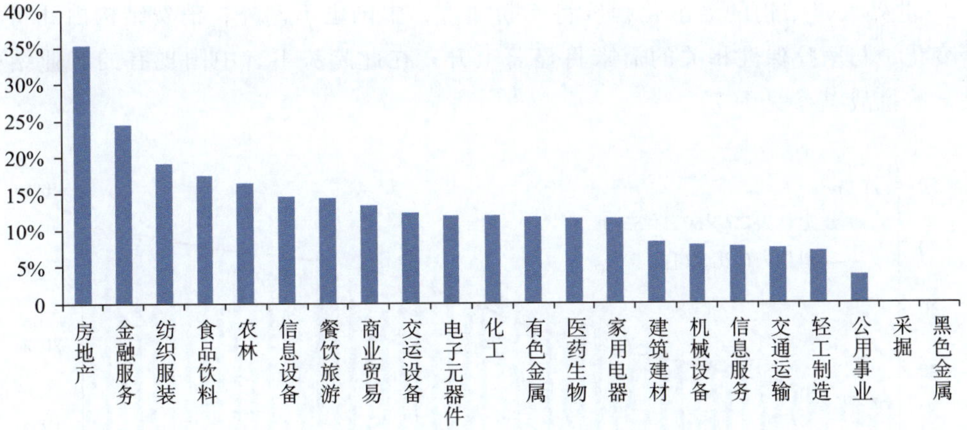

图5 A股各行业官僚期与死亡期公司占比

五、产业格局变化与新兴产业政策导向可能带来的影响

（一）中国传统工业部门中长期减速已难以避免

从中国许多实物产量占全球比重、国内外人口结构变化对居民消费习惯的影响、以及世界产业格局发展方向等因素来看，中国传统工业部门的减速已难以避免。

1. 中国经济在经历持续的高增长后，很多实物产量在全球相关产业中已占据半壁甚至半壁以上江山。比如，空调、煤炭、粗钢和彩电均接近50%，水泥接近60%，化纤和空调则在60%以上。从这个角度看，传统工业部门要想延续过往的高增长势头已不现实（参见图6）。

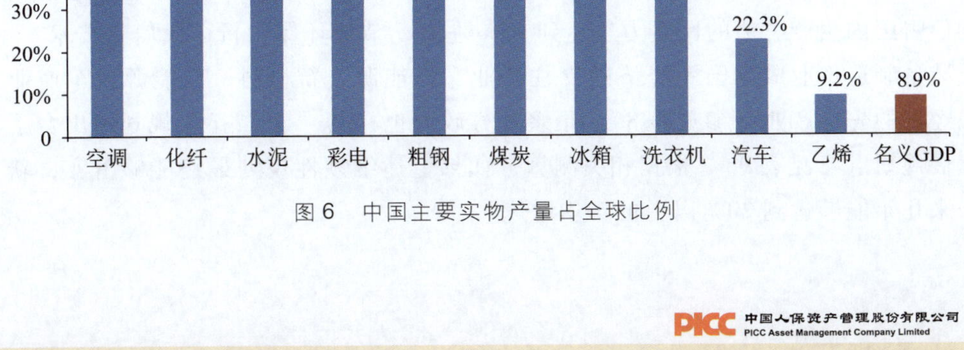

图6 中国主要实物产量占全球比例

2. 世界人口结构的老龄化程度将不断加重，中国也不例外，消费结构由此将发生显著变化，与医疗保健相关的需求将显著上升。在此趋势下，中国现有的产业结构将面临严峻挑战（参见图7）。

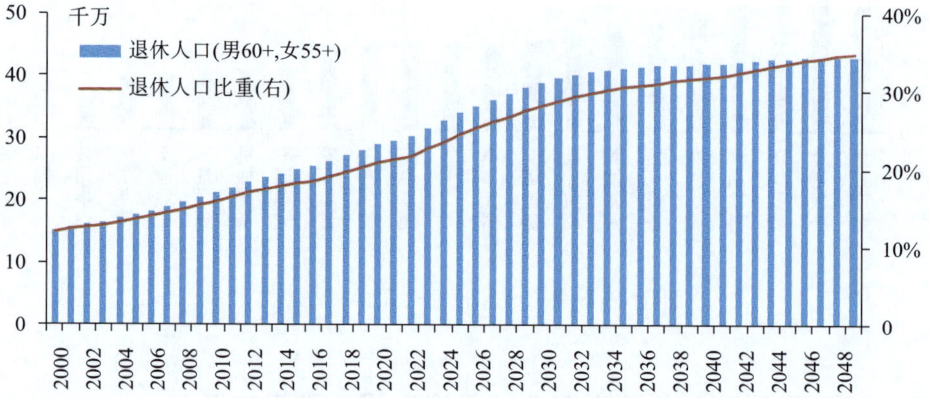

图7　中国退休人口比重变化趋势

3. 中国传统产业的资源消耗量很大，造成的环境破坏很严重，不符合世界经济的“低碳化”趋势。目前中国碳排放已位居世界第一，而以美国为首的发达国家却似乎已形成“低碳同盟”。如果中国经济延续以往粗放的发展模式，来自发达国家的问责声音将越来越大。

（二）战略新兴产业在产业格局中的地位将显著提升

目前看来，培育新兴产业将是中国经济结构转型和升级的战略突破口。在传统工业部门减速背景下，中国经济寻找新的增长点也是必然选择。从国际背景来看，自2008年金融海啸爆发以后，美欧日等发达经济体，以及韩国、巴西等新兴经济体均在加快对战略性新兴产业的布局（参见表7）。由此可见，对于中国来说，加快发展新兴产业已是势在必行。

根据《国务院关于加快培育和发展战略新兴产业的决定》，到2015年，战略性新兴产业增加值占国内生产总值的比重力争达到8%左右；到2020年，战略性新兴产业增加值占国内生产总值的比重力争达到15%左右，节能环保、新一代信息技术、生物、高端装备制造产业成为国民经济的支柱产业，新能源、新材料、新能源汽车产业成为国民经济的先导产业（参见表8）。很多地方政府也在其“十二五”规划中出台了相应的发展规划（参见表9）。根据相关测算，如果上述纲领性规划最终能够落实，新兴产业未来几年能够达到20%以上的年均增速。

表 7　　美、欧、日、韩、巴西战略新兴产业发展规划一览

美国	奥巴马主张依靠科学技术开辟能源独立的新路径，在18年内把能源经济标准提高1倍，在2030年之前将石油消费降低35%，并强化了对智能电网、教育和宽带的支持，解除对胚胎干细胞研究的联邦政府资金支持限制，着力提高美国海洋能产业的国际地位。
欧洲	将低碳产业列为新兴产业的重点。欧盟在一揽子能源计划中提出“3个20%”的战略目标，制定“战略能源技术计划”、“欧盟能源技术战略计划”等。
日本	将信息通讯、节能和新能源开发、环保、生物工程、宇宙航空、海洋开发等产业作为重点领域进行扶持。
韩国	将低碳和绿色发展作为主题，综合推进新兴产业发展。韩国的企业将在生物制药、机器人技术、脱盐设备、发光二极管、新型半导体、绿色轿车领域获得政府的支持。
巴西	着力发展生物能源、风能和核能等新能源产业，鼓励发展灵活燃料汽车，规定生物燃料的发展规划和产品标准。

表 8　　七大战略新兴产业简介

名称	细分产业
新一代信息技术	重点发展新一代移动通信、下一代互联网、三网融合、物联网、云计算、集成电路、新型显示器、高端软件、高端服务器和信息服务。
节能环保	重点发展高效节能、先进环保、资源循环利用关键技术装备、产品和服务。主要包括固废处理、污水处理、大气治理和核废料处理。
生物	重点发展生物医药、生物医学工程产品、生物农业、生物制造。
高端装备制造	重点发展航空装备、卫星及应用、轨道交通装备、海洋工程装备、智能制造装备。
新能源	重点发展新一代核能、太阳能利用和光伏发电、风电技术装备、智能电网、生物质能。
新材料	重点发展新型功能材料、先进结构材料、高性能纤维及其复合材料、共性基础材料。
新能源汽车	重点发展插电式混合动力汽车、纯电动汽车和燃料电池汽车技术。

表 9　　东中西部部分代表性省市新兴产业发展规划

上海	全社会研发经费支出与全市生产总值的比例达到3.3%左右，战略性新兴产业增加值比2010年翻一番，到2015年，浦东新区战略性新兴产业增加值占全市比重达到50%左右，力争成为国家战略性新兴产业的创新引领区。
江苏	到2012年，六大新兴产业成为战略性主导产业，实现销售收入超33 000亿元，增加值超过8 500亿元。其中新能源产业实现销售收入6 200亿元，新材料产业实现销售收入11 000亿元，医药和生物技术产业实现销售收入6 000亿元，环保产业实现销售收入4 500亿元，软件和服务外包产业实现销售收入4 000亿元，传感网产业实现销售收入1 500亿元。到2015年，六大新兴产业实现年销售收入超50 000亿元，平均每年增长20%。

续表

福建	“十二五”期间高新技术产业增加值占 GDP 比重达 15%，研究与试验发展经费支出占 GDP 比重达 2.2%；在战略性新兴产业方面突出抓好 17 个领域，主攻新型平板显示器、新一代网络和高端通信设备、生物医药、半导体照明（LED）和太阳能光伏、节能环保技术及装备 5 个重点，力争产值年均增长 20%，增加值占地区生产总值比重 10%以上。
湖南	到 2015 年，战略性新兴产业形成健康发展、协调推进的基本格局，对产业升级的推动作用显著增强，增加值年均增长 20%以上，总量达到 5 000 亿元，占 GDP 的比重超过 20%。到 2020 年，战略性新兴产业成为经济社会发展的重要推动力量，增加值年均增长 15%以上，总量达到 1 万亿元，占 GDP 比重达到 25%左右。
河北	到“十二五”末新兴产业增加值占全省生产总值的比重达到 10%。
宁夏	未来 5 年该区将实施战略性新兴产业“倍增计划”，增加值年均增长 30%。

（三）国家加快培育与发展新兴产业将使得哪些行业受益？

我们利用光大战略新兴产业数据库梳理了符合新兴产业范畴的上市公司，之后按照申万一级行业重新归类（参见图 8），以便于在申万行业分类框架下作行业比较。

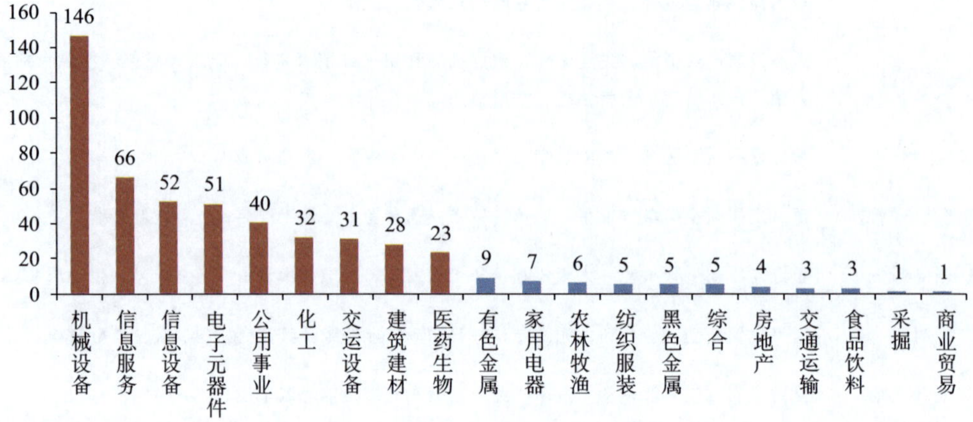

图 8　新兴产业范畴上市公司按申万一级行业分类（单位：家）

比较清晰的是，因培育新兴产业而产生的行业受益面带有较强的结构性特征，并非系统性机会。如图 8 所示，90% 符合新兴产业范畴的上市公司集中在机械设备、信息服务、信息设备、电子元器件、公用事业、化工、交运设备、建筑建材和医药生物等 9 个行业；51% 符合新兴产业范畴的上市公司则分布在机械设备、信息服务和信息设备等 3 个行业。其他行业包含的新兴产业上市公司实际上很少。

结合第四部分分析可以发现，新兴产业范畴的上市公司大多数集中在初创期、成长期或成熟期色彩浓重的行业，官僚期和死亡期公司占比高的行业几乎不包含新兴产业范畴的上市公司。从这个角度看，新兴产业的发展可能有助于部分初创期和成长期公司成功向成熟期发展，但不太可能给官僚期和死亡期色彩浓重的行业注入新的活力。

机械设备、信息设备、信息服务、电子元器件、化工、建筑建材等初创期和成长期占比高的行业，在政策倾斜逐步兑现的背景下，可能顺利转变为成熟期色彩较重的行业。虽然此类行业可能拥有较好的成长性和长远前景，但如前所述，初创期的风险依然需要提防。

医药生物和公用事业这两个成熟期公司占比较高的行业，在国家大力培育新兴产业的正面影响下，行业内不少公司处于成熟期的时间有望拉长。

纺织服装和房地产等官僚期和死亡期占比高的行业，行业内基本没有符合新兴产业范畴的公司，难以因政府大力推行新兴产业发展而“重现生机”。

港股市场大小盘风格及行业选择分析

梁谢军 2010 年 12 月

自 2009 年底开始，大小盘风格切换问题就成为国内投资者争论不休的热点问题。那么港股市场有无类似的风格问题？港股的行业历史估值差异如何？这些问题引起了我的兴趣，自 2010 年 4 月份就开始收集相关资料，可惜找到的相关资料不多，导致写作进度较为缓慢，于 2010 年底才完成。

本文结论大致可概括如下：港股大小盘风格差异不如 A 股明显；中长期看，港股中盘股跑赢指数的概率最大；2009 年以来港股医疗、可选消费行业估值水平提升幅度最大；中长期看配置消费行业跑赢指数的概率最大，累计回报率也最高；从行业估值比较看，港股原材料行业、房地产行业可能被低估；港股金融股估值也可能存在修复机会，但趋势性上升机会较小。

本文的主要分析基础是历史数据，分析工具主要依托于常用的相对估值方法。如果能结合其他的估值指标，可能会更符合实际，期待未来能进一步完善。

一、大小盘股定义及风格差异问题

（一）大小盘股的定义

采用香港指数分类，港股有恒生香港大型股指数、恒生香港中型股指数、恒生香港小型股指数三类，分别涵盖恒生成份指数总市值的 80%、15% 和 5%。通过分析恒生香港大型股指数、恒生香港中型股指数、恒生香港小型股指数具体成份股，我们可以将成份股对应的市值作为港股大小盘股的分类标准，由此引申出来的一个基本定义是：恒生香港大型股一般为高于 200 亿港元市值，中盘股市值为 50 亿 ~ 200 亿港元，小盘股市值为小于 50 亿港元。

（二）统计数据表明香港股市中小盘股回报率高于大盘股，中盘股表现最佳

历史数据表明 2000 年以来美国市场存在明显的大小盘轮动效应（参见图 1）。从长期角度看，小盘股指数回报率优于大盘股指数，从 2000 年至 2010 年，标普 500 指数回报率为 -15%，代表小盘股的罗素 2000 指数回报率为 55%，差异非常明显。

观察香港股市大中小盘股三类指数 2001 至 2010 年的年度回报率（参见表 1）及总回报率（参见表 2），可以发现：

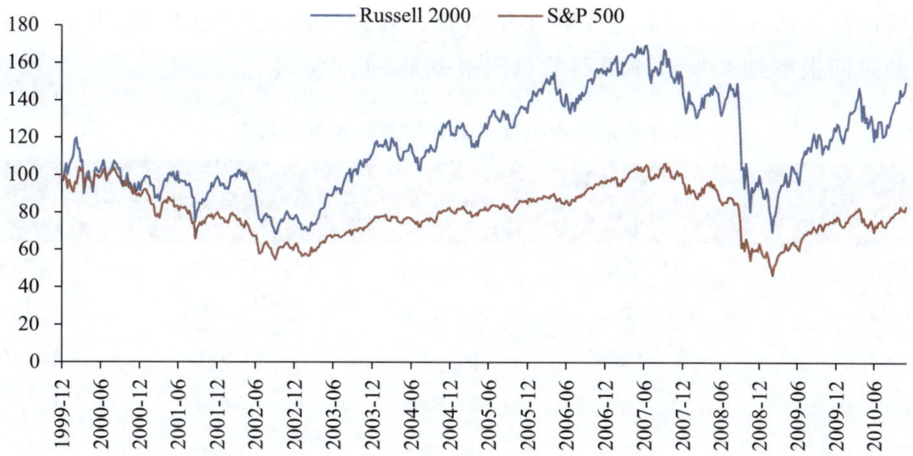

图 1　美国标普 500 指数与罗素 2000 指数走势比较（2000 年 1 月 1 日 =100）

1. 10 个年度小盘指数的回报率有 9 个年度高于大盘股指数的回报率；10 个年度小盘指数的回报率有 6 个年度高于中盘股指数的回报率。中小盘指数年度回报率总体上优于大盘股的年度回报率。

2. 10 个年度小盘指数有 6 个年度跑赢恒生指数；10 个年度中盘股指数有 8 个年度跑赢恒生指数。也就是说，选择小盘指数跑赢指数的概率约有 60%；选择中盘股跑赢恒生指数的概率则更高。

3. 但 2005 ~ 2007 年的情况有所例外。例如，2005 ~ 2006 年大盘股及小盘股均跑输当年的恒生指数，仅有中盘股大幅度跑赢恒生指数；2007 ~ 2008 年中盘股和小盘股均跑输恒生指数。2005 年恒生指数微涨 4.54%，2006 ~ 2007 年则为大牛市。这些数据说明在牛市中前期，中小盘股的回报率确实优于大盘股；在牛市高峰期，恒生指数涨幅往往高于大中小盘股指数；而在危机期间，大盘股表现好于中盘股和小盘股。

4. 2009 年以来，香港中小市值股票反弹幅度明显高于蓝筹股，而中小市值股票大多数为非 H 股及红筹股。香港中小市值股票表现较好的主要原因有以下几点：第一，经历了 2008 年的大幅度下跌，很多中小市值股票投资价值突显，香港不少未来几年能维持 20% 以上业绩增长的企业，公司股票动态市盈率低于 10 倍；第二，欧美央行实施极度宽松的货币政策，海外市场流动性充裕，不少资金流入新兴市场，有利于中小股票的估值提升；第三，随着 QDII 扩容及小 QFII 的推广，内地资金进入香港市场的规模在不断扩大，这部分资金对国内的企业更为了解，因此对中小市值股票的挖掘起到助推的作用。

5. 从风格角度观察，香港市场中小盘股票应是研究的重点，特别是中盘股中长期的回报率更高。2001 年至 2010 年 3 月，大盘股的总回报率是 -7.9%，中盘股的总回报率是 165%，小盘股的总回报率是 109.5%。2001 年至 2009 年 2 月（经济危机影响最大、股市最为低迷的时点）也有类似的特征，在此期间大盘股的总回报率是-41%，中盘股的总回报率是43%，小盘股的总回报率是-0.4%。

表1　　香港股市大中小盘股三类指数的年度回报率

年份	大盘股年度回报率	中盘股年度回报率	小盘股年度回报率	恒生指数
2001年	-21.12%	-14.43%	-7.76%	-25%
2002年	-16.04%	-7.91%	-6.64%	-18%
2003年	35.12%	50.46%	61.27%	34.92%
2004年	13.77%	21.58%	24.01%	13.15%
2005年	-2.51%	15.78%	-1.69%	4.54%
2006年	16.19%	49.90%	24.27%	34.20%
2007年	13.85%	29.22%	35.13%	39.31%
2008年	-48.94%	-53.46%	-65.14%	-48.27%
2009年	43.59%	75.72%	112.33%	52.05%
2010年一季度	-4.34%	0.32%	-0.44%	-2.89%

表2　　香港股市大中小盘股三类指数的总回报率

年份	大盘股总回报率	中盘股总回报率	小盘股总回报率
2001年至2010年3月	-7.91%	165.20%	109.52%
2001年至2009年2月	-41.22%	43.27%	-0.40%

（三）大小盘股的偏离度分析

从指数比值的角度观察（参见图2）2000年初至2010年3月，香港中盘股指数是大盘股指数的2.5倍，小盘股指数是大盘股指数的1.38倍。2000~2010年香港中盘股指数与大盘股指数比值的平均水平为1.6倍，香港小盘股指数与大盘股指数比值的平均水平为1倍。这些数据表明，虽然中小盘相对于大盘股的价格比值处于历史平均水平之上，但也没有证据表明风格切换的拐点将会出现。2008年中小盘与大盘股的比值迅速缩小，似乎可以认为系统性风险来临才是促使风格切换的诱因。因此如果未来不出现系统性风险，中小盘股指数相对大盘指数的优势仍有扩大的可能。

中盘股及小盘股与大盘股之间的比值关系也表明，中盘股的扩张空间最大。2000~2010年香港中盘股指数与大盘股指数比值的平均水平为1.6倍，香港小盘股指数与大盘股指数比值的平均水平为1倍，也就是说，拉长时间看，香港中盘股平均要比大盘股贵约60%，而小盘股的平均水平仅仅与大盘股指数相当。

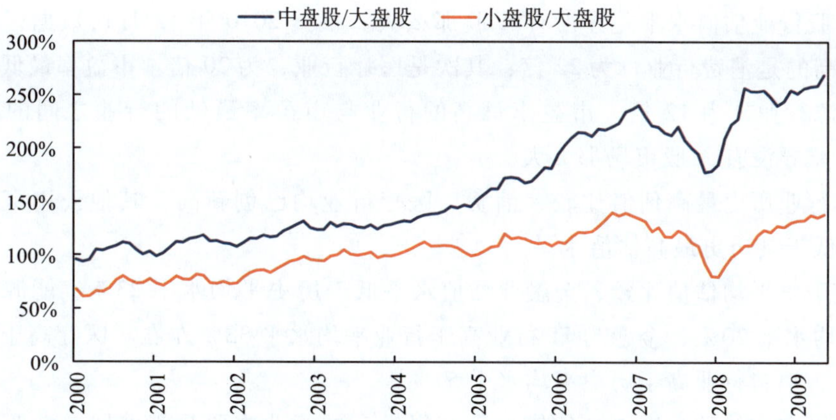

图 2 香港大小盘指数偏离度分析

二、香港股市强周期与弱周期股票的表现差异分析

（一）港股强周期与弱周期股票的投资回报率差异分析

通过观察香港恒生指数 2006 年至 2010 年 12 月的收益率（参见表 3），主要有以下发现：

1. 消费行业的累计收益率最高，达到 148%，显著跑赢同期恒生指数；
2. 能源和 IT 行业的累计收益率也达到 100% 以上，均大幅度跑赢同期恒生指数；
3. 金融和原材料行业则表现相对较弱，基本与大盘同步，未能获得显著的超额收益。

基于这些数据，从历史回报率的角度可以看出：港股投资者偏好消费行业，5 年累计投资回报率也是各行业中最高的。强周期行业里能源行业表现仅次于消费行业，但是原材料行业表现却逊色不少。而估值水平在大部分时间都比 A 股同类公司高的金融行业，其 5 年的表现也仅仅是同步大盘。

表 3　　香港恒生指数分行业的投资回报率

恒生行业分类	2006 年 1 月至 2010 年 12 月涨跌幅
消费	148.19%
能源	122.63%
IT	100.63%
公用事业	71.75%
金融	57.10%
原材料	56.35%

（二）强周期与弱周期股票的行业估值水平差异分析

通过观察港股行业估值水平的差异（参见表 4），主要有以下发现：

1. 港股行业估值水平差异没有A股那么大。根据2010年12月份数据，港股市场市盈率最高的是消费行业，为22倍；其次是医疗行业，为20倍。市盈率最低的为金融行业及能源行业，为12倍。市盈率最高的行业与市盈率最低的行业之间的比值只是1.83倍，差异没有A股市场那么大。

2. 与行业历史最高估值比较，消费、医疗行业均已创新高，其他公用事业、金属等行业都低于其历史最高估值水平。

3. 与历史平均估值比较，金融业估值水平低于历史平均水平23%；能源行业均高于历史平均水平20%，金融与IT行业高于行业平均水平33%左右。医疗高于历史平均水平81%，消费行业高于历史平均水平57%。

4. 从纵向比较的角度看，估值水平获得提升的行业主要是消费股。港股消费股也分为可选消费与必选消费，其中可选消费上一轮估值高点为18倍市盈率，目前估值高出上一次22%；必选消费估值为18倍，与上一轮估值高点较为接近。港股估值水平提升幅度最大是医疗行业，市盈率水平已从2008年低点4倍左右上升到目前的20倍，高出2008年前的历史高点1倍。估值水平提升的幅度越大，意味着在盈利增长假设差异不大的情况下，其回报率越高，这一点也印证了前文的命题：可选消费与医药行业的潜在回报率历史上看是最好的；当然，另一个问题是，估值水平创新高的消费医疗行业也在逐步积累泡沫。如果未来盈利增速不如预期，可选消费与医疗行业的估值水平不排除有下调的可能。

估值水平比较稳定的行业主要是公用事业、能源等行业，排除最高点和最低点，其波动区间一般在10~17倍。

估值水平下降的行业主要是金融股。港股市场在2006~2008年给予金融股非常高的估值，市盈率都在20倍以上；历史最高达到了33倍，目前港股金融股市盈率约12倍，仅有最高水平的1/3强。这说明港股市场的金融股PE下降幅度较大。当然，对于金融股的估值水平下滑，可以找出很多解释的理由，比如，ROE呈下滑趋势，利率市场化预期，杠杆率下降，房地产泡沫破裂的危险，地方债务问题等等，但不可否认的是：如果未来行业都向历史平均估值水平回归，金融业的潜在估值修复空间是比较大的（参见表4）。

表4　　香港恒生指数分行业PE比较

恒生行业分类	最新PE（2010.12）	历史最低	历史最高	历史平均	与历史平均估值水平比较	与历史最高估值水平比较
消费	22	5	22	14	57.14%	0.00%
医疗	20	4	20	11	81.82%	0.00%
公用事业	17	3	22	12	41.67%	-22.73%
金属	16	3	22	12	33.33%	-27.27%
IT	15	2	27	11	36.36%	-44.44%
能源	12	5	20	10	20.00%	-40.00%
金融	12	8	33	15.7	-23.57%	-63.64%

（三）以电信行业为参照的行业估值分析

电信行业属于预期比较稳定的行业，港股电信行业 PE 多在 15～20 倍的区间。我们以某个行业的历史市盈率与同期电信市盈率的比值，作为衡量该行业估值水平是否偏高或偏低的指标（见表 5、图 3 至图 6），结果如下：

1. 能源行业：2005～2009 年能源行业估值水平一直低于电信行业，2010 年上半年高于电信行业 20%，目前两个行业估值较为接近。参考电信业估值，能源行业估值水平略有高估。

2. 原材料行业：2005～2008 年原材料行业估值水平为电信行业的 1.5 倍，2009 年估值水平则大幅度高于电信行业，最大差异为 17 倍。目前两个行业估值水平的比值已回到历史较低水平，即原材料行业估值水平的溢价率为 3%。参考电信业估值水平，如果原材料行业景气周期能够持续，则原材料行业的估值水平略有低估。

3. 银行与地产行业：银行业估值水平 2008 年以来一直没有明显高于电信业，目前银行业与电信业估值水平比值为 77%，与 80.85% 的历史平均水平相比属于正常水平。也就是说，如果参考电信业估值水平，银行业似乎没有明显低估。房地产业估值水平 2005～2008 年大部分时间低于电信业，而 2009 年房地产市场量价齐升时期房地产业估值水平有 20% 以上的溢价。目前房地产业与电信业市盈率的比值为 78%，与 91% 的历史平均水平比较，房地产业有一定的低估。

表 5　以电信业为参照的行业估值分析

市盈率比率	能源/电信	原材料/电信	银行/电信	房地产/电信
2010.11.30	93.77%	103.29%	77.20%	78.31%
2006～2010 年平均水平	70.60%	118.16%	80.85%	90.96%

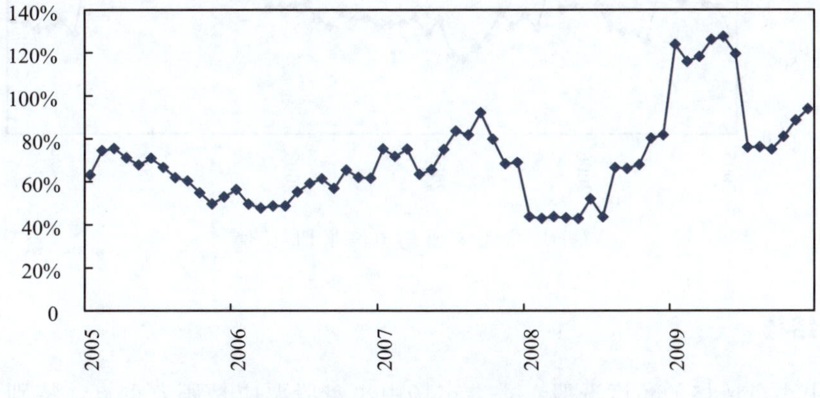

图 3　能源业与电信业 PE 比值

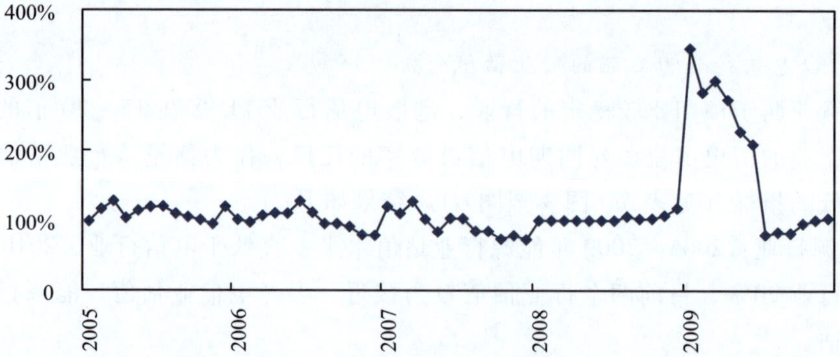

图 4　原材料业与电信业 PE 比值

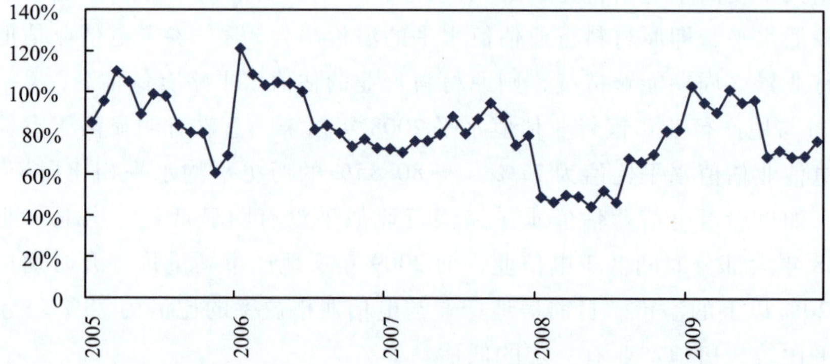

图 5　银行业与电信业 PE 比值

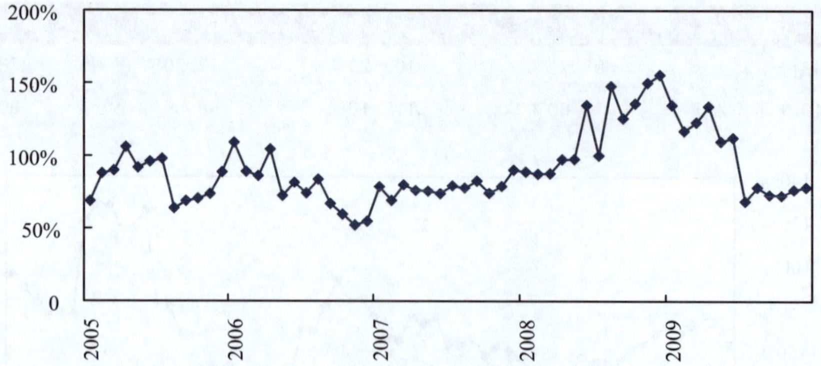

图 6　房地产业与电信业 PE 比值

三、结语

从大中小盘风格的角度选股，香港市场中小盘股票应是研究重点，特别是中盘股。在 2001～2010 年的 10 个年度中小盘指数有 6 个年度跑赢恒生指数；10 个年度中盘股指数有 8 个年度跑赢恒生指数。从历史数据看，小盘指数跑赢指数的概率约有 60%；

选择中盘股跑赢恒生指数的概率可能更高，回报率也更高。

根据历史经验，系统性风险来临才是促使大小盘股风格切换的诱因，如果未来不出现系统性风险，中小盘股指数的优势仍有扩大的可能。2000～2010 年平均溢价水平表明，香港中盘股要比大盘股贵 60%，小盘股的平均水平仅仅与大盘股指数相当。港股中盘股及小盘股与大盘股的比值关系表明，中盘股指数的扩张空间是最大的。

港股行业间的估值水平差异不是非常大。根据 2010 年 12 月份数据，港股市场市盈率最高的是消费行业，为 22 倍；其次是医疗行业，为 20 倍；市盈率估值最低的是金融行业与能源行业，均为 12 倍。市盈率最高的行业与最低的行业之间的比值为 1.83 倍，差异没有 A 股大。

从分行业历史回报率看出，港股市场投资者偏好消费行业，过去 5 年的累计投资回报率最高。强周期行业里能源行业表现仅次于消费行业，但是原材料行业表现却逊色不少。而估值水平在大部分时间都比 A 股同类公司高的金融行业，其 5 年的表现也仅仅是同步大盘。

医疗、可选消费行业估值水平提升幅度最大，可选消费与医药行业的潜在回报率从历史数据看是最好的，香港市场只有这两个行业估值水平已创下历史新高。另一方面，消费医疗行业也在逐步积累估值泡沫。但如果未来盈利增长速度不如预期，可选消费与医疗行业的估值不排除有下调的可能。港股的公用事业、能源等行业的估值水平则相对稳定。金融业估值水平下降较快，当前港股金融股市盈率为 12 倍，仅为历史最高水平 1/3 强。从均值回归的角度看，金融业的潜在估值修复空间是比较大的。

以电信业估值作为参照，港股能源行业估值略有高估；如果原材料行业景气周期能够持续，原材料行业估值水平则略有低估；房地产业也有一定的低估。

从“人口回流”中寻找商贸行业投资机会

栾　菲　　2013年4月

城镇化通常被定义为“农村人口不断向城镇转移，第二、三产业不断向城镇聚集，从而使城镇数量增加，城镇规模扩大的一种历史过程”。简言之，城镇化即为工业社会中农村人口转化为城镇人口的过程。城镇化的核心内容是要素流动带来的生产结构、就业结构、消费模式以及居住方式的转变，而这一切从根本上说都是人口流动过程中人口规模、结构和家庭变迁等方面变化对经济、社会和政治领域影响的集中体现。

从中国城镇化的历史轨迹看，中国过去的城镇化可归结为大城市和东部沿海城市的城镇化。粗略估计，在过去的20年间，数十亿流动人口从内陆迁移到沿海地区，吸引资金向沿海城市集中，令生产和就业结构的转变得以推进，进而促使消费和居住方式的转变。这虽然在一方面推动了沿海地区经济的快速发展，但也留下了东西部地区经济和社会发展不平衡的陈疾，新型城镇化的提出主要就是为了解决过去城镇化过程中存在的种种问题。我们认为，人口从东部沿海大城市向中西部地区和二、三线城市回流将是新型城镇化过程中最为突出的表征，这将是中国又一次大规模的在空间地理上的人口重置，并将显著影响中国未来的消费格局。鉴于中国城乡二元社会结构和特有的户籍政策，本轮“人口回流”的主体仍是上轮人口东部迁徙的主力—非城务工人员，即“农民工”。

一、人口从东部向中西部地区回流趋势愈加明显

（一）非城务工人员以跨省外出为主的格局正在改变

根据中国卫生和计划生育委员会统计，2011年，中国流动人口总规模为2.3亿人，其中跨省流动人口占比67.27%，比2010年下降2个百分点。而根据中国国家统计局的监测，2011年外出务工农民工规模达1.6亿人，约占流动人口总量的70%[①]。其中，本地农民工新增527万人，增幅和占新增农民工比重均呈攀升之势，与之相对应的是外出农民工增幅和新增占比的下降。换言之，农民工跨省外出务工意愿在下降，农民工以跨省外出为主的格局正在改变。可以从侧面印证的数据是，2010年省内务工的农

① 流动人口总量为中国计生委统计，农民工总量为中国国家统计局统计，二者口径有差异，70%为概数。

民工比例为 49.7%，而 2011 年已上升到 52.9%（参见表 1）。

表 1　外出农民工和本地农民工变动情况

	农民工总量（万人）	外出农民工				本地农民工			
		规模（万人）	增幅	增量	增量占比	规模（万人）	增幅	增量	增量占比
2008 年	22 542	14 041	—	—	—	8 501	—	—	—
2009 年	22 978	14 533	3. 50%	492	112. 84%	8 445	-0. 66%	-56	-12. 84%
2010 年	24 223	15 335	5. 52%	802	64. 42%	8 888	5. 25%	443	35. 58%
2011 年	25 278	15 863	3. 44%	528	50. 05%	9 415	5. 93%	527	49. 95%

（二）中西部地区对非城务工人员吸引力不断提高

近年来，由于东部地区劳动力、土地等要素成本上升，资源加工型和劳动密集型产业向中西部转移加快，中西部劳务输出大省已开始出现人口回流。2011 年，东部地区流动人口占比 78. 8%，比 2010 年下降 1 个百分点；在东部地区务工的农民工 1. 65 亿人，比上年增加 324 万人，增长 2. 0%，占农民工总量的 65. 4%，比上年降低 1. 5 个百分点。与此同时，在中部地区务工的农民工 4 438 万人，比上年增加 334 万人，增长 8. 1%，占农民工总量的 17. 6%，比上年提高 0. 7 个百分点；在西部地区务工的农民工 4 215 万人，比上年增加 370 万人，增长 9. 6%，占农民工总量的 16. 7%，比上年提高 0. 8 个百分点。整体而言，在中西部地区务工的农民工数量增长较快，占比不断攀升。产业转移带来的就业机会、更低的生活成本以及农民工自身观念的变化等因素，将在未来进一步增强中西部地区对农民工的吸纳能力，人口向中西部地区流动的趋势将更为明显（参见图 1、图 2）。

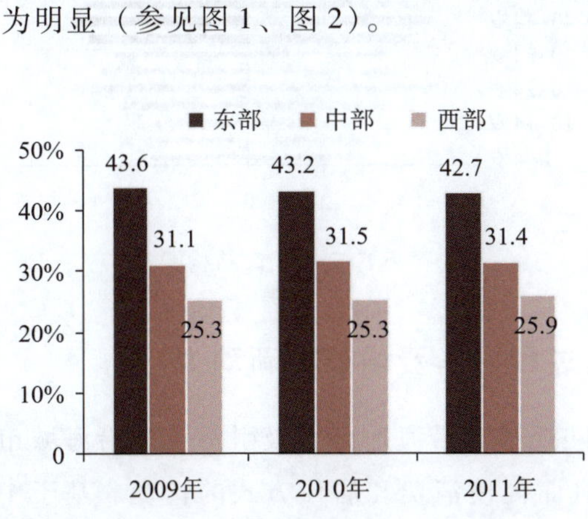

图 1　东部和中西部农民工占比变化

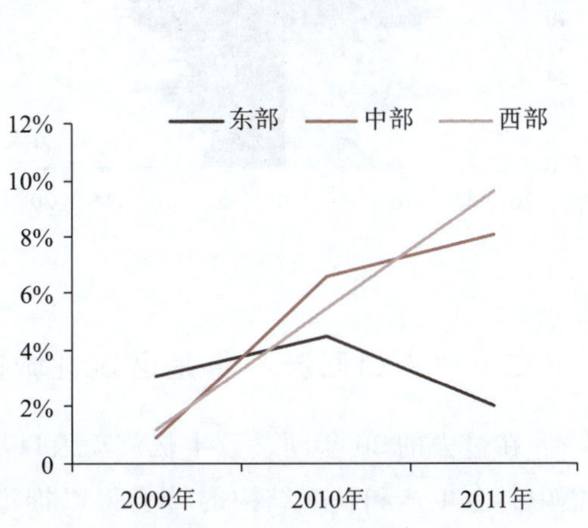

图 2　东部和中西部农民工增速变化

(三)人口老龄化将加速人口向中西部地区的转移

由于中国社会的各种客观现实，中国农民工主力的年龄结构在16岁到40岁之间（占到农民工总数的8成左右）；超过40岁后，多数农民工会选择返乡务农或回本地打工。根据我们的估算，40岁以上人口在未来十年间将呈迅速增长态势，40~50岁人口将在中国跨十年龄段人口占总人口比重中占绝对优势。随着人口老龄化趋势日益明显，40岁以上农民工所占比重也将逐年上升，结合农民工主要来源地，从推进速度上看，农民工“老龄潮”将加速人口向中西部地区的转移（参见图3至图5）。

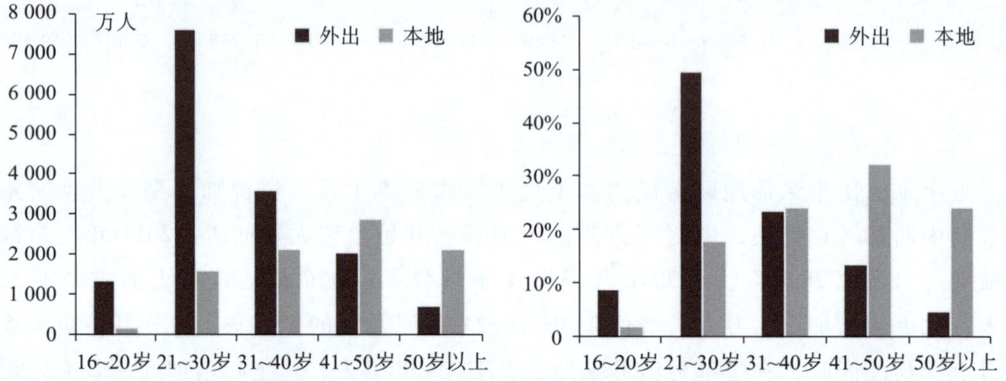

图3　农民工年龄结构

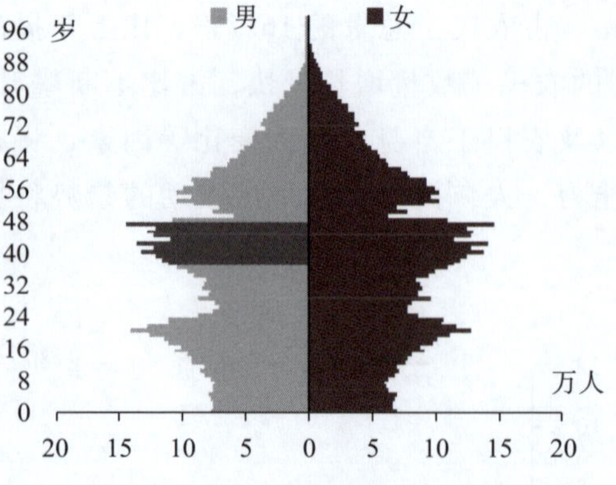

图4　普查人口结构图（全国）

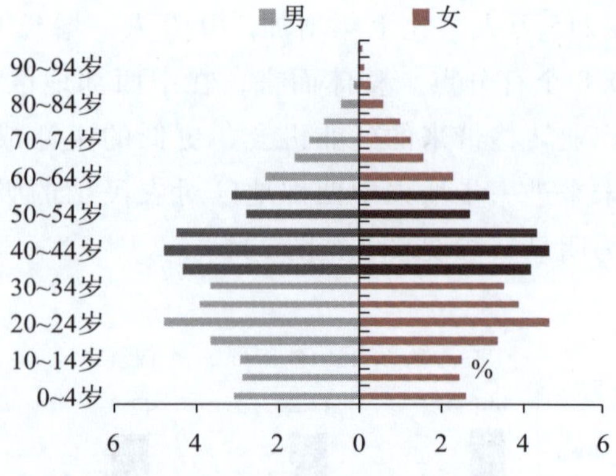

图5　农村人口结构图

二、“人口回流”将是区域性城镇化过程中消费增长的新动力

在过去的20年间，数十亿流动人口从内陆迁移到沿海地区，吸引资金向沿海城市集中，令生产和就业结构的转变得以推进，进而促使消费和居住方式的转变。基于中国已经到来的老龄化、以个体为单位的人口流动方式和产业转移趋势，未来数十年间，人口从东部沿海大城市向中西部地区和二、三线城市回流的趋势将更为明显。这将是

中国又一次大规模的在空间地理上的人口重置，并将显著影响中国未来的城镇化格局。

（一）人口回流将有助于解决城市发展的结构化问题

传统城镇化主要依靠大城市低价征地实现边界拓宽、容量扩充，缺少同中小城市、小城镇的统筹兼顾，结构化问题突出。新型城镇化将以大城市为依托，中小城市为重点，逐步形成辐射力大的城市群，实现协同发展。传统城镇化简单追求城市人口比例和面积扩张，而新型城镇化要在产业支撑、人居环境、社会保障、生活方式等方面实现由“乡”到“城”的转变。随着资金和政策陆续向中小城市、小城镇倾斜，这些城市也将通过新型工业化培养支柱产业，提高区域经济发展水平，早期城镇化过程中遗留下来的城市发展的结构性问题有望迎刃而解。

尽管推动进程缓慢，但我们认为，户籍制度和土地制度的改革将在新型城镇化过程中有所前行。土地确权和土地流转的管理制度改革，将有效地解放青壮年劳动力，同时解决农村劳动力回流以后的农业生产问题；而户籍制度的改革将更好地推动农村转移人口的市民化进程，缩小日趋拉大的城乡公共服务差距，缓解利益矛盾，最终实现城乡统筹发展和品质提升，充分释放消费需求。

（二）人口回流将为回流地提供庞大的新生消费基础

从规模上看，根据巴曙松的估算，未来20年，人口回流的规模将在6 000万左右，回流方向主要集中在安徽、重庆、河南、四川、湖南、湖北等以往人口净流出的省市。这种人口流动方向的逆转对于之前人口净流入的大城市而言，意味着消费模式的转型；而对于净回流地而言，则意味着庞大的新生消费基础。回流人口将更多地集中在县外省内和县内乡内就业，县级市、小城镇将会蓬勃发展。未来政策、资源等将逐步向其倾斜，城市数量将不断增加、城市规模将进一步扩大，区域零售商渠道下沉的空间也将彻底打开，从过去的中心城市、地级市，一直打通到县级市。中小城市、小城镇将成为中国未来经济增长的驱动力，成为内需横向释放的新引擎，对于新型城镇化带来的内需释放，中西部城市相比于东部城市会更加受益。

（三）回流人口消费潜力巨大

根据国家计生委抽样调查结果，2011年，流动人口家庭人均月收入2 253元，其中流入地消费占45.7%，储蓄及投资占46.9%，给老家的汇款占7.4%。流动人口的消费潜力主要表现在两个方面：（1）释放计划性储蓄，这些储蓄主要包括子女养育、父母养老与个人养老。随着时间的推移，这部分潜在购买力将转化为现实购买力，而最可能因此而受益的即为人口回流地。（2）释放预防性储蓄，这部分储蓄主要基于收入的不确定性、医保社保不健全导致的意外支出的不确定性和农业收成的不确定性，这部分储蓄的刚性虽然较强，但转化为消费时的规模很庞大。另外，随着各项社会保障制度的建立和健全、户籍制度和土地制度改革的推进，更多的预防性储蓄将有条件转为计划性储蓄，并最终转化为消费。

三、人口回流红利将绘制三、四线城市商业蓝海

中国当前的传统零售业面临着同店增长下滑、外延空间有限的行业性自身瓶颈，以及电商冲击、综合体结构性泡沫的外部夹击。由于向买手制、自有品牌的转型短期内难以突破，越来越多的零售商开始向集“吃喝玩乐购”等体验式消费为一体的购物中心转型。国内目前处于商业地产第一阵营的主要有万达、华润、中粮；外资则是凯德、九龙仓、恒隆。从各自的区域分布看，内资各大地产商现有的购物中心项目全部位于一、二线城市，储备项目中也仍以二线城市为主，目前的商业物业供给整体已呈现出一线城市泡沫化、二线城市结构性泡沫、三、四线城市蓝海的格局。中购联研究的 104 个城市累计开业购物中心 2 795 家，其中一线城市 821 家，平均开业量高达 164 家；二线城市 1 430 家，平均开业量 46 家；三、四线城市 544 家，平均开业量 8 家。三、四线城市无论从平均开业量而言，还是从购物中心累计数量的追赶空间来看均具备较大潜力。根据我们前面的分析，回流人口无论从自身消费需求还是从消费能力上看，均是三、四线城市购物中心不可或缺的消费基础，人口回流红利将绘制三、四线城市商业蓝海。

根据人口回流方向，安徽、四川、河南、湖南、广西、湖北、江西等省的消费市场将大有潜力可挖。根据现有上市公司业务特点、业务基础、扩张规划和区域市场竞争环境，我们认为步步高、重庆百货、红旗连锁、银座股份、王府井、鄂武商、海宁皮城、吉峰农机等公司将优先受益于本轮人口回流红利。另外，考虑到新型城镇化过程中的政策红利，中百集团、友好集团、大商股份等公司虽有公司治理层面或股权层面的瑕疵，但若以上问题有所改善，长期投资价值仍值得期待。

第二章

股市波动的一般性讨论

股指期货对机构投资者至关重要

陈　东　　2009 年 4 月

随着金融全球化不断发展，金融风险的传播速度和危害性越来越大。受美国次贷危机造成的金融海啸影响，A 股市场在 2007 年 10 月到 2008 年 10 月的一年之内指数下跌 70% 以上，券商、基金、保险、社保等机构投资者大都伤痕累累。A 股市场作为一个新兴市场，市场运行不够成熟规范，各类信息对市场的冲击很大，股价和大盘走势震荡激烈。因此，股指期货对于我国机构投资者规避 A 股市场系统性风险显得非常重要。

按照 A 股市场现有的运行机制，只有当股价上涨时才能赚钱，于是大量逐利资金会推动股价不断上涨，很容易造成股价泡沫而最终导致暴跌。当股价下跌并持续下行时，由于没有有效的反向操作机制，投资者的大量现货头寸无法通过对冲得到保值，只能在现货市场上进行被动性做空，“多杀多”而形成市场超跌。假如有了股指期货，股票现货市场与期货市场实现有机联动，投资者买进股票后，为防止股票市场系统性下跌造成损失，可利用股指期货这一直接的风险管理手段。投资者卖出股指期货，用期货市场上得到的收益补偿现货市场上的损失，就能把投资组合风险控制在一定范围内。而且，股指期货做空机制的运用以及价格发现功能的发挥，能有效地平衡现货市场多空双方的力量对比关系，抑制 A 股市场的暴涨暴跌行情，使机构敢于长期持股，避免频繁买卖，克服“长期资金短期化，机构行为散户化”的弊端，充分发挥机构投资者稳定市场的作用。

股指期货不但是规避市场系统性风险和优化投资行为的工具，还是实施以控制风险为主旨的投资理念所必不可少的主流载体，在金融市场上发挥着价格发现、风险规避、交易套利和资产配置等诸多功能。可以说，股指期货对机构投资者发展壮大具有非常重要的意义。

一、机构投资者可以利用股指期货有效规避市场系统风险

根据现代投资组合理论，构建投资组合可以有效分散非系统性风险，但在出现系统性风险时却无法发挥作用。股指期货一个很大的特点就是能把基础市场的系统性风险剥离出来，变成可交易的产品，使得风险可以有效转移。首先，股指期货具有发现价格的功能，通过在公开、高效的期货市场中众多投资者的竞价，形成更能反映股市“真实价值”的价格；其次，股指期货具备做空机制，预期股票市场下跌的投资者可通

过卖出股指期货合约对冲系统性风险。所以，机构投资者可以利用套期保值原理，在现货市场和期货市场上作相反的操作来积极应对股票市场系统性风险。

一方面，已经持有股票的投资者，如果对未来的A股市场走势没有把握，或预测股价将会下跌，为避免股价下跌带来的损失，就可以通过卖出金额相当的股指期货合约来进行保值。这样，一旦股票市场下跌，投资者可以从期货市场上卖出股指期货合约的交易中获利，以弥补股票现货市场上的损失。另一方面，机构投资者还可以进行买入套期保值，如果看好大势并且判断大盘短期内将出现较大涨幅，投资者需要快速建立股票仓位又不愿承受由于买单过大使得价格上涨而产生的额外成本时，可以事先买入股指期货来避免这一问题。

二、机构投资者可以进行套利交易，进行投资创新

股指期货交易在交割时采用现货指数基准，等于强制期货指数最终收敛于现货指数。一般情况下，期货市场的价格走势与现货市场价格走势保持着高度的同步性，期价与现价高度相关。但在交割日之前的交易期间内，股指期货和现指维持着一种动态关系，在各种因素作用下，期指起伏不定，常常与现指产生偏离，当这种偏离超出一定范围时就产生了套利机会。这就给投资者在两个市场之间进行套利交易提供了条件和基础。尽管这种套利每次产生的利润不大，但由于无风险，故常常吸引着大型机构的注意力。在成熟的金融市场，大型套利基金均能够通过计算机捕捉任何微小的套利机会，以自动交易机制实现无风险利润。在我国现行市场阶段，机构投资者可以采取预测股指期货合约的合理价格——计算期货合约无套利区间——确定是否存在套利机会——确定交易规模并进行股指期货合约与股票交易等步骤完成一个套利流程。套利交易的种类繁多，除了在期货和现货两个市场上进行的指数套利外，在不同月份股指期货合约之间，甚至不同的指数的股指期货合约之间，也可能产生套利交易机会。

三、利用股指期货的价格发现功能预测市场趋势，高效配置资产

股指期货交易的参与者众多，价格形成过程中包含了来自不同领域对市场各方面价格预期的信息，这些信息综合体现在股指期货价格变动当中，形成一个更能代表整个A股市场真实价值的预期价格。而且，股指期货具有交易成本低、杠杆倍数高和多空操作不受限制等优点，投资者更倾向于在收到市场新信息后，优先在期市调整持仓，使得股指期货价格对信息的反应更快，更能对资本市场未来走势作出提前反应，造就股指期货更灵敏的价格发现功能。

作为机构投资者，就要积极利用股指期货预测市场趋势的信号灯作用，提前配置资产，把握市场机会，在不同的时间点上，将资产按比例投资于A股市场或其他金融市场，如债市、货币市场、基金、外汇、贵金属或不动产。在看空A股市场时，降低

股票配置，同时增加债券配置；在看多A股市场时，增加股票配置，同时降低债券配置。实践证明，投资管理人如果能够利用股指期货的价格发现功能准确地预测资产价格变化的趋势，并采取买卖股指期货等及时有效的行动调整资产配置，将带来更高的收益；但如果投资管理人不能准确预测资产价格变化的趋势，或者能够准确预测但不能采取及时有效的行动，都会严重影响投资资产的收益。

股指期货诞生以后，它最重要的功能是作为资产配置工具而存在。由于股指期货实行保证金和T+0制度，具有交易成本低和效率高等特点，且期货市场容量相对较大，在股指期货市场建立相应头寸的速度要比股票市场快得多，因而必将成为机构投资者重要的资产配置工具。投资经理在调整权益类资产配置比例时，可以不必采用实际买入或抛售股票的操作方式，而是借助股指期货来实现配置目的。当市场出现短暂不景气时，机构投资者可以借助股指期货，锁定利润，而不必放弃准备长期投资的股票。同样，当市场出现新的投资机会时，机构投资者可以先行买入股指期货，使投资者把将来准备买入的股票价格固定下来，既可以把握时机，又可以从容选择个股，以准确实施其投资策略。尤其是基准组合以固定收益类资产为主的机构投资者，一旦股票市场持续向好，在短期内不可能将大量资金投资于股票市场的情况下，可以用较少的资金投资股指期货，提前进行布局，把握市场机会，同样可以获得A股市场上涨的平均收益，提高资金总体的配置效率。

股指期货的资产配置功能可使得投资者的投资策略更加多样化，原来股票市场单向投资模式将转变为双向投资模式。原来熊市中机构资金流出股票市场转投债券或其他领域的资产配置模式，将被牛市中投资股票、熊市中投资股指期货或股指期货套利投资模式所取代。此外，通过卖出一定量的股指期货合约，可以有效改变组合资产的风险收益特征，这为基金设计适合不同风险偏好特征群体的产品提供了可能。有了股指期货这个规避风险的工具，就相当于在一定程度上解除了投资A股市场的后顾之忧，包括社保基金、保险资金、企业年金和证券投资基金在内的注重长期投资的机构投资者，就会加大股票投资力度，增加在股票市场的配置比重，有利于证券市场成熟理性投资主体的培育，促进资本市场健康发展。

纠正一种关于股指长期合理涨幅的错误分析方法

章　斌　黄祖斌　　2009 年 6 月

有观点认为，可通过对比一个时期内某股指与该股指样本股整体盈利水平、该经济体经济规模各自的扩张倍数（参见表 1），来判断该股指点位是否合理。我们认为，尽管三者有一定的相关性，但在某一时期内，即使在价值层面，也不存在简单的同幅扩张关系。

表 1　美国经济规模、标普 500 指数整体盈利水平与标普 500 指数扩张倍数对比

	美国名义 GNP 扩张倍数	美国名义 GDP 扩张倍数	标普 500 指数整体盈利水平增加倍数	标普 500 指数上涨倍数
1946 至 2008 年	65.20	64.17	27.83	50.11
1964 至 2008 年	21.37	21.49	6.43	11.81
1973 至 2008 年	10.05	10.32	4.00	7.63
1980 至 2008 年	4.94	5.11	1.74	8.14
1990 至 2008 年	2.47	2.46	1.16	2.66

第一，样本股公司盈利水平比经济规模对股指更有影响力。对于上市公司来说，盈利才是股价上涨的基石，而非税前收入。从表 1 可发现，标普 500 指数整体盈利水平增加倍数，明显落后于美国的 GNP 和 GDP 扩张倍数。

企业的收入在扣除税收和劳动力成本后，才是归股东所有的税后利润。一个经济体中，企业前两项支出占 GDP 或 GNP 比例的变化对企业利润的影响比较大。第二次世界大战结束后，欧美许多国家普遍实行了高工资、高福利政策，企业收入中用于税收和工资的比重增加，而归股东所有的税后利润比重减少。

值得一提的是，欧美企业高管的高薪已成为上市公司的沉重包袱。拿通用汽车来说，该公司在 20 世纪 40 年代处于发展巅峰时期，总裁频繁出差坐的是火车小包厢；目前通用汽车巨额亏损，朝不保夕，CEO 却拿着 1 400 多万美元的年薪，前往华盛顿申请政府援助时坐的是专机。在标普 500 指数样本股公司中，企业利润占收入的比重普遍下降，股指就可能会体现这个变化。

第二，不同的股指样本股结构不同，并且行业的构成也会调整。如纳指成份股主要是科技类公司，因此在“科技股”泡沫膨胀和破裂的过程中，纳指涨跌幅都明显大于道指和标普500指数。而标普500指数在1976年7月调整了行业结构，从无到有增加了40只金融股。在此之前，该指数与美国金融业无关，而之后，则对金融业的景气度比较敏感。1990年至2006年是美国金融业发展的黄金时代，标普500指数的涨幅很高。但自2007年开始，美国金融机构的利润大幅下滑，旧的盈利模式下的高利润时代一去不复返，标普500指数自然也受累于此。

第三，全球化背景下，股指样本股公司收入来源结构发生了变化，但是，股指未必体现这个变化。中国吸收的外资远多于对外投资，因此GDP大于GNP；而日本则相反，对外投资远大于吸收的外资，GNP就大于GDP。就美国而言，丰田等外国汽车企业在美国的汽车产销量最近30年来持续增加，这种产值计入GDP却不计入GNP。在美国的大量外国企业虽然创造了美国的GDP，却普遍不在美国上市。同时，不少美国跨国公司在全球化的浪潮中在海外大量投资，从海外取得了大量销售收入和利润。这部分业务同样计入GDP而不计入GNP，标普500指数不太会反映这种变化。

第四，股指除反映当前盈利水平外，还包含了对上市公司未来经营业绩的预期。目前98%的标普500指数成份股公司已公布报表，其中138家亏损。标普500家公司甚至出现了整体亏损，共计亏损973.4亿美元。自2007年以来美国标普500指数整体盈利跌幅创1921年熊市以来最大水平，并超过了大萧条时期的盈利下滑水平。目前市场普遍认为美国经济并未到最坏的时候，标普500指数也可能反映这种预期。

第五，某个时间段的起点股市估值水平未必合理。过高或过低的估值水平可能在未来得到纠正。这样，某个时间段内股指的变化，既有企业盈利变化的因素，还包含了对之前不合理估值水平的“纠正因素”。如日本股市20世纪90年代初泡沫的破裂，既体现了日本企业盈利下降的因素，也体现之前股市泡沫过大，并在此后不断破灭的因素。

第六，不同的时点，股息所得税与资本利得税政策未必相同。投资者获得的股息净收入越多，股市的吸引力也越大。据《华尔街日报》在2002年的报道，标普500指数成份股在1925年的股息率中值为4.1%，派息率的中值为54.6%；到2002年，分别下降为1%和32.8%。2003年之前，美国股息税率高达35%，资本利得税率为20%。从股息收入的角度来看，当时标普500指数的吸引力不如从前。但是，从2003年开始美国减半征收股息税，2004~2006年3年内停征股息税，而2003年正是美国股市由熊转牛的一年。

从股指构成角度探讨近年全球股市区域性差异

章　斌　2010年9月

自2008年金融海啸爆发以来，全球股市的表现在行业和区域上均体现出较强的结构性差异。本文尝试从各国股指构成的角度来探讨这种差异背后的原因。我们采用GICS分类方法计算各国股指构成比例，然后将能源、材料、工业、可选消费品、金融和信息技术6个行业设定为强周期板块，必需消费品、健康医疗、电信服务和公用事业4个行业设定为弱周期行业；并在此基础上计算各国股市强周期板块市值与弱周期板块市值的比值，简称“强弱周期板块市值比”。在比较各国股指相对强度时，我们的计算口径均为当前股价相对2007年10月高点时的涨跌幅。

一、发达国家股市

图1为各国股市2007年10月以来累计涨跌幅及各自强弱周期板块市值比的对比图，横轴表示当前点位相对2007年下半年高位的累计涨跌幅，纵轴表示强弱周期板块市值比，越往上表示股指中强周期板块占比越高。我们发现美国（道指与标普500指数）、德国、英国、法国、西班牙和日本股市均存在以下特征：强弱周期板块市值比高的股指，过去3年的累计跌幅比较大，两者大致存在负相关关系。上述国家中，日本股市的强弱周期板块市值比最高，过去3年累计跌幅也最大；英国股市该指标最低，过去3年累计跌幅也最小。

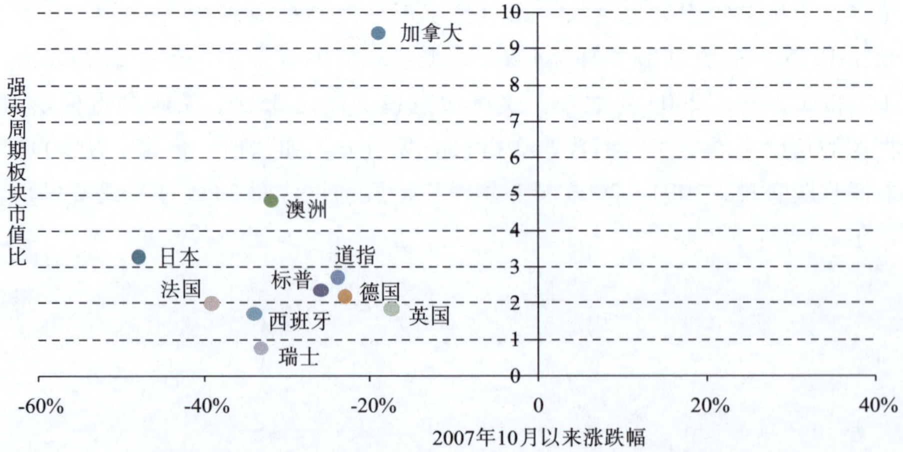

图1　发达国家股市强弱周期板块市值比以及2007年10月以来涨跌幅

在过去 3 年里，消费、健康医疗等弱周期行业的表现普遍好于工业、金融、地产、能源等强周期行业。这解释了为什么股市强周期板块占比高低与过去 3 年各国大盘指数的累计涨跌幅大致会是负相关的。

但加拿大、澳洲以及瑞士股市的情况却有所不同。加拿大和澳洲股市强弱周期板块市值比远高于日本，但过去 3 年累计跌幅却明显小于日本。瑞士股市强周期板块占比在发达国家中是最低的，但过去 3 年累计跌幅却超过 30%。

加拿大和澳洲的情况可能是因为其股指结构中材料行业占比较高。两国股市中材料行业占比均超过 20%，而且两国材料股表现在各国中最好。澳洲股市跌幅相对加拿大较大的原因可能是其金融板块占比将近 40%，在发达国家股市中为最高。如图 2 所示，我们将强弱周期板块市值比调整为强周期板块（扣除资源股）市值/弱周期板块加资源板块市值后（简称“调整后的强弱周期板块市值比”），加拿大的情况就不再“异常”了，其调整后的强弱周期板块市值比仅高于英国、法国和瑞士，而过去 3 年累计跌幅则仅高于英国。瑞士的情况则与罗氏药业股价因“血糖仪问题”而持续走弱有关。罗氏药业在瑞士 SMI 中占比为 12.5%，目前其股价已下跌至 2009 年 3 月低点附近。

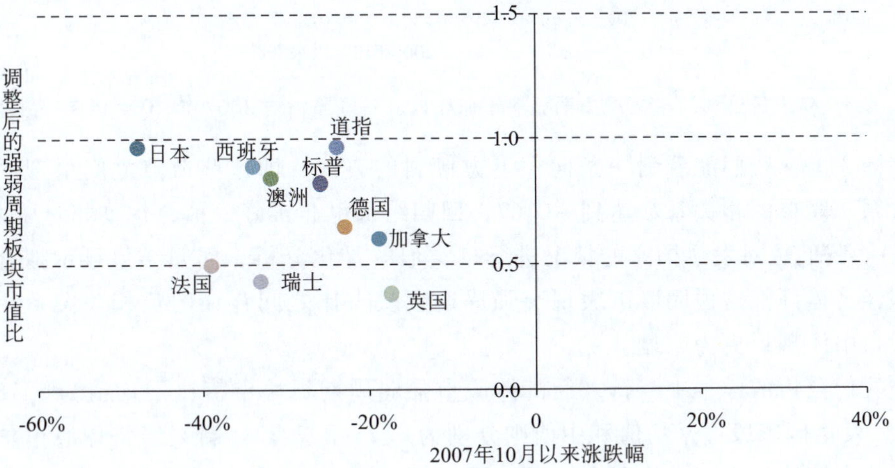

图 2　发达国家股市调整后的强弱周期板块市值比及 2007 年 10 月以来涨跌幅

二、新兴经济体与中国股市

图 3 为 14 个新兴经济体股市 2007 年以来累计涨跌幅及各自强弱周期板块市值比的对比图，和图 1 一样，横轴表示当前点位相对 2007 年下半年高位的累计涨跌幅，纵轴表示强弱周期板块市值比，越往上表示股指中强周期板块占比越高。我们发现，当前股指点位已超过 2007 年高点或离当时高位仅在 10% 以内的股市（巴西、印度、泰国、马来西亚、印度尼西亚、菲律宾、墨西哥），其强弱周期板块市值比均在 5 倍以下；相

反，最近3年累计跌幅较多的股市（中国、俄罗斯、中国香港、中国台湾），其强弱周期板块市值比则都接近或超过6倍。中国和俄罗斯股市自2007年10月以来累计跌幅分别为56%和41%，其强弱周期板块市值比分别高达7.5和17.2。总体上，过去3年新兴经济体股市表现的好坏很大程度受股指结构中强周期板块占比高低的影响。

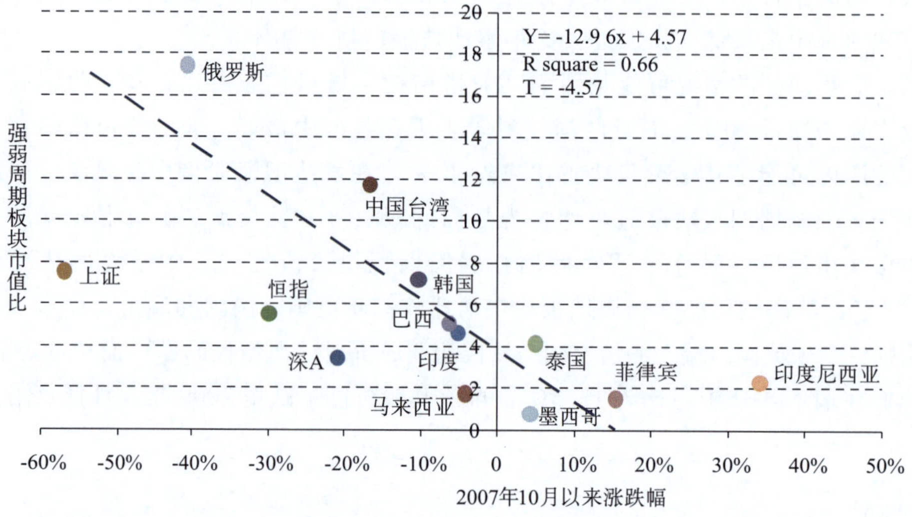

图3　新兴经济体股市强弱周期板块市值比以及各国股市自2007年10月以来涨跌幅

在图3上，我们能看到一条向左上方倾斜的直线，即这些散点之间呈现明显的负相关关系。简单的相关系数达到-0.67，回归结果也非常好，拟合优度超过了0.6（参见图3）。我们也对发达国家的情况进行过类似的量化分析，回归结果显示拟合优度没有新兴经济体高。这说明股市表现与强周期板块占比之间存在的负相关关系在新兴经济体股市中体现得更为明显。

在我们分析的样本中，新兴经济体股市强弱周期板块市值比平均值为5.78，中值为4.8，发达国家股市平均值和中值则分别为3.23和2.33。新兴经济体股市整体的强周期板块占比明显高于发达国家。不过从2007年下半年以来的累计涨跌幅看，多数新兴经济体股市的表现强于发达国家股市。也就是说，如果将新兴经济体股市和发达国家股市看成两大资产类别的话，其表现的好坏与强周期板块占比高低没有直接的联系；这可能是因为投资者在新兴经济体股市和发达国家股市之间进行资产配置时，还会考虑成长性、流动性等因素。

上证指数强弱周期板块市值比在新兴经济体股市中为第三高，仅次于俄罗斯和中国台湾；上证指数过去三年的累计跌幅却超过50%，远远高于其他新兴经济体股市。一方面，这能用上证指数强周期板块占比高，而过去几年强周期板块表现不如弱周期板块来解释。但另一方面，从图3来看，上证指数近年表现弱于其他新兴经济体股市似乎还不能完全归结于上述原因。我们尝试从更具体的行业占比及其表现入手进行解释。

1. A股市场消费板块市值占比明显低于新兴经济体股市平均水平，且过去3年消费板块表现不如很多新兴经济体股市。上证指数消费板块市值占比只有10.5%，远远低于巴西、韩国、印度尼西亚、马来西亚等新兴经济体股市，也低于新兴经济体股市16%的平均水平，和发达国家股市平均水平（18.5%）相比则更低。不管是从2007年高位至今还是从2009年初至今来看，消费类股票在全球范围内的表现都非常好，中国股市消费类股票占比低，因此影响了大盘的相对表现。就A股市场自身而言，消费类股票从2007年10月至今的表现相对于大盘还是不错的，特别是必需消费品。但是和印度、印度尼西亚、中国台湾等新兴经济体的同类股票相比，中国消费类股票的涨幅依然落后，这种情况拉大了A股市场与新兴经济体股市表现的差距（参见图4、图5）。

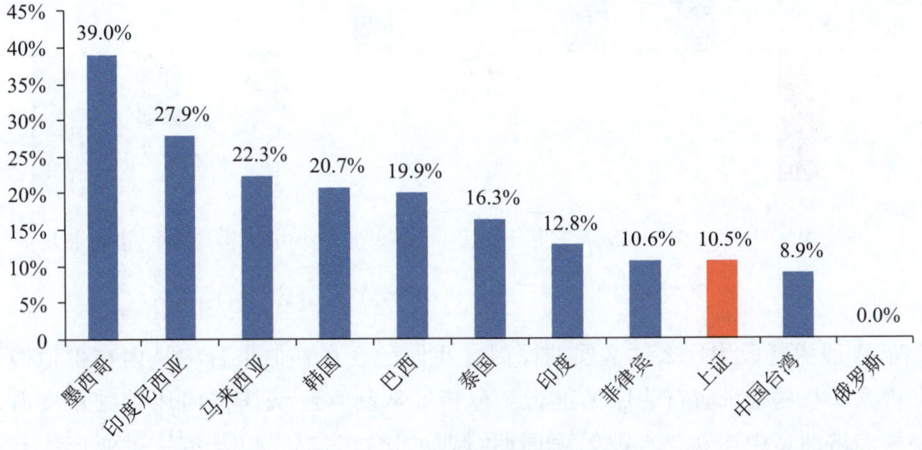

图4 新兴经济体消费板块市值占比比较

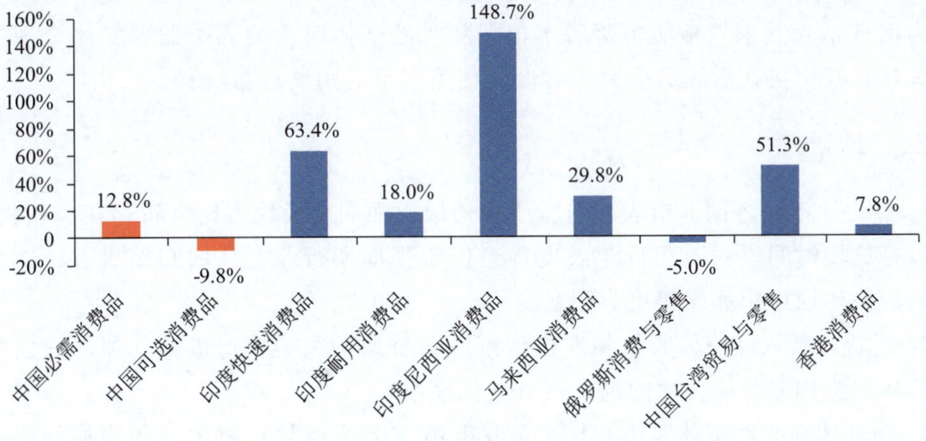

图5 2007年高位至今新兴经济体消费板块表现比较

2. 从新兴经济体横向比较的角度看，A股银行股市值占比较高、走势几乎最弱。从银行股市值占比来看，A股总体上是偏高的。上证指数银行板块市值占比为30%，明显高于印度（26.8%）、巴西（16.43%）和俄罗斯（22.86%），与印度尼西亚（29.7%）、泰国（29.8%）差不多，仅低于马来西亚（35.4%）和菲律宾（39.77%）。相对于2007年高位来说，银行板块是全球股市中跌幅最大的板块之一。A股银行板块比重较高自然不利于其整体表现。不过值得注意的是，从新兴经济体横向比较的角度看，A股银行股走势几乎是最弱的。如图6显示，目前印度、印度尼西亚、马来西亚银行股已经高出2007年高点18%以上，韩国也仅比2007年高点低不到9%、但A股银行板块依然比2007年高点低50%。

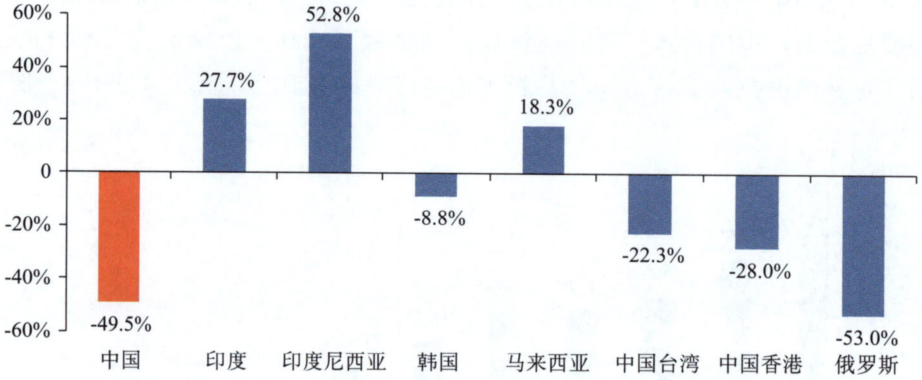

图6　2007年高位至今新兴经济体银行板块表现比较

关于A股银行股为什么这么弱的原因，我们已经在其他报告中从内在价值因素、监管趋严因素、机构投资者行为因素进行了分析。从新兴经济体横向比较的角度看，可能还与中国经济体系中钢铁、水泥等强周期行业的比重过高，以及传统工业产能普遍过剩有关。在经济景气下降周期中，这些因素使得中国银行体系的资产质量下降风险更大。

为何A股市场消费板块也落后于很多新兴经济体股市的同类股票？这个现象值得高度关注，我们将在后续的研究中尝试从估值水平的角度进行解释。

三、结语

1. 过去3年，各国股市表现与其股指构成中强周期板块占比大致存在负相关关系，其原因是这段时间里弱周期行业表现普遍优于强周期行业。从回归结果看，这个特征在新兴经济体股市中体现得更为明显。

2. 但若将新兴经济体股市和发达国家股市看成两大类资产的话，那么它们整体表现的好坏与强周期板块占比的高低没有直接联系。

3. 和其他新兴经济体股市相比，A股市场（上证指数）过去3年为何如此弱势也能从股指构成角度得到部分解释。一是上证指数强周期板块占比在新兴经济体股市中为第三高，消费板块占比远低于新兴经济体股市平均水平，而银行板块占比却较高。二是从板块表现来看，无论是消费板块还是银行板块，A股都明显落后于很多新兴经济体股市同类股票。

关于我国股债统计特性的研究

段善雨　胡　劼　麦　静　　2013 年 5 月

一、股市统计特性研究

（一）高频收益率数据的分布特征

正态分布拥有许多简单、广为熟悉的统计特征，在各类金融统计教材中被用作资产价格收益率分布的首选统计模型。然而，对此也有许多争论，比如“实际收益率分布尖峰厚尾现象更明显”，“实际收益率分布是不对称的”。如果真是如此，那么正态分布假设会低估权益资产的实际风险。为此我们作了如下实证检验：

图 1 是沪深 300 指数自 2002 年至 2013 年 4 月 2 日的日收益率数据的直方图，以及使用正态分布和学生 T 分布拟合的结果。可以看出历史数据确实有明显的尖峰和厚尾现象，学生 T 分布较正态分布的拟合效果更好。从图 2 中可以更清晰地看到尾部的拟合情况。图 2 的 X 轴是收益率，纵轴代表不同模型下，此收益率发生的概率。比如在日收益率为 -6% 时，正态分布认为其发生的概率是 0.05%，但是实际历史上日跌幅在 6% 左右的概率是 0.5%（2002 年至今日收益率在 -6% ~ -7% 区间共发生过 14 次，最近一次是在 2010 年 11 月 12 日，下跌 6.21%），此概率与学生 T 的拟合结果非常近似。同理，在收益率为 -6% ~ -2% 的区间，学生 T 和正态分布都对发生概率有所低估；在收益率小于 -6% 的区间，学生 T 分布高估了发生概率，正态分布大大低估了发生概率。

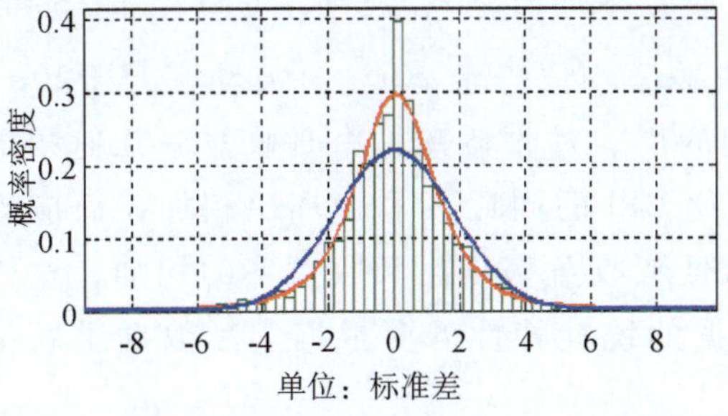

图 1　沪深 300 日收益率尾部特征（概率密度）

注：绿色：原数据，红色：学生 T 分布拟合，蓝色：正态分布拟合。

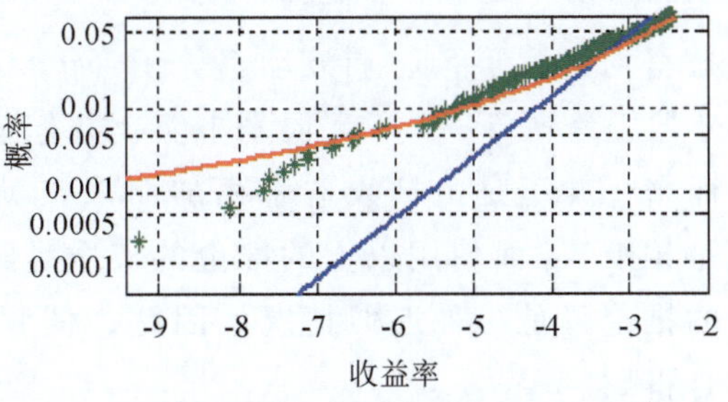

图 2　沪深 300 日收益率尾部特征（概率）

注：绿色：原数据，红色：学生 T 分布拟合，蓝色：正态分布拟合。

表 1 计算了沪深 300 指数日收益率统计信息，共 2 722 个观察值。为了能够与历史观察值比较，我们使用蒙特卡罗模拟，抽样 1 000 次，每次随机产生 2 722 个满足正态或学生 T 分布的随机数，计算抽样的统计信息的均值。历史日平均收益率为 0.039%，非常接近于零。中位值略大于均值，分布略左偏，且有一定的尖峰。正态和学生 T 分布均为对称分布，理论上无法拟合左偏现象。正态分布对尖峰无能为力，学生 T 分布为了更好拟合尾部，使得峰度过大，有些矫枉过正。某些时候我们更关心收益率风险，95 百分位（或 5% 一日 VaR）的历史值是 -2.738%，两种分布的拟合都比较接近。但是在后 5% 的收益率期望（5% CVaR）上，正态分布明显低估了历史风险，学生 T 分布较接近。

表 1　　沪深 300 指数日收益率统计信息

	均值 (%)	标准差 (%)	中位值 (%)	偏度	超额峰度	95 百分位 (%)	5 百分位 (%)	5% CVaR (%)
历史分布	0.039	1.767	0.073	-0.069	3.238	-2.738	2.822	-4.216
正态分布	0.040	1.767	0.040	-0.001	-0.002	-2.866	2.944	-3.603
学生 T 分布	0.048	1.873	0.047	-0.073	22.603	-2.670	2.766	-4.213

通过以上的实证分析，我们可以肯定正态分布对权益类资产日收益率的拟合效果不好，无法刻画尾部风险，相对较好的解决方法是使用学生 T 分布。不过由于日收益率的观察值量非常大，因此可以认为历史分布就是实际分布。那么，对于低频数据，如周数据、月数据，情况又是如何呢？

（二）低频收益率数据的分布特征

大家一定非常熟悉以下推论："如果日收益率均值是 r，波动率是 σ，那么周收益率均值等于 5r，周波动率等于 5σ，月收益率均值等于 20r，月波动率等于 20σ，年收益率等于……"。但是事实上我们使用的周、月收益率是由日收益率几何相乘而来，并不是由日收益率相加而来（就好比 CPI 的同比不等于环比相加，而应该是相乘）。而使用以上的推论的实质是默认低频收益率是高频收益率的相加，这样的推论只是一种近似情况。因此，低频数据的统计特性需要根据实际数据重新拟合得到。

图 3 至图 6 分别是沪深 300 指数周、月收益率的拟合情况（周数据 565 个观察值，月数据 135 个观察值）。与日数据类似，相比正态分布，周数据和月数据的历史分布更符合学生 T 分布，后者对尾部风险的拟合较好。

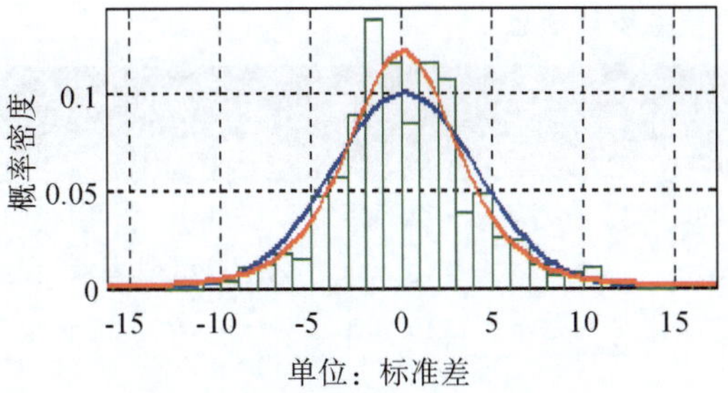

图 3　沪深 300 指数周收益率尾部特征（概率密度）

注：绿色：原数据，红色：学生 T 分布拟合，蓝色：正态分布拟合。

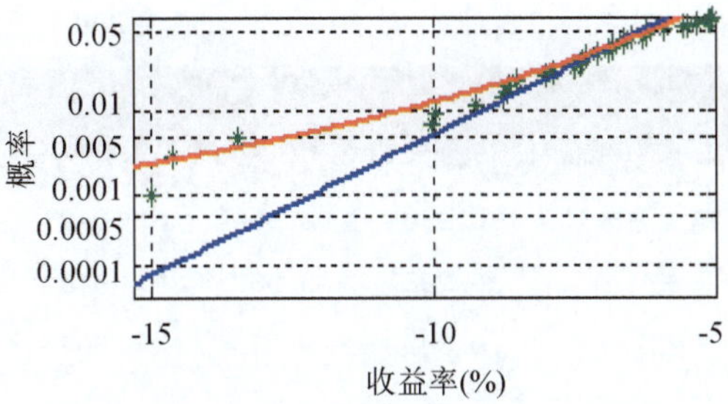

图 4　沪深 300 指数周收益率尾部特征（概率）

注：绿色：原数据，红色：学生 T 分布拟合，蓝色：正态分布拟合。

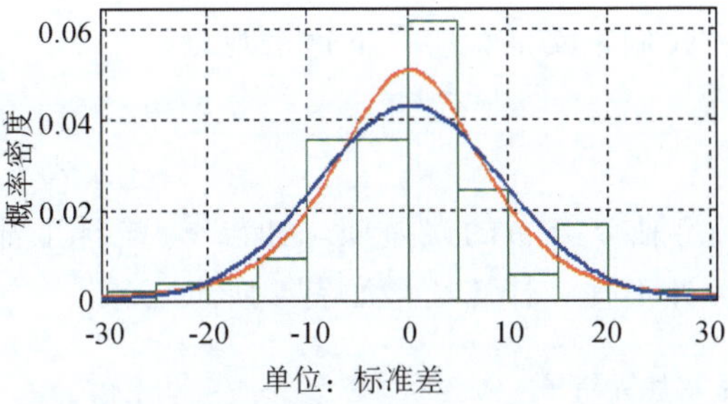

图 5　沪深 300 指数月收益率尾部特征（概率密度）

注：绿色：原数据，红色：学生 T 分布拟合，蓝色：正态分布拟合。

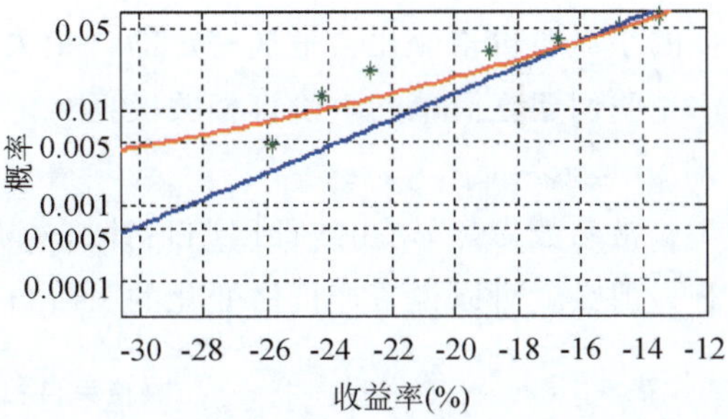

图 6　沪深 300 指数月收益率尾部特征（概率）

注：绿色：原数据，红色：学生 T 分布拟合，蓝色：正态分布拟合。

我们采用与前面相同的模拟方法（周数据每次模拟 565 个，月数据每次 135 个，与历史观察量相等，抽样 1 000 次取平均），在表 3 和表 4 中列示了沪深 300 指数周、月数据的统计信息。我们发现低频数据的尖峰厚尾现象减小了，相比日数据更趋近于正态分布，但是尾部风险还需要学生 T 分布拟合。事实上低频数据整体更趋近于正态分布，只是出现了更多的极值。

表 3　　沪深 300 指数周收益率统计信息

	均值（%）	标准差（%）	中位值（%）	偏度	超额峰度	95 百分位（%）	5 百分位（%）	5% CVaR（%）
历史分布	0.188	3.879	−0.026	0.183	1.765	−5.644	6.696	−8.252
正态分布	0.194	3.878	0.190	0.006	−0.003	−6.186	6.578	−7.781
学生 T 分布	0.101	3.902	0.097	0.012	3.106	−6.064	6.261	−8.587

表 4　　沪深 300 指数月收益率统计信息

	均值（%）	标准差（%）	中位值（%）	偏度	超额峰度	95 百分位（%）	5 百分位（%）	5% CVaR（%）
历史分布	0.935	8.999	1.079	−0.046	0.726	−12.745	17.136	−19.512
正态分布	0.998	8.989	1.010	0.010	−0.047	−13.764	15.786	−17.078
学生 T 分布	0.897	9.030	0.904	−0.012	1.412	−13.651	15.359	−18.465

（三）权益类资产收益率是否服从独立分布

这个问题也可以这么说，“市场是否是完全随机的?”，“如果今天（本周、本月）股市上涨，那么明天（下周、下个月）也有很大概率上涨吗?”。通常的说法是，高频数据、市场综合指数的变化是趋于随机的，而低频数据、个股价格，特别是流动性较低的小盘股价格变化会呈现一定的自相关性。我们来实证检验一下这个观点。

我们建立简单的 1 阶自相关模型：

$$r_t = \varphi_0 + \varphi_1 r_{t-1} + \varepsilon_t \qquad \text{（公式 1）}$$

常系数 φ_0、φ_1 由线性回归估计，ε_t 是满足独立分布的误差项。如果 φ_1 统计上显著，那么就可以说资产价格变化的 1 阶自相关性很强。计算结果如表 5 所示。

表 5　　收益率自相关系数计算结果

	频率	样本数量	95%置信度	收益率的 1 阶自相关系数	
				值	超额
中证 100 指数	日	2485	0.033	0.004	−0.029
	周	515	0.072	0.007	−0.065
	月	122	0.149	0.156	0.007
沪深 300 指数	日	2 722	0.032	0.018	−0.014
	周	565	0.069	0.030	−0.039
	月	135	0.142	0.128	−0.014
中证 500 指数	日	2 001	0.037	0.067	0.031
	周	414	0.081	0.050	−0.031
	月	98	0.166	0.132	−0.035

计算结果基本符合我们的预期。在选取的各指数中，随着数据频率的降低，自相关系数上升，说明低频数据趋势性更强，高频数据波动更强。按股票市值区分，小盘股的高频自相关性更强（中证 500 指数的日 φ_1 统计显著），而大盘股的低频自相关性更强（中证 100 指数的月 φ_1 统计显著）。这是因为小盘股流动性较差，价格容易被资金推动形成短期趋势，但长期投资价值较弱。而大盘股短期流动性好，不易形成短期趋势，但长期投资价值较强且随中长期经济基本面走势。沪深 300 指数介于两者之间。

这一现象是有一定启发性的，因为中国股市发展尚不成熟，短期投机炒作现象严重，做空机制尚未普及，因此中短期趋势性太强。对于中国股市来说，随着市场的完善，投资者趋于理性，可能股市长期趋势性会更强，中短期均值回复性更强。

（四）权益资产收益率的波动性是否服从独立分布

前面提到的收益率的自相关性相信大家都有感性的认识，“某某股票已经连续好几个涨停了！”，“某某股票上穿20日均线，上涨趋势确立！”一直是大家津津乐道的。但是收益率的波动却很难直观地感觉到，更不要说波动率还要满足什么“独立性”。我们通过两幅图对比说明什么是波动率的“独立性”。

图7和图8分别是沪深300指数历史日收益率和独立正态分布假设下的模拟数据。两者的差别是显而易见的，前者有明显的波动率“团簇”现象，即某些时候波动率较低，某些时候波动率加强；而后者显得很平均。这些“团簇”就是由波动率的自相关性造成的，也就是说实际上波动率是不符合独立分布的。波动率自相关性的显著性也可以通过自相关系数量化。

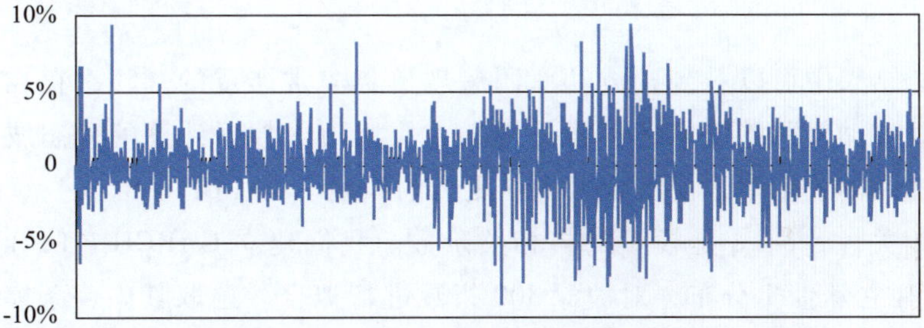

图7　沪深300指数历史日收益率

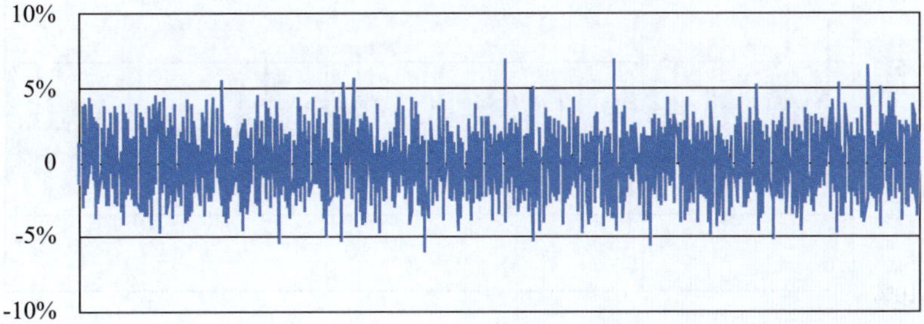

图8　独立正态分布日收益率

我们将公式1改写成：

$$\varepsilon_t^{\,2} = [r_t - (\varphi_0 + \varphi_1 r_{t-1})]^2 \qquad \text{（公式2）}$$

ε_t^2 就是r的波动率，公式3可以用来检验其是否有1阶自相关性：

$$\varepsilon_t^2 = \phi_0 + \phi_1 \varepsilon_{t-1}^2 + \eta_t \qquad \text{（公式3）}$$

与公式1类似，常系数 ϕ_0、ϕ_1 由线性回归估计，η_t 是满足独立分布的误差项。如果 ϕ_1 统计上显著，那么波动率的1阶自相关性就是显著的。表6计算了各指数的 ϕ_1。

表6　　　　波动率自相关系数计算结果

	频率	样本数量	95%置信度	收益率的1阶自相关系数	
				值	超额
中证100指数	日	2 485	0.033	0.131	0.098
	周	515	0.072	0.152	0.079
	月	122	0.149	0.199	0.050
沪深300指数	日	2 722	0.032	0.134	0.102
	周	565	0.069	0.139	0.070
	月	135	0.142	0.134	-0.008
中证500指数	日	2 001	0.037	0.216	0.180
	周	414	0.081	0.099	0.018
	月	98	0.166	0.089	-0.077

从表6的结果中可以看到，波动率团簇现象是非常严重的，几乎存在于所有的频率、指数中。波动率团簇现象是不容忽视的，使用历史数据计算的静态波动率在很多时候低估了实际的波动率，使组合承受了更大的风险。GARCH（p，q）模型可以模拟波动率的自相关性，p、q是模型的自相关阶数。我们建立GARCH（1，1）模型，并假设 η_t 满足独立学生T分布，对沪深300指数进行拟合。选取其中一条模拟结果如图9所示，其与图7历史数据特征较为接近。

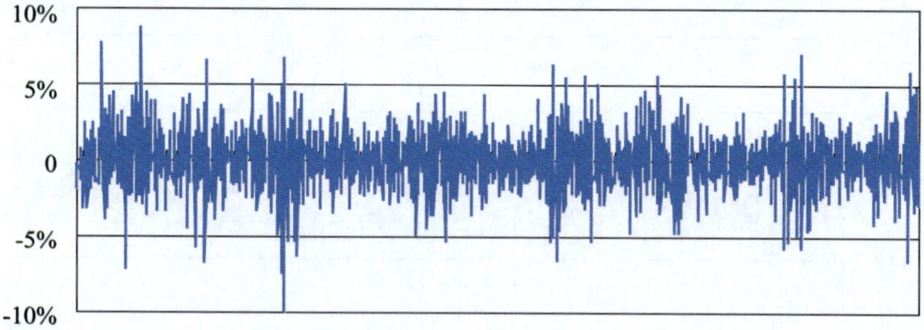

图9　GARCH（1，1）学生T分布日收益率

与前面的模拟方法类似，使用GARCH模型模拟1 000次，每次模拟量与历史量相等，计算统计信息的平均值。计算结果如表7至表9所示，并将历史分布、独立正态和独立学生T分布模拟结果重新列示以作对比：

表 7　　沪深 300 指数日收益率统计信息

	均值（%）	标准差（%）	中位值（%）	偏度	超额峰度	95 百分位（%）	5 百分位（%）	5% CVaR（%）
历史分布	0.039	1.767	0.073	-0.069	3.238	-2.738	2.822	-4.216
正态分布	0.040	1.767	0.040	-0.001	-0.002	-2.866	2.944	-3.603
学生 T 分布	0.048	1.873	0.047	-0.073	22.603	-2.670	2.766	-4.213
GARCH	0.011	1.842	0.012	0.013	6.907	-2.780	2.802	-4.246

表 8　　沪深 300 指数周收益率统计信息

	均值（%）	标准差（%）	中位值（%）	偏度	超额峰度	95 百分位（%）	5 百分位（%）	5% CVaR（%）
历史分布	0.188	3.879	-0.026	0.183	1.765	-5.644	6.696	-8.252
正态分布	0.194	3.878	0.190	0.006	-0.003	-6.186	6.578	-7.781
学生 T 分布	0.101	3.902	0.097	0.012	3.106	-6.064	6.261	-8.587
GARCH	0.051	3.719	0.049	0.010	1.329	-5.955	6.067	-8.108

表 9　　沪深 300 指数月收益率统计信息

	均值（%）	标准差（%）	中位值（%）	偏度	超额峰度	95 百分位（%）	5 百分位（%）	5% CVaR（%）
历史分布	0.935	8.999	1.079	-0.046	0.726	-12.745	17.136	-19.512
正态分布	0.998	8.989	1.010	0.010	-0.047	-13.764	15.786	-17.078
学生 T 分布	0.897	9.030	0.904	-0.012	1.412	-13.651	15.359	-18.465
GARCH	0.244	8.885	0.244	-0.003	0.457	-14.326	14.728	-18.378

结合图 10 的分布图与统计数据可以看出，使用误差项为学生 T 分布的 GARCH (1, 1)模型其峰度拟合与历史数据非常接近，不需要像学生 T 分布那样依靠增加峰度也能够较好刻画尾部风险。其缺陷是对均值、中位值以及偏度的拟合差异较大，而造成均值偏差较大的原因是 GARCH 模拟分布是对称的。虽然理论上来说 EGARCH、GJR 模型可以模拟非对称分布，但是经实证检验，其结果并不能令人满意。整体看来 GARCH 在波动率拟合上的优势是非常明显的，在风险控制、动态资产配置优化、衍生品定价方面都有很高的应用价值。

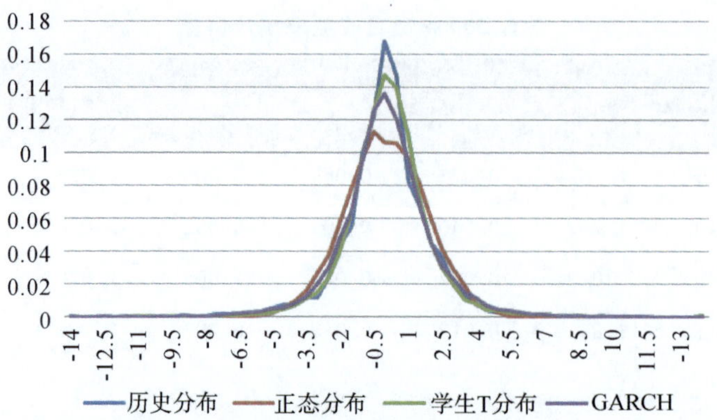

图 10　沪深 300 指数日收益模拟概率分布

GARCH 模型最大的利用价值还是在于它是一种条件波动率，能够刻画资产收益率变化的动态过程。在进行一些取决于价格变化过程的投资策略模拟时，例如通过模拟数据衡量 CPPI 策略是否长期有效，动态过程的模拟具有独立分布模拟不可替代的优势。

二、债市统计特性研究

（一）中债总财富债券指数的统计特性

我们以中债总财富指数代表固定收益资产价格的走势，经统计分析发现债券价格整体波动率极低，其标准差仅为股市的十分之一左右。但这并不代表债市没有风险，由于债市流动性较差，很容易造成趋势性行情。从高频数据的统计特征来看，正态、学生 T、GARCH 模型对中债总财富指数日、周数据的拟合效果都非常差。数据有极大的峰度，说明大多数时间中债总财富指数收益率在 0 附近波动，但一旦基本面出现变化，债市就会形成明显的趋势直到达到新的价格平衡，中债总财富指数走势呈阶梯状。因此，债市的风险度量有别于股市，传统的标准差、VaR 在债市风险度量方面并不非常适用。相比之下，中债总财富指数的月度数据峰度较低，使用学生 T 分布能够较好地拟合其统计特征，包括尾部风险（参见表 10 至表 12）。

表 10　　中债总财富指数日收益率数据的统计特性

	均值（%）	标准差（%）	中位值（%）	偏度	超额峰度	95 百分位（%）	5 百分位（%）	5% CVaR（%）
历史分布	0.013	0.179	0.011	0.129	7.712	−0.273	0.271	−0.449
正态分布	0.013	0.179	0.013	0.000	−0.001	−0.281	0.308	−0.356
学生 T 分布	0.013	0.912	0.013	0.557	875.313	−0.235	0.260	−0.843
GARCH	0.012	0.121	0.012	−0.056	39.807	−0.121	0.144	−0.260

表 11　　中债总财富指数周收益率数据的统计特性

	均值（%）	标准差（%）	中位值（%）	偏度	超额峰度	95 百分位（%）	5 百分位（%）	5% CVaR（%）
历史分布	0.064	0.379	0.051	1.151	17.436	-0.534	0.586	-0.850
正态分布	0.064	0.379	0.064	-0.002	-0.012	-0.560	0.687	-0.717
学生 T 分布	0.065	0.444	0.065	-0.155	46.179	-0.463	0.597	-0.910
GARCH	0.059	0.464	0.060	-0.009	18.252	-0.513	0.630	-1.050

表 12　　中债总财富指数月收益率数据的统计特性

	均值（%）	标准差（%）	中位值（%）	偏度	超额峰度	95 百分位（%）	5 百分位（%）	5% CVaR（%）
历史分布	0.268	0.887	0.338	0.317	2.640	-1.149	1.486	-1.634
正态分布	0.268	0.885	0.270	-0.005	-0.047	-1.192	1.721	-1.522
学生 T 分布	0.263	0.896	0.264	-0.068	3.991	-1.122	1.649	-1.725
GARCH	0.244	0.961	0.245	-0.021	4.070	-1.213	1.694	-1.941

由于债市的一些基本统计特性有别于股市，下文我们尝试从债市波动周期及债券到期收益率与主要宏观变量关系等角度来研究债市的一些统计特性。

（二）债市波动周期的统计特性

为了获取债市的波动周期，我们对主要债券到期收益率、中债总财富系列指数和中债总全价系列指数均做了统计分析，发现用中债总全价系列指数更为合适。在此，我们以 2006 年 11 月～2013 年 3 月中债国债总全价指数和中债信用债总全价指数的月度收益率数据作为代表进行分析，经统计发现：中债国债总全价指数持续上涨或下跌的月份数一般在 3～6 个月，只有一次持续的时间少于 3 个月（为 2012 年 5 月）；中债信用债总全价指数持续上涨或下跌的月份数一般也在 3～6 个月，只有一次持续时间高达 10 个月（为 2009 年 11 月～2010 年 8 月）。因此，下文我们在对债市与主要宏观变量关系的统计特性进行研究时选取 3 个月和 6 个月两个时间跨度。

（三）债券到期收益率与主要宏观变量关系的统计特性

为了对债券到期收益率与主要宏观变量关系的统计特性进行分析，我们取 2006 年 11 月 1 日～2013 年 1 月 5 日的主要债券到期收益率的未来三个月变化幅度数据和 2006 年 11 月 1 日～2012 年 10 月 9 日的主要债券到期收益率的未来 6 个月变化幅度数据作为因变量（由于数据限制，AA 企业债的起始时间为 2007 年 5 月 25 日，其各债券品种的样本数分别为 1 406 个、1 345 个），以经济增长（用产出缺口表示）、通胀（用 CPI

当月同比表示）、利率及资金面（用银行间七天回购利率表示）等指标的状态变量作为自变量（按其趋势转化为状态变量，其中上升趋势用“1”表示，下降趋势用“-1”表示，走平用“0”表示），进行时滞性、相关性和回归分析，尝试从历史数据中寻找规律以供投资决策参考。经时滞性分析发现没有明显的时滞性。

经相关性分析（参见表13和表14）得出：主要债券到期收益率的未来三个月变化幅度与经济增长、通胀、利率及资金面等指标均呈现正相关关系，且与资金面和利率的正相关性较大；资金面与利率债的正相关性要大于信用债，而与同类债券的正相关性则随着债券期限的延长而减弱。主要债券到期收益率的未来六个月变化幅度与经济增长、通胀、利率及资金面等指标基本上呈现正相关关系，且与通胀和利率的正相关性较大；中长期债券与资金面的相关性较少。

表13　　各相关指标与主要债券到期收益率的未来3个月变化幅度的相关系数

	经济增长指标	通胀率	利率	资金面
银行间固定利率国债到期收益率：1年	28.80%	37.41%	34.16%	55.57%
银行间固定利率国债到期收益率：3年	30.97%	33.35%	28.33%	44.94%
银行间固定利率国债到期收益率：5年	28.38%	28.50%	22.43%	37.42%
银行间固定利率国债到期收益率：7年	27.00%	24.39%	17.94%	34.20%
银行间固定利率国债到期收益率：10年	31.63%	23.51%	17.43%	34.32%
银行间固定利率国债到期收益率：15年	26.40%	18.10%	13.77%	32.39%
银行间固定利率政策性金融债到期收益率（进出口和农发行）：1年	25.68%	42.38%	38.09%	48.76%
银行间固定利率政策性金融债到期收益率（进出口和农发行）：3年	25.46%	37.21%	33.95%	40.60%
银行间固定利率政策性金融债到期收益率（进出口和农发行）：5年	23.56%	31.00%	28.86%	34.95%
银行间固定利率政策性金融债到期收益率（进出口和农发行）：7年	21.02%	30.11%	26.52%	30.92%
银行间固定利率政策性金融债到期收益率（进出口和农发行）：10年	20.56%	32.33%	27.50%	31.66%
银行间固定利率政策性金融债到期收益率（进出口和农发行）：15年	19.46%	25.53%	28.59%	29.56%
银行间固定利率企业债到期收益率（AAA）：1年	16.78%	48.68%	43.46%	49.97%
银行间固定利率企业债到期收益率（AAA）：3年	23.09%	40.56%	41.75%	43.09%
银行间固定利率企业债到期收益率（AAA）：5年	24.54%	31.93%	30.98%	42.73%
银行间固定利率企业债到期收益率（AAA）：7年	24.35%	31.93%	35.06%	38.91%
银行间固定利率企业债到期收益率（AAA）：10年	21.61%	30.68%	35.42%	37.81%
银行间固定利率企业债到期收益率（AAA）：15年	21.27%	28.89%	37.28%	34.54%
银行间固定利率企业债到期收益率（AA）：1年	13.81%	48.03%	48.89%	41.47%
银行间固定利率企业债到期收益率（AA）：3年	15.92%	37.79%	40.66%	37.18%
银行间固定利率企业债到期收益率（AA）：5年	14.31%	26.14%	30.65%	36.67%
银行间固定利率企业债到期收益率（AA）：7年	12.94%	24.76%	33.41%	32.04%
银行间固定利率企业债到期收益率（AA）：10年	10.68%	20.87%	31.36%	29.59%
银行间固定利率企业债到期收益率（AA）：15年	9.28%	16.70%	30.63%	24.80%

表 14　各相关指标与主要债券到期收益率的未来 6 个月变化幅度的相关系数

相关系数（未来 6 个月）	经济增长	通胀率	利率	资金面
银行间固定利率国债到期收益率：1 年	36.36%	49.35%	30.26%	29.84%
银行间固定利率国债到期收益率：3 年	33.44%	39.79%	24.07%	16.38%
银行间固定利率国债到期收益率：5 年	30.12%	34.96%	20.62%	9.02%
银行间固定利率国债到期收益率：7 年	28.34%	31.80%	17.06%	2.80%
银行间固定利率国债到期收益率：10 年	32.66%	29.10%	15.94%	1.36%
银行间固定利率国债到期收益率：15 年	28.72%	27.15%	14.07%	-3.77%
银行间固定利率政策性金融债到期收益率（进出口和农发行）：1 年	31.69%	51.10%	34.50%	27.22%
银行间固定利率政策性金融债到期收益率（进出口和农发行）：3 年	30.01%	42.06%	27.68%	16.26%
银行间固定利率政策性金融债到期收益率（进出口和农发行）：5 年	27.41%	34.29%	24.32%	8.33%
银行间固定利率政策性金融债到期收益率（进出口和农发行）：7 年	25.43%	34.42%	23.02%	4.91%
银行间固定利率政策性金融债到期收益率（进出口和农发行）：10 年	26.35%	38.84%	25.29%	4.36%
银行间固定利率政策性金融债到期收益率（进出口和农发行）：15 年	21.65%	31.05%	27.46%	-2.11%
银行间固定利率企业债到期收益率（AAA）：1 年	26.00%	58.54%	42.03%	32.49%
银行间固定利率企业债到期收益率（AAA）：3 年	26.65%	45.31%	37.38%	21.31%
银行间固定利率企业债到期收益率（AAA）：5 年	27.34%	37.46%	28.22%	16.39%
银行间固定利率企业债到期收益率（AAA）：7 年	27.00%	36.82%	31.09%	14.59%
银行间固定利率企业债到期收益率（AAA）：10 年	24.22%	37.40%	32.71%	12.73%
银行间固定利率企业债到期收益率（AAA）：15 年	22.35%	34.93%	37.11%	7.88%
银行间固定利率企业债到期收益率（AA）：1 年	18.07%	61.07%	51.19%	24.91%
银行间固定利率企业债到期收益率（AA）：3 年	14.59%	47.06%	39.91%	15.73%
银行间固定利率企业债到期收益率（AA）：5 年	6.74%	34.36%	27.96%	8.23%
银行间固定利率企业债到期收益率（AA）：7 年	2.43%	30.20%	28.30%	6.41%
银行间固定利率企业债到期收益率（AA）：10 年	-1.26%	28.13%	26.68%	6.18%
银行间固定利率企业债到期收益率（AA）：15 年	-5.12%	24.11%	29.82%	-0.63%

经回归分析（参见表 15 和表 16）得出：就债券到期收益率的未来 3 个月变化幅度而言，利率和资金面指标作为解释变量显著正相关，通胀指标的显著性次之，经济增长指标的显著性较低。就债券到期收益率的未来 6 个月变化幅度而言，通胀指标作为

解释变量显著正相关，经济增长指标的显著性次之，而利率指标对利率债基本不显著但对信用债显著，资金面指标除对 1 年期债券显著外其他都不显著。

表 15　　各相关指标与主要债券到期收益率的未来 3 个月变化幅度的回归结果

	经济增长	通胀率	利率	资金面	常数项	拟合优度
银行间固定利率国债到期收益率：1 年	3	7	21	30	-4	39%
银行间固定利率国债到期收益率：3 年	7	6	13	20	—	27%
银行间固定利率国债到期收益率：5 年	6	5	9	15	—	19%
银行间固定利率国债到期收益率：7 年	7	4	5	13	3	16%
银行间固定利率国债到期收益率：10 年	9	2	4	11	3	17%
银行间固定利率国债到期收益率：15 年	7	—	4	10	3	14%
银行间固定利率政策性金融债到期收益率（进出口和农发行）：1 年	—	12	23	26	-7	36%
银行间固定利率政策性金融债到期收益率（进出口和农发行）：3 年	3	9	20	20	-3	26%
银行间固定利率政策性金融债到期收益率（进出口和农发行）：5 年	4	6	16	16	—	19%
银行间固定利率政策性金融债到期收益率（进出口和农发行）：7 年	2	7	12	12	—	16%
银行间固定利率政策性金融债到期收益率（进出口和农发行）：10 年	—	9	10	12	—	17%
银行间固定利率政策性金融债到期收益率（进出口和农发行）：15 年	3	—	18	11	—	15%
银行间固定利率企业债到期收益率（AAA）：1 年	—	16	27	27	-8	41%
银行间固定利率企业债到期收益率（AAA）：3 年	—	8	30	22	-6	32%
银行间固定利率企业债到期收益率（AAA）：5 年	3	5	19	21	—	25%
银行间固定利率企业债到期收益率（AAA）：7 年	4	3	24	18	—	24%
银行间固定利率企业债到期收益率（AAA）：10 年	2	2	24	16	—	24%
银行间固定利率企业债到期收益率（AAA）：15 年	3	—	27	14	—	23%
银行间固定利率企业债到期收益率（AA）：1 年	—	16	46	24	-6	38%
银行间固定利率企业债到期收益率（AA）：3 年	—	9	35	20	-3	27%
银行间固定利率企业债到期收益率（AA）：5 年	—	2	26	20	—	19%
银行间固定利率企业债到期收益率（AA）：7 年	—	—	28	15	—	18%
银行间固定利率企业债到期收益率（AA）：10 年	—	—	25	12	—	16%
银行间固定利率企业债到期收益率（AA）：15 年	—	—	21	9	3	13%

表 16　各相关指标与主要债券到期收益率的未来 6 个月变化幅度的回归结果

	经济增长	通胀率	利率	资金面	常数项	拟合优度
银行间固定利率国债到期收益率：1 年	16	34	—	10	6	30%
银行间固定利率国债到期收益率：3 年	19	26	—	—	8	20%
银行间固定利率国债到期收益率：5 年	15	20	—	—	8	17%
银行间固定利率国债到期收益率：7 年	13	16	—	—	7	16%
银行间固定利率国债到期收益率：10 年	16	12	—	—	8	14%
银行间固定利率国债到期收益率：15 年	12	10	—	—	7	12%
银行间固定利率政策性金融债到期收益率（进出口和农发行）：1 年	11	43	—	10	—	29%
银行间固定利率政策性金融债到期收益率（进出口和农发行）：3 年	17	34	—	—	8	20%
银行间固定利率政策性金融债到期收益率（进出口和农发行）：5 年	15	23	—	—	9	15%
银行间固定利率政策性金融债到期收益率（进出口和农发行）：7 年	12	22	—	—	9	14%
银行间固定利率政策性金融债到期收益率（进出口和农发行）：10 年	10	23	—	—	7	17%
银行间固定利率政策性金融债到期收益率（进出口和农发行）：15 年	8	12	13	—	5	12%
银行间固定利率企业债到期收益率（AAA）：1 年	—	52	16	19	-6	37%
银行间固定利率企业债到期收益率（AAA）：3 年	9	30	24	7	—	23%
银行间固定利率企业债到期收益率（AAA）：5 年	15	25	9	—	9	17%
银行间固定利率企业债到期收益率（AAA）：7 年	13	19	17	—	8	17%
银行间固定利率企业债到期收益率（AAA）：10 年	9	18	18	—	7	17%
银行间固定利率企业债到期收益率（AAA）：15 年	8	11	30	—	5	17%
银行间固定利率企业债到期收益率（AA）：1 年	—	57	47	8	—	40%
银行间固定利率企业债到期收益率（AA）：3 年	—	38	33	—	—	24%
银行间固定利率企业债到期收益率（AA）：5 年	—	24	20	—	—	12%
银行间固定利率企业债到期收益率（AA）：7 年	—	16	22	—	4	10%
银行间固定利率企业债到期收益率（AA）：10 年	-8	15	19	—	—	10%
银行间固定利率企业债到期收益率（AA）：15 年	-9	8	26	—	—	10%

香港市场的影响因素分析

汪孟海　　2013 年 5 月

香港是一个比较综合的市场。其上市公司的主体是大陆企业，约占香港市场的70%（恒生指数权重中不到60%），而流动性却又因为香港的资本开放性，跟随全球的流动性波动。这就决定了香港市场的走势要受到内外双重因素的影响和制约。所以大家谈到香港市场的时候，一般都是把两者都讲一讲。但是究竟对于两种因素如何影响市场，以及分别影响市场的程度，在何时哪种因素占主导等问题，无论是逻辑还是数据分析，都是比较模糊的。本文大致从两个方面对香港市场的影响因素做了一些逻辑分析，并相应给出一些统计检验。

一、香港市场的结构分化

2012 年以来，我们看到香港市场具有明显的分化特征。2012 年，恒生指数收益率22.91%，而同期恒生国企指数收益率15.09%，两者相差7个多百分点。2013 年1～5月，恒生指数收益率3.69%，恒生国企指数－2.18%，5个月的时间，两者相差近6个百分点。由于恒生指数可以简单看作是国企指数和恒生香港指数的复合。那么指数的结构不同决定了恒生指数与恒生国企指数的巨大背离。2012 年以来，由于经济结构调整，国有企业，特别是周期类企业（金融，地产，能源，工业，原材料等行业）经受了较大的压力，这些都是构成恒生国企指数的主要成份。而香港本地的金融、地产股受国内经济的影响较小，更多的由全球流动性的推动，因此恒生指数的收益率比恒生国企指数高是合理的。

二、影响因素的逻辑分析

一般来讲，大家把同一家上市公司A股与H股之间的折溢价差异的原因，归结为投资者结构的不同。这从行为金融的角度上来讲是合理的。如果我们再细分来看，投资者结构的差异主要体现在，作为一个整体，投资者的风险厌恶程度，资金期限和其风险承受能力，以及对中国经济基本面的理解有差异。风险厌恶程度从中长期来看主要是全球流动性的变化，当然短期包括了投资者情绪的波动。而对于中国基本面的理解，则更多的主导了内地和香港市场的联动。当然，由于投资者之间的差异性，即使排除了流动性的影响，这种市场之间联动也并不一定是完全一致的。

简单来讲，香港市场投资者可分为两类，即内地投资者和海外投资者。影响因素也主要分为两类：流动性和基本面。如果内地放流动性，那么首先受益的是内地市场。继而，由于内地放流动性会很大可能带动国内经济增速提升，基本面得到改善，内地和香港的上市公司都会受益于此。不过比较而言，因为内地市场还存在基本面和流动性的叠加效应，其上涨幅度应该更大一些。如果是国内基本面转好，那么由于内地和香港上市公司同时受益于中国基本面，两者走势应该同步。如果欧美放流动性而国内不动，那么对国内来讲，流动性因素不存在，基本面可能还会受到欧美流动性的输入影响，有一定的压力，不过投资者可能会有中国同样放流动性的预期，短期也许会跟随等待预期是否被验证。对于香港来讲，则是正面影响大于负面影响，跟随欧美市场的流动性推动。而如果欧美的基本面改善，对国内市场的影响不大，主要可能体现为对中国出口的提升。而香港市场则会较大程度上跟随，因为欧美经济改善会带来投资者对风险资产的喜好程度提升，提升香港市场的流动性水平。不过随着国内资本市场的逐步开放，两者之间的差异会逐渐消除。

三、机构投资者结构

香港的机构投资者结构并没有精确的统计数据。有一个大概的说法是50%美国投资者，25%欧洲投资者，25%中东和其他投资者，未经证实。但至少可以说明一点的是，同时投资A股和港股的投资者在香港市场的占比很小。也就是说，即使排除基本面和流动性的影响，投资者结构的不同也决定了其认知水平、投资风格的不同，进而决定了其投资行为也会有所不同。这从A、H溢价指数可以有一些体现。

我们下面分一下投资者类型。然后分析一下投资者行为。基本来讲，香港分为长期机构投资者、对冲基金、散户三类。长期机构投资者主要做配置型投资，多是保险机构、养老金、主权基金、大学基金等长线投资者。长期投资者一般规模较大，挑选股票比较注重流动性，股息率和行业配置；一般会按照其基准配置，仓位在90%以上，调仓的频率不高。一般来讲，这些投资者的行为确实会表现为下跌买入，上涨抛出。但在某些特定的阶段，比如由于市场下跌而应对赎回时，长期投资者同样会有非理智的抛售行为。对冲基金比较多元化，规模可大可小。对冲基金包括海外对冲机构，香港本土对冲机构以及一些国内对冲机构。对冲基金的选股比较多元化，操作行为上，可多可空，或者配对操作。在买入股票的时候，操作上类似长期投资者，但持有期一般偏短。在做空股票的过程中，早期可能会促进股价的价值回归，但是后期也确实会把股价往超跌的方向砸。这和买股票会有追高一样，对冲基金同样也有明显的“羊群效应”。因为对冲基金以绝对收益为考核目标，其操作频率一般较高。香港市场的散户资金量较少，只能发出一点“噪音”。

学术上，一般都是根据投资行为，分成理性投资者，反馈投资者和噪音投资者，给出以上几类投资者的行为方程，设定几期投资阶段，然后用真实数据做检验。需要提醒的是，学术上的划分和市场中的划分并不能对号入座，因为在不同的阶段，投资行为和机构本身并不能完全对应起来。我们通过严格的统计检验证明：在股市上涨阶段初期，波动率比较低，反馈交易者采取逢高减持、逢低买进的原则；可是随着股市的不断上涨，波动率增大到一定程度时，反馈交易者开始不断追高买进；到了股市崩盘，一路下滑时，反馈交易者就开始不停抛售，股市泡沫破裂。

知己知彼百战不殆，既然在这个市场上，就要弄清楚自己是谁，弄清楚这个市场上还有谁；在市场的这个阶段，其他人会怎么想，怎么做；如果市场上涨，我会怎么做，其他人可能会怎么做，如果市场下跌，我会怎么做，其他人可能会怎么做。没有人能把握其他每一个人的决策，但是把握某几个群体，看这几个群体的整体行为，还是有可能的。

四、基本面解析

香港的基本面，可以从香港市场的结构来看。国内背景和主要是满足国内需求的企业占据主要的权重。香港本地股主要以金融和地产为主。我们把行业简单分成两类。一类是以金融、能源、工业、原材料等与投资相关的周期类资本品，另一类是以必须消费品、可选消费品、保健、信息技术、电信服务、公共事业等非投资相关的非周期类消费品。对比各国资本市场，可以看出，美国标普 500 指数，40% 的权重在周期类资本品，60% 是非周期的消费品。德国法兰克福指数，46% 周期品，54% 非周期品。恒生指数，74% 周期品（其中香港金融地产股占全部指数的 40%，受中国经济影响较小），26% 非周期品。上证综合指数 79% 周期品，21% 非周期品。

为什么欧美市场的结构和我们有如此大的差异？很显然，这是和经济结构密切相关的。我国的股票市场结构是和经济结构一致的。我国近十年处于工业化高速发展阶段，以基础设施建设，房地产和工业带动的经济，其贡献主体必然是周期类产业。类比任何一个国家的高速发展时期，都伴随着工业和基建的高比例投资，这并非中国特有的，而是经济发展的一个阶段而已。美欧等发达国家已经经过了高速工业化的过程，当前的经济结构必定和仍处于工业化进程的中国有明显的差异。以后随着产能投资的逐渐降低，基建投资的逐渐完成，中国经济将进入中速增长阶段。到时，中国经济结构会较现在有很大的差异。

中国经济需要转型，但经济结构的调整，是一个长期的过程，不会一蹴而就。在此期间，相应被调整的行业必然受到较大的压力，而被鼓励的行业则会体现出优势。资本市场是逐利的，在调整期间，行业分化会非常明显。受政策鼓励的行业，受经济下滑影响较小的行业，都会有明显的收益。而受政策压制和经济下滑影响严重的行业，则会被摒弃。我们做过不同行业不同时间阶段的收益率和指数的对比分析图表，可以明显看出，当前的市场风格和我们的判断一致。

投资者的浮躁性和经济调整的复杂性会导致在调整结构的阶段，预期和实际之间经常会产生较大的偏差，市场也会随之有较大的波动。即使是一个上市公司在业务转型的时候，也会遇到这样那样的问题，也会经历至少1～2年的磨合过程，股价在此期间也会有较大的波动，更何况一个国家呢？

五、流动性和市场情绪

香港的流动性比较难追踪。从大方面来看，我们一般就是以全球特别是美国的流动性作为主要影响因素，毕竟港币和美元存在联系汇率制度。从全球资金流动的角度来讲，如果流入美元，那么也会相应流入港币，就比如说，如果美国压低长期利率，那么对香港房地产就是利好。而同时，由于港币挂钩美元小幅波动，在一定程度上可以用港币对美元汇率作为短期指标参考。不足之处在于，一旦触及港币对美元汇率的上限或者下限，即使有更多的资金流入或者流出，也无法在汇率中体现出来。这也是香港市场流动性难把握的主要原因。但我们通过统计检验得出，其阶段的有效性还是比较显著的，这是值得重视的地方。

而市场情绪则显得更加短期化。结合香港市场，有一些比较有意思的指标。比如IPO首日发行收益率，市场波动率指数，市场结构指标，账户活跃度，做空比例等指标。通过对这些情绪指标的综合分析，对比验证，可以在一定程度上，把握到短期的市场情绪和变化。

六、结语

香港市场受到的影响因素很多，也很复杂。有时候是几种不同的因素同时起作用；而在不同的阶段，不同因素的影响力也会有差异。因此，把握香港市场的波动是一件非常难的事情。但是，我们认为，通过对市场不同影响因素的解构和分析，找到其特有的运行规律，并在一定程度上把握这种规律，是非常有意义的事情。

第三章

股市与宏观经济的关联性

亚洲股市1989～2008年波动特性探析

章　斌

2009年3月

一、经济增长率与股指运行

实证研究表明：亚洲各经济体在增长率大幅下降时期其股市表现基本上都很差，而且经济触底后能否恢复强劲增长对股指能否再创新高或挑战历史高点有很大的影响。从整体上看，1989年至2008年亚洲各经济体股指运行与其经济增长率在趋势上是高度一致的。

日本股市于1989年第四季度形成下跌拐点后长期走熊。1990年至2008年，日本股市连续疲软19年，累计下跌82%以上（见图1）。虽然日本股市在1998年至1999年以及2003年至2007年有较大幅度的反弹，但就反弹触及的高点，分别只有历史高位的52%和47%。

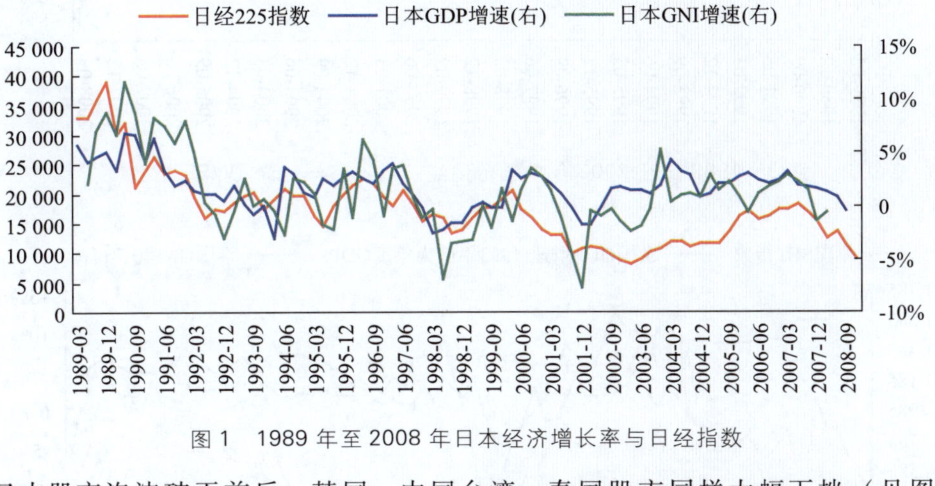

图1　1989年至2008年日本经济增长率与日经指数

日本股市泡沫破灭前后，韩国、中国台湾、泰国股市同样大幅下挫（见图2至图4）。但是，与日本股市截然不同的是：泰国股市和韩国股市分别在1993年第四季度和1994年第三季度创下新高。中国台湾股市走势相对比较疲软，但也在亚洲金融危机前夕逼近了前一个高点。

或许上述国家中长期经济走势的差异可以解释这一现象。日本经济从1990年第二季度开始急速衰退并陷入长期低迷，其经济增长率在此后的部分时间段里虽有所反弹，但再也没能回到泡沫破灭前的水平。1991年至2008年，日本GDP平均增速不到1.4%，

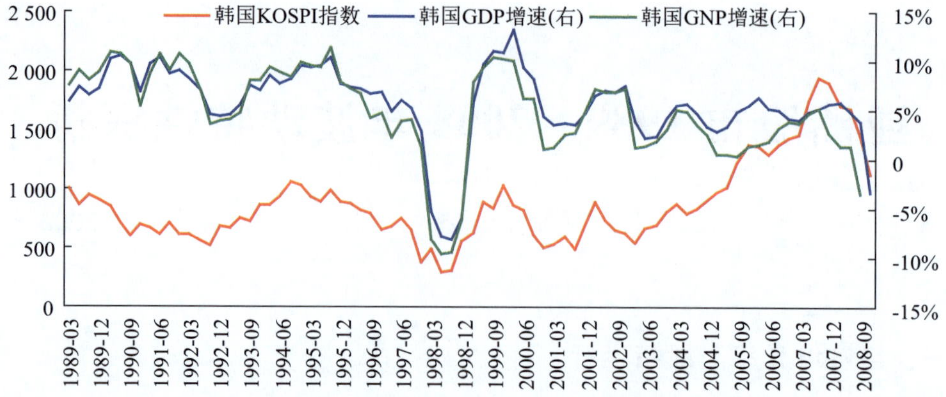

图 2　1989 年至 2008 年韩国经济增长率与韩国 KOSPI 指数

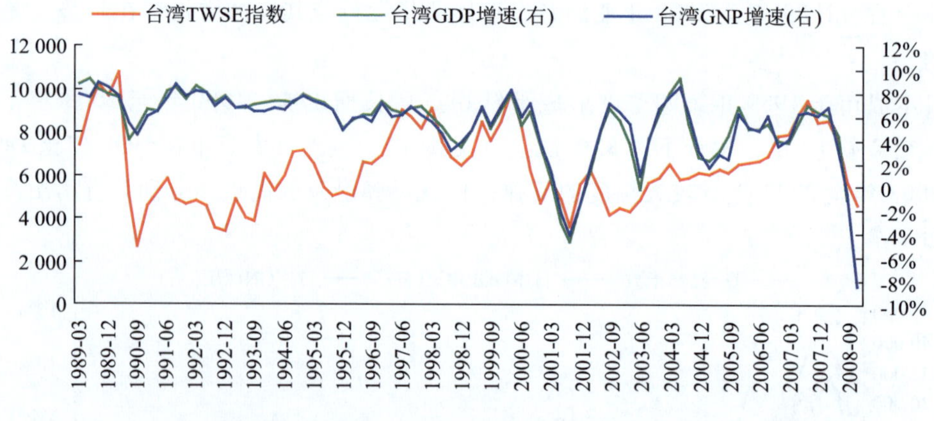

图 3　1989 年至 2008 年中国台湾经济增长率与台湾 TWSE 指数

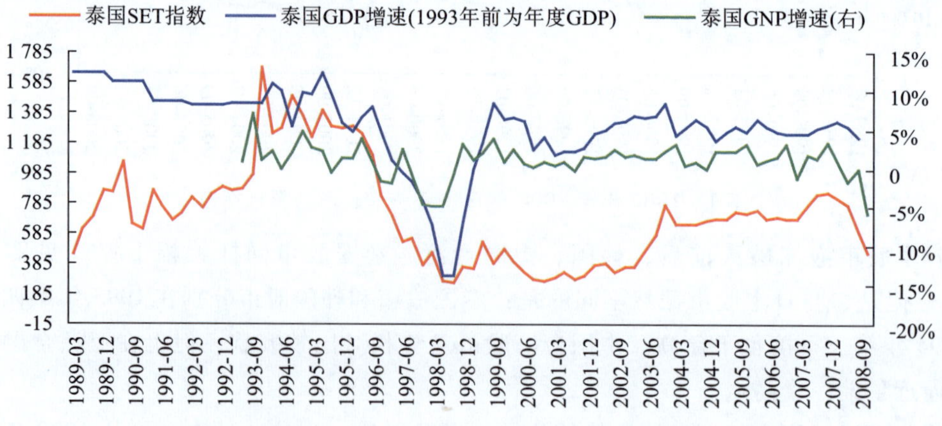

图 4　1989 年至 2008 年泰国经济增长率与泰国 SET 指数

远低于20世纪80年代4%的平均水平。1990年前后，韩国、中国台湾、泰国等经济体的经济增长率也有很明显的下滑，但它们的经济增速在触底后迅速反弹并且很快恢复强劲。由此可见，经济中长期走势对股指中长期运行轨迹有很大影响。

日本在1981年至1989年泡沫经济急剧膨胀时期，股市上涨超过400%，而经济规模只累计增长不到50%，泡沫破灭后经济又长期处于低迷状态。因此，从某种程度上讲，日本泡沫经济破灭后股市长期低迷实际上是对先前泡沫经济膨胀时期股市疯狂上涨的“报复性修正”。

从整体上看，1989年至2008年日本、韩国、中国台湾、泰国、印度、越南股市的走势都与其经济增长率的波动保持了非常明显的正相关性（见图1至图6）。一般来讲，这些经济体的股市（除中国台湾股市）往往提前几个季度对经济增速拐点的出现作出反应。

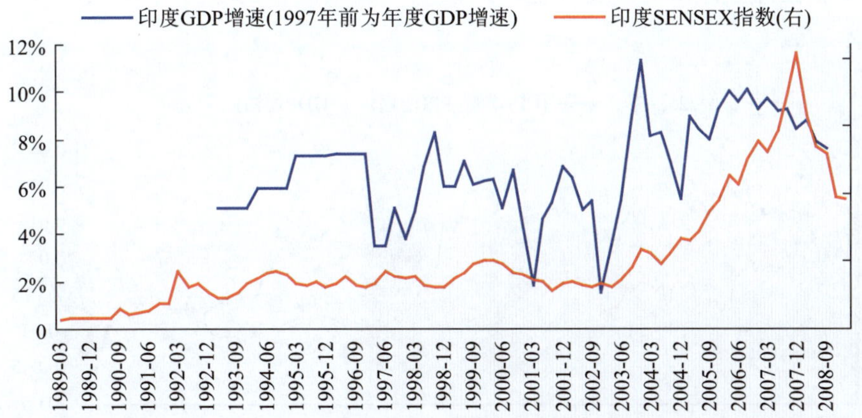

图5　1989年至2008年印度经济增长率与印度SENSEX指数

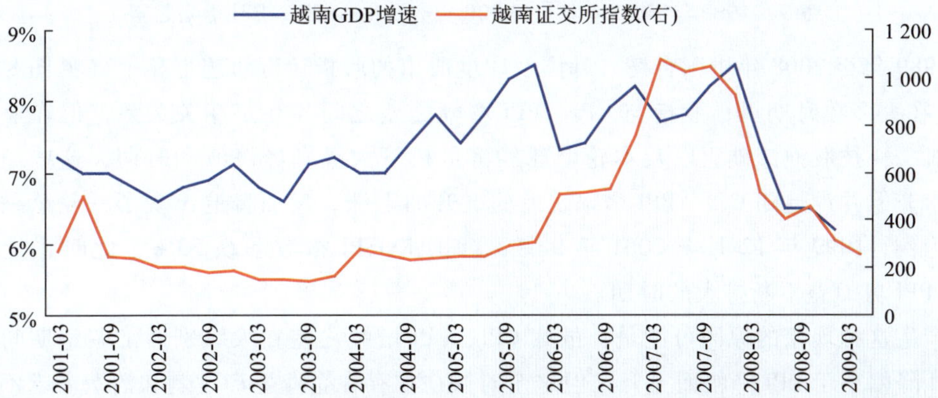

图6　2001年至2008年越南经济增长率与越南证交所指数

二、CPI 增幅和 PPI 增幅之差与股指运行

从理论上讲，CPI 增幅高于 PPI 增幅意味着企业产品售价上涨幅度大于生产成本上涨幅度，此时，企业毛利是上升的；而 CPI 增幅小于 PPI 增幅则意味着通货膨胀正在吞噬企业利润。股市的长期走势是由上市公司盈利变化情况决定的，因此 CPI 增幅与 PPI 增幅之差和股市走势之间应该存在正相关关系。实证研究表明：在一般性的经济波动时期里，亚洲股市的走势与 CPI、PPI 增幅之差之间确实存在正相关关系，但在大级别经济调整中，CPI、PPI 增幅之差的大幅上升却不能提振股市。

通过观察日本股市 1989 年至 2008 年的走势可以发现（参见图 7），日经 225 指数在 4 个时期内没有因为 CPI、PPI 剪刀差的扩大而得到提振，这 4 个时期分别是：20 世纪 90 年代初泡沫经济破灭期间、1997 年亚洲金融危机期间、2000 年全球科技股泡沫破灭期间以及本轮国际金融海啸。在其他时间段里，日本股市的走势与 CPI、PPI 增幅之差的走势基本一致。

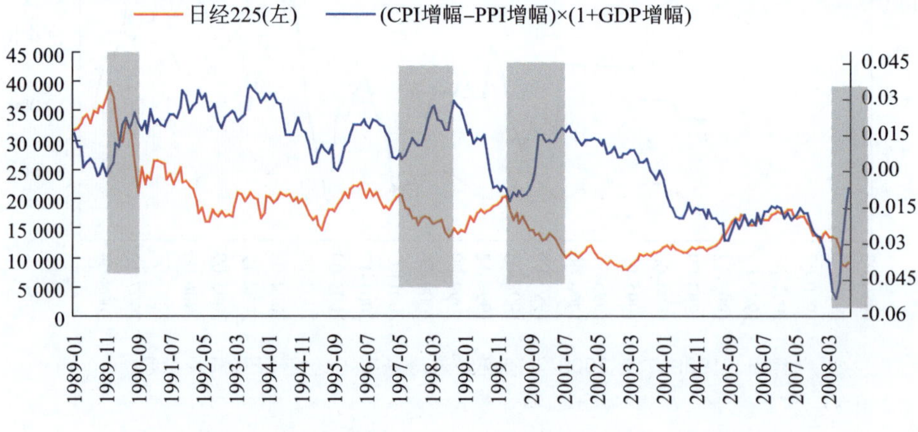

图 7　1989 年至 2008 年日经 225 指数及日本 CPI、PPI 增幅之差

1989 年至 2008 年中国台湾、韩国及印度股市的股指运行轨迹也显示（见图 8 至图 10），在大多数时期里，股指与 CPI、PPI 增幅之差之间存在正相关关系，但在亚洲金融危机、科技股泡沫破灭以及本轮全球经济危机等大级别经济波动时期，这些经济体的股市非但并没追随 CPI、PPI 增幅之差的上升而上涨，反而普遍出现了一轮杀跌。以韩国为例，1999 年 12 月至 2001 年 9 月，韩国 KOSPI 指数暴跌 53%，此时正是韩国 CPI、PPI 剪刀差不断扩大的时期。

产生这种现象的原因可能是：虽然 CPI、PPI 增幅之差在大级别经济调整期间会因为 CPI 降幅小于 PPI 降幅而上升，但这个时候往往存在企业生产过剩和消费需求不足等问题。存库量的上升和销售额的下降将不断冲击企业的盈利能力。在这种情况下，企业盈利下滑的情况得不到改善，股市也会在 CPI、PPI 增幅之差上升的背景下继续下跌。

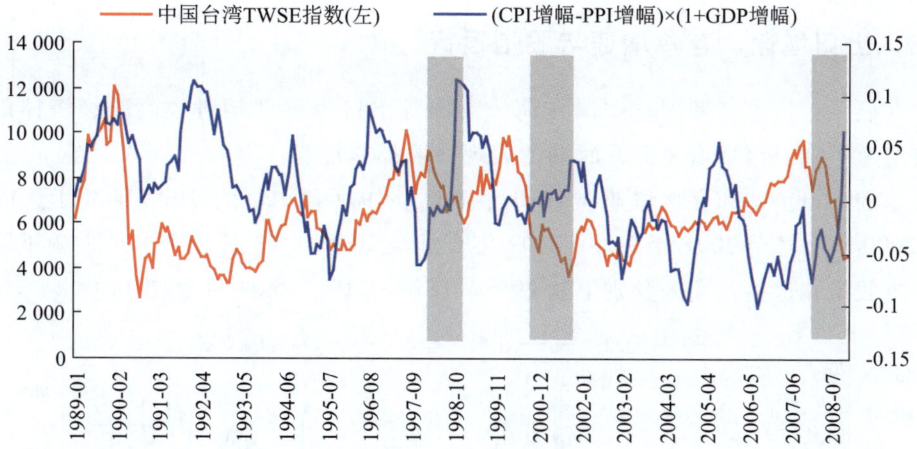

图 8　1989 年至 2008 年中国台湾 TWSE 指数及中国台湾 CPI、PPI 增幅之差

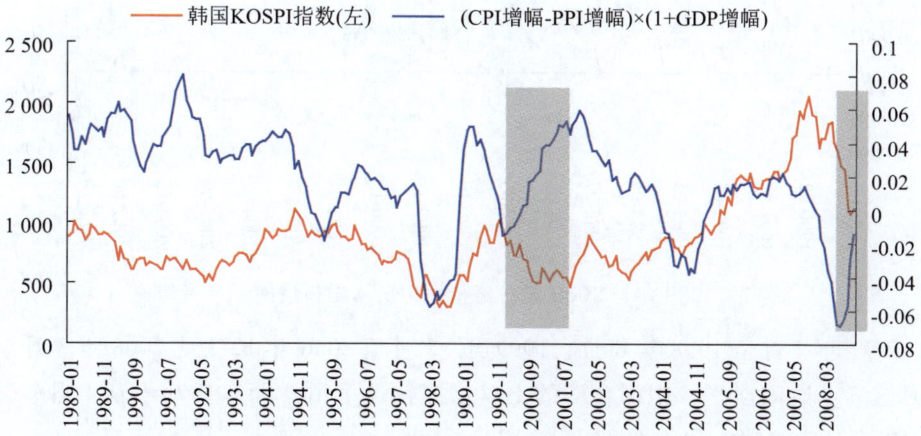

图 9　1989 年至 2008 年韩国 KOSPI 指数及韩国 CPI、PPI 增幅之差

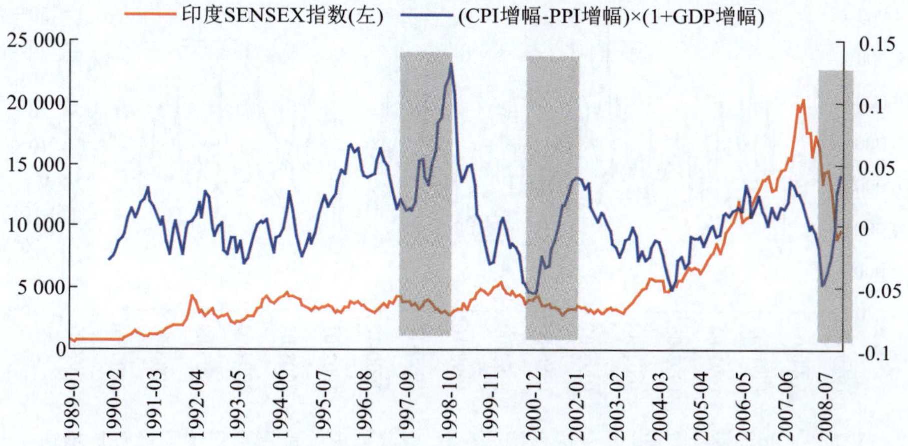

图 10　1989 年至 2008 年印度 SENSEX 指数及印度 CPI、PPI 增幅之差

三、出口增速、存货增速与股指运行

数据显示：日本、韩国、中国台湾、泰国等出口依存度相对较高的经济体的股市在出口增速下降、存货增速上升时期的表现一般都非常差。

日本的出口增速和存货增速在1990年7月至1991年12月、1997年4月至1998年3月、2000年2月至2001年9月、2007年6月至2008年12月分别出现大幅下降和上升，日本股市在这些时期内分别下跌29%、18%、51%、52%（见图11）。

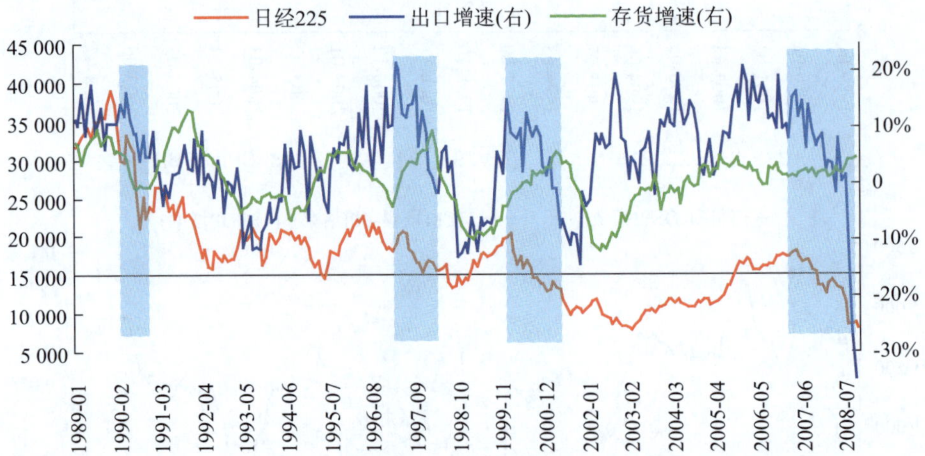

图11　1989年至2008年日经指数与日本出口增速、存货增速

在1997年7月至1998年8月、1999年12月至2000年12月、2008年3月至2008年12月这3个时间段里，中国台湾的出口增速快速下滑，而存货却不断上升，其股指分别大跌了35%、44%和48%（见图12）。

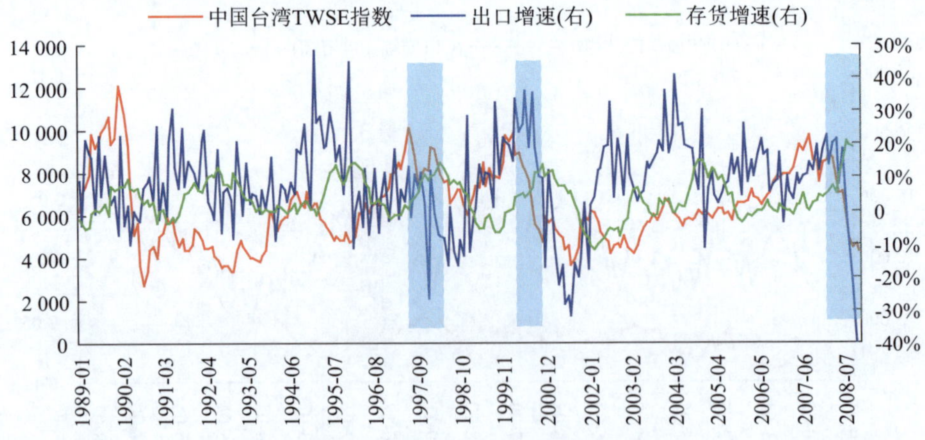

图12　1989年至2008年中国台湾TWSE指数与中国台湾出口增速、存货增速

与日本、中国台湾的情况相类似，在科技股泡沫破裂期间以及本轮国际金融海啸爆发以来韩国的出口增速与存货增速也都出现了前者降、后者升的反向变化，其股市则分别下跌 50% 和 30%（见图 13）。

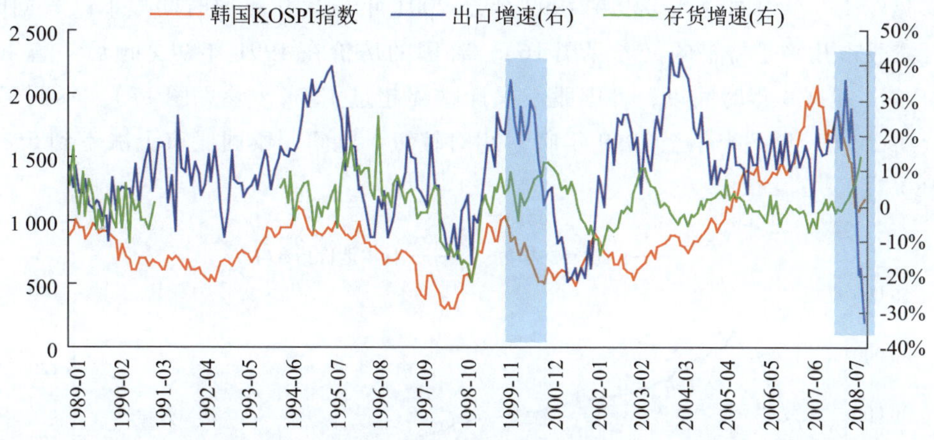

图 13　1989 年至 2008 年韩国 KOSPI 指数与韩国出口增速、存货增速

在亚洲金融危机的冲击之下，泰国的出口自 1998 年 2 月至 1999 年 1 月出现急速下滑。此间，泰国股市下跌了 69%。在 2000 年 2 月至 2001 年 12 月以及 2008 年 7 月至 12 月这两个泰国出口增速大幅下降的时期内，泰国股市的跌幅同样也都很大（见图 14）。

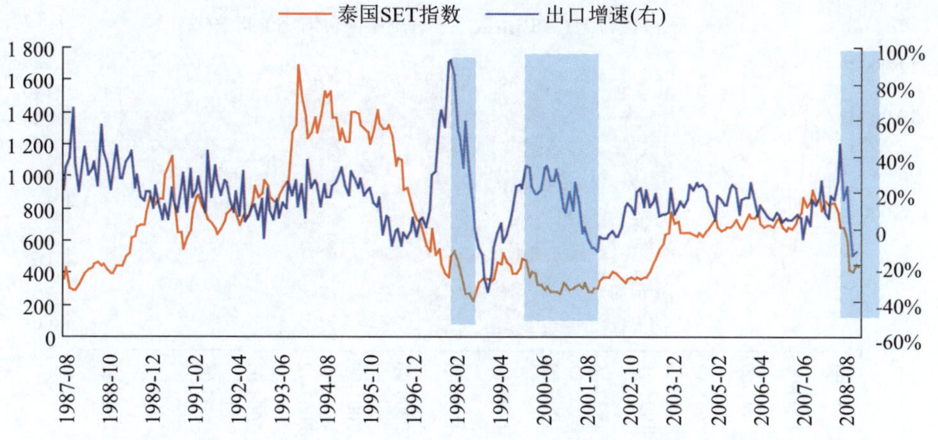

图 14　1989 年至 2008 年泰国 SET 指数与泰国出口增速

四、房价与股指运行

数据显示：从长期角度观察，亚洲股市在房价下跌期间一般表现不佳，但如果房

价在漫长的下跌过程中能够暂时企稳，而且此时经济景气又是上升的话，那么股市一般会出现阶段性上涨。

日本的房地产价格在1990年底见顶后长期下跌，在此期间，日本股市同样长期走熊（参见图15）。中国台湾房价在1993年至2001年长达9年的时间里下跌，同时期，中国台湾股市几乎是持平的（参见图16）。韩国的房价在1991年初见顶后一直下跌至1998年底，在这8年时间里，韩国股市累计跌幅超过12%（参见图17）。泰国房价下跌持续期（1998年下半年至1999年底）相对较短，此间，泰国股市上涨不到5%（参见图18）。

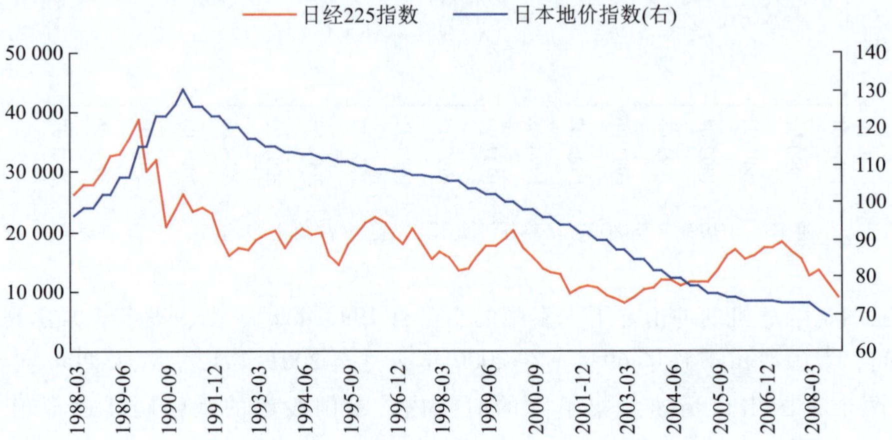

图15　1989年至2008年日经指数与日本地价指数

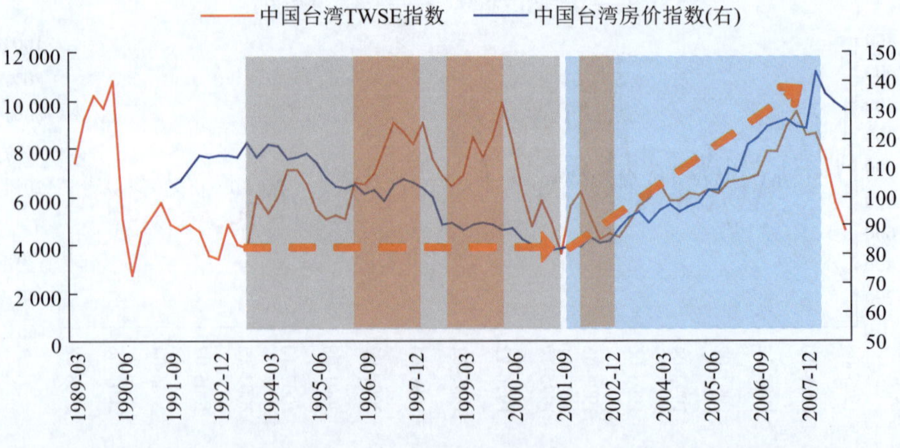

图16　1989年至2008年中国台湾TWSE指数与中国台湾房价指数

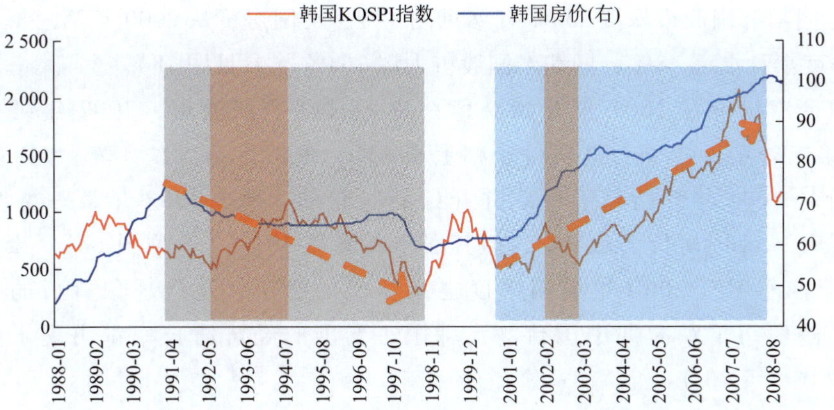

图 17　1988 年至 2008 年韩国 KOSPI 指数与韩国房价指数

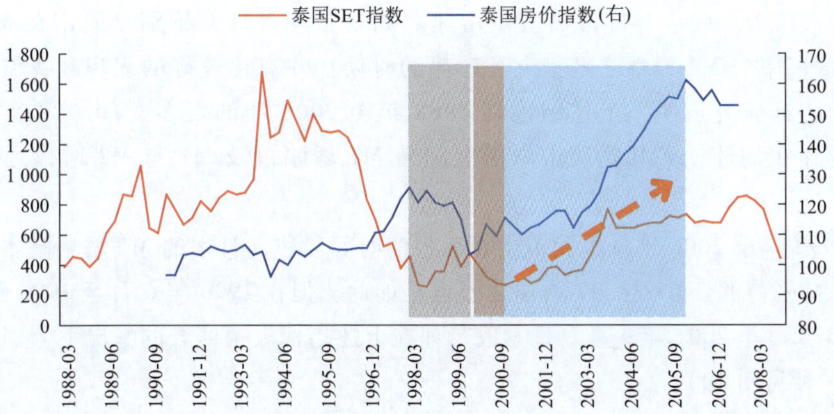

图 18　1988 年至 2008 年泰国 SET 指数与泰国房价指数

1995 年四季度至 1996 年四季度以及 1998 年四季度至 2000 年四季度是中国台湾两个比较明显的经济景气上行时期。此时，中国台湾房地产市场处于熊市中相对稳定的阶段，住宅价格只是小幅下降了 1.4% 和 2.7%。在这两个时间段里，中国台湾股市分别上涨 34% 和 54%，而且从股指点位看，已经逼近了 1990 年泡沫破灭前的高点（参见图 16）。

1992 年第三季度至 1995 年第三季度是韩国经济触底后的新一轮经济景气上升时期。就这个时期而言，韩国仍处于漫长的房价阴跌过程之中，但降幅不大（-4.5%），而韩国股市上涨 90% 以上，并且在 1994 年第三季度创下当时的历史新高（参见图 17）。

数据显示：亚洲股市在房价上涨期间表现非常出色，但如果房价上涨与经济增长率明显下降相叠加，股市仍可能出现阶段性下挫。

中国台湾房价从 2001 年第二季度至 2008 年第一季度累计上涨 75%，同期台湾股市累计上涨 76%（参见图 16）。韩国房价从 2001 年第一季度至 2008 年第三季度累计上涨 66%，同期韩国股市暴涨 234%（参见图 17）。泰国房价从 2000 年第三季度至 2006 年第三季度累计上涨 48%，同期泰国股市大涨 264%（参见图 18）。

中国台湾房价在 2001 年开始企稳并进入长期上涨通道，2002 年第一季度至 2002 年第三季度，中国台湾房价小幅上涨 1%，但股市却大跌 32%（参见图 16）。韩国房价从 2001 年开始趋于稳定并开始新一轮的上涨，2002 年第一季度至 2003 年第一季度，韩国房价大涨 9%，但其股市却暴跌 40%（参见图 17）。泰国股市在 1999 年第四季度至 2000 年第四季度也有类似的经历。这些现象背后的共同之处是：在上述股市下跌时期中国台湾、韩国、泰国的经济增长率都出现了明显的滑落（参见图 2 至图 4）。

五、货币供应量与股指运行

不少人认为，股市与货币供应量增速之间有正相关性，特别是股市在 M1 增长较快、M1 增长率与 M2 增幅之差呈上升趋势的时候往往有比较好的表现。我们对亚洲股市所作的实证研究表明：上述结论在 1989 年至 2008 年的很多时间段里确实是成立的，但也存在例外，尤其是股市未必能随着 M1 增幅以及 M1 与 M2 增幅之差的上升而上涨。

在 1990 年至 2006 年日本股市出现反弹的时间段里，日本的 M1 增幅基本都是不断上升或保持平稳的，M1 与 M2 增幅之差也是如此。但在 1990 年 6 月至 1990 年 11 月以及 2001 年 4 月至 2001 年 9 月，日本股市却在上述指标大幅回升的情况下分别下跌 32% 和 30%（参见图 19）。

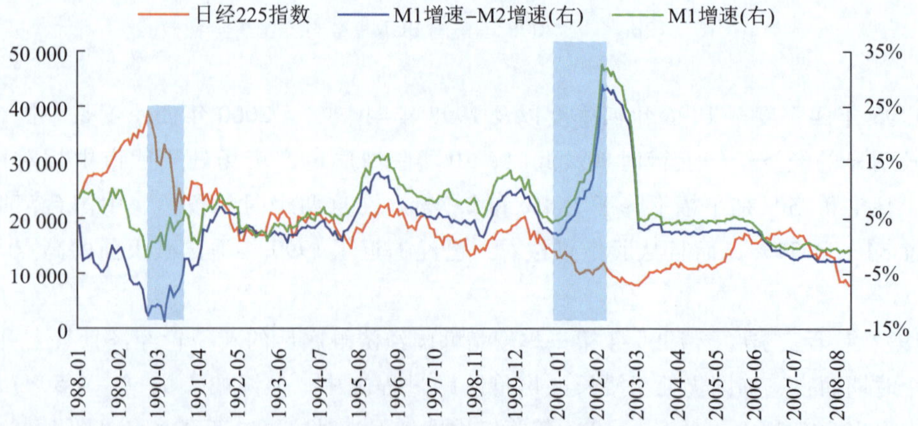

图 19　1989 年至 2008 年日经 225 指数与日本 M1 增速

在 1989 年至 2008 年的大多数时间段里，中国台湾证交所指数与台湾货币供应量之间存在比较明显的正相关关系。不过，2002 年 3 月至 2002 年 9 月，股市走势与货币供应量增幅之间出现了背离。当时，台湾的 M1 一直是加速增长的，M1 增幅也高于 M2

增幅，但台湾股市在这个时期却暴跌32%（参见图20）。相类似的情况也发生在1991年7月至1992年9月的韩国股市，当时韩国的M1增幅不断上升并最终超过M2增幅，但韩国股市却下跌了28%。

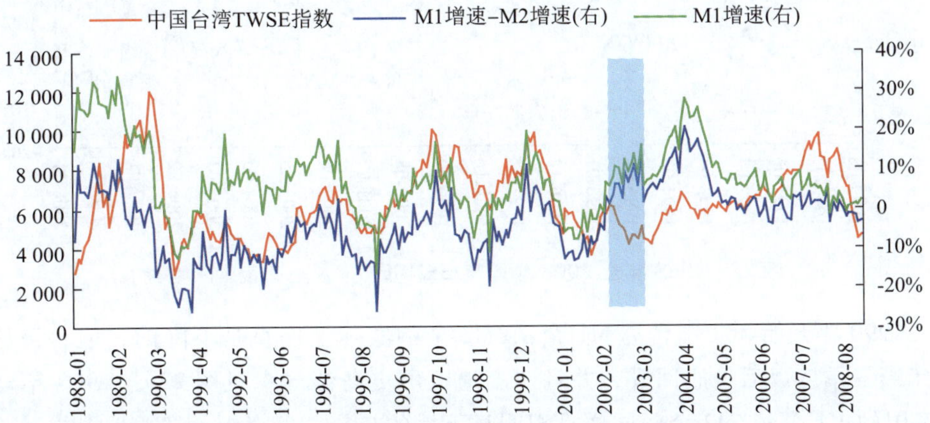

图20 1989年至2008年中国台湾TWSE指数与台湾M1增速

相比较而言，股市走势与货币供应量增速之间的正相关性在泰国股市和印度股市得到了比较好的验证（参见图21至图22）。

图21 1989年至2008年泰国SET指数与泰国M1增速

有一种观点认为：M1余额/M2余额的大小代表了货币流动性充分与否，该指标越大，反映流动性越充足，此时，从理论上讲股市也应该是上涨的，反之亦然。不过1989年至2008年亚洲股市的实际运行轨迹却显示M1余额/M2余额的大小与股市涨跌之间的相关性并不明显。

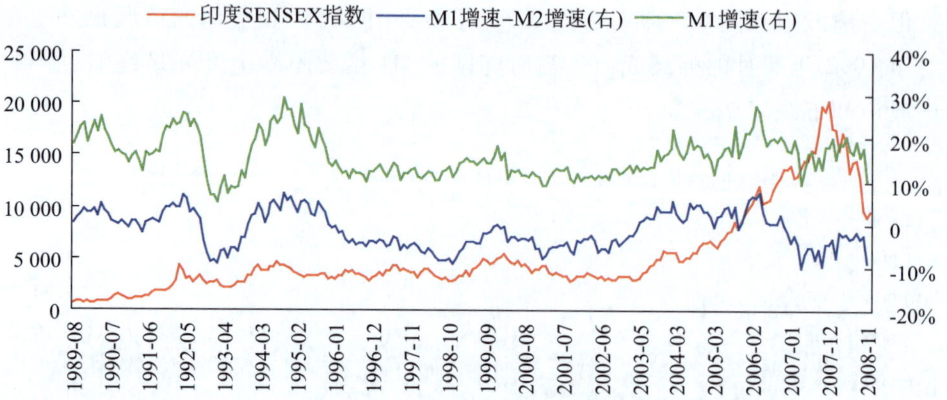

图 22　1989 年至 2008 年印度 SENSEX 指数与印度 M1 增速

从 1990 年开始，中国台湾 M1 余额/M2 余额实际上一直是下降的，但台湾股市在 1990 年第三季度以后见底回升，并且一度逼近历史高位（参见图 23）。1990 年至 1994 年，泰国的 M1 余额/M2 余额同样呈现明显下滑的趋势，但泰国 SET 指数却在这个时期创下历史新高；2000 年下半年，泰国 M1 余额/M2 余额出现了大幅反弹，但股市却继续大幅下跌（参见图 24）。类似的现象也发生在印度，印度的股市从 2003 年开始走强，但印度的 M1 余额/M2 余额在 2003 年至 2008 年没有出现明显上升的态势（参见图 25）。

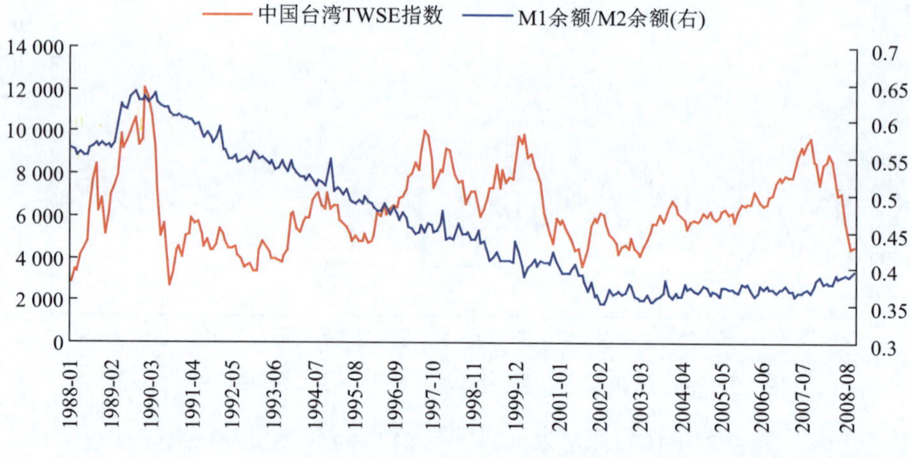

图 23　1989 年至 2008 年中国台湾 TWSE 指数与中国台湾 M1 余额/M2 余额

六、利率与股指运行

从理论上讲，降息有利于提升股市相对价值。但实际上，在经济下行周期，降息往往无法扭转股市的颓势，这一规律对于 1989～2008 年的亚洲股市来说同样适用。在经济形势越来越差的形势下，各国央行虽然会以降息为手段刺激经济，但宏观经济趋势恶化、企业盈利下滑等因素往往导致降息对股市的提振作用短时间内难以体现。

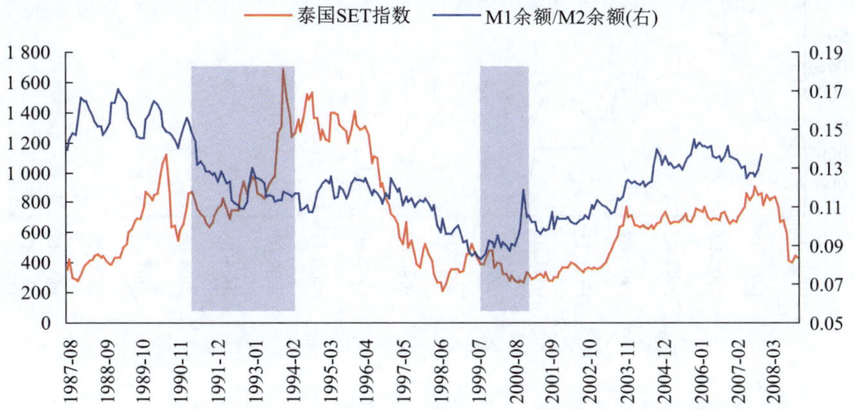

图 24 1989 年至 2008 年泰国 SET 指数与泰国 M1 余额/M2 余额

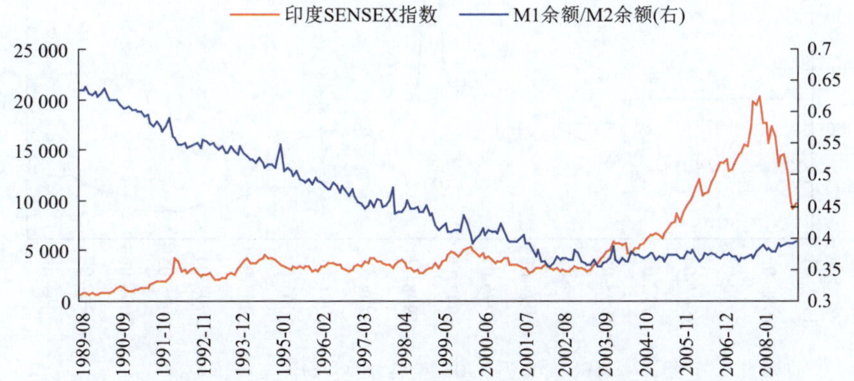

图 25 1989 年至 2008 年印度 SENSEX 指数与印度 M1 余额/M2 余额

日本从 1991 年第三季度开始执行超宽松货币政策，将基准利率从 1991 年第三季度的 6% 快速下降至 1995 年第三季度的 0.5%，在 1999 年第一季度至 2000 年第二季度以及 2001 年第二季度至 2006 年第二季度，日本央行甚至推行了“零利率”政策。但是，超低利率环境未能帮助日本股市在经济长期陷入低迷的情况下走出漫漫熊市（参见图 26）。

2000 年科技股泡沫破灭前后，韩国、中国台湾、泰国、印度等国家和地区纷纷陷入一轮经济景气下滑周期。在此期间，他们都以大幅度降息应对危机，但其股指却没有因为降息而止住跌势（参见图 27 至图 29）。比如：2000 年第一季度至 2001 年第三季度，韩国的存款利率从 8.18% 下降到 5.29%，其韩国 KOSPI 指数却暴跌了 44%。2000 年第三季度至 2001 年第三季度，中国台湾银行将基准利率从 4.75% 大幅调低至 2.75%，同期台湾股市大幅下挫 41%。

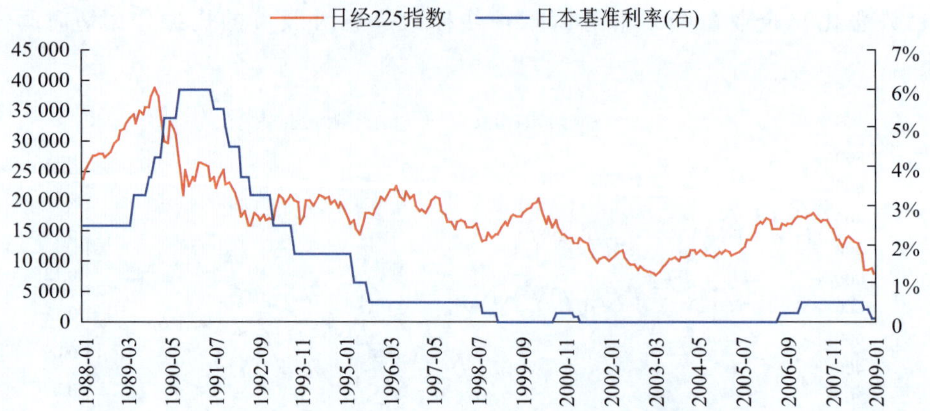

图 26　1989 年至 2008 年日经指数与日本基准利率

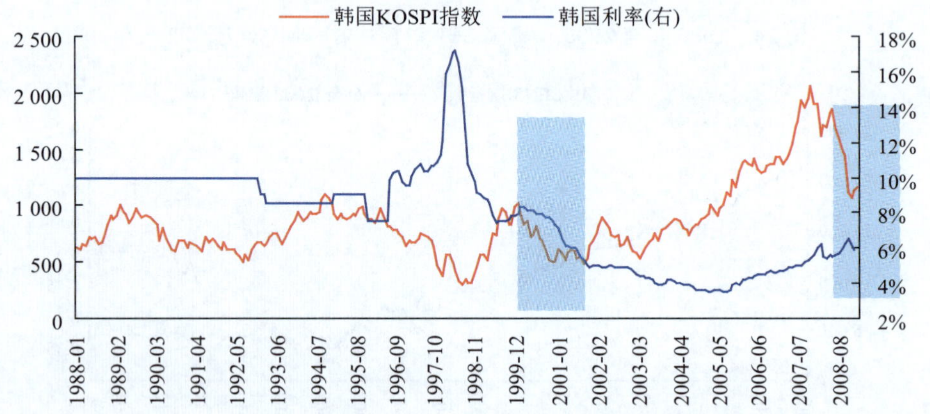

图 27　1989 年至 2008 年韩国 KOSPI 与韩国利率

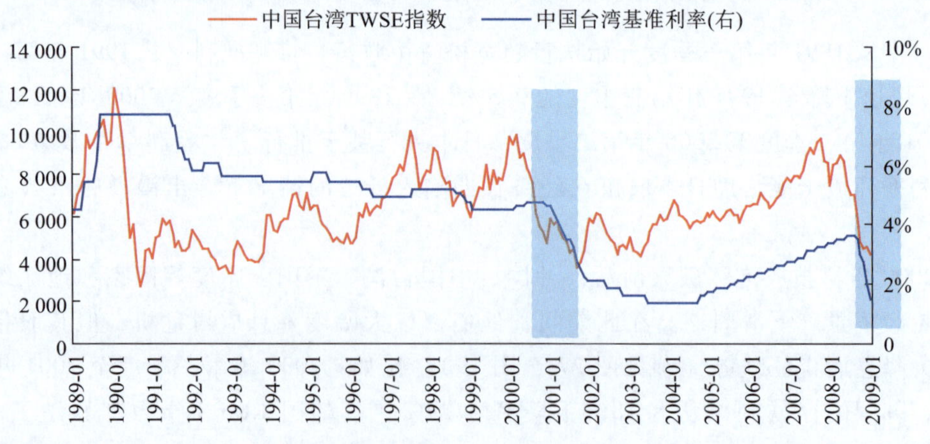

图 28　1989 年至 2008 年中国台湾 TWSE 指数与中国台湾基准利率

随着本轮经济危机的不断蔓延，降息仍然是各国央行应对困局的主要手段，但其对股市的提振作用却非常有限。以越南为例，为了扭转经济增长率不断下滑的局面，越南央行自 2008 年第 3 季度开始大幅度降息，将基准利率从 14% 快速下调到 8.5%，但越南证交所指数却从熊市中的反弹高点再度下挫 46%（参见图 30）。

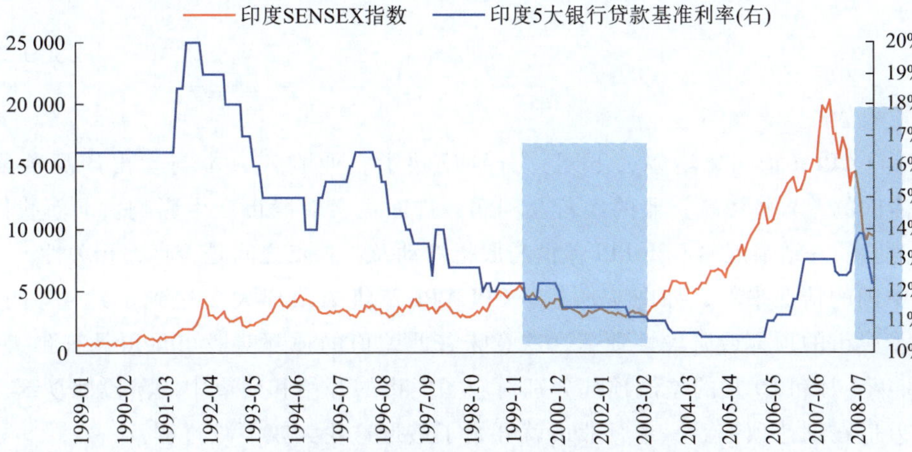

图 29 1989 年至 2008 年印度 SENSEX 与贷款利率

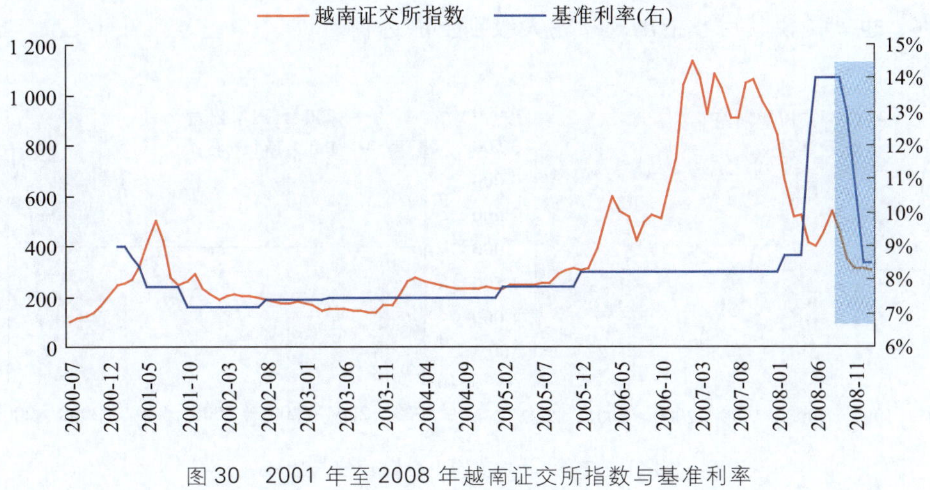

图 30 2001 年至 2008 年越南证交所指数与基准利率

关于 CPI/PPI 增幅差值与股指波动相关性的初步观察

李　毅　　　　2009 年 3 月

PPI 与 CPI（指同比增幅，下同）分别反映了企业购入成本与卖出产品价格的变动，两者间的差异将影响企业的经营及利润，进而也会对股市产生影响。下面我们通过对历史经验的总结来观察 CPI/PPI 差值与股指波动及其拐点之间是否存在相关性。

从中国的情况来看，如图 1 所示，CPI/PPI 差值的顶部大多达到了约 4% 的高点，并对应着股市的顶部或阶段性顶部，这意味着此差值的顶部对股市见顶具有预警作用。如 1998 年 3 月和 10 月的差值顶部分别对应了熊市的开始和熊市中的阶段性顶部，2007 年 9 月差值在到达顶部后一个月股市就开始了最近这轮大幅下跌过程。

根据历史经验，CPI/PPI 差值的底部往往在 -4% 附近，前两次指标底部出现在牛市或熊市的过程中，其后股指均出现不同程度的上涨，后两次指标底部则接近于熊市的底部，也就是说其后股指出现一轮大级别上涨过程。

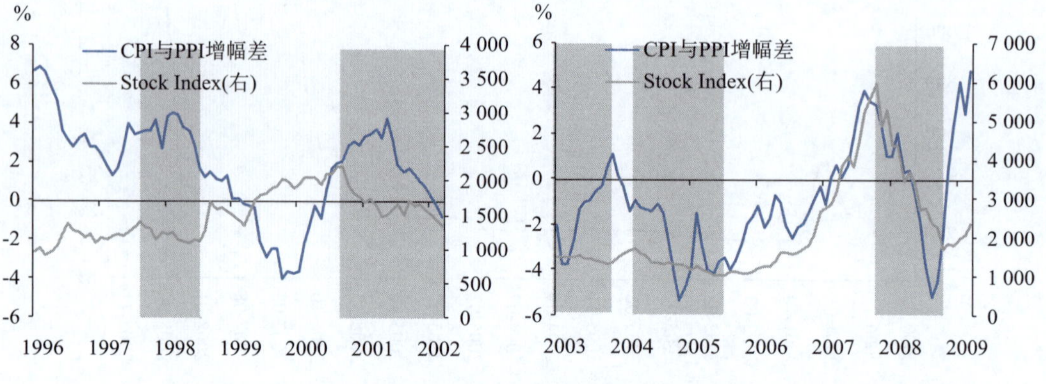

图 1　中国 CPI 与 PPI 增幅差值与股指

从美国的情况来看，如图 2 所示，在 2000 年之前，CPI/PPI 差值在高位时股市大多数处于上涨过程中，此后情况发生了改变，差值处于高位往往对应股市处于阶段性顶部，或是大顶随之而来。当此差值处于低位的时候，市场大多处于“机会区”（参见图 2）。

德国 CPI/PPI 差值与股指波动相关性较强，如图 3 所示，两者共同上涨或下降的情况较多。CPI/PPI 差值的低点有很大概率预示股市处于“机会区”，其高点则是机会与风险参半（参见图 3、图 4）。

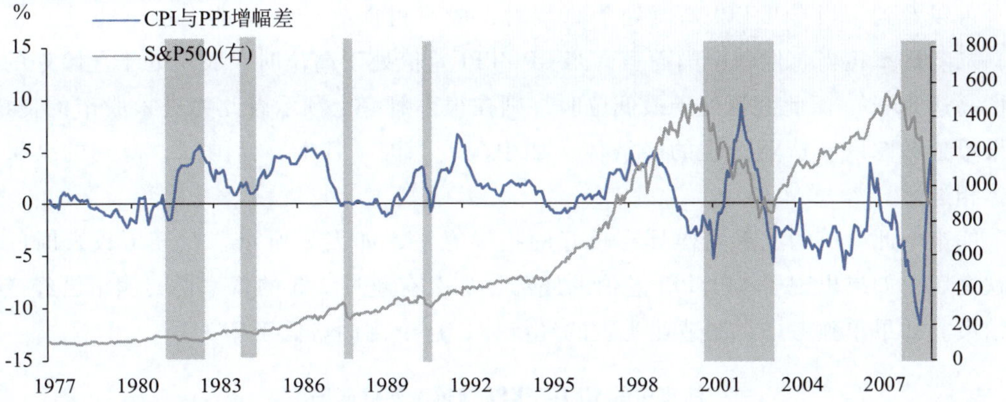

图 2 美国 CPI/PPI 差值与股指

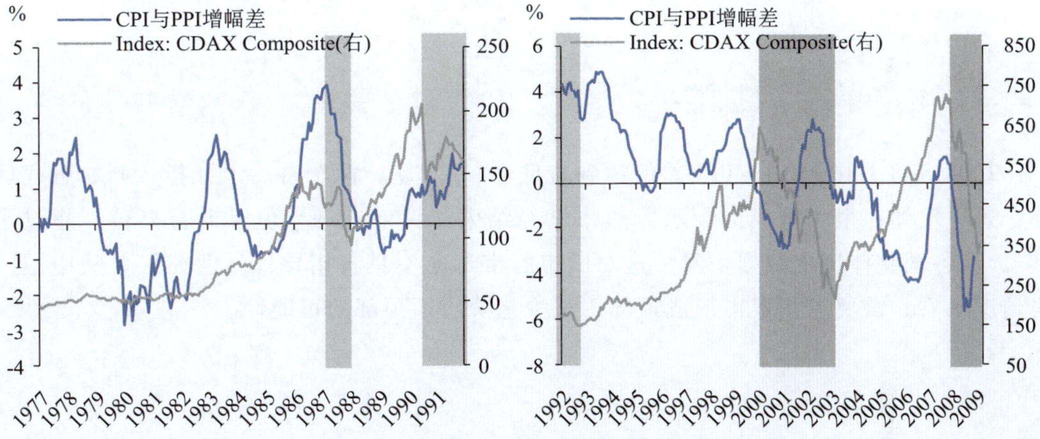

图 3 德国 CPI 与 PPI 增幅差与股指

我们在对 7 个市场中 CPI/PPI 差值与股市波动的相关性进行统计后，得到表 1 和表 2 所示的结果。其中危险期代表股市即将下跌（即大顶或阶段性顶部）或将继续下跌，机会期代表股市即将上涨（即底部或阶段性底部）或将继续上涨。

表 1　　　　CPI 与 PPI 增幅差处于高点时

	中国	美国	德国	英国	墨西哥	日本	韩国	总计	比重（%）
危险期	4	2	4	3	2	3	7	25	47.2
机会期	1	4	5	2	5	7	4	28	52.8

表 2　　　　CPI 与 PPI 增幅差处于低点时

	中国	美国	德国	英国	墨西哥	日本	韩国	总计	比重（%）
危险期	2	2	2	2	1	5	3	17	33.3
机会期	2	6	6	3	5	4	8	34	66.7

注：各国可选取时间序列长度不相同。

可以看到，当CPI/PPI差值处于高位时，股市可能处于危险期，也可能处于机会期，二者概率相当。但就中国而言，当CPI/PPI差值处于高位时，股市处于危险期的可能性高达80%。而此差值处于最低位时，则在很大概率上预示着此为进入股市的良机。如果单独考虑以制造业为主的经济体，如中国、德国、日本、韩国等，得到的结果与整体相近。

熊市中此差值的底部同样具有较好的指导意义，如表3所示。在经历较长时间的下跌之后，如果出现了CPI/PPI差值的底部，那么有超过2/3的概率说明熊市已经或即将结束。如果单独考虑以制造业为主的经济体，这个比例略低于2/3。

表3　熊市中的CPI与PPI增幅差差值底部

	中国	美国	德国	英国	墨西哥	日本	韩国	总计	比重（%）
熊市次数	3	5	4	2	2	7	6	29	
进入熊市后出现差值底部	2	5	4	1	2	3	5	22	
熊市尾部出现差值底部	2	3	3	1	2	1	3	15	68.2

2008年8月中国CPI/PPI差值达到最低点-5.2%，两个月后上证指数开始触底反弹，这一反弹在很大概率上预示着熊市已经结束。目前这一差值又升至高位，超过了4%，从各国整体历史数据来看，这对股市后市走向不具备指导性。但如果单从中国历史情况来看，需要警惕股市形成顶部，至少是阶段性顶部的可能性。

经济先行指数能否当作 A 股波动先行指标

章 斌 2009 年 4 月

目前中国经济先行指数主要分两套体系，分别是 OECD 按月发布的中国领先指标（以下简称“OECD 领先指标”）和中国景气监测中心按月公布的经济先行指数（以下简称“景气中心先行指数”）。前者由港口货物吞吐量、企业存款、化肥产量、有色金属产量、M2 以及亚洲国家进口额等 6 项指标组成，后者则由固定资产投资新开工项目、产销率、M2、货运量、港口货物吞吐量、恒生内地流通股指数、房地产开发投资先行指数、消费者预期指数、长短期国债利差等指标组成。本文尝试对经济先行指数能否作为 A 股市场先行指标进行初步探讨。

一、利用经济先行指数预警上证指数顶部

在本部分的分析中，我们选择了 5 个上证指数顶部样本。其中，上证指数 1992 年 2 月的 1559 点、2001 年 6 月的 2245 点与 2007 年 10 月的 6124 点为大级别顶部样本，上证指数 1997 年 5 月的 1510 点与 2004 年 4 月的 1783 点则为阶段性顶部样本。

通过观察上证指数、经济先行指数见顶时间之间的领先或滞后关系，我们发现，经济先行指数与其同比增幅往往在上证指数顶部形成之前就已发出预警信号（参见表 1）。

表 1 经济先行指数、上证指数见顶时间之间的领先或滞后关系

	上证指数见顶时间	OECD 领先指标见顶时间	OECD 领先指标同比增幅见顶时间	景气中心先行指数见顶时间	景气中心先行指数同比增幅见顶时间
A 股市场大级别顶部	1993/02	1992/08	1992/06	1992/08	1992/07
	T	T－6	T－8	T－8	T－7
A 股市场阶段性顶部	1997/05	1997/01	1996/11	1997/02	1997/03
	T	T－4	T－6	T－3	T－2
A 股市场大级别顶部	2001/06	2000/05	2000/04	2000/08	2000/10
	T	T－13	T－14	T－10	T－8
A 股市场阶段性顶部	2004/04	2004/03	2004/03	2003/12	2004/04
	T	T－1	T－1	T－4	T
A 股市场大级别顶部	2007/10	2007/11	2007/09	2007/07	2007/07
	T	T＋1	T－2	T－3	T－3

（一）OECD 领先指标在上证指数顶部预警中的应用

就上证指数前两次大级别顶部（1993 年 2 月、2001 年 6 月）而言，OECD 领先指标分别提前 6 个月和 13 个月给出见顶信号，OECD 领先指标同比增幅则领先上证指数 8 个月和 14 个月见顶（图 1、表 1）。从表面上看，OECD 领先指标在 2000 年 5 月过早给出了股市见顶信号，但上证指数在 2000 年 5 月已站上 1900 点，只比 2001 年 6 月的 2245 点低了 15% 左右，利用领先指标的预警实际上可以避免当时的“鸡肋行情”。在上证指数 2007 年 10 月到达第 3 个大级别顶部之前，虽然 OECD 领先指标没有提前发出预警，但其同比增幅仍然提前 2 个月给出见顶信号。

1997 年 5 月上证指数冲上 1510 点后见顶回落，OECD 领先指标与其同比增幅分别提前 4 个月与 6 个月发出预警；2004 年 4 月上证指数抵达熊市反弹过程中的顶部，OECD 领先指标与其同比增幅则领先上证指数 1 个月见顶（参见图 1 和表 1）。

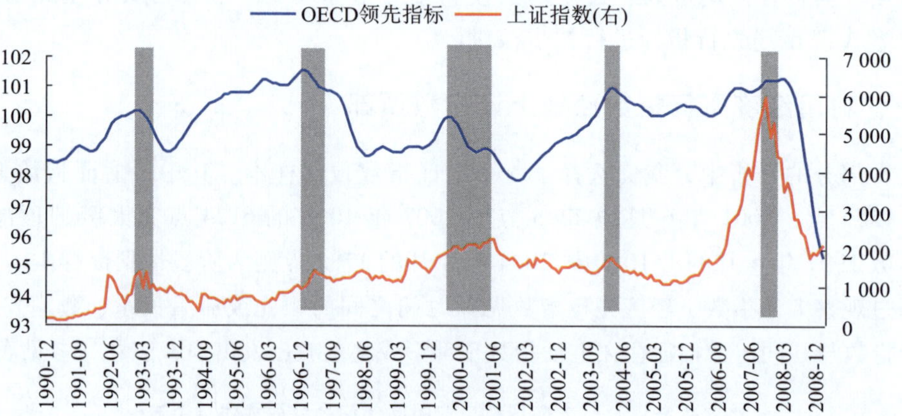

图 1　OECD 领先指标与上证指数顶部

（二）景气中心先行指数在上证指数顶部预警中的应用

我们发现，上证指数三次大级别顶部形成之前，景气中心先行指数分别提前 8 个月、10 个月和 3 个月给出见顶信号，其同比增幅则提前 7 个月、8 个月和 3 个月发出预警（参见图 2、图 3 和表 1）。

景气中心先行指数给出的上证指数 2001 年 6 月的见顶信号相对比较模糊。景气中心先行指数在 2000 年 1 月就已形成顶部，但 2000 年 1 月至 8 月该指数连续下滑的时间均不超过 2 个月，而从 2000 年 8 月开始该指数连续 4 个月下滑。此外，2001 年 1 月景气中心先行指数又重新上升。这给预测带来了很大的难度。OECD 领先指标则不存在这个问题。因此，为提高预测的准确度，应注重两套指标信号的相互印证。

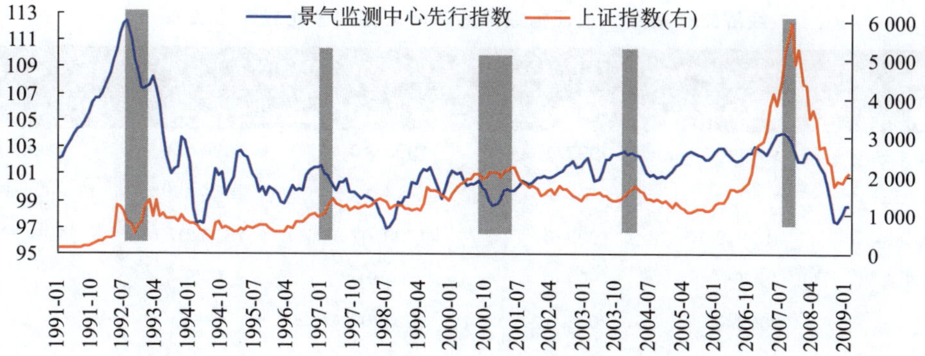

图 2　景气监测中心先行指数与上证指数顶部

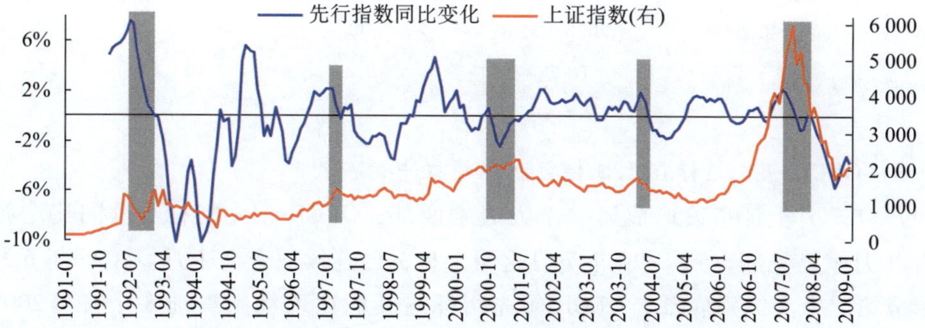

图 3　景气监测中心先行指数同比增幅与上证指数顶部

上证指数在 1997 年 5 月与 2004 年 4 月分别抵达阶段性顶部。景气中心先行指数均提前 3 ~ 4 个月给出见顶信号；其同比增幅一次提前 2 个月预警上证指数见顶（1997 年 3 月），另一次则与上证指数同步见顶（2004 年 4 月）。

二、利用经济先行指数捕捉上证指数底部

在本部分的分析中，我们选取了 5 个上证指数底部样本。其中，上证指数 1994 年 7 月的 326 点与 2005 年 6 月的 998 点为大级别底部样本，上证指数 1999 年 4 月的 1088 点、2002 年 1 月的 1339 点以及 2003 年 11 月的 1307 点则为阶段性底部样本。

根据历史经验，在上证指数抵达大级别底部之前的几个月，经济先行指数与其同比增幅通常已经开始见底回升；在上证指数到达阶段性底部之前，综合运用 OECD 领先指标以及景气中心先行指数也能检测到股市见底信号，单类指标的应用则有出现失效的时候（参见表 2）。

表 2　　经济先行指数、上证指数见底时间之间的领先或滞后关系

	上证指数见底时间	OECD 领先指标见底时间	OECD 领先指标同比增幅见底时间	景气中心先行指数见底时间	景气中心先行指数同比增幅见底时间
A 股市场	1994/07	1993/10	1993/10	1994/03	1994/03
大级别底部	T	T -9	T -9	T -4	T -4
A 股市场	1999/04	1998/07	1998/07	1998/07	1998/08
阶段性底部	T	T -9	T -9	T -9	T -9
A 股市场	2002/01	2001/12	2001/09	—	—
阶段性底部	T	T -1	T -3	—	—
A 股市场	2003/11	—	—	2003/04	2003/05
阶段性底部	T	—	—	T -7	T -6
A 股市场	2005/06	2005/03	2005/03	2004/11	2004/11
大级别底部	T	T -3	T -3	T -7	T -7

（一）OECD 领先指标在上证指数底部捕捉中的应用

1994 年 7 月上证指数形成第一个大级别底部，OECD 领先指标与其同比增幅早在 1993 年 1 月就已见底，到 1994 年 7 月这两个指标已连续回升 9 个月。2005 年 6 月上证指数形成第二个大级别底部，OECD 领先指标与其同比增幅则提前 3 个月（2005 年 3 月）给出见底信号（参见图 4、图 5）。

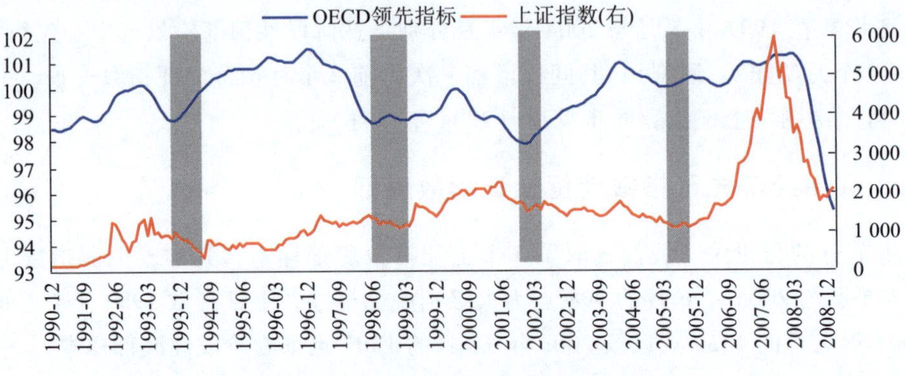

图 4　OECD 领先指标与上证指数底部

就上证指数 1999 年 4 月以及 2002 年 1 月的阶段性底部而言，OECD 领先指标与其同比增幅都至少提前 1 个月给出见底信号（参见图 4、图 5）。

但 2002 年 7 月至 2003 年 11 月，上证指数与 OECD 领先指标之间的走势出现了背离；OECD 领先指标大幅上升，而上证指数仍然震荡下行。

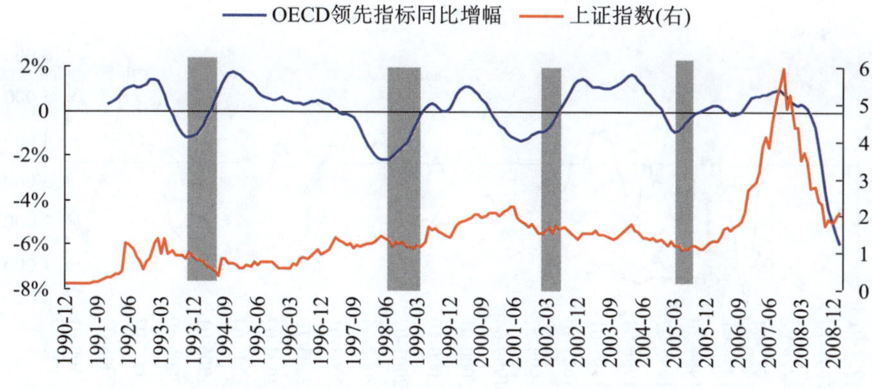

图 5　OECD 领先指标同比增幅与上证指数底部

和 OECD 领先指标相比，OECD 领先指标同比增幅发出的上证指数底部信号更为清晰。比如，OECD 领先指标于 2005 年 4 月开始回升，但在 2005 年底至 2006 年年中又出现了下降，而且跌到一个比 2005 年 3 月更低的水平，这与股指走势形成背离。OECD 领先指标同比增幅则没有出现这样的情况，如图 5 所示，OECD 领先指标同比增幅在 2006 年年中前后仅出现小幅下降。

（二）景气中心先行指数在上证指数底部捕捉中的应用

1994 年 3 月，景气中心先行指数与其同比增幅下降至底部，连续回升 4 个月后，上证指数出现第一个大级别底部；2004 年 11 月上述指标再次触底，连续上升 7 个月后，上证指数抵达 2001～2005 年熊市的终极底部（参见图 6、图 7）。

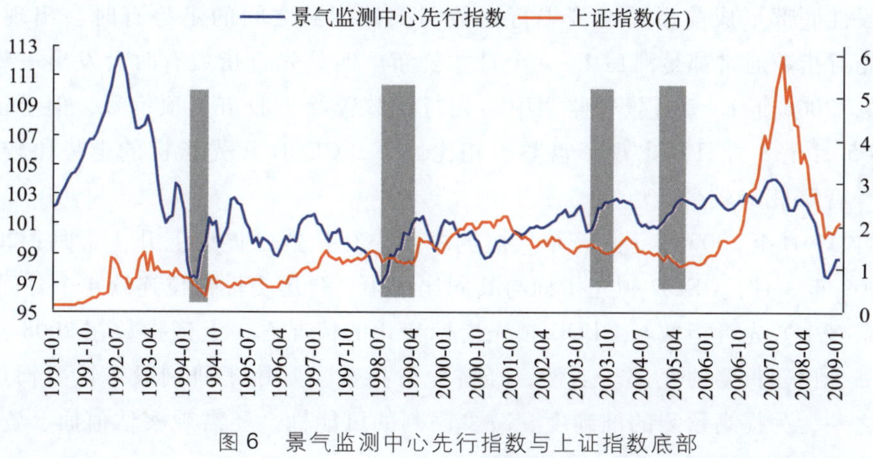

图 6　景气监测中心先行指数与上证指数底部

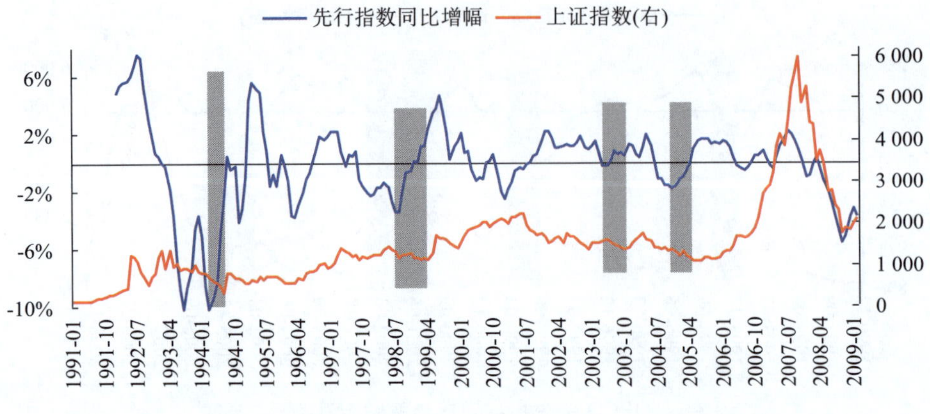

图 7　景气中心先行指数同比增幅与上证指数底部

在上证指数阶段性底部的捕捉中，景气中心先行指数提前 6 ~ 9 个月捕捉到了上证指数 1999 年 4 月以及 2003 年 11 月的底部。

2001 年 7 月至 2002 年 12 月，上证指数与景气中心先行指数之间的走势也出现了背离。此时，以景气中心先行指数自低位连续回升来判断股市见底将犯下错误。

三、结语

总的来说，综合运用经济先行指数与其衍生指标对于预判 A 股市场重要拐点具有参考价值。如果先行指数与其同比增幅自高点向下回落，则需提防 A 股市场几个月后见顶或出现“鸡肋行情”；如果先行指数与其同比增幅在下跌较长时间后连续回升，那么 A 股市场出现大幅反弹甚至反转的可能性比较大。

但利用经济先行指数预测股市重要顶部与底部的方法存在一些不足。一是根据先行指数给出的信号无法提前识别拐点的级别，只有在拐点形成后才能事后确认。二是在股市阶段性底部形成前后，经济先行指数与上证指数之间的走势有时会出现背离。三是经济先行指数通常都是滞后 1 ~ 2 个月才公布。四是先行指数有时会发出一些“噪音”。例如，2006 年 1 ~ 2 月景气监测中心先行指数曾给出股市见顶信号，但上证指数在 2006 年 5 月至 8 月只是出现了盘整。相比之下，OECD 领先指标的走势比较平滑，发出的“噪音”相对较少。

2008 年 12 月至 2009 年 3 月，景气监测中心先行指数已连续上升 4 个月；2008 年 12 月至 2009 年 3 月，OECD 领先指标与其同比增幅也自历史性低位连续 4 个月回升。

单从景气中心先行指数与 OECD 领先指标变化的情况看，上证指数在 2008 年底可能已形成一个比较重要的底部。当然，经济先行指数只是用于研判股市重要拐点的角度与方法之一，为提高预测的准确度、减少误判的可能性，还需观察估值面、资金面、技术面等角度给出的信号。

通胀与股市波动的相关性研究

黄祖斌　　2009 年 7 月

2008 年末以来，中国新增贷款与货币供应量均持续大幅增长（参见图 1）。2009 年 6 月，M1 单月同比增速更是达到了 24.79%，创造了 1995 年末以来的最高纪录。不可否认的是，由于货币供应量的明显增加，部分投资者因产生对未来通货膨胀的担忧而入市买进股票。但是否通胀一定会推动股市上涨呢？

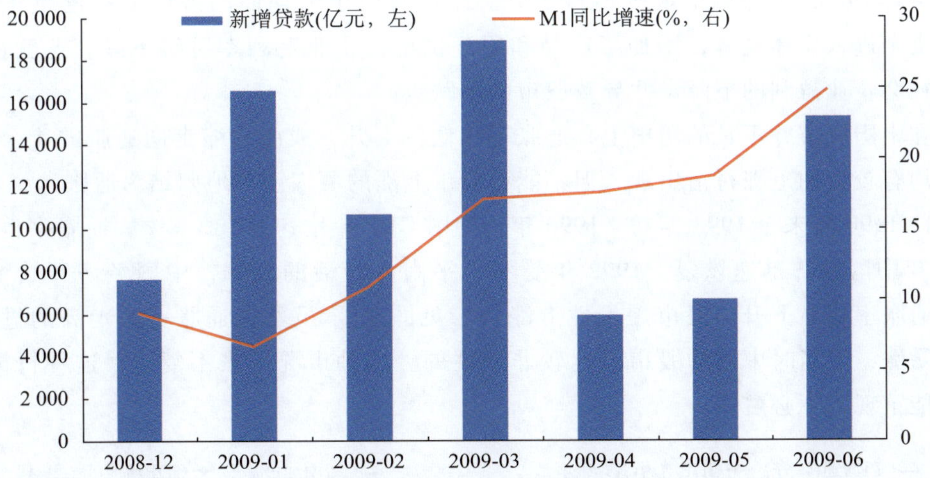

图 1　银行新增贷款与 M1 增速

本文试从原理及中外股市不同时期的实例解析通胀与股市波动的相关性。

一、不同时期与不同水平的通胀对股市的影响不同

对于单个上市公司而言，经营业绩与股价在中短期内的关系可能出现较大的背离，但长期而言，业绩与股价是正相关的。彼得·林奇甚至认为：长期来看，公司的业绩与股价百分之百相关。就股市整体而言，上市公司整体业绩的起落同样是股市涨跌的根本原因。

虽然低利率、国际热钱的流入、银行信贷资金的流入等因素都会推动股市上涨，但脱离整体上市公司业绩的上涨是不可持续的。背离越大、时间越久，熊市的时间就越久、跌幅也越大。最典型的例子就是日本股市在 1980 年末的疯狂，在 GDP 增长放缓的情况下，股市持续大涨，结果 18 年过去了，日本股市仍未回到 1990 年的最高位。

因此，如果通胀有利于上市公司整体业绩的提升，将推动股市的上涨，如果通胀导致上市公司整体业绩的滑坡，则将导致股市的下跌。

一般情况下，在经济低迷的时期，物价涨幅通常比较低，甚至出现通货紧缩，即物价负增长。这时社会需求不旺，企业的产品或服务供大于求，销售不畅，产成品价格下滑，企业盈利状况不佳，亏损企业明显增加。这种情况下，股市往往比较低迷。当经济增长速度开始加快，社会需求会增加，企业的产品或服务供不应求，价格上涨。而企业生产的原材料与人工成本滞后于产成品价格的上涨，并且央行加息往往也滞后于物价的上涨，因此企业的融资成本仍处于较低的水平。在这种情况下，企业的盈利会明显增加，亏损企业会大量减少，上市公司整体业绩上升将推动股市的上涨。

在通胀的末期，企业进行生产的原材料价格已明显上涨，人力成本也将明显上升，随着央行加息，企业融资成本也将上升。而这时由于前期商品或服务一度供不应求，大量资金进入实体经济，增加了产品和服务供给，企业毛利率纷纷下降。这就往往导致全社会企业盈利的下降，并导致股市的下跌。

在中国股市并不长的历史上，通胀率从低位上升，或由通缩走向通胀的 4 个阶段，股市均有较大的上涨行情出现，但不能将股市上涨的原因简单地归结为通胀：

1. 1990 年末至 1993 年初。1990 年，中国 GDP 年增速只有 3.8%，通胀率也较低。1991 年中国经济迅速恢复。1992 年受邓小平南方谈话的鼓舞，中国经济开始快速增长，通胀率明显上升，股市爆发性上涨（参见图 2）。虽然在通胀一路走高的过程中，股市暴涨，但当时中国的股市是比较非理性的。这种市况一去不复返，这种行情也不大可能重现，不必赘述。

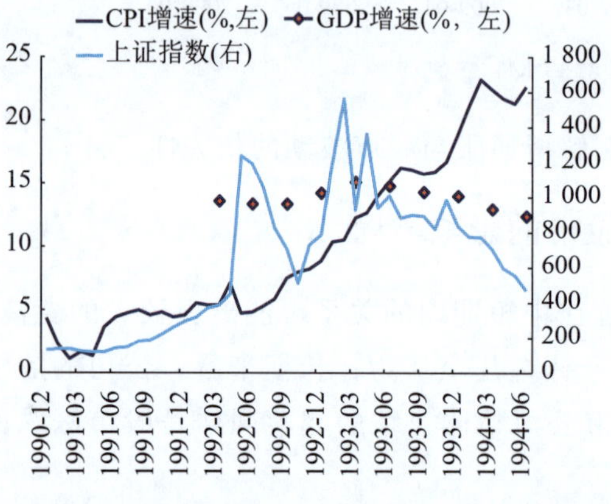

图 2　1990 ~1994 年 CPI、GDP 与上证指数

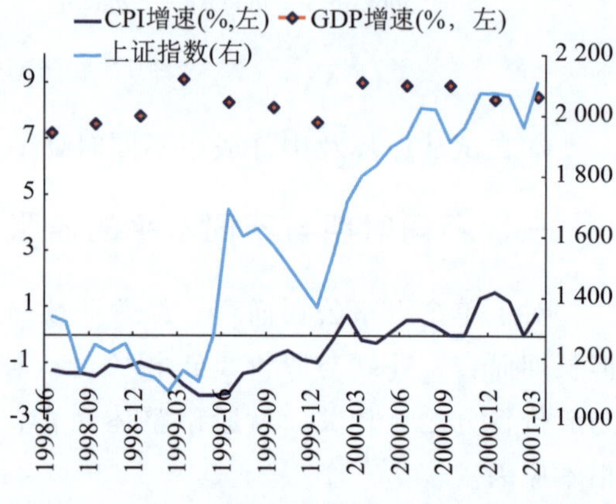

图 3　1998 ~2001 年 CPI、GDP 与上证指数

2. 1999 年第一季度至 2001 年第一季度。因受亚洲金融危机和长江流域大洪水的影响，1998 年是中国经济的一个低谷。通胀率长期为负，1998 年 2 月至 2000 年 1 月，CPI 连续 24 个月为负增长。1999 年 5 月通胀率见底，当月 CPI 同比增速为 -2.2%，巧

合的是股市也在当月见底，爆发了著名的“5·19”行情。在通胀率小幅上升的过程中，股市也一路上涨（参见图3）。但当时中国经济并未进入新一轮的高速增长，股市的上涨也以并无真实业绩支持的科技网络股为主，酝酿了巨大的泡沫。这导致在股市见顶后，即使中国经济进入新一轮的高速增长周期，股市也长期低迷，与经济背离。

3. 2002年第三季度至2004年第二季度初。2001年末，中国加入世贸组织，2002年开始，中国经济增速明显加快。通胀率由负转正。因企业经营业绩有所好转，虽然股市泡沫仍然较大，还是两次推动股市反弹（参见图4）。特别是2003年11月至2004年4月累计36%的上涨，是四年大熊市中最大的反弹行情。

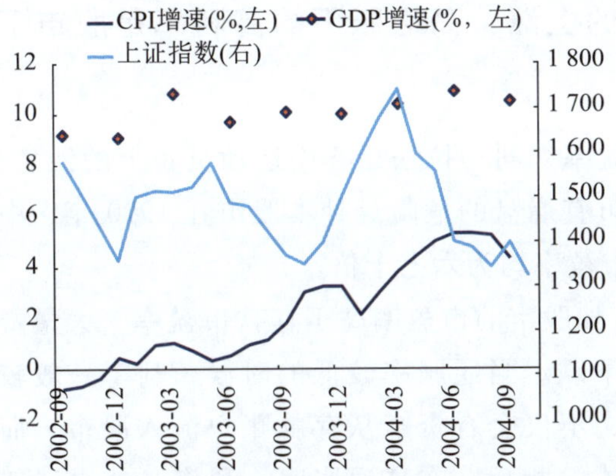

图4　2002～2004年CPI、GDP与上证指数

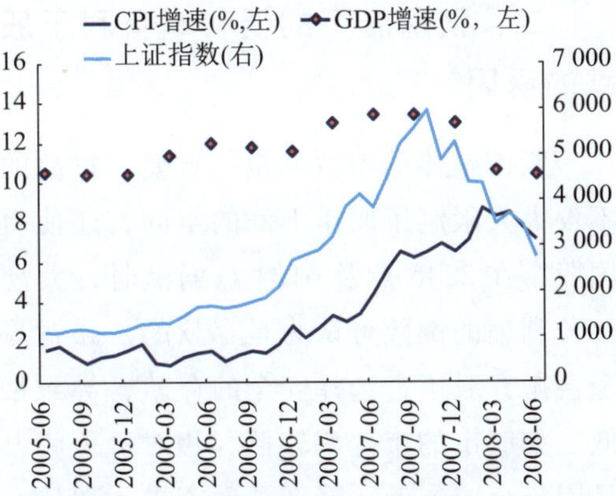

图5　2005～2008年CPI、GDP与上证指数

4. 2005年第二季度至2007年末。上证指数从2005年6月的998点持续上涨到2007年10月的6124点的过程中，中国的通胀率也一路上行（参见图5）。但这轮大牛市行情绝不是通胀率的上行带来的，而是由人民币汇改后的升值预期、股改红利、经济高速增长下上市公司整体业绩大幅上升、对2001～2005年股市与经济背离的修正、“股市黄金十年”等迷梦的鼓吹和投资者巨量资金认购推动公募基金做多股市等因素共同推动的。

在这四次通胀率与股市一同上升的例子中，有以下几点是判断未来股市行情时需要注意的：

一是自1998年中国结束商品紧缺时代后，中国的高通胀从未出现过。在“5·19”行情开始的科技网络股牛市中，最高单月CPI涨幅只有1.7%（2001年5月）；2004年4月见顶的反弹行情中，最高单月CPI涨幅是行情结束之后的2004年8月的5.3%；2005～2007年的大牛市中，CPI涨幅也一直不高，最高是2007年8月和10月的6.5%。直到行情结束之后的2008年4月，最高也只有8.5%。虽然这次的通胀率似乎高了一些，但只维持了几个月。在产能过剩的情况下，中国未来似乎不大可能出现超过20%的高通胀。

二是真正因经济增速加快并同时引发通胀率和股市上行的情形只出现过两次。一次是1992～1993年，中国股市建立之初的大行情，另一次是2006年和2007年的大牛市。且不论第一次行情时中国股市的泡沫有多大，两次行情中，有一个共同的背景：中国经济的高速增长。而目前中国经济有所起色，却几乎没有几个人幻想很快恢复高增长。

三是中国的股市尽管仍然不够理性，但已越来越理性。记得在2000年的行情中，看过一篇批评中国股市的文章，说在成熟股市中，股评文章是以公司的经营业绩为基础建议买进、卖出股票。而当时中国股评文章往往是“庄家运作迹象明显，已有突破拉升的迹象，建议买进”。2006～2007年的行情中，研究公司基本面，根据公司价值进行投资的做法已非常流行。

二、低通胀下的低利率有利于股市的上涨，高通胀下的高利率是股市下跌的诱因

股市整体的市盈率至关重要，过高的市盈率如同马拉松比赛中运动员身上的沙袋，不仅大大限制了股市上涨的空间，还使得股市有崩盘的危险。日本股市在1990年、中国股市在2245点及6124点崩盘时，大盘的市盈率均为六七十倍。

利率的倒数可认为是存款的“市盈率”。如股市的市盈率高于存款市盈率，大量资金会抛弃股市，选择安全的存款，导致股市下跌。当通胀率较低的时候，利率一般较低。如股市的市盈率较低，相对价值将凸现，不仅会有资金从存款账户流入股市，而且因资金成本低，降低了融资进入股市的成本。相反，在高通胀时，利率必然水涨船高，存款的“市盈率”就比较低，对股市构成压力。很难想象在存款利率高达10%的情况下，资金会追逐15倍以上市盈率的股票。

因此高通胀对应的高利率，必然压制股市，不仅不是股市上涨的动力，反而是股市下跌的推动力。

中国股市仅经历过一次高通胀，尽管当时中国的股市投机气氛非常浓，但加息后，当时的保值储蓄导致资金撤离股市，引发股市大幅下跌（见图6）。

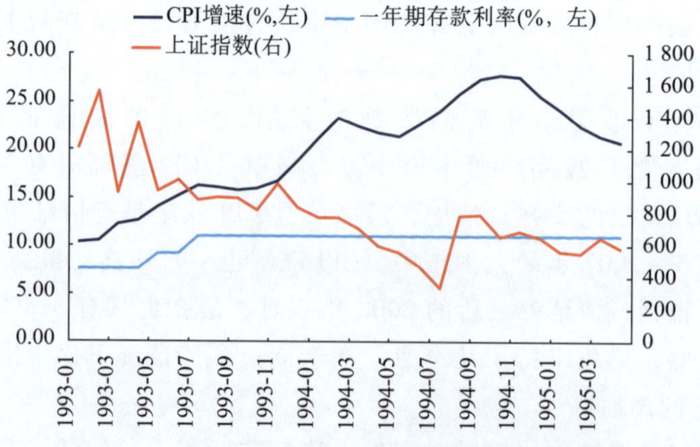

图6　1993～1995年上证指数、利率与CPI

在成熟市场中，高通胀下的高利率，对股市的压制更明显。

1. 1967～1970 年美国股市。1967 年 8 月至 1970 年 7 月的三年间，美国通胀率从 2.4% 升至 6%，美国联邦基金利率从 3.9% 最高升至 1969 年 8 月的 9.19%。同期标普 500 指数的整体市盈率从 1968 年末最高的 22.28 倍跌至 1970 年 7 月的 13.73 倍，估值水平下降了 38%（参见图 7）。

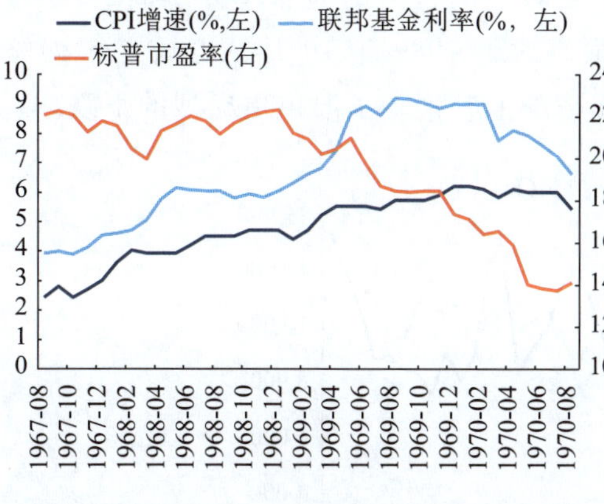

图 7　1967～1970 年标普指数、CPI 与利率

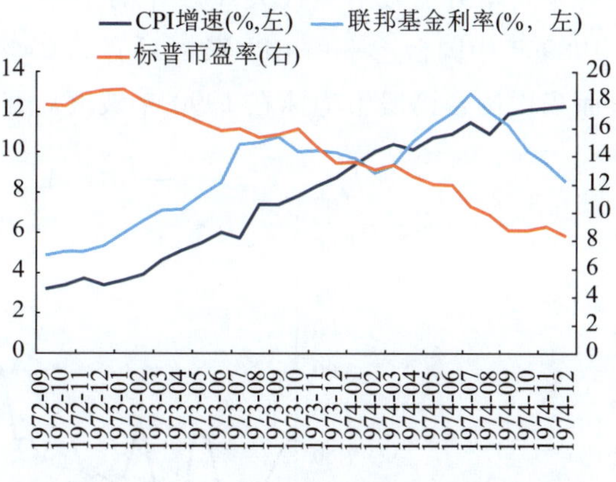

图 8　1972～1974 年标普指数、CPI 与利率

2. 1972～1974 年美国股市。1972 年 9 月～1974 年末，美国通胀率从 3.2% 升至 12.3%，在此过程中，美国联邦基金利率从 1972 年 9 月最低的 4.87% 升至 1974 年 6 月最高的 12.93%。在此过程中，标普 500 指数的整体市盈率从 1973 年 1 月最高的 18.71 倍降至最低 1974 年 12 月的 8.29 倍，估值水平下降 56%（参见图 7、图 8）。

3. 1989～1990 年美国股市。1989～1990 年，是 1983～2007 年间，美国唯一的一次通胀率升至 5% 以上的时期。在此期间，美国股市同样出现了 1982～2000 年持续大牛市中比较少见的一次较大的调整。标普 500 指数整体市盈率在一年多时间里（1989 年 8 月至 1990 年 10 月）下跌了 16%（参见图 9）。

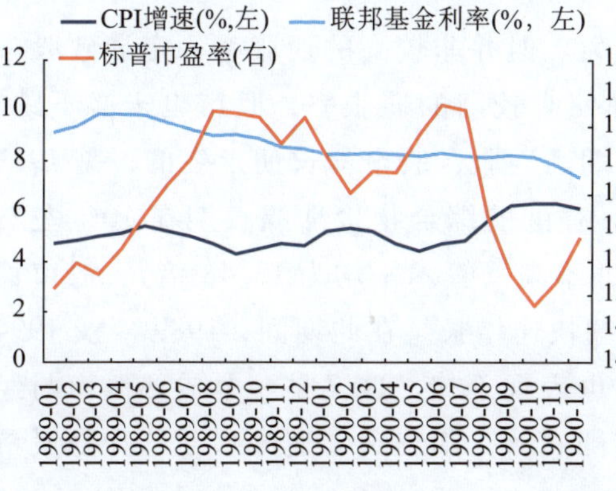

图 9　1989～1990 年标普指数、CPI 与利率

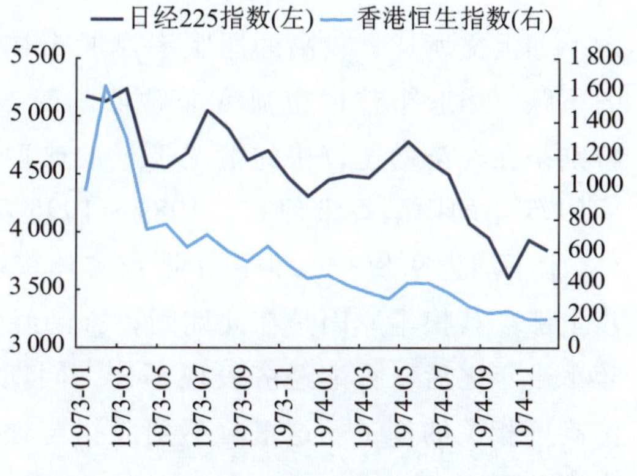

图 10　1973～1974 年日经指数与恒生指数

4. 1973 ~ 1974 年的中国香港、日本股市。1973 年爆发的石油危机，引发了很多国家和地区的高通胀。在此期间很多国家与地区的股市均明显下跌，其中包括中国香港与日本（参见图 10）。日本在 1973 年和 1974 年的通胀率分别高达 16.1% 和 21.8%。

5. 1987 ~ 1990 年中国台湾股市。或许有人会将 1987 年至 1990 年的中国台湾股市当成通胀推动股市上涨的例子（参见图 11）。其实中国台湾股市当时的大牛市行情，主要是台币升值吸引热钱大肆炒作的结果。而且当时中国台湾的通胀率并不高，1987 ~ 1989 年中国台湾平均 CPI 涨幅只有 2.07%，最高时的 1989 年 10 月，也只有 5.94%。而当中国台湾股市泡沫在 1990 年破灭后，通胀率的上升推动了股市更猛烈的下跌。

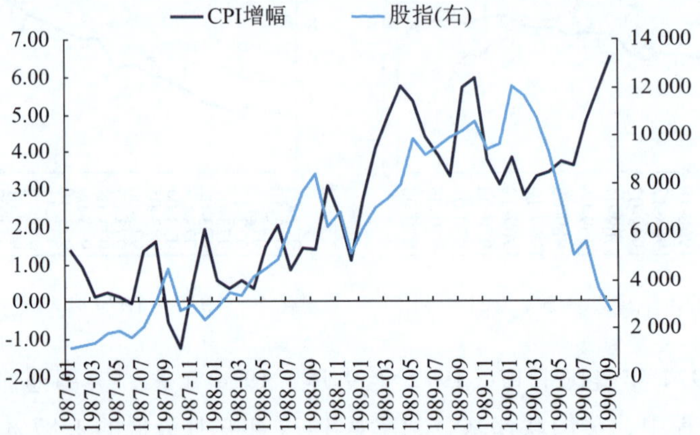

图 11　1987 ~1990 年台湾股指与 CPI

因此当通胀率较高的时候，无论是高通胀下企业经营的压力，还是高利率，都将压制股市的估值水平。

长期来看，欧美股市 1982 ~ 2007 年的长期牛市，并没有形成高通胀，反而是长期的低通胀和低利率。

三、股市整体市盈率水平与中长期平均估值水平的影响

如上文所述，较高的通胀率对股市构成压力。但并非较高的通胀率一定导致股市的下跌。当股市整体市盈率非常低的时候，即使有较高的通胀率，股市也未必下跌。特别是在经济增速较快的情况下。最典型的长期高通胀，股市却长期走牛的，是 1989 ~ 1995 年的中国香港股市。1989 ~ 1995 年间，香港的综合物价涨幅长期在 10% 左右（算术平均为 9.8%），但由于股市整体市盈率并不高（算术平均为 13.48 倍），股市稳步上涨。其根本原因是在此期间，香港经济持续快速增长。在此期间，1989 年及 1994 年下半年之后，香港经济表现不佳，同期股市也表现不佳。这又是一个成熟股市与经济高度相关的例子。这里看不到股指与通胀同涨同落，却出现了通胀率回落伴随股市大涨的现象。

通胀的上升（回落），可能导致利率的上涨（下跌），对股市整体市盈率有助跌（涨）作用。但如股市整体市盈率相对较低（高），股票相对于存款仍具有（缺乏）相对价值，则股市仍将上涨（下跌）。

股市中长期的估值水平，也影响了通胀对股市的影响。1929 年美国股市崩盘时，标普 500 指数的最高市盈率仅有 32.56 倍（参见图 12）。在 20 世纪 90 年代美国大牛市中的投资者可能对此无法理解。1997 年 12 月标普 500 指数市盈率达到 33 倍后，不仅没有崩盘，股市还继续攀升。1999 年全年和 2000 年大部分时间标普 500 指数市盈率都在 40 倍以上，而当时美国的利率并不低（参见图 13）。

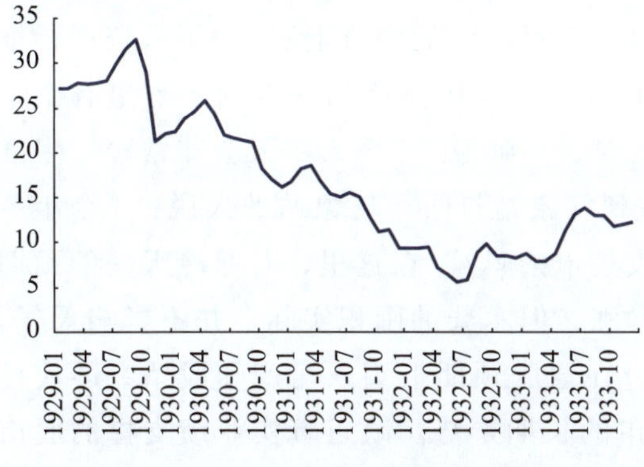

图 12 1929 ~1933 年标普指数市盈率

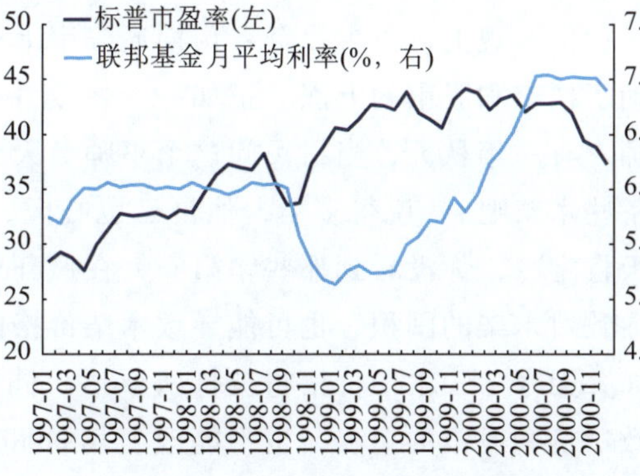

图 13 1997 ~2000 年标普指数市盈率与美国利率

因此在考虑通胀与相应的利率对股市涨跌的影响时，还应考虑具体的股市中，各种综合因素对股市整体估值水平的影响。

四、通胀的预期而非通胀推动了本轮中国股市的上涨

2009 年以来，中国尽管新增贷款一直比较多，但并没有造成物价的上涨，反而出现了持续的物价下跌。无论是居民物价指数，还是工业品出厂价格指数，均在低位徘徊。尽管最近几个月翘尾因素对 CPI 和 PPI 会构成一定的推升作用，但在外需下滑、内需不足的情况下，企业商品和服务销售困难，因此，新涨价因素仍将较弱。美国 20 世纪 70 年代和 80 年代滞胀时期，尽管企业经营比较困难，但因为工会的力量，美国的工资仍然上涨较多，推动了物价上涨。而目前中国因劳动力供大于求，工资上涨的压力并不大，也不构成物价上涨的因素。实际上不仅 2009 年不会有通胀压力，2010 年通胀率升至 5% 的可能性也不大（参见图 14）。

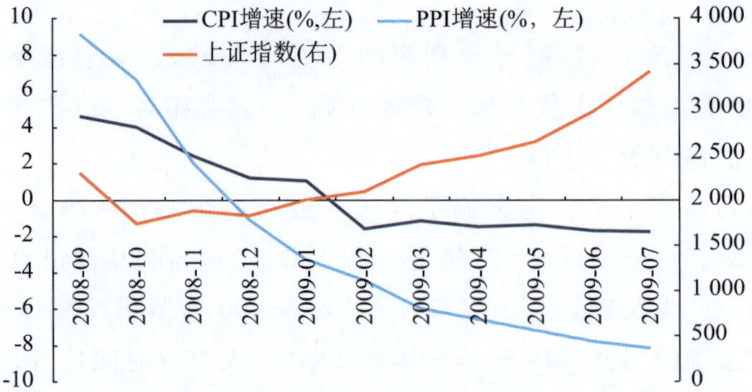

图 14　中国 CPI、PPI 与上证指数

但客观上，不少投资者预期通胀率上行（而不是实际的物价上涨），买入资产，推动了楼市和股市的上涨。正如一个寓言中所描述的：美国某印第安人的部落里有个巫师。有一年秋天，当村民问这个巫师冬天天气时，巫师说："今天冬天会非常冷，多准备些木柴吧。"说得多了，他自己也心虚，跑到气象站打听。气象站的人说："今年冬天肯定冷，你没看到那些印第安人在疯狂地收集木柴吗?"在这里，对寒冷天气的预期导致对木柴的囤积，也可能导致木柴价格的暴涨，但木柴的囤积实际上并不影响天气。如并无寒冬，木柴价格将被打回原形。同样，在通胀预期下买入房产和股票，即使导致房价和股市的上涨，也不能改变房价和股市的长期走势。缺乏真实业绩支撑的股市上涨是不可持续的。如果未来中国通胀率大幅上升，受利率上行的影响，中国股市将面临更大的回调压力。

关于货币供应量变化与股市波动相关性的观察

黄祖斌　　2009年7月

一、M1 同比增幅与上证指数波动

将 M1 同比增幅与上证指数相叠加，我们观察到 M1 同比增幅（参见图 1），尤其是其峰谷，与上证指数波动之间存在一些值得重视的现象。

图 1　M1 同比增幅与上证指数

第一，M1 同比增幅与上证指数波动大致存在同向变动的关系。最近 10 多年来，M1 同比增幅总体上在 10% ~20% 的区间内运行。如果 M1 同比增幅从顶部持续向下滑落，股市在此期间的表现一般很差，如果 M1 同比增幅从底部持续反弹，股指在此期间的表现往往比较好。

第二，在多数情况下，如果 M1 同比增幅下降到 10% 以下，可视为股市出现买入机会。从 1997 年初到 2009 年，M1 同比增幅跌破 10% 的情况出现过 4 次，分别是 1998 年 6 月的 8.7%，2002 年 1 月的 9.4%，2005 年 3 月的 9.9% 和 2008 年 9 月的 9.4%。在 M1 增幅跌破 10% 后，股市均出现了中短线甚至长线的买入机会。

第三，在多数情况下，如果 M1 同比增幅达到 20% ~23%，可视为股市出现卖出机会。自 1995 年末至今，M1 同比增幅共出现 4 个顶部，其对应的 M1 同比增幅均为 20% ~23%。即 1997 年 1 月的 22.2%，2000 年 6 月的 23.7%，2003 年 6 月的 20.2% 和

2007 年 8 月的 22.8%。在 M1 增幅见顶后，股市都形成了向下的拐点。

第四，在很多情况下，M1 同比增幅跌破 10% 或触及 20% ~23% 是股指形成向上或向下拐点的领先指标。在前面提到的 4 次买入机会中，有 3 次（1998 年 6 月、2005 年 3 月、2008 年 9 月）M1 同比增幅都提前给出了股市见底信号，领先时间分别为 8 个月、3 个月和 1 个月，另外一次（2002 年 1 月）则与股市同步见底。在前面提到的 4 次卖出机会中，M1 同比增幅也都提前给出股市见顶信号，领先的时间分别是 4 个月、12 个月、10 个月和 2 个月。第 2 和第 3 次拐点虽然分别在 12 个月和 10 个月后才出现，但股指在这段时间里的涨幅均不大，分别只有 16% 和 20%。

第五，M1 同比增幅即使长期居于高位，股市也未必能够持续上扬。2003 年 1 月至 2004 年 5 月，M1 同比增幅均维持在 20% 附近的高位，但同期上证指数月收盘价只是从 1 499.8 点小幅上升到 1 555.6 点，总体上呈现的是震荡行情。

第六，M1 同比增幅即使只是轻微地下降，股市也可能大幅下挫。2007 年 8 月 M1 同比增幅见顶，达 22.8%，10 月份股市见顶时，该月 M1 同比增幅为 22.2%。2008 年 1 月 M1 同比增幅仍高达 20.7%，股市却已大跌近 30%。从这个角度看，即使未来数月 M1 同比增幅能够维持在 20% 的高位，由于股指自 2008 年 10 月底以来的累计涨幅已经很大，因此，不宜对股市后市走向太乐观。

第七，以 M1 同比增幅的变化判断股市涨跌，在中长期内有较高的准确率，但短期内可能出现背离。2002 年 6 月，M1 同比增幅环比下降 1.8 个百分点，而上证指数当月上涨 14.32%；2002 年 8 月 M1 同比增幅环比上升 4.2 个百分点，当月上证指数却下跌 4.68%（参见图 2）。

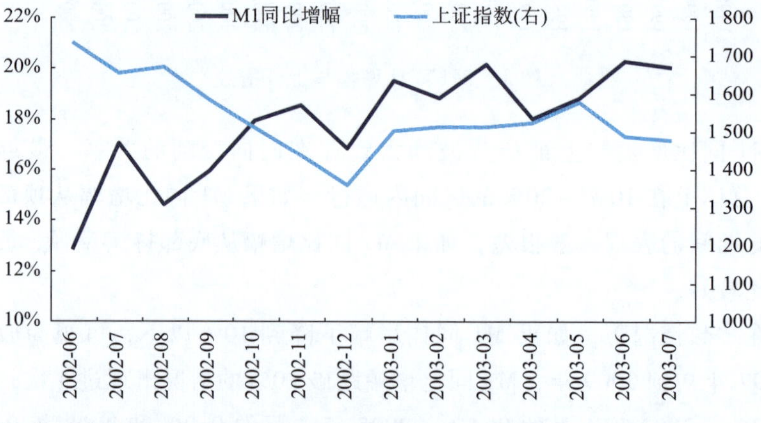

图 2　M1 同比增幅与上证指数

二、M1 同比增幅与 M2 同比增幅差值与上证指数波动

将 M1 同比增幅与 M2 同比增幅差值（以下简称货币增幅差）与上证指数相叠加（参见图 3），我们观察到两者之间存在几个值得重视的现象：

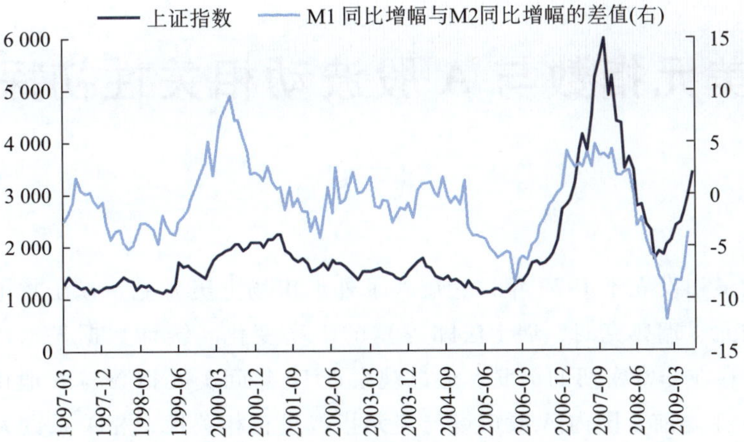

图3 M1与M2同比增幅差值与上证指数

第一，货币增幅差与上证指数之间大致存在着同向变动关系。

第二，在多数情况下，货币增幅差一旦出现正值可视为股市进入了高风险区域，如果货币增幅差接近于5%，则需提防股市出现较大级别调整的可能性。

第三，在多数情况下，如果货币增幅差在某一较高位置呈现震荡走势，这通常是股指后市向坏的前兆。

第四，如果货币增幅差接近甚至跌破－6%，则股市可能出现买入机会。1998年6月、2002年3月、2005年9月以及2008年10月，货币增幅差均接近或跌破－6%，股市均出现了中短线甚至长线买入机会。2005年9月至2006年1月、2008年10月至2009年1月，货币增幅差跌破－6%后，负值继续扩大，但股市已止跌回升。从某种程度上讲，货币增幅差跌破－6%可以看作股市进入了“相对安全区域”。

三、从货币供应量变化的角度分析A股市场后续走势

综合上述分析，从中长期的角度看，货币供应量的变化与股市波动高度相关，是一个值得长期密切观察和跟踪的指标。

2009年6月，M1同比增幅已上升到24.7%。由于短期内宽松的货币政策出现实质性调整的可能性不大，而且2008年下半年M1基数较低，未来数月M1同比增幅可能保持在高位。同时，货币增幅差自2009年1月见底以来持续上升，2009年6月为－3.67%，但仍然处于很低的水平。从短期角度看，充裕的货币供应量可能继续为A股市场提供支撑。

但目前M1同比增幅毕竟已经创下历史新高，而且已经突破了20%～23%这一“大顶区域”。一旦M1同比增幅形成尖顶回落或在高位钝化的态势，A股市场就将面临大幅回调的危险。

美元指数与A股波动相关性初探

谢一飞　　2010年12月

美元指数最初设立于1973年，它反映了外汇市场上美元兑一揽子货币（欧元、日元、英镑、加元、瑞典克朗、瑞士法郎等）的汇率变化。统计数据显示，美元指数与A股市场走势存在非常密切的关联。通过观察近10年间美元指数与A股市场的走势可以发现：2005年之前，国内A股市场与美元指数呈正相关性，相关系数为0.68；2005年至今，二者呈现负相关性，相关系数为-0.71。而如果我们将美元指数（月度）滞后4期，2005年后，其与A股市场的负相关性更强，相关系数为-0.83。事实上，大部分新兴经济体（如巴西、俄罗斯、韩国等）与美元指数都存在着这种负相关关系（参见图1、图2、表1）。

图1　上证综指与美元指数（2000~2004年）

图2　上证综指与美元指数（2005~2010年）

表1　美元指数与部分新兴经济体股票市场指数之间的相关系数

	恒生指数	圣保罗IBOVESPA指数	韩国综合指数	阿根廷MERV指数	俄罗斯RTS指数	印度Sensex30指数	新加坡海峡指数
2000.01~2008.06	-0.615	-0.821	-0.791	-0.890	-0.796	-0.798	-0.650
2008.06至今	-0.737	-0.546	-0.514	-0.484	-0.636	-0.520	-0.597

为了全面描述2005年汇改以来A股市场强周期板块、弱周期板块、资源板块与美元指数之间的统计学关联性，本文除了采用二者之间的相关系数表示其波动方向的关联性外，还采用同期内二者变动幅度来对比其相对变动水平。

从美元指数与各行业指数的变动方向看，2005年以来，强、弱周期行业以及资源类行业指数（依据申万行业分类）与美元指数都呈现较强的负相关性，只有在2008年底至2009年初这一时间段内美元指数与国内A股市场同时走强。2010年以来，A股市场中的资源类行业（煤炭、有色）、建筑建材行业指数与美元指数之间所体现出的负相关性较其他行业更为明显，医药生物行业与其负相关性则相对较弱（参见表2、表3）。

表2 美元指数与强周期及资源类行业相关性

	有色	煤炭	化工	建筑建材	机械设备	房地产	金融服务
2005年至今相关系数	-0.71	-0.80	-0.79	-0.74	-0.70	-0.72	-0.74
2008年至今相关系数	-0.51	-0.60	-0.66	-0.43	-0.23	-0.49	-0.60
2010年至今相关系数	-0.71	-0.76	-0.64	-0.78	-0.64	-0.56	-0.44

表3 美元指数与弱周期行业相关性

	农林牧渔	食品饮料	纺织服装	医药生物	商业贸易	餐饮旅游
2005年至今相关系数	-0.74	-0.73	-0.69	-0.60	-0.73	-0.68
2008年至今相关系数	-0.41	-0.35	-0.39	-0.02	-0.38	-0.40
2010年至今相关系数	-0.68	-0.63	-0.71	-0.36	-0.73	-0.67

在考察美元指数与各行业变动幅度时，本文按照美元指数2005年以来波动情况将其划分为8个时间段，其中，红色字体代表在这一时间段内美元指数主要趋势为上涨，其他时间段内美元指数主要趋势为下跌。

从美元指数与各行业的变动水平看，A股各板块指数在美元指数上升或下降趋势内的振幅往往大于同期美元指数的振幅。如2005年底至2008年初，美元指数累计下跌20%，同期A股各个行业的涨幅普遍在300%以上，而在金融危机爆发的2008年，美元指数企稳回升，涨幅在20%以上，同期A股各个行业跌幅普遍在50%左右（具体数据见表4、表5）。在每一轮美元指数趋势性变化中，资源类板块的波幅明显高于其他行业。以最近一个美元指数上涨周期来看（2009年11月至2010年6月），资源类等强周期行业跌幅明显大于弱周期行业，而食品饮料、服装纺织和商业贸易都呈现出较强的抗跌特性，医药生物行业在这一阶段更是逆市上涨；而2010年6月以来美元持续下跌过程中，A股市场资源类板块表现优异。

表4 美元指数与强周期及资源类行业变动幅度

	美元指数	有色	煤炭	化工	建筑建材	机械设备	房地产	金融服务
2005.01至2005.11	10.1%	-10.0%	-23.2%	-11.4%	-17.4%	-12.2%	-11.6%	11.6%
2005.11至2008.03	-20.9%	615.3%	449.2%	370.7%	395.8%	445.8%	505.3%	346.9%
2008.03至2008.11	20.4%	-69.4%	-60.8%	-53.4%	-39.6%	-46.4%	-53.9%	-46.3%

续表

	美元指数	有色	煤炭	化工	建筑建材	机械设备	房地产	金融服务
2008.11 至 2008.12	−7.5%	13.7%	15.8%	6.7%	4.6%	11.0%	9.0%	4.5%
2008.12 至 2009.03	9.2%	33.4%	11.7%	10.5%	15.5%	22.4%	17.6%	15.1%
2009.03 至 2009.11	−15.5%	75.8%	128.4%	44.7%	29.0%	47.0%	63.8%	46.7%
2009.11 至 2010.06	17.9%	−16.3%	−25.4%	−21.1%	−16.5%	−5.6%	−34.1%	−16.5%
2010.06 至今	−9.0%	46.9%	25.8%	15.1%	41.9%	46.8%	10.7%	0.2%

表 5　　美元指数与弱周期行业变动幅度

	美元指数	农林牧渔	食品饮料	纺织服装	医药生物	商业贸易	餐饮旅游
2005.01 至 2005.11	10.1%	−18.2%	4.0%	−25.2%	−11.1%	−4.0%	−2.1%
2005.11 至 2008.03	−20.9%	437.4%	409.1%	313.0%	308.8%	487.8%	328.0%
2008.03 至 2008.11	20.4%	−50.5%	−50.0%	−56.8%	−41.6%	−55.7%	−63.9%
2008.11 至 2008.12	−7.5%	14.8%	12.6%	12.7%	19.1%	20.4%	14.8%
2008.12 至 2009.03	9.2%	13.7%	5.3%	16.1%	15.5%	10.9%	19.3%
2009.03 至 2009.11	−15.5%	34.8%	64.2%	54.4%	59.8%	60.0%	62.5%
2009.11 至 2010.06	17.9%	1.3%	−3.1%	−3.0%	14.9%	−2.5%	−1.6%
2010.06 至今	−9.0%	36.7%	46.3%	25.8%	24.4%	22.2%	26.2%

从数字上我们不难发现A股市场与美元指数的统计关联性，但二者内在的经济学逻辑关系却非常复杂，目前对该现象背后的解读莫衷一是。笔者认为，在某些时间段上，美元确实曾通过影响大宗商品价格进而影响A股市场资源类板块整体走势，2005年汇率改革以来国际资本加速流动可能也是影响国际金融市场资金面进而影响A股走势的一个因素，但二者更深层次的逻辑关系还有待继续研究。

房地产市场与股票市场的相关性研究

凌秀丽　2011 年 12 月

自 20 世纪 90 年代末期开始，房地产成为中国经济重要的支柱之一；股票市场则一直被喻为经济的“晴雨表”。对于二者的关系，仁者见仁，智者见智。一种观点认为，股票市场影响房地产市场，股票市场波动引起了房地产市场的波动；另一种观点认为，房地产市场影响股票市场，若房地产市场不景气，地产股和银行股势必下挫，由此引起股票市场下跌；还有一种观点认为，股票市场与房地产市场之间存在此消彼长关系。笔者研究发现，我国房地产市场和股票市场之间要么存在正相关关系，要么存在负相关关系，至于哪种关系更为显著，则由市场环境来决定。

一、从国际经验看房地产市场与股票市场相关性

（一）美国房地产市场与股票市场的历史表现

20 世纪 90 年代中期，美国网络产业快速崛起，并推动网络股走强，资本开始争相抢购市场中为数不多的网络股，极大地哄抬了股价，股市泡沫也由此产生。到 2000 年 8 月，标准普尔 500 指数登上了 1518 点的历史最高位。就在网络泡沫不断催生股市泡沫的这段时间，美国的房地产市场也在不断膨胀。美国 10 个大中城市标准普尔房价指数从 1995 年初的 76.82 稳步上升到 2000 年 8 月的 110.07。股市上涨给美国民众带来了更多的财富，使他们拥有更多资金投入房地产市场，房地产市场与股票市场经历了一段共同繁荣期。

2001 年，美国的网络泡沫破灭，股市大幅下跌。与之相反的是，美国的房地产业却进入了高速发展阶段。虽然经历了“9·11”事件，但房地产市场并未同股票市场一同消沉。标准普尔房价指数从 2001 年 1 月 114.58 点上升到 2006 年 6 月 226.29 点，上涨了近 1 倍。美国房地产市场的疯狂发展，催生了大量的泡沫。到 2007 年，房价终于支撑不住，开始走下坡路，并引发了波及全球的次贷危机。2007 年 3 月 13 日，纽约股市遭遇“黑色星期二”。随后，次贷危机引发全球金融危机，美国股市步入下行通道。到 2009 年初，美国房地产市场与股票市场几乎同步达到低谷。此后，美国股市开始反弹，期间虽有波动，但仍处于上升通道，然而房地产市场始终一蹶不振，难有起色（参见图 1）。

从历史数据来看，美国房地产市场与股票市场时而共荣共衰，时而一盛一衰，并没有保持一个持续、稳定的相互作用关系。

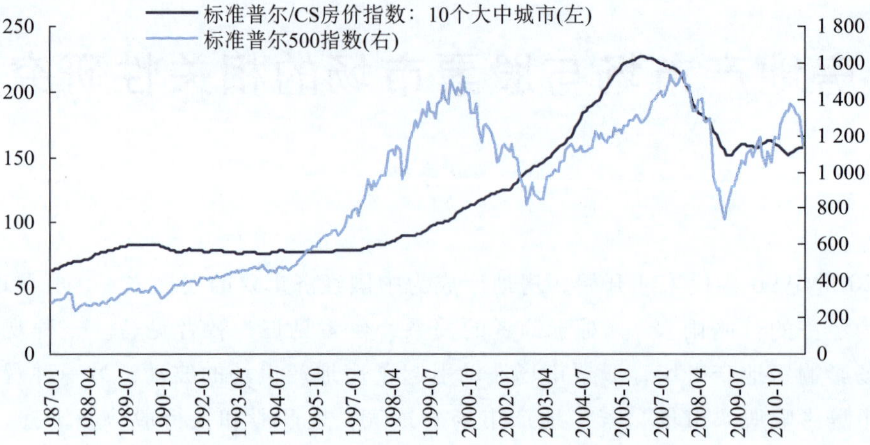

图 1　美国标准普尔房价指数与标准普尔 500 指数走势

（二）日本房地产市场与股票市场的历史表现

自 20 世纪 60 年代起，日本经济开始持续高速增长，到 80 年代，日本已成为全球第二大经济体。日本的快速发展加之连年巨大的贸易顺差引起了以美国为首的西方国家的不满。1985 年 9 月，美、日、英、法、德五国财长达成“广场协议”，在 1985 年下半年到 1988 年年初两年半的时间里，日元升值 50%。

日元升值后日本出口导向型经济受到极大冲击，为缓解日元升值对经济增长的不利影响，防止经济下滑，1986 年日本连续 5 次降息，央行贴现率由 5% 降至 2.5%（参见图 2）。但由于缺乏相关政策配合，扩张性货币政策创造的充沛流动性没能高效利用，由于实体经济投资回报率较低，资金蜂拥流入房地产市场和股票市场。

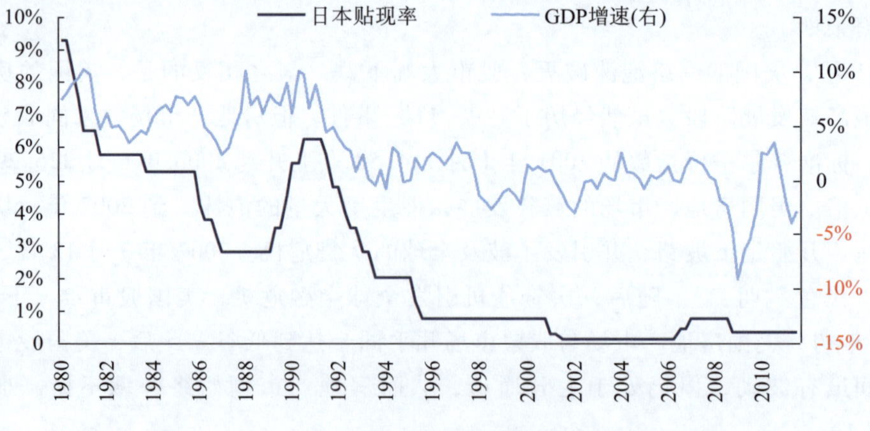

图 2　日本贴现率与 GDP 增速

受“永不贬值”的“土地神话”影响，以转卖为目的的土地交易量增加，日本地价开始疯狂飙升。自 1985 年起，东京、大阪、名古屋、京都、横滨和神户 6 大城市的土地价格每年以两位数上升，出现了几乎是垂直式的上涨。1990 年高峰期的地价大约是 1983 年的 3.8 倍，东京 23 个区的地价总和甚至达到了可以购买美国全部国土的水平。

期间，日本股市也是一路高歌猛进。1987 年，日本的 GDP 为美国的 1/6，但股市市值占到全球总市值的 41.7%，首次超过美国，列世界第一。1989 年末，日经 225 指数涨到 38 916 点，相当于 1984 年的 3.68 倍；市盈率高达 80 倍（而当时美国、英国的市盈率只有 25～30 倍）；股票总市值从 1985 年的 196 万亿日元（相当于当年 GDP 的 60%）增加到 630 万亿日元（相当于当年 GDP 的 1.5 倍）。

地价和股价相互推动，循环上涨。地价上涨，企业和家庭资产价值上涨，企业股价随之上升，土地担保价值升高，从银行获得贷款增多。企业利润和经济增长预期上升，实际利率下降，居民消费、房地产投资、企业投资热情高涨，资产价格和实体经济互推上涨；同时，日本对外直接投资快速增长，国内生产大量外移。产业“空壳化”伴随金融资产和房地产价格的持续上涨形成了巨大泡沫。

资产价格上涨的财富效应对经济增长起到了一定的推动作用，但资产价格上涨的幅度远大于实体经济的增长。面对通胀压力的逐渐增大，从 1989 年 5 月开始，日本央行采取了紧缩性货币政策，在不到 1 年半的时间里，日本央行连续 5 次加息，利率从 2.5% 大幅上升到 6%。企业受此打击，加之由于流动性推动的生产规模过度扩张导致利润率下降，使得企业基本面迅速恶化，投资者对经济增长的预期反转。突然而剧烈的金融紧缩使股票价格迅速下跌，在 1990 年开始的短短 10 个月里，股指从接近 4 万点的峰值急剧下挫到 2 万点附近，几乎跌去了一半。随后，房地产价格也开始掉头，6 大城市的土地价格从 1991 年 9 月的最高点迅速回落，两年时间跌去了 40%（参见图 3）。资产价格泡沫最终破裂，日本经济由此陷入了漫长的“失去的二十年”。

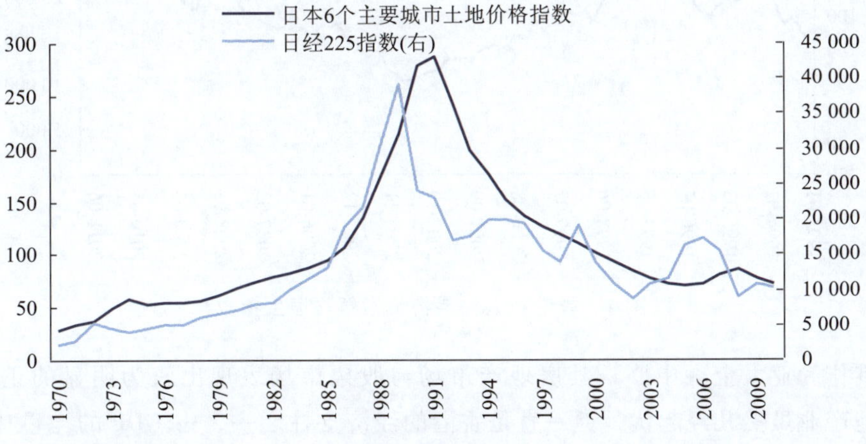

图 3　日本 6 个主要城市土地价格指数与日经 225 指数

相比于美国的两个市场所呈现的时正时负的相关关系，日本的房地产市场与股票市场则表现了更为稳定的协同关系，两个市场正向变动的趋势较为明显。两个市场相互推动，泡沫相伴而生。同样，房地产市场泡沫的破灭也与股票市场的暴跌相伴随。

（三）香港房地产市场与股票市场的历史表现

从20世纪90年代开始，香港经济持续快速发展，良好的经济发展势头和居民收入的不断增加，大大拉升了房地产市场需求，房地产价格迅速上涨。从1984年到1997年7月，香港房地产价格上涨了3倍，同时交易量也急剧增多。宽松的银行信贷政策更是成了促使房地产泡沫不断膨胀的催化剂，房地产贷款占总贷款的比重连年上升，其数值从1993年的38%上升至1998年的45%。到1998年，香港因购买私人住宅而进行的贷款已占到当年GDP的40%，是20年前的5倍。此时，相对于实体经济而言，香港房地产业的发展规模已过度扩张，潜藏了巨大的泡沫。

1997年8月，受到东南亚金融危机的冲击，香港股市开始暴跌，1年左右的时间，恒生指数由16 820点跌到6 544点。1997年底，香港房价开始下跌，1999年3月，香港私人住宅售价指数只有东南亚金融危机爆发前的41%。房价的下跌趋势一直持续了6年，直到2003年第四季度末才开始见底回升。该指数从2003年8月的58.6上升到2005年9月的94，房价在短短两年的时间里大幅上升了60%。当前香港房价较2008年初金融海啸时回升约47%，比1997年房价最高峰还高出9.2%（参见图4）。

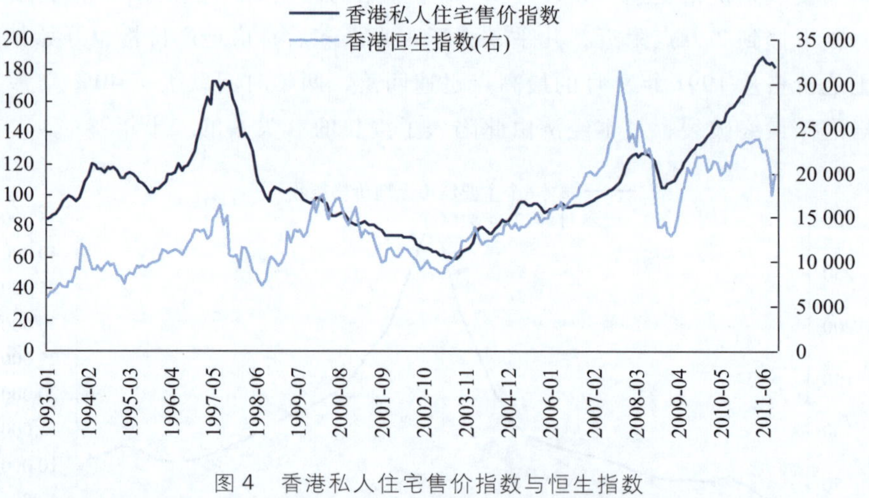

图4　香港私人住宅售价指数与恒生指数

香港作为亚太金融中心，其房地产市场与股票市场表现出较为明显的正相关性。香港房地产业虽然几经起伏，但一直是香港的经济支柱之一，占GDP的比重达20%以上，因此，香港房地产市场与股票市场一样，都是香港经济的“晴雨表”。同时，香港社会也是一个股民社会，股市下挫，股民财富损失，自然缺乏购房欲望，对房地产投资需求减少；反之，则带动香港房地产市场向好。

二、为什么房地产市场与股票市场存在关联性

1. 房地产市场与股票市场都受到宏观经济的影响，同时也在一定程度上影响着经济增长。房地产业是国民经济的重要支柱产业。以中国为例，近年来，房地产投资额占 GDP 的比重不断上升，截至 2011 年第三季度，该比值达到 13.8%（参见图 5）。此外，房地产业对钢铁、建材及家电家居用品等关联产业群的发展发挥着举足轻重的作用。同时，经济形势对上市公司的业绩产生重要的影响，也会改变投资者的投资行为。经济形势好，投资者对前景乐观，投资更为积极；经济形势不好，投资者对前景悲观，投资时就会格外谨慎。

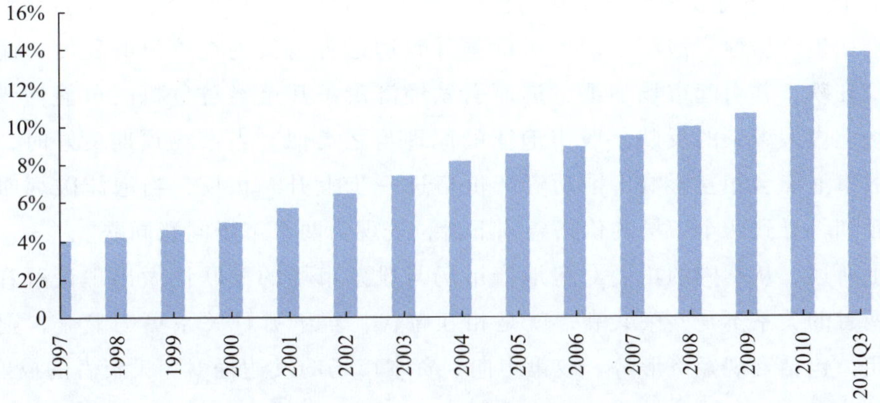

图 5 中国房地产投资完成额在 GDP 中的占比

房地产市场与股票市场都受利率水平、货币供应量和通货膨胀的影响，并且两个市场的变动方向一致。利率下降，促使资金流入两市，同时增加了房地产市场与股票市场的需求，促进两个市场的繁荣。货币供应量的增加也会将资金引入这两个市场。一定程度的通货膨胀会鼓励人们放弃货币转而持有具有保值增值功效的资产，因此，在一定的通胀水平下，两个市场的投资活动会更加活跃。

房地产市场和股票市场通过各自与宏观经济的相互影响，呈现出一定的相关关系，而宏观经济各因素则成了实现两市场互动关系的传导中介。

2. 随着金融市场和房地产市场的发展，股票和房地产正日益成为两种重要的财富类别。两种财富占家庭财富总额的比重越来越大，并对家庭投资行为产生显著影响。股市财富效应和房市财富效应的不同，会促使市场中的流动资金从财富效应较小的市场转向财富效应较大的市场，从而出现房地产市场和股票市场“此消彼长”的现象。

3. 作为投资工具，房地产与股票既有相似之处又各具特色。从收益看，股息与租金收入的性质非常类似。股票投资者以购买股票的方式成为股东，在不考虑炒作的情

况下，股息可视为股票投资的收益；而房屋出租后，房东可以不断收取租金。从风险看，上市公司有可能因业绩亏损不派发股息，房东也会因房屋空置而没有租金收入，即股东与房东都必须承担市场波动带来的风险。

4. 房地产和股票都可以作为贷款的抵押品，从资金需求方来看，从房地产市场和股票市场获得的收益会使企业的生产资金和银行的信贷资金通过各种渠道流入房地产市场和股票市场，非主营业务收入增加使企业资产负债表状况改善，企业举债能力增强，获得更多贷款支持后增加对房地产市场和股票市场的投资额度，从而又助推了资产价格的上涨。从资金供给方看，房地产市场和股票市场与银行信贷之间存在自我强化的反馈机制。在经济繁荣时期，房地产和股票作为抵押品其价格上升，使银行资产负债状况改善，信贷增加，利率降低，从而又进一步推动房地产和股票使价格上扬。

5. 房地产市场与股票市场都容易滋生泡沫。房地产泡沫的产生往往会导致股市泡沫的相继产生。房地产泡沫表现为房价飙升到远远脱离其内在价值的程度，而其中隐藏着房价狂跌，并引起市场崩溃，进而引发经济萧条甚至经济危机的可能性，它是房地产市场上虚假繁荣的反映。股市泡沫的原理与之类似。当市场预期良好时，房地产泡沫与股市泡沫会相互影响，推动资产价格进一步上升。相反，当泡沫破灭时，悲观的市场预期将导致两个市场的价格急剧下滑，表现为两个市场同涨同跌。

综上所述，从不同的角度对房地产市场与股票市场的关联性做出理论解释，归根到底，两者的关系不是共荣共衰，就是相互替代，至于哪种关系更为显著，则由市场环境决定，包括宏观经济形势、政策走向、资本市场的发达程度、投资者的成熟度等。

三、中国房地产市场与股票市场相关性分析

1998 年我国结束了福利分房制度，标志着真正意义上的房地产市场开始形成。同时以 1998 年《证券法》的出台为标志，我国的股票市场步入正轨。虽然我国房地产市场与股票市场在市场化运行的 13 年间并未呈现出某种特定的相关关系，但在不同时期，两个市场的关联性呈现出不同特点。

从商品房销售价格指数和上证综指来看，房地产市场与股票市场的走势呈现显著的“三阶段”特征：从 1998 年初 ~2002 年初，两个市场的波动呈现正相关关系；从 2002 年初 ~2007 年上半年，两个市场的波动呈现负相关关系；从 2007 年下半年以来，两个市场的波动再度呈现正相关关系（参见图 6）。

（一）1998 年初 ~2002 年初两个市场正相关的原因

1998 年，受亚洲金融危机影响，我国 GDP 增速放缓，宏观经济面临较大的通货紧缩压力。受经济不景气影响，房地产市场与股票市场双双遇冷。为刺激经济，自 1998 年起的 5 年时间里，我国实施了扩张性的财政政策与货币政策，资金纷纷涌入房地产

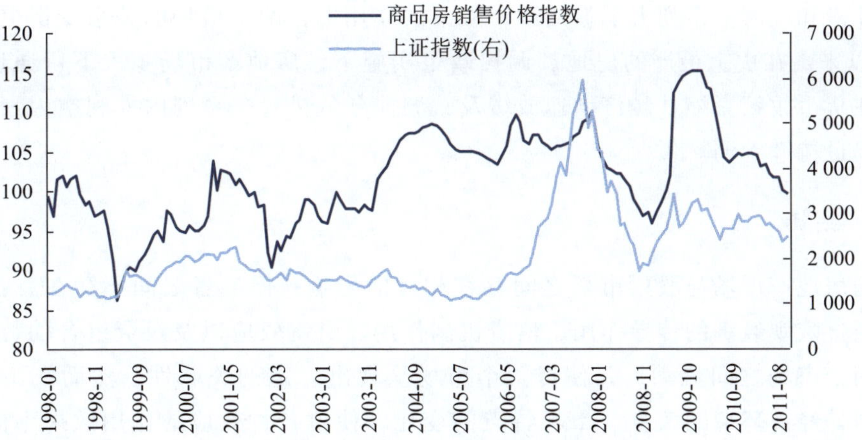

图6 中国商品房销售价格指数与上证综指

市场和股票市场，两个市场进入繁荣期。

此外，财富效应也发挥了积极作用。1999 年 5 月 16 日，国务院颁布了“搞活市场六项政策”（改革股票发行体制、逐步解决证券公司合法融资渠道、允许部分具备条件的证券公司发行融资债券、扩大证券投资基金试点规模、搞活 B 股市场、允许部分 B 股 H 股公司进行回购股票的试点），由此引发了“5·19”行情，中国股票市场此后持续 2 年走牛。股市上涨增加了投资者财富，从而提升了对房地产的消费需求和投资需求。2001 年股票市场经历了由牛到熊的转换，房地产市场也开始趋冷。

（二）2002 年初 ~2007 年上半年两个市场负相关的原因

2002 年 6 月 ~2007 年 8 月，我国实行了稳健偏紧的财政与货币政策，房地产市场回暖，而股票市场却在 2001 年后经历了 4 年的低迷期。房地产与股票作为两种重要的投资品种，投资组合理论中的替代效应居于主导地位。股票价格持续下跌，投资者信心严重不足。而同期的房地产价格持续上涨，投资收益不断上升，但风险却没有显著增加。于是大量资金从股票市场撤离流向相对收益较高的房地产市场。由此在两个市场之间形成一种自我强化的反馈机制：股价从高点迅速下跌——投资者恐慌性抛售——大量资金撤离股票市场——资金流入房地产市场——房地产价格上涨——吸引更多资金进入房地产市场。

（三）2007 年下半年以来两个市场正相关的原因

2008 ~2009 年，中国经济受到全球金融危机的影响，经历了一次很大的波动，中国的房地产市场与股票市场也经历了一个大跌后逐渐回升的过程。虽然两个市场在这一阶段的波动趋势相似，但二者的相互作用关系却并不是简单的正相关，在巨大的经济减速冲击和政府一系列大剂量的救市方案的作用下，两个市场的关系变得更为复杂。2011 年以来，在史上最严的房地产调控政策实施下，房地产市场步入下行通道，与此同时，在货币政策紧缩、经济增速放缓及欧洲债务危机等一系列内外利空因素冲击下，股票市场也持续走弱。

四、结语

我国房地产市场与股票市场之间存在相互的影响，但二者之间不存在着长期均衡关系。通过宏观经济的传导作用、信贷机制作用、财富效应以及投资组合的替代效应，资金在两个市场之间流动，并使得两个市场呈现出一定的关联性。然而在不同时期，由于国内外经济环境的改变、市场特点的变化，使得各种效应的作用效果不同，这就影响了资金在两个市场间的流向，从而使得两个市场时而共荣共衰，时而一盛一衰，不存在一个持续、稳定的相互作用关系。

从各国房地产市场与股票市场的发展经验看，房地产市场泡沫的破裂总是与股票市场的暴跌相伴随。两个市场中只要有一个市场在经历了快速膨胀而发生逆转情形时，投资者信心受到冲击，其悲观情绪会迅速蔓延到另一个市场，进而使得两个市场同时陷入萧条。当前，我国房地产市场积聚的泡沫已经很大，把握好房地产调控力度与时机，对股票市场发展也至关重要。假设我国房地产市场泡沫破灭，那么可以断言的是，股票市场也将会被拖下泥潭。

第四章

估值水平与股市波动

PB 估值及风险溢价分析

李 毅 2009 年 8 月

市净率 PB 可解释为人们为购买上市公司所需付出的相对于公司自身价值的价格，PB 高代表人们看好公司未来回报而支付了溢价，PB 低代表人们认为公司难以在未来获得超出社会正常收益或投资者要求收益而给予的折价。这道出了人们愿意支付价格的两个决定性因素：资本收益率 ROE 及投资者要求收益率。

本文将利用剩余价值估价法 Ohlson 模型，结合这两项指标对市场 PB 的表现进行分析，主要内容包括各国近十年估值表现的横向比较，以及 PB 随 ROE 的纵向波动规律，并尝试从历史估值经验来推算中国股市目前的股指中枢。其中投资者要求收益率即折现率的分析还包括对风险溢价的讨论，以利于我们对市场估值水平有更好的判断。

一、PB 估值的横向比较

表 1 是各经济体非金融上市企业近十年的 PB 中值（第 3 栏），可以看到，其估值水平分布在新兴经济及发达经济间并没有明显的区别，定价较高的地区包括中国、印度、澳大利亚、英国、美国等，定价较低的包括俄罗斯、韩国、新加坡等。单从 PB 估值水平来看，印度、中国、墨西哥、俄罗斯等新兴经济体目前（2009 年 8 月 14 日）已远远超过前十年中值，法国、意大利、英国等发达经济体则多大幅低于历史中值水平（参见表 1 第 4 栏）。

表 1　　部分经济体股市非金融 PB 估值的比较

	ROE*	PB*	PB 目前（8.14）	折现率	10YR GB*	风险溢价	风险溢价 1*	风险溢价 2*
巴西**	15.04	1.50		11.18	8.68	2.50	−0.69	0.93
中国	10.86	2.64	3.66	2.83	3.37	−0.54	1.98	0.88
印度	20.37	2.43	3.89	11.48	7.63	3.85	2.23	2.54
马来西亚	10.08	1.58	1.84	6.20	4.24	1.96	1.72	2.06
墨西哥	13.85	1.90	2.59	8.04	8.49	−0.45	0.47	1.04
俄罗斯	14.18	0.81	1.06	16.30	5.87	10.44	5.82	7.20
泰国	22.06	2.24	1.92	13.66	4.74	8.92	9.25	9.90
澳大利亚	16.96	2.82	2.55	7.35	5.57	1.78	1.02	2.37
加拿大	12.88	2.24	1.83	5.83	4.57	1.26	0.24	1.43

续表

	ROE*	PB*	PB 目前 (8.14)	折现率	10YR GB*	风险溢价	风险溢价 1*	风险溢价 2*
丹麦	15.98	2.01	1.84	9.41	4.45	4.96	4.00	4.31
法国	11.35	2.26	1.51	4.45	4.28	0.17	-2.71	-0.95
德国	12.00	1.92	1.59	6.32	4.14	2.19	0.49	2.38
中国香港	12.48	1.81	2.26	7.24	4.37	2.87	3.40	3.99
意大利	11.74	2.01	1.27	5.72	3.90	1.83	0.91	1.75
日本	5.41	1.71	1.29	1.36	1.46	-0.10	0.22	1.50
韩国	11.49	1.26	1.55	9.42	5.26	4.16	4.94	2.70
挪威	13.42	1.68	1.54	8.71	4.70	4.00	3.71	2.93
新加坡	13.43	1.37	1.47	10.51	4.45	6.06	8.84	9.27
南非	21.34	2.15	2.68	13.43	9.40	4.02	2.13	2.90
西班牙	14.14	2.44	1.99	6.20	4.28	1.92	0.71	3.03
瑞典	14.32	2.48	2.02	6.22	4.43	1.79	1.15	1.08
中国台湾	13.98	2.06	2.06	7.47	2.41	5.06	5.21	5.72
英国	11.86	2.80	1.86	3.21	4.75	-1.54	-2.08	-1.97
美国	15.90	2.67	2.07	6.93	4.58	2.35	-0.02	-0.01
欧元区	13.28	2.17	1.56	6.43	4.14	2.29	-0.46	1.20

注：1. * 为近十年中值。

2. ** 巴西的 PB 取值于 CEIC，其他数据均来自 DataStream，来源不同公司样本也不相同，计算结果可能存在较大误差，巴西仅作为参考。

3. 需要提醒的是，此处以及后面的数据均为非金融企业，企业样本均由 DataStream 选取。

表 1 中同时给出了计算得到的折现率及风险溢价，计算方法源自剩余价值估价法 Ohlson 模型，我们曾推导出如下 PB 估值公式：

$$\frac{P}{B}=1+(ROE-r_s)*\frac{1-\left(\frac{1+ROE-dROE}{1+r_s}\right)^n}{r_s-ROE(1-d)}$$

其中，ROE 为人们对未来长期净资本收益率的预期值；n 为估值年限；r_s 为要求收益率即折现率；d 为分红率。此次计算中，PB 为市场结果，取过去十年中值；ROE 亦取过去十年中值；n 取 15 年；d 取 30%；r_s 包括无风险收益率及风险溢价两部分，其中无风险收益率取十年期国债收益率 GB。那么利用这个式子我们就可以计算得到表中所示基于 PB 十年中值 \ GB 十年中值 \ ROE 十年中值的折现率 r_s 及风险溢价（参见表 1 第 5、7 栏）。

表中最后两栏还给出了分别基于当期 PB \ 当期 GB \ 适应性预期 ROE、当期 PB \ 当期 GB \ 当期 ROE（n、d 取值与此前相同）所计算得到的十年来各期风险溢价的中值 1 和 2（参见表 1 第 8、9 栏，后文还会讲到），可供参考。

观察表1及图1可发现，相对于PB值本身，其隐含折现率在发达经济体和新兴经济体之间的界限要明朗得多。除了中国等少数国家外，新兴市场的折现率普遍远高于发达市场，风险溢价也相应较高。

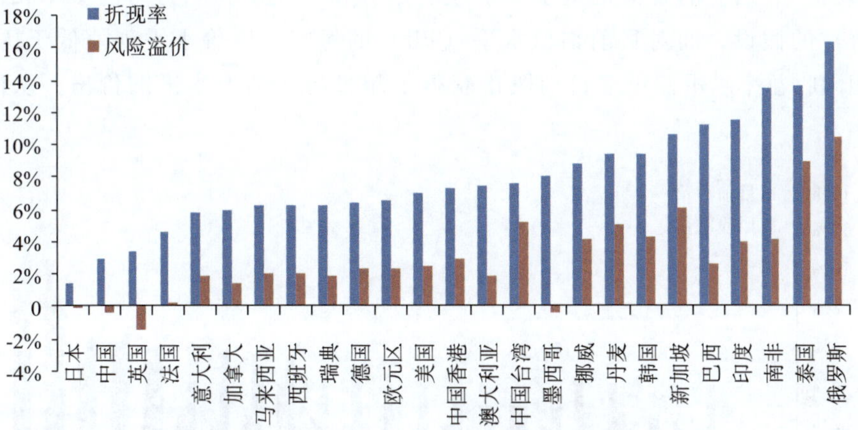

图1 各经济体股市折现率及风险溢价推算

从国别来看，近十年日本、中国、英国等国要求收益率非常低，相应的风险溢价均为负值。这表明这些地区股票的过高定价导致投资者可获得的收益率低于无风险收益率，墨西哥风险溢价为负则主要由于该国及南美地区的高利率。

俄罗斯、泰国、南非等国的要求收益率则非常高，均高于13%，印度、巴西次之。高通胀是造成高折现率的重要原因之一，考察近十年的通胀率中值，俄罗斯达到14%、巴西为6%、南非为5.8%、印度为4.7%。经检验，横向比较中，折现率及风险溢价与通胀之间存在显著的正相关关系，而与消费率、经济发展水平相关性不高。另外，从具体国情出发，俄罗斯的高政治风险、亚洲金融危机历史都会对当地的高风险溢价构成支撑。

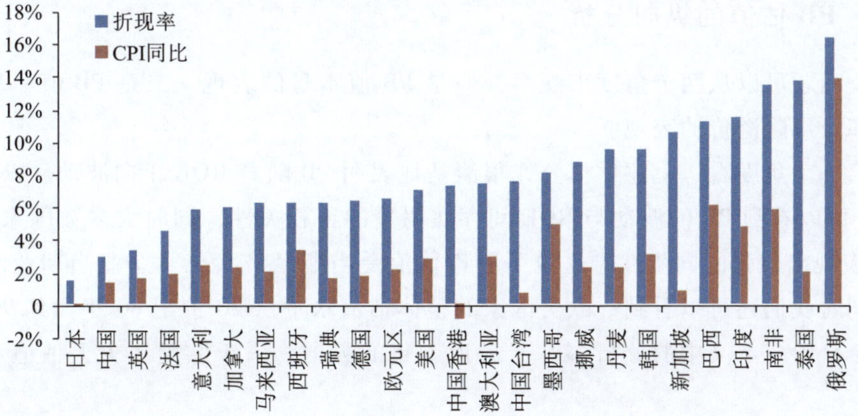

图2 各经济体折现率及通胀率

以上是对十年历史中值的讨论（可称为历史值），下面我们在此基础上考察一下当前估值水平与历史值的对比。图3红柱是各经济体以历史中值计算的风险溢价（即表1第7栏），蓝柱是以目前PB\目前GB\ROE十年中值计算得到的目前风险溢价水平（可称为现值），后者的含义是基于未来经济形势和企业盈利能力与前十年相同（ROE十年中值）的假设，而对目前估值水平（PB）的考察。溢价水平现值低于历史水平，说明在相同收益率水平假设下目前股市获得了超过历史估值水平的价格，从而较历史值更贵。

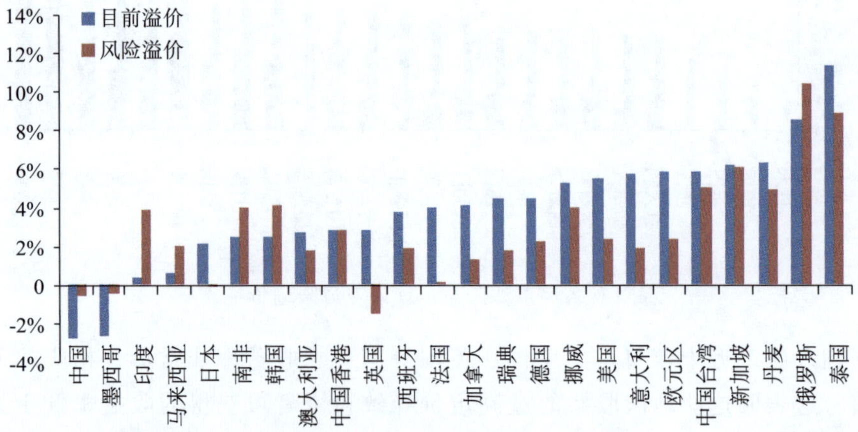

图3　各经济体历史及风险溢价水平现值

可以看到，中国、墨西哥风险溢价现值不但低于历史值，更是远低于零，这是很明显的过高估值现象。印度、马来西亚、南非、韩国、俄罗斯也较历史值低，目前估值水平相对于历史水平较高，但保持了正的风险溢价计算值。其他地区则基本都比历史水平要高，这是全球经济尚未摆脱危机应有之合理表现。

二、PB估值的纵向分析

这个问题可以从两个角度来观察，一是PB值本身的表现，二是PB值所反映出来的折现率及风险溢价的表现。

从第一个角度看，上述估值公式很清楚地表明PB随着ROE正向波动。以图4、图5为例，可以看到PB的波动与ROE间存在明显的正相关性，同时大多数国家的PB与ROE都表现出较强的同步性，这说明股市估值受当期经济状况及企业当期业绩影响非常大。同时我们还可以看到，欧美国家的整体估值水平从20世纪80年代到90年代上升了一个台阶，本文中的分析多基于最近十年的数据，属于欧美历史上估值水平较高的时期。

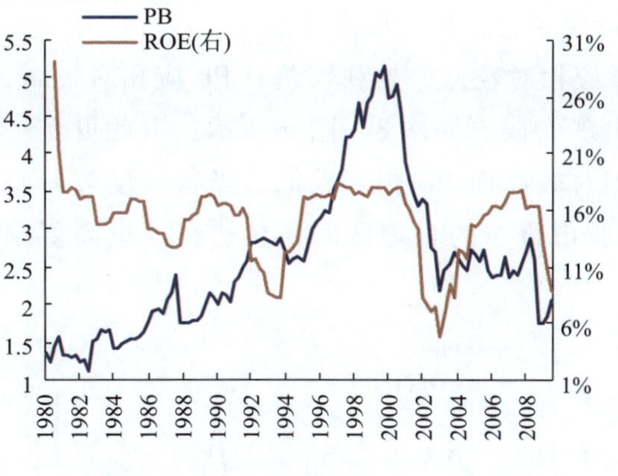

图 4 美国股市非金融 PB 及 ROE

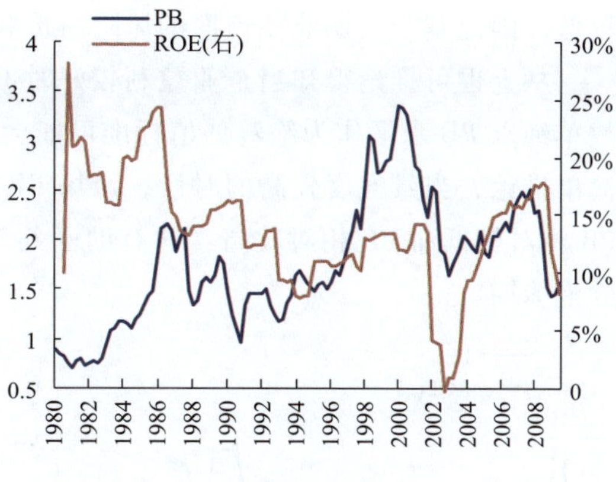

图 5 欧元区股市非金融 PB 及 ROE

另外一个角度是风险溢价，可以分别基于当期 PB \ 当期 GB \ 适应性预期 ROE、当期 PB \ 当期 GB \ 当期 ROE 进行计算（n、d 取值与前一节相同）。其中适应性预期 ROE 是按照适应性预期理论，用近三年净资本收益率的加权平均值来代表模型中的长期 ROE，由近到远分别赋予权重 60%、25%、15%；当期预期 ROE 则是假设人们完全以当期（前推 12 个月）ROE 来预期未来长期收益水平，其计算所得可称为当期预期折现率及当期预期风险溢价。以美国为例，可以得到的结果如图 6、图 7。

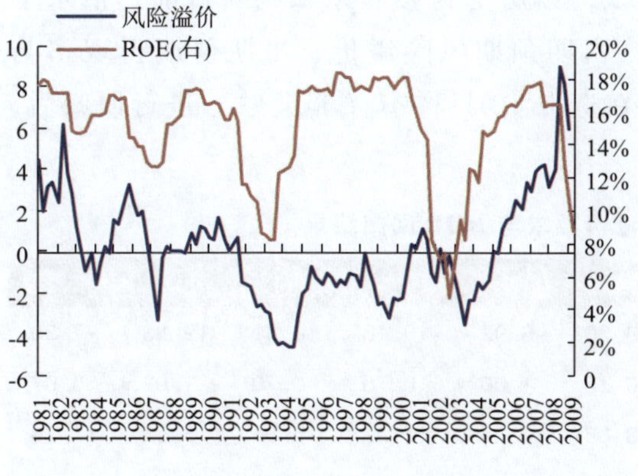

图 6 适应性预期股市风险溢价与 ROE（美国）

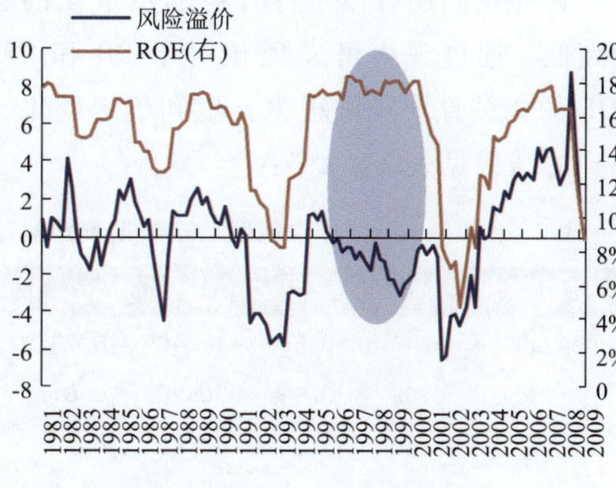

图 7 当期预期股市风险溢价与 ROE（美国）

这里我们看不到适应性预期所表现出的任何相对优势，因此暂时摒弃往期企业盈利的影响而只考虑当期值。从图 7 可以看到，当期预期风险溢价与 ROE 间存在非常显著的正向关系，并且几乎同步，也就是说人们的风险厌恶情绪在企业利润上升时同步上升并压低股价。这与第一个角度的简单观察结果看似矛盾，它其实反映的是市场并不完全将企业当期业绩作为长期预期，人们对当期的变化（不论是好是坏）持有保留态度，从而表现在计算出的当期预期折现率的波动上，这使得当期业绩对股票价格的同向推动动能被削弱。具体来说，当企业盈利很好的时候，市场认为长期业绩会相对较低，因此基于当期业绩预期的风险溢价和折现率会较高；反之亦然。

从上也可推论得知当企业盈利较好时PE应相对较低，盈利较差时PE应相对较高，故单纯以PE水平作为绝对估值标准可能会出现失误。如图8、图9所示。由此可作一简单推论，当景气度较高的时候，市场PB相对较高而PE相对较低，当景气度较差时PB相对较低而PE相对较高。这有助于判定股市价位的合理区间，显然在这里需要剔除泡沫期。

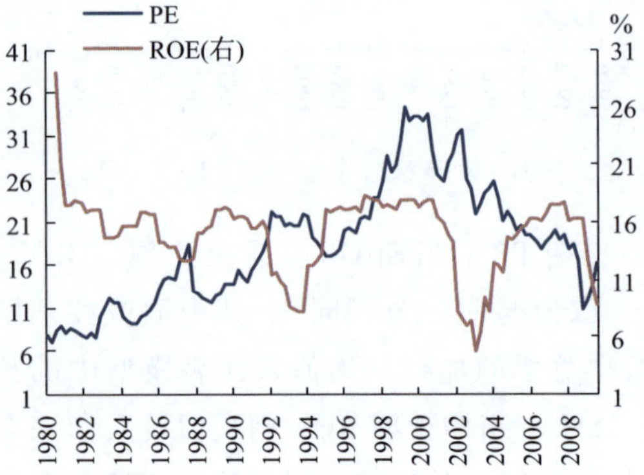

图8　美国股市非金融PE及ROE

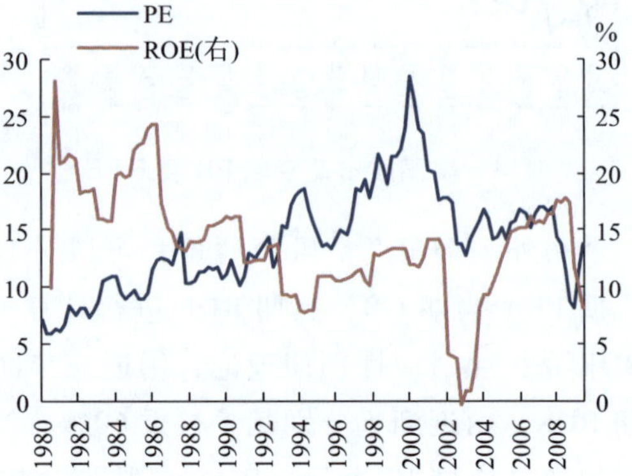

图9　欧元区股市非金融PE及ROE

另外我们还可以进行有益的定量化的尝试，以历史为参照系来判断目前估值水平的高低。通过观察可发现相对于PB和PE，当期预期风险溢价、当期预期折现率与ROE的相关性要规则得多，更利于定量化。在选取10只样本（非金融）进行回归后，得到的结果见表2、表3：

表2　样本地区股市当期预期风险溢价要求与ROE回归结果

地区	美国	欧元区	英国	德国	瑞典	日本	加拿大	澳大利亚	南非	马来西亚
Intercept	-9.46	-8.85	-13.46	-6.79	-10.20	-6.92	-10.13	-10.49	-19.33	-7.30
回归系数	0.65	0.79	0.96	0.61	0.76	1.06	0.79	0.70	1.02	0.87
t值	10.50	12.90	27.84	10.25	18.85	10.25	17.42	15.91	13.51	11.75

表3　样本地区股市当期预期折现率与ROE回归结果

地区	美国	欧元区	英国	德国	瑞典	日本	加拿大	澳大利亚	南非	马来西亚
Intercept	-7.57	-2.73	-10.76	-3.52	-2.79	-3.66	-4.56	-1.38	-0.51	-1.32
回归系数	1.02	0.70	1.23	0.79	0.68	0.73	0.88	0.71	0.62	0.73
t值	12.58	11.66	28.75	18.20	15.51	9.00	20.36	9.00	11.01	14.67

注：以美国为代表的各时间序列数据已进行ADF检验，检验结果显示美国在99%的置信区间不存在单位根，序列平稳；对中国检验结果不能证明当期预期风险溢价的平稳性，ROE及折价率在90%的置信区间序列平稳。

取样本地区中值可以得到如下两式：

当期预期风险溢价 = -9.5 + 0.79 × ROE

当期预期折现率 = -3.15 + 0.73 × ROE

即 ROE 上升 1 个百分点时，当期预期风险溢价平均上升 0.79 个百分点，折现率平均上升 0.73 个百分点，两者差异是由于统计误差及此期间无风险收益率的变动造成的。去除泡沫期后，我们也测算了中国股市历史表现（非金融）的估计式如下：

中国当期预期风险溢价 = -6.98 + 0.42 × ROE

中国当期预期折现率 = -9.1 + 1.13 × ROE

其中第二式相对于第一式要显著得多，同时时间序列平稳，结果更值得信赖，因此我们以第二式的结果为主来估算目前中国股市的估值水平。利用第一式估计 PB 约为 3.17，利用第二式估计为 2.6。也就是说，参照历史估价水平，中国股市非金融企业（DataStream 样本）目前的 PB 估值中枢应落在［2.6，3.17］区间，对应上证指数约在 2150～2650 之间，相应上证 PB 在 2.4 倍至 3 倍之间。需提醒注意的是，这是股指运行中枢所落在的区域，并非股指波动区间。

上面的分析排除了泡沫期的影响，下面单独对其进行讨论。从图 7 中美国当期预期风险溢价可以看到，在蓝色阴影区域所标注的互联网泡沫时期，风险溢价与 ROE 的波动方向与我们所总结的同向波动并不一致，在 ROE 处于高位时，风险溢价却不断下跌，从而造就了股市的泡沫。图 10、图 11 分别是日本 80 年代末泡沫及中国近两年的泡沫，都表现出在 ROE 上升或正处于高位时，当期预期风险溢价却不断下跌或处于低位，说明投资者的风险偏好在快速升高。这种分析将有助于我们判断股市是否出现了泡沫。

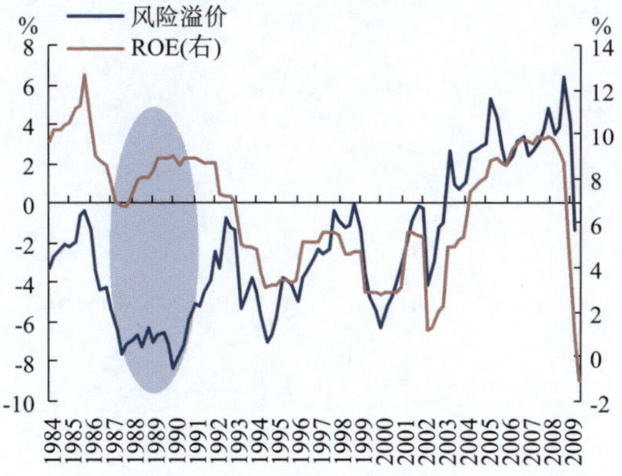

图 10　当期预期股市风险溢价与 ROE（日本）

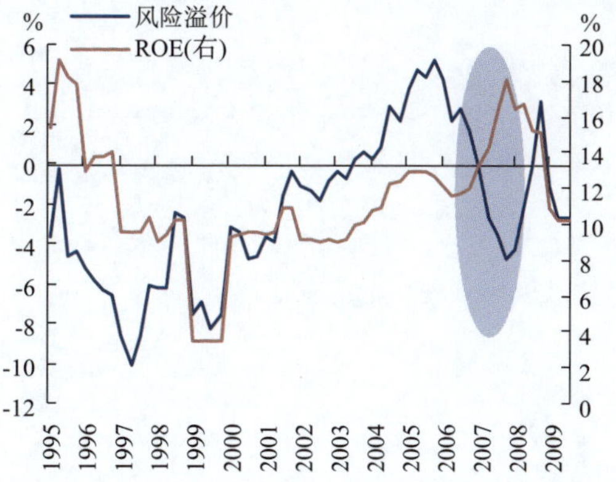

图 11　当期预期股市风险溢价与 ROE（中国）

从日本和中国台湾的经验来看，泡沫的教训有助于中国股市在今后十几年的时间里趋于理性化，当期预期风险溢价与 ROE 明显背离的概率较小，也就很难再现如此大规模的泡沫。同时我们也从图 11 看到中国股市的风险溢价水平均值从 1990 年代进入 21 世纪后上升了一个台阶，由负值变为零值上下波动。这说明我国投资者日益成熟，逐渐变得理性。

总结以上分析，由剩余价值估价法 Ohlson 模型可以推导出市场折现率及风险溢价指标，从而有助于投资者对市场估值水平有更深入的了解。通过国际横向比较，我们发现日本、中国等地区整体估值水平较高。同时就目前的估值水平（2009 年 8 月 14 日）而言，中国、墨西哥等明显相对于十年历史中值偏高。

在纵向分析中，我们发现景气度较高时市场 PB 相对较高而 PE 相对较低，景气度较低时 PB 较低而 PE 较高。这是由于当期预期风险溢价随 ROE 的同向波动使得企业当期利润变化对股价的推动作用被弱化。不过在泡沫时期当期风险溢价则与 ROE 反向波动，大大推高了股价。另外我们还在当期预期风险溢价、当期折现率和 ROE 之间建立了算式，测算出基于历史估值水平，目前上证指数的“合理水平”落在［2150，2650］区间。

股市“合理”估值模型

李　毅　　2009 年 8 月

一、超常净收益 Ohlson 模型（PB 估值）

这个模型的原理是：股票价值由两部分组成，一是股权对应的资本，即净资产价值，这部分实际上已经隐含了净资产在未来所创造的正常收益；二是公司利用净资产创造的额外的超过市场正常收益的价值，也即理论上的经济利润。公式及计算过程如下：

$$P = B_0 + \frac{NI_1 - r_s B_0}{1 + r_s} + \frac{NI_2 - r_s B_1}{(1 + r_s)^2} + \cdots + \frac{NI_n - r_s B_{n-1}}{(1 + r_s)^n}$$

$$= B_0 + \frac{ROE * B_0 - r_s B_0}{1 + r_s} + \frac{ROE * B_1 - r_s B_1}{(1 + r_s)^2} + \cdots + \frac{ROE * B_{n-1} - r_s B_{n-1}}{(1 + r_s)^n}$$

$$= B_0 + \frac{(ROE - r_s) * B_0}{1 + r_s} + \frac{(ROE - r_s) * (1 + ROE - dROE) B_0}{(1 + r_s)^2} + \cdots$$

$$+ \frac{(ROE - r_s) * (1 + ROE - dROE)^{n-1} B_0}{(1 + r_s)^n}$$

$$= B_0 + (ROE - r_s) * B_0 * \frac{1 - \left(\frac{1 + ROE - dROE}{1 + r_s}\right)^n}{r_s - ROE + dROE}$$

其中，n 为公司可获得超额收益的年限；r_s 为股权成本，即人们的期望收益（正常收益）；ROE 是平均净资产收益率；各期的净资本投入等于上期净资本投入与去除分红后的留存收益之和，即 $B_t = (1 + ROE - dROE) B_{t-1}$。

需要注意的是，股权持有者所分得的红利不应重复计入公式中，因为在对超额收益进行折现时实际上就已经包含了投资者所获得的红利部分，后面一期的超额收益折现则是计算当把原股本和留存收益继续进行生产投资时可获得的额外利益。

从前式可以得到市净率：

$$\frac{P}{B} = 1 + (ROE - r_s) * \frac{1 - \left(\frac{1 + ROE - dROE}{1 + r_s}\right)^n}{r_s - ROE(1 - d)}$$

从上式可以看到，如果 $ROE > r_s$，即可获得超额收益，那么 $P/B > 1$；如果 $ROE < r_s$，资本收益率低于要求收益率，那么 $P/B < 1$；如果 $ROE = r_s$，企业获取正常收益率，

那么 P/B = 1，市场价格应与净资产价值等同。因此，如果某只股票的 ROE 长期低于要求收益率，那么这只股票就没有投资价值。

对选择参数值的讨论详见下文：

（一）要求收益率

估算股票市场要求收益率的重要参考指标是债券收益率，表 1 为上证交易所、银行间市场近一个月的国债、企业债及金融债的平均收益率期限结构。

表 1　国债、企业债及金融债到期收益率

		1 年	3 年	5 年	10 年	15 年	20 年	25 年	30 年
上交所	国债%	1.30	2.20	2.75	3.42	3.71	3.86	4.07	4.56
	企业债%	2.02	3.69	4.31	4.39	4.47	4.63	4.73	4.65
银行间	国债%	1.00	1.91	2.52	3.27	3.70	4.00	4.13	4.06
	金融债%	1.56	2.46	3.10	3.94	4.26	4.28	4.12	3.91

股票市场的风险远大于债券市场，因此股市的要求收益率理应比债市收益率高。申银万国证券研究所曾估算 A 股市场的股权成本区间为［7.5%，10.5%］，我们可取其下限 7.5%。

（二）净资产收益率 ROE

表 2 为各经济体近几年的净资产收益率情况。可以看到，除日本的 ROE 非常低之外，其他经济体通常在 10%～17%之间，平均值保持在 11.5%～16%之间。相较于成熟市场，A 股整体上市公司的 ROE 处于较低的水平，近几年有比较明显的提升。沪深 300 成份股的 ROE 则较高，达到了成熟市场的水平。

表 2　各经济体股市及 A 股 ROE（%）

年份	美国	英国	德国	日本	中国台湾	中国香港	全部 A 股	沪深 300	全部 A 股（ROA）	沪深 300 成份股（ROA）
2000	17.19	12.71	12.42	3.60	14.73	9.55	10.15	12.30	8.58	10.63
2001	12.55	13.82	10.44	4.22	10.19	10.79	7.69	10.47	6.59	8.72
2002	12.62	15.50	12.14	5.25	7.38	8.50	7.51	10.11	6.51	8.44
2003	12.77	15.82	13.52	5.30	10.43	8.80	12.76	17.91	7.82	10.22
2004	14.15	14.70	12.35	7.16	16.35	10.18	16.08	22.53	9.09	12.07
2005	14.92	16.92	12.59	5.62	14.00	13.28	12.65	15.83	8.95	12.10
2006	15.87	19.29	14.44	7.16	13.53	14.35	12.96	14.98	9.06	11.35
2007	15.50	18.03	16.18	6.59	14.55	15.91	14.89	16.18	9.82	11.46
2008	14.37	14.88	9.73	6.25	—	12.07	11.35	12.79	6.09	6.64
平均	14.44	15.74	12.65	5.68	12.65	11.49	11.78	14.79	8.06	10.18

我们可考察2000～2008年这9年ROE的中值，即沪深300成份股取值15%，整体A股市场取值12.65%。不过中国经济很难再现过去9年高速增长的辉煌，上市公司继续保持这个水平的净资产收益率存在难度。

（三）超常收益期

实际上，企业可获取高收益（或超额收益）的周期与企业的生命周期在原理上基本相同，并且前者理应较后者周期更短。人们创立企业的初衷在于它可以帮助投资者获取其他渠道所不能得到的额外收益，而当这一功能消失后也就没有继续存续下去的必要了。因此我们可以通过考察企业生命周期来估算企业可获得高收益的时间长度。1970年的《财富》全球500强企业，到1983年其中1/3已经销声匿迹，这个排行榜上的企业从产生到衰亡，平均寿命只有40～50岁。在日本和欧洲，企业的平均生命周期为12.5年。在美国，有62%的企业平均生命周期不到5年，存活能超过20年的企业只占企业总数的10%，只有2%的企业能活50年，而中国企业的平均寿命只有7～8岁，尤其是民营企业，不仅平均寿命只有2.9岁，而且生存超过5年的不到9%、超过8年的不到3%。在此我们选择超常收益期为20年，这是非常乐观的假设。

按照乐观情景假设，A股公司保持超常收益20年，此期间ROE沪深300成份股为15%，A股整体为12.7%；分红率假设为30%；要求收益率为7.5%。那么利用模型可以得到表3中的估算结果：

表3　A股整体及沪深300指数估算结果：Ohlson模型

	ROE	PB	PE	指数“合理点位”	理论修正幅(%)(7月6日)
沪深300指数	15.0%	2.8	24.9	2817	-16.5
	13.0%	2.2	19.1	2167.6	-35.8
	11.0%	1.7	14.6	1652.1	-51.0
	9.5%	1.3	11.8	1336.7	-60.4
	8.0%	1.1	9.5	1072.0	-68.2
A股整体	12.7%	2.1	20.5		-40.0
	12.5%	2.0	20.0		-41.6
	10.0%	1.4	14.1		-58.6
	8.0%	1.1	10.6		-69.1
	6.0%	0.8	7.7		-77.4

从表3中可以看到，在乐观情景假设中沪深300指数合理估值水平为2800点左右，PB约为2.8倍，A股整体PB为2.1倍左右。市场目前对沪深300指数（2009年7月6日：3374.75点）的高估程度还不是太离谱，但对A股整体的估值已经大大超出了模型估算结果，修正幅可能超过1/3。如果上市公司盈利能力较此前出现下降，那么调整

幅度可能会更大，我们在表中假设了几种情况，计算结果都显示 A 股整体已被严重高估。

二、DDM 模型（PE 估值）

这个模型是市场最经常采用的估值模型，其原理是：将股权持有人在未来可获得的净现金流，即股利分红，进行折现后的价值即是股权的内含价值。计算公式如下：

$$P=\frac{D_0}{1+r_s}+\frac{D_0(1+g_1)}{(1+r_s)^2}+\cdots+\frac{D_0(1+g_1)^{n-1}}{(1+r_s)^n}+\frac{D_0(1+g_1)^{n-1}}{(1+r_s)^n}*\frac{1+g_2}{r_s-g_2}$$

$$=d*E_0*\left[\frac{1-\frac{(1+g_1)^n}{(1+r_s)^n}}{r_s-g_1}+\frac{(1+g_1)^{n-1}}{(1+r_s)^n}*\frac{1+g_2}{r_s-g_2}\right]$$

其中，n 为高增长期，g_1 为利润高增长率，g_2 为永续期利润增长率。这里的高增长期还可以根据需要划分为更多的阶段，如三阶段增长率梯形递减等。那么可以得到市盈率为：

$$\frac{P}{E}=d*\left[\frac{1-\frac{(1+g_1)^n}{(1+r_s)^n}}{r_s-g_1}+\frac{(1+g_1)^{n-1}}{(1+r_s)^n}*\frac{1+g_2}{r_s-g_2}\right]$$

参数方面，股票要求收益率及分红比率与上一模型取值相同，不扣除红利税的原因是假设其他资本收入也会同样被征收资本利得税。

利润增长率实际上与上一模型中的 ROE 及分红率密切相关，对于上一模型中稳定的 ROE 来说，净利润存在着相应的内生增长率：$g=ROE*(1-d)$，那么在乐观情景中沪深 300 成份股的高增长期 g_1 可达到 10.5%，A 股整体可达到 8.89%，企业永续期利润增长率 g_2 则为 5.25%。需要注意的是，这里的增长率是现有净资本的内生增长，并不包括外来资本所带来的新增利润。

DDM 的高增长期与 Ohlson 模型中的超常收益期内涵并不相同。Ohlson 模型假设超常收益期后不再产生超常利润，而在 DDM 模型中，企业在永续期依然会享有超常收益，虽然这种超常收益会逐渐递减。企业收益是 GDP（即本年度社会创造的价值增值，收入法）的重要组成部分，企业分配所得占 GDP 的比重较为稳定，因此社会整体企业利润增长率与 GDP 增速大致相等。我们在此乐观假设 GDP 将继续高增长 15 年。

下面我们用三阶段模型（包含两阶段）来计算，分红率及要求收益率同上一模型；乐观情景中，假设企业利润内生高增长期还有 15 年；其中沪深 300 成份股的高增长率为 10.5%，A 股整体为 8.9%，永续增长率为 5.25%。模型结果如表 4 所示。

表 4　　A 股整体及沪深 300 指数估算结果：DDM

	阶段 1		阶段 2		永续增长率	PE	指数“合理点位”	理论修正幅（%）（7 月 6 日）
	持续期	增长率	持续期	增长率				
沪深 300	10	10.5%	5	10.5%	5.3%	24.3	2 754.0	-15.7
	10	10.5%	5	8.0%	5.3%	22.1	2 504.1	-23.3
	5	10.5%	10	8.0%	5.3%	19.9	2 259.3	-30.8
	10	9.0%	5	9.0%	5.3%	20.5	2 319.6	-29.0
	10	9.0%	5	7.0%	5.3%	19.0	2 150.7	-34.1
	5	9.0%	10	7.0%	5.3%	17.5	1 980.8	-39.3
	10	8.0%	5	8.0%	5.3%	18.3	2 068.7	-36.7
	10	8.0%	5	6.0%	5.3%	16.9	1 918.8	-41.2
	5	8.0%	10	6.0%	5.3%	15.6	1 767.5	-45.9
A 股整体	10	8.9%	5	8.9%	5.3%	20.2		-40.9
	10	8.9%	5	7.0%	5.3%	18.8		-45.0
	5	8.9%	10	7.0%	5.3%	17.4		-49.1
	10	8.0%	5	6.0%	5.3%	16.9		-50.5
	5	8.0%	10	6.0%	5.3%	15.6		-54.4
	10	7.0%	5	6.0%	5.3%	15.7		-54.1
	5	7.0%	10	6.0%	5.3%	15.1		-56.0
	10	6.0%	5	6.0%	5.3%	14.5		-57.5

这个结果与上一个模型结果较为相似，同时我们还估算了其他三种相对悲观的情况。

可以看到，两个模型均显示在乐观情景下目前（2009 年 7 月 6 日）沪深 300 指数偏离合理估值的幅度还不是非常大，A 股整体则已被显著高估。在作出相对略为悲观的估算之后，市场需要调整的幅度就会显得非常大。这反映了市场对经济前景过度乐观，而实际上危机尚未过去，未来中国经济更是要面临美国的老龄化及消费低迷、资源环境约束、低碳化等长期性问题，内忧外患之下中国企业未来将难以重现过去 9 年里的高资本收益率，更难以支撑起目前的高水平估值。

需要提醒的是，这个结果是对股市长期合理估值的计算，而不是股指短期点位的预测。短期内难以改变的非正常与非理性因素使得中国股市经常偏离了合理估值的范围，比如 1990 年以来 A 股的平均市盈率达到 34 倍以上，市净率达到 4.8 倍，沪深 300 指数分别为 33 倍及 4.5 倍。按照我们的模型结果，A 股存在较大的调整风险。

三、敏感性检验及模型评价

Ohlson 及 DDM 两个模型都符合经济学原理，在假设完全相同（即未来企业获取利润完全相同）的情况下得到的结果是一致的。但这两个模型的着眼点其实是不一样的，Ohlson 着眼于超常收益期，DDM 模型则是建立在企业具有永续经营能力的基础上。因此我们在测算合理估值水平时实际上是根据两个模型各自不同的理论基础分别做出的假设，二者并不完全相同。下面我们以乐观情形为例，分别针对模型中的重要参数进行敏感性检验，用以度量不同假设将对模型估计结果产生的影响。

1. 要求收益率 R_s。影响投资者要求收益率的因素包括利率水平（无风险利率、债券收益率）和风险程度。假设要求收益率变动如表 5 所示，可以看到，Ohlson 模型对其敏感度相对较低，DDM 模型则变动非常大，微小的利率变动就会造成估值结果的巨大差异。

表 5　　模型敏感性分析：R_s

R_s		Ohlson		DDM	
调整值	新值	PB	变动幅（%）	PE	变动幅（%）
-1.5%	6.0%	2.7	27.4	63.0	211.9
-1.0%	6.5%	2.4	17.6	37.3	84.6
-0.5%	7.0%	2.3	8.8	26.3	30.2
0.5%	8.0%	1.9	-6.7	16.3	-19.2
1.0%	8.5%	1.8	-13.5	13.7	-32.4
1.5%	9.0%	1.7	-19.7	11.7	-42.0

这与两个模型估值标的选取存在密切的联系。Ohlson 模型是市净率估值，包含了净资产本身的价值。而 DDM 模型的对象是未来净现金流入，其估值完全建立在未来预期利润的折现值上，因此也会对折现率更加敏感。

2. 分红率 d。从表 6 可以看到不同分红政策对股票估值产生的影响较小，分红比例与模型结果呈反向变动，这与我们通常的想法相悖。

出现这种情况的原因有二：一是模型中假设企业可获得超常收益及高增长率，低分红比例可在未来带给投资者更多的超常回报，因而可获得更高的估值。二是我们在改变分红率时并未相应调整折现率，高分红比率使得投资者更早获得现金流入，可降低投资风险，折现率应该相应降低；反之，低分红比率使投资者获得现金流入的时间推迟，增加了风险，折现率应该调高。

表 6　　模型敏感性分析：d

d		Ohlson		DDM	
调整值	新值	PB	变动幅（%）	PE	变动幅（%）
-25.0%	5.0%	2.5	19.0	24.7	22.4
-15.0%	15.0%	2.3	10.9	22.7	12.5
-5.0%	25.0%	2.2	3.8	21.0	3.9
5.0%	35.0%	2.0	-2.3	19.5	-3.6
15.0%	45.0%	1.9	-7.6	18.1	-10.2
25.0%	55.0%	1.8	-12.2	17.0	-16.0

因而模型的结果并不代表低分红率可获得高估值，其前提条件是企业有能力获得高的超常收益率，这对高增长企业较为适用。实际上高分红率更加有助于市场的健康发展，使人们建立起投资而非投机理念。

3. ROE 及 g。净资产收益率与内生利润增长率密切相关，前者对后者有决定性的作用，我们可将其对应比较，参见表 7。

表 7　　模型敏感性分析：ROE、g_1

ROE		g_1		Ohlson		DDM	
调整值	新值	调整值	新值	PB	变动幅（%）	PE	变动幅（%）
-3.0%	9.7%	-2.1%	6.8%	1.4	-33.5	15.9	-21.4
-2.0%	10.7%	-1.4%	7.5%	1.6	-23.4	17.2	-14.8
-1.0%	11.7%	-0.7%	8.2%	1.8	-12.1	18.7	-7.7
1.0%	13.7%	0.7%	9.6%	2.4	15.0	21.9	8.3
2.0%	14.7%	1.4%	10.3%	2.7	31.0	23.7	17.4
3.0%	15.7%	2.1%	11.0%	3.1	49.0	25.7	27.2

可以看到，ROE 或 g_1 对估值结果的影响都很大，ROE 一个百分点的变动可造成 Ohlson 模型结果变动 12% ~15%。DDM 模型的敏感度看似相对较小，实则由于 15 年高增长期净收益对估值结果的贡献远小于永续增长期，在对结果进行分解后我们发现，高增长期占整体估值结果的比重不到 1/4。永续期增长率 g_2 则对估值结果影响更为显著，从表 8 我们可以看到其微小调整对结果所产生的重大影响。

表 8　　模型敏感性分析：g_2

g_2		DDM	
调整值	新值	PE	变动幅（%）
-2.3%	3%	12.2	-39.5
-1.3%	4%	14.5	-28.2
-0.8%	4.5%	16.2	-19.7
0.4%	5.7%	24.2	19.7
0.7%	6.0%	28.2	39.5
1.2%	6.5%	40.2	98.7

这里的分析暴露了 DDM 模型一个很大的弱点，永续期对估值影响过大会左右最后的结果，增大了模型的失效风险。如果模型建立者有意改动估值结果，只需要通过微调永续增长率就可以轻易达到这一目的而不被发现，因为人们通常并不关注这一参数。Ohlson 模型则完全在超常收益期内决定，不存在这方面的问题。

4. 超常利润期、高增长期及永续增长期。从表 9 可以看到，Ohlson 对超常收益期的依赖度较 DDM 对高收益期的依赖度大，这与上一个参数的分析相关。

表 9　　模型敏感性分析：n

超常收益期 n		高增长期 n		Ohlson		DDM	
调整值	新值	调整值	新值	PB	变动幅（%）	PE	变动幅（%）
-15	5	-10	5	1.2	-40.0	15.2	-24.9
-10	10	-7	8	1.5	-27.3	17.6	-12.9
-5	15	-3	12	1.8	-13.8	18.6	-7.8
5	25	5	20	2.4	16.1	23.0	13.7
10	30	10	25	2.8	32.5	25.9	28.3
20	40	15	30	3.5	68.7	29.1	43.9

这里 DDM 假定有永续经营期，但企业显然是有生命周期的，因此 DDM 模型的理论基础不够合理。同时，随着现有企业不断老去，新的企业不断加入，对于特定的一群现有企业来说（如目前上市的 A 股上市公司群体），其占 GDP 的比重必然是不断下滑的，其利润增长率长期必定是低于 GDP 增速的，且差距将随着时间而扩大，因而不可能在模型设定的永续期内保持一个稳定的利润增长率。

而 Ohlson 模型可以很好地解决这个问题，它是对企业有限期经营进行的估值。在设计模型时我们进行了简化，将超常收益率平均分布于超常收益期中。

另外，在估值表现层面，Ohlson 模型为市净率 PB 估值，通常会比较稳定，适用于作为长期合理估值的参考指标。DDM 则是市盈率 PE 估算，不同年份的盈利可能会出现较大波动，引起估值的失真，如利润非正常过低的年度实际上应该保有较高的 PE 值，利润非正常过高的年度则应给予较低的 PE。而市场评论者常常会通过交替使用静态 PE、动态 PE 等概念来达到自己的估算目的，从而迷惑投资者。

综合起来看，Ohlson 模型相对于 DDM 模型更有优势，它纳入了净资产价值，而 DDM 模型从未考虑股本本身的价值，这显得并不合理。同时 Ohlson 模型不存在 DDM 中永续期对估值影响过大的问题，它还能对企业有限期经营进行估值，更加客观和符合实际，并能在更大程度上减轻人为的主观随意性。

从 PS 和 PSG 角度观察 A 股市场机会与风险

章 斌 2010 年 12 月

很多人习惯通过 PE 比较的方式来观察股市的机会与风险，但很多时候上市公司盈利的增长可能是通过“财务技巧”、削减成本或依靠非经常性收入增长来实现的，而非通过公司主营业务的持续增长。因此，上市公司表面的低 PE 或许不能真实反映其内在价值和成长状况。相对而言，上市公司销售数据比较真实，也能较合理地反映该公司过去的业务增长。基于这个理解，本文尝试从 PS 和 PSG 角度观察 A 股市场整体及结构性的机会与风险。

一、从国际比较角度观察 A 股市场投资价值

我们观察了自 2000 年以来全球 22 个股市 PS 的波动特征（参见表 1）：一是过去 10 年多数经济体股市 PS 中位值在 1.3～1.5 之间，其中新兴国家股市略高于发达国家股市；二是多数发达国家和新兴经济体股市 PS 最小值在 0.7 附近；三是从 PS 最大值来看，新兴经济体股市明显高于发达国家股市。

同期上证和深 A 指数 PS 中位值在 2.1 至 2.3，波动区间分别为 0.87～4.73、0.79～5.51，既高于多数发达国家股市，也高于多数新兴经济体股市。以过去 10 年的时间跨度来看，A 股市场在全球股市中属于 PS 较高的市场之一。

表 1 2000～2010 年部分股市 PS 统计

股指	PS	PS 均值	PS 中位值	PS 最小值	PS 最大值
道指	1.32	1.22	1.21	0.60	1.99
标普	1.24	1.51	1.52	0.69	2.39
纳指	1.71	2.31	2.17	0.99	6.35
德国	0.65	0.70	0.66	0.36	1.22
英国	1.05	1.42	1.33	0.64	2.70
法国	0.76	0.85	0.83	0.45	1.20
意大利	0.78	1.05	1.09	0.40	2.48
西班牙	1.16	1.45	1.46	0.78	1.90
瑞士	1.67	1.60	1.59	1.08	2.07
日本	1.24	1.22	1.18	0.66	1.75

续表

股指	PS	PS 均值	PS 中位值	PS 最小值	PS 最大值
加拿大	1.78	1.49	1.48	0.92	2.07
澳洲	1.78	1.71	1.74	1.01	2.51
发达国家平均	1.26	1.38	1.35	0.72	2.39
恒指	2.60	3.60	3.28	1.43	7.23
印度	3.58	2.53	2.21	1.06	4.93
巴西	1.57	1.17	1.11	0.46	2.18
俄罗斯	1.30	1.63	1.38	0.49	3.14
墨西哥	1.34	1.26	1.19	0.77	2.02
韩国	0.85	0.65	0.71	0.20	1.09
中国台湾	1.13	0.65	1.41	0.32	2.50
马来西亚	2.45	1.82	1.73	1.08	2.63
泰国	1.06	0.90	0.91	0.30	1.60
印度尼西亚	2.08	1.29	1.30	0.50	2.25
菲律宾	2.62	1.54	1.36	0.92	2.62
新兴市场平均	1.87	1.55	1.51	0.69	2.93
上证指数	1.87	2.29	2.12	0.87	4.73
沪深 300 指数	1.82	1.81	1.64	0.86	4.07
深 A 指数	2.78	2.51	2.28	0.79	5.51

注：沪深 300 指数统计区间为 2005～2010 年。

不过 A 股市场在 2007 年底至 2008 年底经历了深幅调整，2010 年上半年累计跌幅在全球股市中又仅次于希腊股市。和 2007 年下半年的高点相比，上证指数是全球累计跌幅最大的股指之一。那么在经历较大幅度的调整后，A 股市场在全球股市中是否已具备相对投资价值？我们尝试从各国股市 PS 与 PSG 相结合的横向比较，以及各国股市 PS 与其历史中位值偏离度的角度进行观察。

图 1 为各国股市当前 PS 和 PSG 的散点图，横轴为 PS，纵轴为 PSG。从国际横向比较的角度看，越向右上方的股市，其相对投资价值就越低，反之，越向左下方的股市，其相对投资价值就越高。直观来看，各国股市 PS、PSG 的分布大致呈现斜率为正的线性分布，即高 PS 的股市通常对应着高 PSG，低 PS 的股市往往也对应着低 PSG。

目前深 A 指数 PS 和 PSG 分别为 2.78 和 2.42，为我们观察样本中的第 5 高（仅次于印度股市、菲律宾股市、马来西亚股市和香港股市），也远远高于新兴经济体股市平均水平。由此，如果单以 PS 和 PSG 的角度来看，目前以中小盘股占主导地位的深 A 指数在全球股市中的相对投资价值是比较低的。不过现在上证和沪深 300 指数的 PS 和 PSG 水平在全球股市中的位置已处于“中间水平”。以上证指数为例，目前 PS 和 PSG 为 1.87 和 1.69，虽然仍略高于巴西、墨西哥等新兴经济体股市，且明显高于德国、

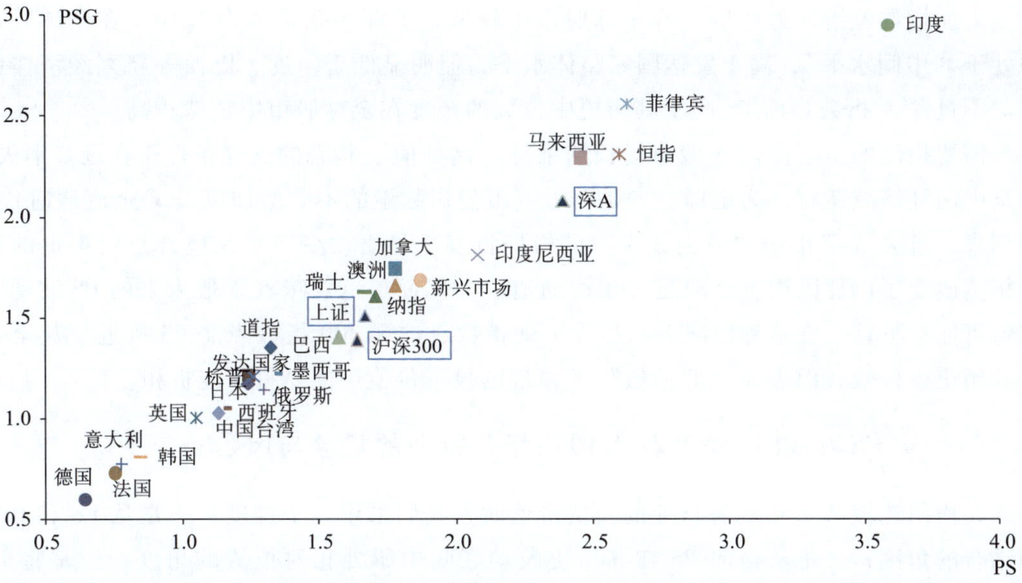

图 1　当前全球部分股市 PS、PSG

法国等发达国家股市，但已低于新兴经济体股市的平均水平。考虑到上证指数过去是全球股市中 PS 较高的市场之一，目前的“中间水平”意味着 A 股市场在全球股市中的静态相对价值已有所提高。

图 2 反映了各经济体股市当前 PS 与过去 10 年 PS 中位值的偏离度，数值为 1 表示当前 PS 与过去 10 年的中位数相同；数值越高，代表当前 PS 高于历史中位值的幅度越大；数值越低，代表当前 PS 低于历史中位值的幅度越大。目前多数发达国家股市和部分新兴经济体股市的 PS 在其历史中位值附近甚至低于其历史中位值，这说明从 PS 纵向比较的角度看，多数发达国家股市以及部分新兴经济体股市已具备一定的安全边际。如果将现在全球的低利率环境因素考虑在内，这些股市的安全边际更高。

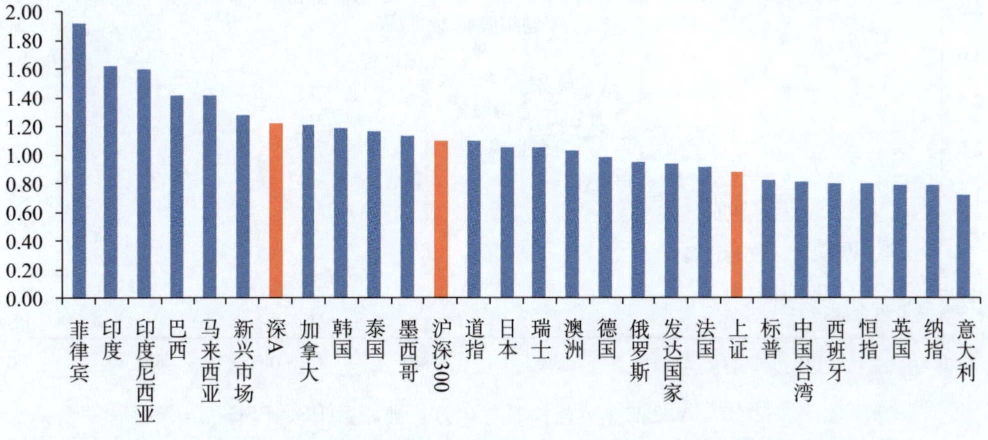

图 2　全球股市当前 PS 与其过去 10 年中位值的比值

上证指数该指标为0.88，在全球股市中较低；沪深300指数为1.10，在全球股市中处于“中间水平”，高于发达国家整体水平，但明显低于印度、巴西等新兴经济体股市。不过深A指数当前PS高于其历史中位数的幅度在全球股市中依然较高。

需要指出的是，以往A股市场长期维持“高估值”状态的支撑条件正在逐步消失。一是中国经济减速将成为定局。二是随着上市公司数量的不断增加以及“全流通时代”的到来，过去A股市场“股少钱多”的格局将发生显著改变。三是境外投资渠道的不断拓宽改变了以往国内资金缺乏“出海通道”的局面。这意味着A股未来的PS波动中位值可能会下移。在这种情况下，尽管上证指数、沪深300指数当前PS接近于甚至低于其历史中位数，但表面“低估值”所体现的投资价值可能要打一定折扣。

二、从PS和PSG角度看A股市场各行业的机会与风险

在横向比较A股市场各行业的投资价值时，我们采用三个维度：一是从PS和PSG相结合的角度；二是从当前PS在其历史波动区间中所处相对位置的角度；三是将PS经各行业毛利率调整。

图3为23个申万一级行业指数以及部分大盘指数的PS、PSG散点图，其中G的计算口径为过去5年的复合增长率。同样，从A股横向比较的角度看，越向右上方的行业，其相对投资价值就越低，反之，越向左下方的行业，其相对投资价值就越高。通过观察图3可知，A股多数行业指数PS、PSG的分布同样呈现斜率为正的线性分布，即高PS的行业通常也对应着高PSG，低PS的行业往往也对应着低PSG。

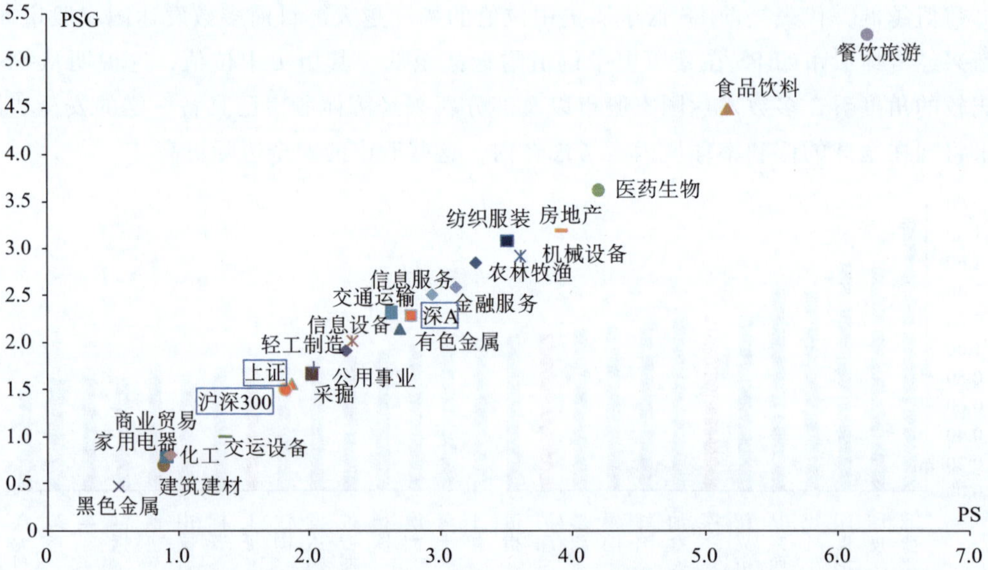

图3　A股部分大盘指数与申万行业指数PS、PSG

注：电子元器件数据未在图中标出，其PS、PSG分别为7.2和5.9。

从图 3 来看，PS 和 PSG 最高的 5 个行业是电子元器件、餐饮旅游、食品饮料、医药生物与房地产，这几个行业无论是 PS 还是 PSG 都远高于其他行业，也明显高于沪深 300 指数、上证和深 A 指数，更是明显高于发达国家和新兴经济体股市的平均水平。PS 和 PSG 最低的 5 个行业则是黑色金属、建筑建材、家用电器、化工和商业贸易，其 PS 和 PSG 都低于沪深 300 指数和上证指数，和表 1 所列多数发达国家和新兴经济体股市相比，这 5 个行业的 PS 和 PSG 水平也是较低的。采掘、公用事业、信息设备等板块的 PS 和 PSG 高于沪深 300 指数和上证指数，但明显低于深 A 指数。

表 2 为申万一级行业指数 PS 在各自历史波动区间中的相对位置，统计时间段为 2005～2010 年。

表 2　　　　申万一级行业指数 PS 在历史波动区间内的统计

	PS/PS 中位值		PS/PS 最大值		PS/PS 最小值
电子元器件	1.99	电子元器件	0.97	综合	3.92
家用电器	1.56	医药生物	0.96	医药生物	3.77
医药生物	1.49	信息设备	0.90	有色金属	3.46
综合	1.46	家用电器	0.86	家用电器	3.23
食品饮料	1.42	综合	0.79	电子元器件	3.03
机械设备	1.35	农林牧渔	0.75	商业贸易	2.85
纺织服装	1.33	机械设备	0.73	纺织服装	2.28
农林牧渔	1.33	食品饮料	0.72	食品饮料	2.22
信息设备	1.31	餐饮旅游	0.69	轻工制造	2.21
轻工制造	1.30	纺织服装	0.68	餐饮旅游	2.19
商业贸易	1.25	商业贸易	0.64	信息设备	2.10
餐饮旅游	1.25	轻工制造	0.62	农林牧渔	2.06
交运设备	1.17	信息服务	0.50	交运设备	2.03
化工	1.12	化工	0.44	交通运输	1.96
信息服务	1.10	建筑建材	0.44	机械设备	1.87
有色金属	1.09	交运设备	0.44	化工	1.71
黑色金属	1.00	有色金属	0.42	信息服务	1.64
交通运输	1.00	交通运输	0.39	黑色金属	1.62
房地产	0.95	公用事业	0.38	房地产	1.49
公用事业	0.90	金融服务	0.35	建筑建材	1.35
建筑建材	0.70	黑色金属	0.29	采掘	1.32
采掘	0.69	房地产	0.27	金融服务	1.28
金融服务	0.66	采掘	0.23	公用事业	1.20

PS/PS 中位值表示当前 PS 与其历史中位值的偏离度，指标越高表示当前 PS 越高于其历史中位值，越低表示当前 PS 越低于其历史中位值。该指标较高的几个行业是电子元器件、家用电器、医药生物；较低的几个行业则是金融服务、采掘、建筑建材、公用事业。

PS/PS 最大值表示当前 PS 与其历史最大值的偏离度，该指标越高表示当前 PS 越接近其历史波动区间的上限，越低则表示当前 PS 低于其历史最大值的幅度越大。从该指标看，目前电子元器件和医药生物已非常接近其历史波动区间的上限。

PS/PS 最小值表示当前 PS 与其历史最小值的偏离度，该指标越高表示当前 PS 越脱离其历史波动区间的下限，越低则表示当前 PS 越接近其历史最小值。从该指标看，公用事业、金融服务、建筑建材和采掘业当前 PS 最接近其历史波动区间的下限。

但 PS 或 PSG 不能体现各行业毛利率的差异，这使得各行业通过 PS 或 PSG 的横向比较所体现的投资价值存在很大局限性。因此，我们利用过去 5 年的毛利率均值对各行业 PS 进行调整（简称“市值毛利比”），该指标的含义类似于 PE，不过该指标侧重于市值与毛利的比值，而非净利。如图 4 所示，市值毛利比最高的行业为电子元器件、综合、农林牧渔这三个板块；市值毛利比低于 8 倍的行业有 5 个，分别为家用电器、采掘、黑色金属、化工和建筑建材。

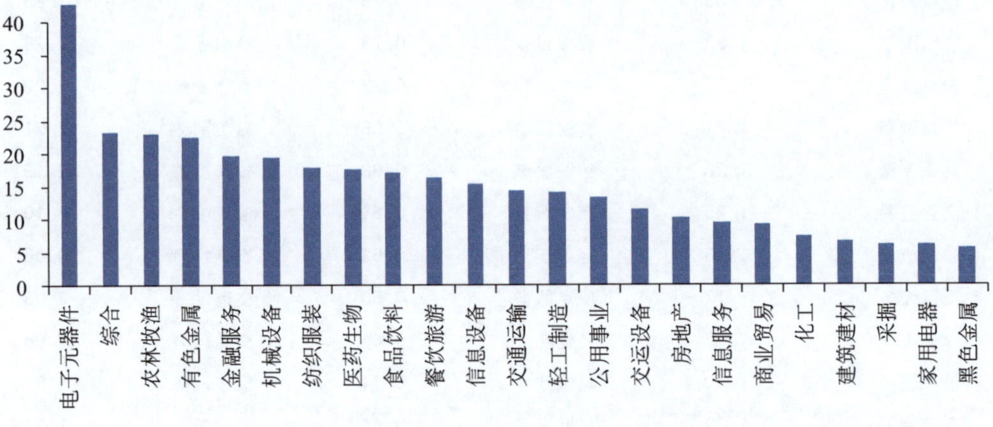

图 4　申万一级行业指数市值毛利比

三、通过量化方式比较 A 股市场各行业静态投资价值

无论是 PS、PSG 还是 PS 与其历史中位值的比值，其暗含的意义均有所不同。因此，通过观察单一指标所得出的结论往往有会一些差异。为了能在综合分析各个指标的基础上来比较各行业的相对投资价值，我们采用一种简单的量化手段对各行业的得分由高到低进行排序。

我们分别用 PS、PS/历史中位值、PS/历史最大值、PS/历史最小值、PSG、市值毛利比这 6 个指标对各行业指数进行排序并打分，得分越高表示越有吸引力（最高为 5 分，最低为 1 分）。然后，将各行业的得分进行加权汇总。权重设置方式为：PS、PS/历史最大值、PS/历史最小值、PS/中位值分别为 10%，PSG 为 30%，市值毛利比为 30%。

图 5 为我们的计算结果，得分超过 4 分（含）的有 7 个行业，分别为建筑建材、黑色金属、化工、采掘、公用事业、家用电器、商业贸易。得分低于 2 分的行业依次为电子元器件、综合、医药生物、食品饮料。

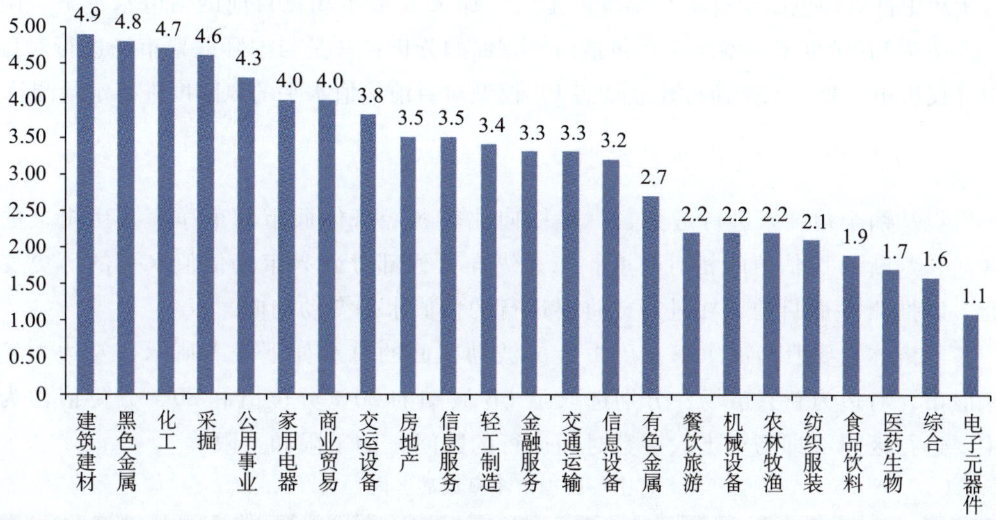

图 5　A 股市场各行业指数得分排序

要指出的是，在观察股市整体以及结构性机会与风险时，应该从估值面、资金面、利率环境、政策面、技术面以及行业前景等多角度进行综合分析。本文仅仅从 PS 和 PSG 的角度进行分析，由此得出的结论未必具有全面性。而且本文所用分析方法的基础是历史数据的比较，并没有涉及各国经济增长前景以及相关行业前景，多少带有一些“线性思维”色彩，得出的结论难免存在偏颇。比如，黑色金属板块得分在 23 个行业中为次高，单从数据看这意味着钢铁板块当前的安全边际“较高”，但在产能严重过剩的压制下，未来几年钢铁股大幅上涨的可能性较小。再比如，生物医药板块的得分较低；但动态来看，医药板块受益于人口老龄化，虽然该板块在我们的量化打分过程中得分较低，但从中长期的角度看，存在很好的投资机会。

从 PB 角度对 A 股市场机会与风险的观察

李　毅　　2010 年 12 月

经过前段时间的跌宕起伏，市场整体估值相对于 2009 年高点已有较大幅度下降，但相对于年中低点却也已经有不小幅度的上升。那么 A 股市场在目前的估值水平下风险几何？本文从 PB 角度来考察，主要包括两个方面的分析：一是与国际股票市场进行对比并从中寻找历史经验；二是通过建立动态 PB 模型对目前估值水平的风险度进行定量测算。

一、国际市场的 PB 波动经验

可以从两个角度来进行考察，一是横向比较各经济体股市的市净率在历史上的波动区间，判断 A 股估值的相对高度；二是纵向考察部分新兴市场估值水平的历史变动经验，以推测 A 股目前正在进行或将要进行的估值水平变动趋向。

各经济体主要股指市净率在历史上的波动区间的总结如下表 1 所示，左边为发达国家股市，右边为新兴市场，分别选取了 PB 波动的 20% 分位值和 80% 分位值作为股指主要运行区间（即历史上大多数时间运行的区间）的下限和上限。

表 1　　主要股指市净率波动区间

经济体	20%分位	80%分位	经济体	20%分位	80%分位
道琼斯	2.14	3.93	印度	2.2	4.14
标普	2.61	3.86	巴西	0.89	1.94
纳斯达克	2.15	3.60	俄罗斯	1.05	1.97
加拿大	1.52	2.46	墨西哥	1.02	2.67
日本	1.39	2.08	阿根廷	1.21	2.19
澳大利亚	1.81	2.85	南非	1.61	2.84
英国	1.96	3.28	埃及	1.79	4.24
德国	1.35	1.90	泰国	1.45	2.04
法国	1.39	2.17	越南	1.95	5.41
西班牙	1.80	2.78	印度尼西亚	1.75	2.78
意大利	1.00	2.13	菲律宾	1.19	2.21
瑞士	2.31	2.85	韩国	0.90	1.37
发达市场	1.81	2.82	中国台湾	1.46	1.89
			恒生	1.62	2.25
			恒生国企	1.22	2.54
			上证	2.32	4.92
			新兴市场	1.45	2.39

注：由于数据可得性不同，美、加、英、德、西、墨、菲、港等时间序列数据取自 1995 年左右，其他国家取自 2000 年左右。

从表1中可以看到，发达市场股指的主要估值区间在［1.8X，2.8X］，美国三大股指相对偏高；新兴市场主要在［1.45X，2.4X］，中国、印度、越南、埃及等国股市估值水平偏高。整体来看，新兴市场估值水平较发达市场略低，但各国之间的差异性较后者大得多，如中印两国的历史主要估值区间的下限几乎等于许多国家的上限。

同时我们可以考察一下目前各国股市估值水平在历史表现中的位置（以百分位来表示），这有助于对目前相对风险程度的判断，发达市场和新兴市场分别如图1、图2所示。可以看到，发达国家中，受债务问题困扰的欧洲国家目前估值水平仅位于历史区间10%左右的低水平，其他则在20%以上。新兴市场分为三个梯队，中国、越南等国仅处于历史的1/5～1/3低分位处，多数国家处于60%～80%的位置，印度尼西亚、菲律宾等市场则已经接近甚至超过了90%的高分位。

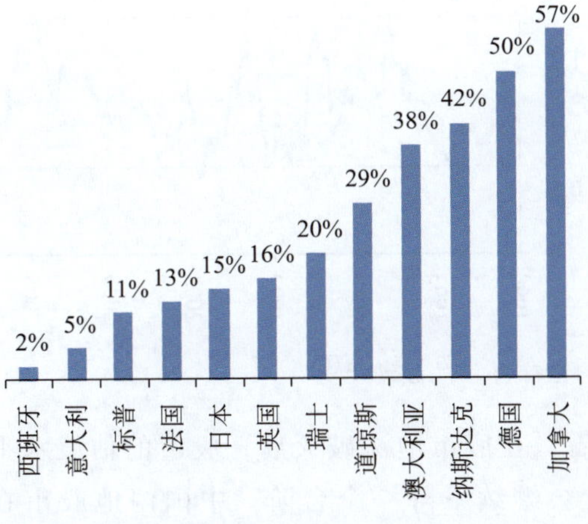

图1　发达市场目前估值水平的历史百分位

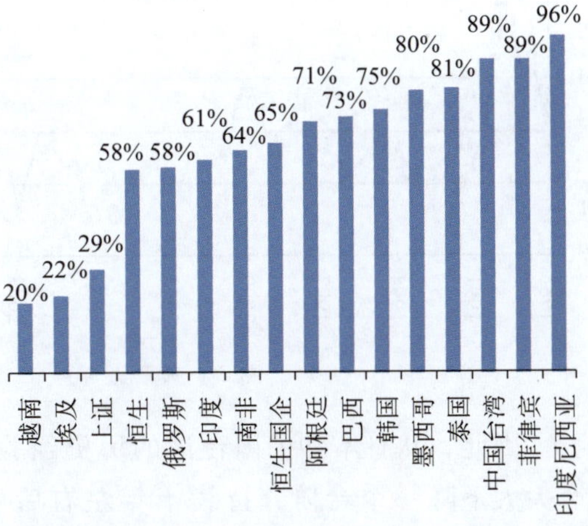

图2　新兴市场目前估值水平的历史百分位

注：目前是指2010.12.3收盘价。

第二个角度我们选取了日本、中国香港、中国台湾、韩国等几个东亚经济体作为考察的对象。选取这几个市场的原因是数据的可比性，欧美成熟市场估值水平已趋于稳定，很难从中找出可借鉴的东西；多数新兴市场的历史则与中国同样短暂，不能提供更多的经验。

从图3可以看到，中国香港和韩国的波动区间比较稳定，而日本、中国台湾则曾经历过比较明显的下行趋势。日本在20世纪80年代末的泡沫期间市净率维持在近4倍的高位，此后快速下跌，进入了［1.6X，2.1X］的估值区间；这个区间在高科技泡沫破灭后被打破，估值区间底部下行至1.4倍左右；不过这个底部也并未能维持多久，金融危机后直到现在，日本股市的估值水平一直维持在1.4倍以下。台湾股市（非金融股）同样是在1990年代初大泡沫破灭以后，从5～6倍的高位快速降至［1.6X，4X］，并在大部分时间里都位于［1.6X，2.8X］的区间内。

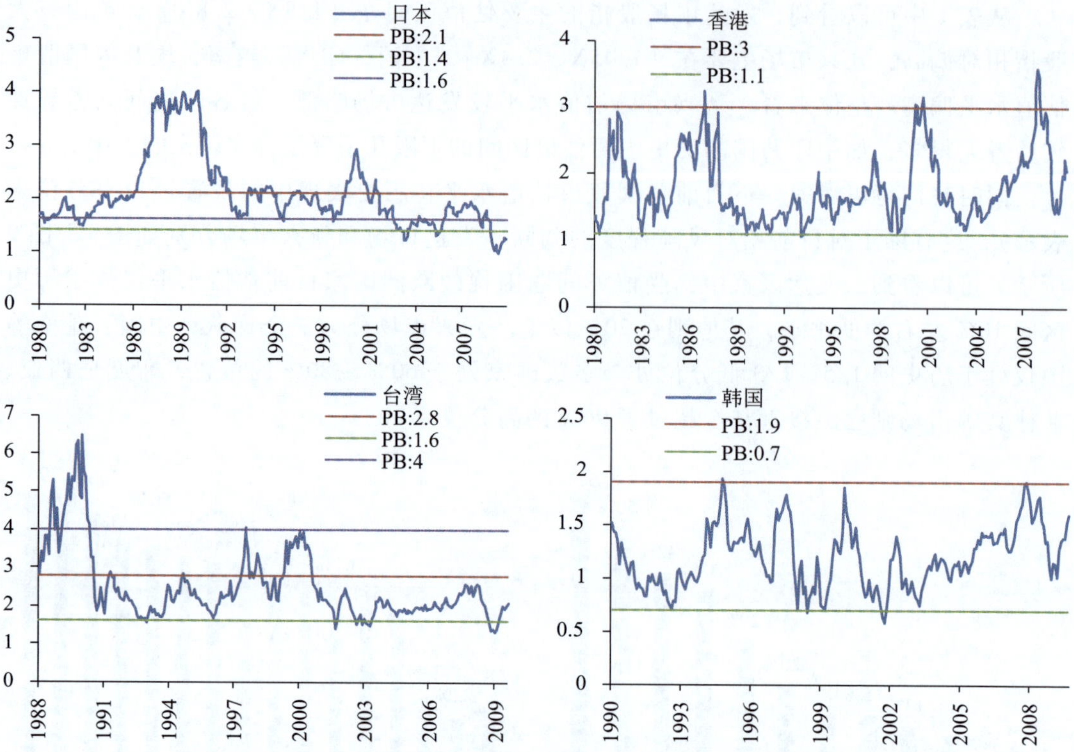

图 3　东亚近邻股市非金融股市净率的波动历史

因此，从日本和中国台湾的历史经验来看，在股市泡沫破灭后，股市的估值水平会大大下降一个台阶，持续十年左右后可能会继续下降一个台阶。中国内地股市在 2002 年前 PB 大约在［3X，7X］的高位区间，2007 年的泡沫期间最高曾达到过近 10 倍，从趋势来看，中国内地股市或许也会沿着日、台的道路，泡沫破灭后估值区间下降一个台阶。A 股整体 PB 近两年基本都处在［2X，4X］区间之内（参见图 4）。

图 4　A 股市净率的波动历史

结合以上两个角度的考察，A 股的估值区间相对于其他股市来说仍然偏高，长期来看必定有一个向国际水平靠拢的过程。从日、台经验来看，这个靠拢过程的第一步或许开始于 2007 年泡沫破灭，股市估值水平可能从此下行至以 2 倍 PB 为底部的某区间。目前 A 股的 PB 值约为 3.35 倍，仍为较高水平；大盘蓝筹股约为 2.6 倍，相对比较安全。

二、A 股的动态 PB 估算模型

上面是借助国际经验来判断中国股市的估值区间及未来变化方向，下面主要以 A 股 PB 估值历史作为研究的对象，将企业盈利、利率、风险溢价等因素综合考虑进去，建立动态模型定量地对其进行解释模拟，以帮助我们更好、更明确地估计目前股市估值水平的风险程度。

我们的动态模型建立在 Ohlson 模型的基础上。该模型是一个原理很好的用来估算股市合理 PB 的工具，但它不能避免所有静态模型共同的缺点：难以对现实变化做出合理的解释。它只能得到一个静态合理值，却无法正确模拟股市的上下波动，也无法解释股市对该值长期的、大幅的偏离现象。当然，我们可以说股市是不理性的，长期来看最终会回归到“合理价值水平”。但与之相对的另一种思维是：客观发生的就是合理的。这里无意争执谁对谁错，只是从第二种思维出发，尝试实现对 A 股真实波动的动态模拟。

我们曾推导过 Ohlson 模型公式如下：

$$\frac{P}{B}=1+[ROE-(r_f+r_p)]*\frac{1-\left(\frac{1+ROE-dROE}{1+r_f+r_p}\right)^n}{r_f+r_p-ROE(1-d)}$$

其中，ROE 为人们对未来长期净资本收益率的预期值，n 为估值年限，r_f 为无风险收益率，r_p 为风险溢价，d 为分红率。

从公式来看，影响估值水平变化的主要是两类参数：ROE 和折现率（r_f+r_p）。从图 5 可以看到，ROE 对 PB 估值水平的影响很明显，但这里的 ROE 并非 Ohlson 公式中的长期资本收益率，而只是当期的资本收益率水平。也就是说，市场估值水平受到企业当前盈利水平的影响非常大。这一点从图 6 的利润增速能看得更清楚，近期盈利的变化对估值水平确实有明显的影响。因此，在动态模型中应加入近期盈利的影响。

折现率包括了两方面的影响。作为基准利率的 1 年期定期存款利率可作为无风险收益率的代表，但从图 7 中可以看到，历史上利率与 PB 之间几乎没有明确的关联，很难说前者一定会对后者造成影响。

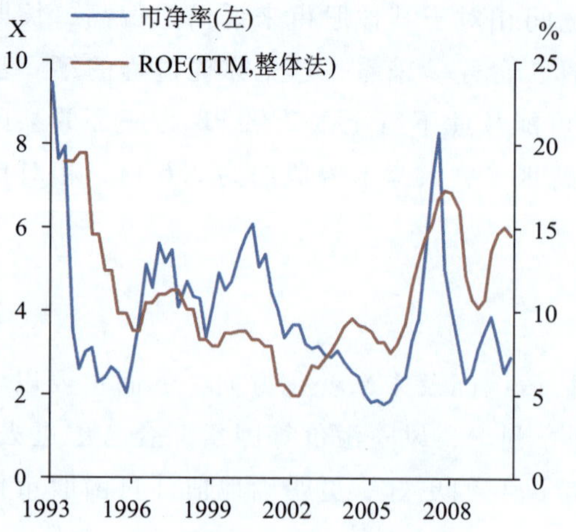

图 5　A 股整体市净率与 ROE

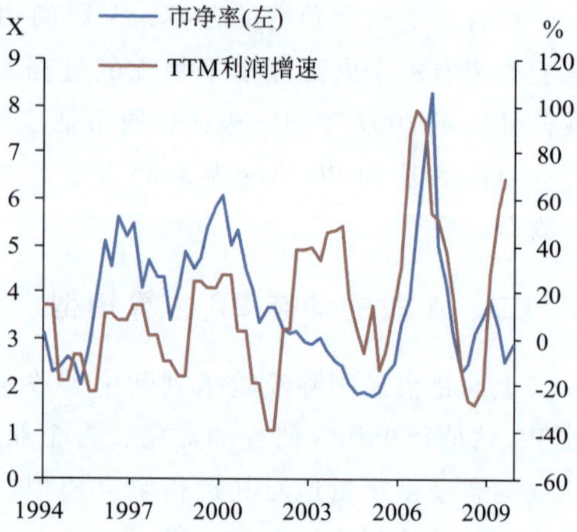

图 6　A 股整体市净率与利润增速

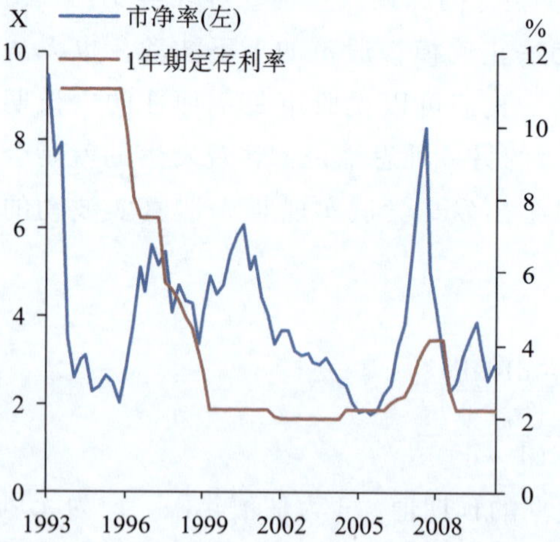

图 7　A 股整体市净率与利率

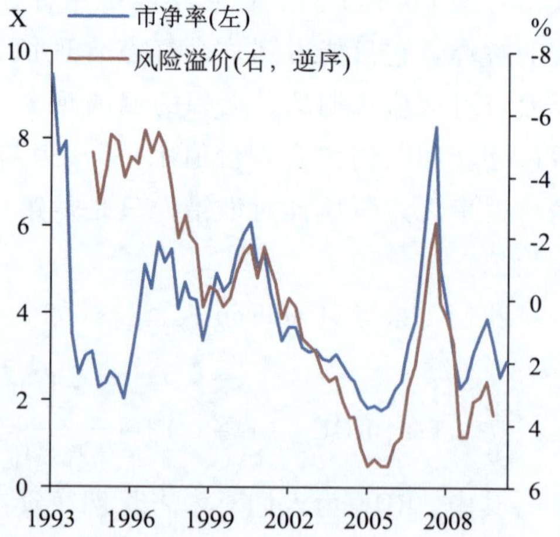

图 8　A 股整体市净率与风险溢价

剔除无风险收益率后可以计算出历史上的风险溢价水平，如图 8 所示，显然，风险溢价对估值有重要的影响。不过风险溢价并不是一个明确的指标，投资者无从得到市场目前的风险溢价数据，但可以尝试用其他指标来反映和模拟它。我们考察了包括股票收益率标准差等指标来模拟风险溢价水平，可以得到一个较好的模拟效果。

利用以上几个指标就可以通过 Ohlson 公式来计算历史 PB 了，模拟结果如图 9 所示。可以看到，该模型对历史实现了比较好的模拟，但由于不可能在其中囊括所有影响估值的因子，模拟数值不可避免地与真实值之间存在着差距。

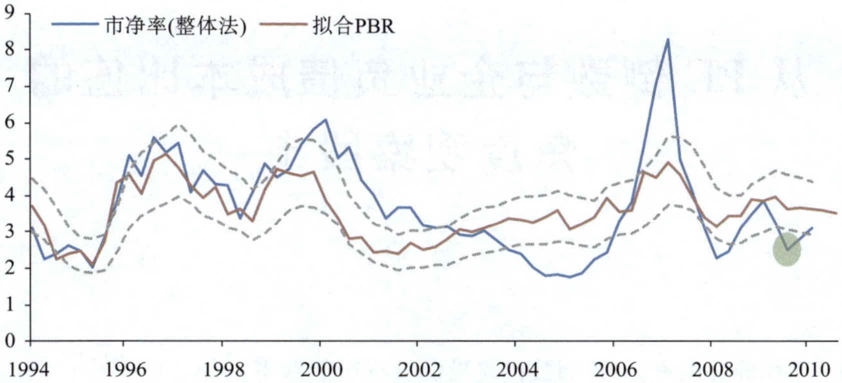

图 9　对历史 PB 的动态模拟

不过通过观察我们发现了另一个非常有意义的现象：当市场 PB 偏离拟合值较远时，就存在着重新向其靠拢的趋向。为了更好地进行考察，以图中两条灰色虚线分别代表偏离拟合 PB 值 ±20%，这样两条线之间就构成了一条 PB 估值带。

当市场 PB 高出了该估值带的上限时，股市就存在回调的压力。如 2000 年年中市净率冲出了该区域，其后就一直下调，直到 2003 年重新进入估值带。2007 年市场 PB 再次高出该区域，2008 年初又回调至带内。同样，当市场 PB 低于该估值带的下限时，就存在推动估值水平上行的动力，如 2004～2005 年、2008 年末。通常市场估值水平在超出估值带上限后继续上涨的时间不会超过 2～3 个季度；而在超出估值带下限后，除 2004～2005 年股市继续下跌长达 5 个季度外，其他情况下基本 1 个季度左右就开始回升了。

市场 PB 对这条估值带的趋向性使得它在某种意义上成为股市的“估值中枢”，具有重要的参考价值和良好的实用性。2010 年 6 月份该模型的作用得到了很好的体现和证明，当时模型计算得出市场 PB 已经跌出估值带的下限（阴影部分），意味着股市估值过低、有反弹的需求，随后 7 月初股市就开始反弹。目前已高于估值带底部，不过仍低于 PB 拟合值（红色线）约 14%。

综合以上国际经验和动态定量模型两个方面的分析，我们判断 A 市场 PB 估值区间从 2007～2008 年泡沫破灭以后可能会下降一个台阶。从国际比较的角度看，目前 A 股估值水平仍然较高，但大盘蓝筹相对于历史估值来看尚属相对安全的区位。另外，定量测算的结果显示目前股市的 PB 已高于合理估值带的下限，不过尚低于测算值。

从 PE 倒数与企业负债成本比值的角度观察股市

章　斌　　　　2011 年 1 月

如果不考虑分红因素，PE 倒数代表投资股权所能获得的隐含收益率；资产负债率×贷款利率（简称负债成本）的高低则表示运营某家企业所需承担的财务成本高低。如果 PE 倒数/负债成本大于 1，那么股市隐含收益率就能够覆盖企业财务成本，理论上讲，此时买入股票是比较安全的行为。如果该指标小于 1，从企业经营层面和投资者行为角度来讲，股票被抛售的压力就会比较大。

在指标的构建上，PE 计算口径为非金融 A 股静态 PE，负债成本计算口径为非金融 A 股资产负债率×金融机构人民币贷款加权平均利率（参见图 1）。遗憾的是，央行对于人民币贷款加权平均利率只公布自 2008 年 9 月份起的季度数据，因此无法获得更长的时间序列。

通过观察有限时间跨度的数据，可以发现，该指标对于判断 A 股的顶部和底部有一定的参考价值。自 2008 年底以来，当指标数值接近 1.2 时，股市可能处于底部；指标明显小于 1 时，股市见顶的可能性较大。图 1 显示，该指标在 2008 年底和 2010 年 6 月份均接近或超过 1.2，这两个时间点对应的是上证指数见底（分别是 1664 大底与 2319 阶段性底部）。2009 年 7 月底 8 月初，上证指数见顶，而 2009 年 6 月至 9 月该指标只有 0.69～0.76，明显小于 1。

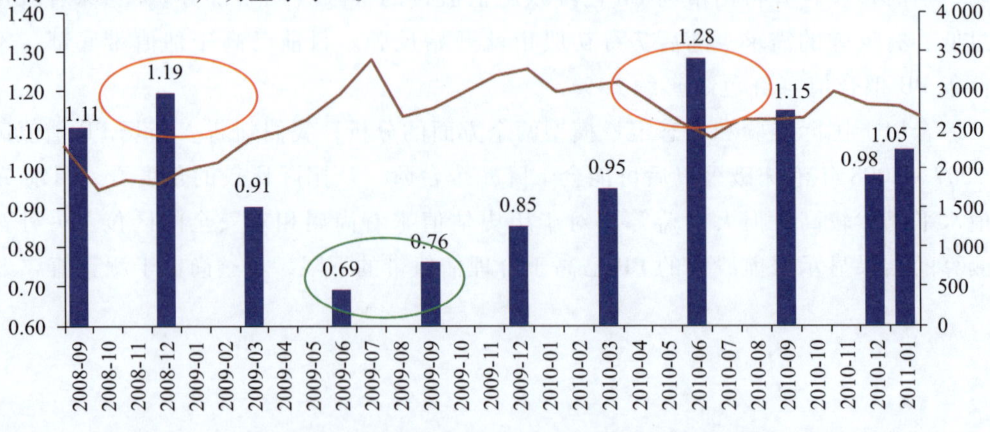

图 1　非金融 A 股 PE 倒数/企业负债成本与上证指数

注：圆中柱状图代表非金融 A 股 PE 倒数/企业负债成本，曲线代表上证指数。

另外，根据我们的研究，该指标数值大小与大股东抛售所持股份的规模呈现较为明显的负相关关系。如图 2 所示，在该指标明显大于 1 的时期，二级市场上大股东或高管抛售所持股份的金额较小，比如，2008 年底大股东和高管每个月抛售金额不到 10 亿元，2010 年年中前后每个月也不到 20 亿元。在该指标明显小于 1 的时期，大股东或高管往往大幅抛售所持股份，比如 2009 年 7 月和 8 月都超过 110 亿元；2010 年 12 月指标也小于 1，抛售金额则将近 180 亿元。上述现象在逻辑上很容易理解，同时，个人认为这在某种程度上也解释了指标为何能与上证指数的底部、顶部相对应。

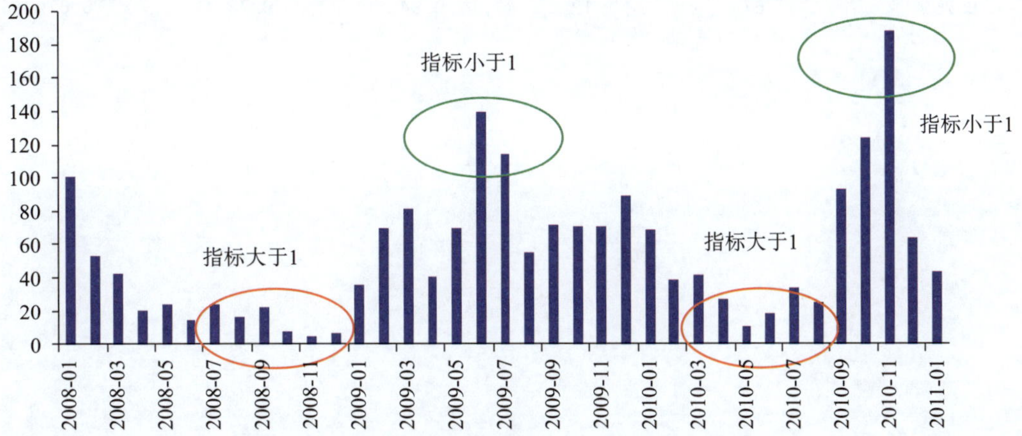

图 2　大股东或高管抛售股份的金额统计（亿元）

当前非金融 A 股 PE 为 25.5 倍，非金融 A 股整体资产负债率为 62.5%，金融机构人民币贷款约为 6%。PE 倒数与企业负债成本的比值则为 1.05，即股市隐含收益率略高于企业负债成本，但优势很不明显。单从该指标的当前数值看，大盘短期而言并不“危险”，但也不具备大涨的条件。

对于该指标后续的变化以及对股市大盘的影响，个人有以下两点基本认识：

1. 动态来看，该指标有下降压力，并可能对股指中长期走势构成压制。根据个人测算，如果 2011 年上半年新涨价因素的强度为过去 10 年的平均水平，则同期 CPI 同比增幅很难低于 5%。在这个背景下，即便经济减速压力依然存在，央行提高贷款利率的可能性也难以排除。贷款利率的提高将直接削弱股市隐含收益率相对于企业负债成本的“优势”。

2. 该指标具体会下降到多低的水平取决于 PE 以及贷款加权平均利率的具体变化幅度（参见表 1）。如果非金融股 PE 保持在当前水平，指标将随着贷款利率的上升小幅下降至 0.9 附近。如果 PE 在股市调整、业绩增长等因素的影响下降到 20 倍甚至更低的水平，那么即使加息 3 次，股市的安全边际仍将很高。但如果股市反弹等因素导致 PE 再度攀升到 30 倍以上，那么随着利率的提高，指标可能会下降到 2009 年年中水平，届时股市对应的调整风险就会很大。从这个角度看，如果股市调整风险短期内未能充分释放，反而不利于股市中长期走势。

表 1　　PE 倒数/企业负债成本指标动态测算

贷款利率 \ PE	15 倍	20 倍	25 倍	30 倍	35 倍
6.25%	1.7	1.28	1.02	0.85	0.73
6.50%	1.63	1.22	0.98	0.82	0.70
6.75%	1.57	1.17	0.94	0.78	0.67

第五章

股市较高等级波动的“场内”特征

量能变化与股市波动关联性的初步探讨

章　斌　　　　　　　　　　　　2009 年 4 月

根据量价理论，成交量是股市的“元气与动力”，量能的增加或萎缩可以为股市波动研判提供一些信号和指引。以成交额为分子，分别以市值、货币供应量、居民和企业存款为分母，可以派生出若干个衍生指标，即成交额/市值、成交额/货币供应量、成交额/居民和企业存款等。本文尝试从上述指标的变化中找到一些股市波动的规律。

一、成交量、成交额变化与股市波动

上证指数顶部区域的成交量和成交额通常都非常高，而底部区域的成交量和金额一般都很小（参见图 1、图 2）。从这个角度看，“天量天价、地量地价”这一股谚有相当的合理性。

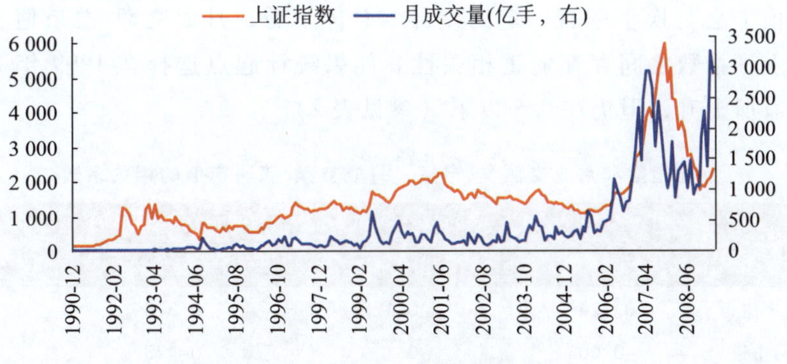

图 1　上证指数与沪市月成交量

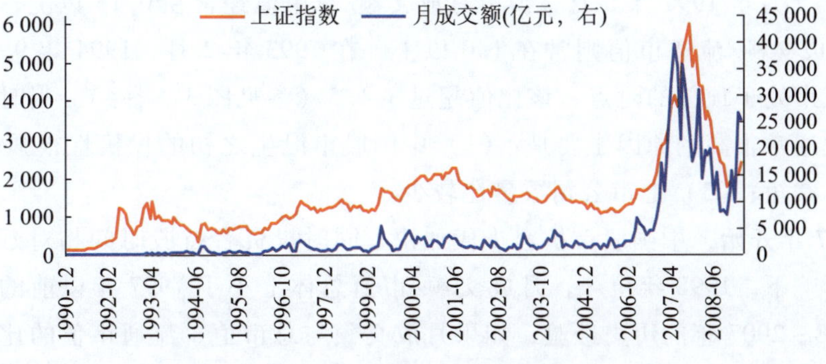

图 2　上证指数与沪市月成交额

从相关系数看，沪市月成交量、成交额与上证指数走势之间存在很强的正相关性。相比较而言，上证指数与月成交额的相关性要大于与成交量的相关性。1990 年 12 月至 2009 年 3 月，上证指数和月成交额的相关系数为 0.840，同期与月成交量的相关系数为 0.732。此外，上证指数和月成交量的正相关性有减弱的趋势，与月成交额的相关系数则稳定在 0.83 ~0.85 之间。这可能是因为股指和成交额的变化都包含了股价涨跌的因素，而成交量则没有（参见表 1）。

表 1　上证指数和月成交量、月成交额的相关系数

	1991/01 ~ 2009/03	1996/01 ~ 2009/03	1999/01 ~ 2009/03	2005/01 ~ 2009/03
	上证指数	上证指数	上证指数	上证指数
月成交量	0.732	0.700	0.659	0.567
月成交额	0.840	0.854	0.849	0.831

二、成交额/市值变化与股市波动

成交额市值比，尤其是成交额/流通市值，是体现股市交投活跃程度的指标之一。该指标与换手率的原理相类似；但样本股股价的涨跌幅度不尽相同，指数的成交额/流通市值在数值上会与换手率有一定的差异。总体上看，月成交额/总市值、月成交额/流通市值和上证指数之间存在弱正相关性。如果统计起点选择在 1999 年 1 月份以后，则相关系数有所上升，但仍在 0.5 以下（参见表 2）。

表 2　上证指数和月成交额/总市值、月成交额/流通市值的相关系数

	1991/01 ~ 2009/03	1996/01 ~ 2009/03	1999/01 ~ 2009/03	2005/01 ~ 2009/03
	上证指数	上证指数	上证指数	上证指数
月成交额/总市值	0.124	0.125	0.318	0.276
月成交额/流通市值	-0.003	0.120	0.423	0.403

1991 年 7 月至 1997 年 5 月，沪市月成交额/总市值经常在 0.15 以上，有时甚至超过 0.4；月成交额/流通市值则常在 1.0 以上，在 1993 年 2 月、1994 年 9 月以及 1997 年 5 月等股市处于顶部的时点，该比值超过了 1.5（参见图 3、图 4）。当时 A 股市场成交额市值比通常很高的原因主要是：（1）中国股市诞生之初的投机性很强；（2）股民持股时间非常短；（3）上市公司数量比较少。

从 1997 年开始，中国股市扩容步伐加快，同时投资者持股时间相对延长。在这两个因素的影响下，1998 年至今，月成交额/市值总体上小于 1997 年以前的水平。简单地参考 1998 ~2007 年的历史经验，如果月成交额与总市值、流通市值的比值分别达到 0.1、0.5 以上，需提防 A 股已经超买；如果月成交额与总市值、流通市值的比值分别达到 0.2、1.0 以上，则需提防 A 股出现较大级别的调整。

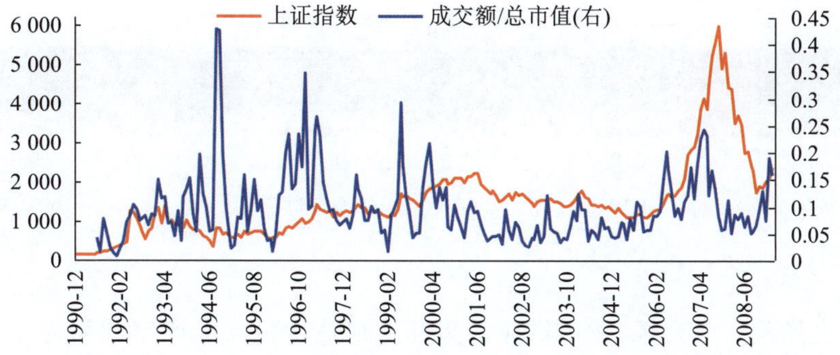

图 3 上证指数与月成交额/总市值

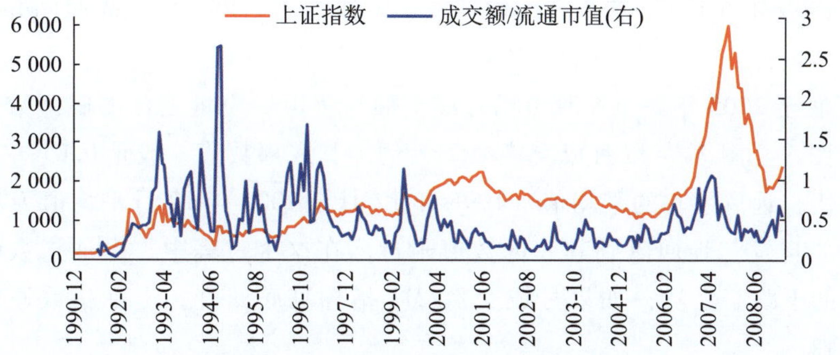

图 4 上证指数与月成交额/流通市值

不过在 2006 年 5 ~8 月，沪市月成交额与总市值、流通市值的比值也是相当高的，且出现自高位下降 50% 左右的情况，但上证指数只是在 1 500 点至 1 750 点区间盘整而已。

三、成交额/货币供应量与股市波动

成交额/货币供应量在某种程度上体现了宏观流动性对股市量能的支撑力度。该指标过高往往意味着宏观流动性难以再支撑股市过高的成交额，股市成交额可能掉头向下，而股市量能的衰减则会导致股价上升动力不足。流动性不足或流动性扩张速度慢于成交额扩张幅度都会使该指标上升到一个较高的水平。

我们发现，月成交额与 M0、M1、M2 的比值与上证指数之间存在着很强的正相关性（参见表3），其相关系数都在0.8 以上。总的来说，如果成交额/货币供应量在高位反转向下，A 股市场出现回调的概率就比较大；如果该指标在低点出现反弹，A 股市场可能出现反弹。

表 3　　上证指数和月成交额/货币供应量的相关系数

	1996/01 ~ 2009/03	1999/01 ~ 2009/03	2005/01 ~ 2009/03
	上证指数	上证指数	上证指数
月成交额/M0	0.845	0.849	0.828
月成交额/M1	0.818	0.833	0.821
月成交额/M2	0.826	0.845	0.836

根据历史经验，成交额/货币供应量指标见顶往往是同步或略微领先于上证指数见顶。1997 年 5 月、1999 年 6 月、2001 年 6 月、2002 年 6 月、2004 年 4 月、2007 年 10 月是 A 股市场形成阶段性顶部或大顶的时点，成交额/货币供应量指标 1 次与上证指数同步见顶（1999 年 6 月），其余 5 次均领先于上证指数见顶，但领先时间并未表现出明显的规律性。

1995 年底至 2005 年底，A 股市场月成交额与货币供应量之比的底部数值是比较稳定的（参见图 5 至图 7）。以月成交额/M1 为例，其底部数值一般是 0.01 左右。而如果指数上升过快，远离了它的平均值（1995 年 12 月至 2005 年 12 月平均值为 0.031）后，该指标都会"自发"地回落到其底部数值附近。在这个过程中，上证指数一般都会出现不同程度的下跌。当然，如果月成交额/M1 指标见底回升，上证指数通常会出现不同幅度的反弹。

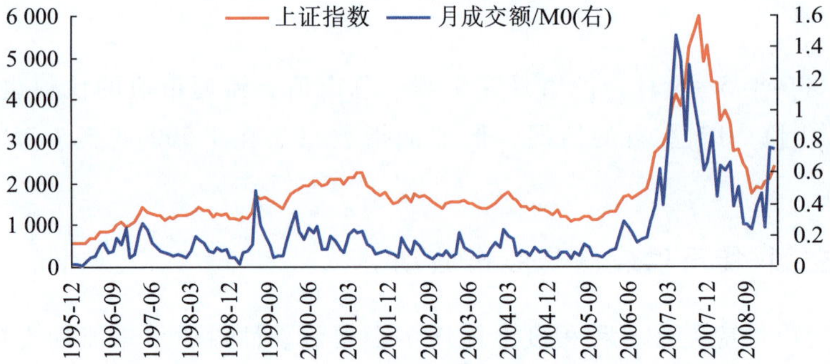

图 5　上证指数与月成交额/M0

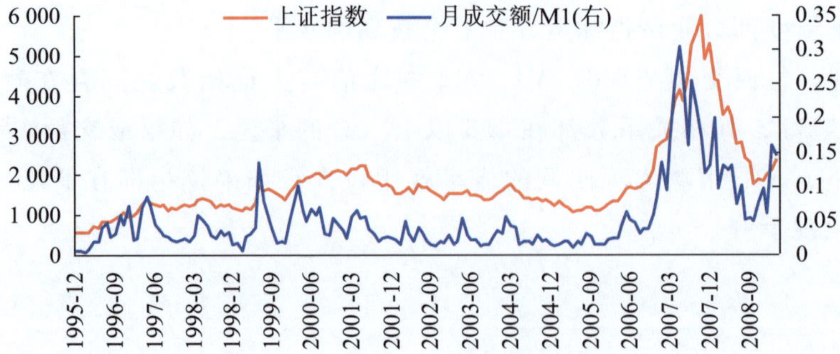

图 6　上证指数与月成交额/M1

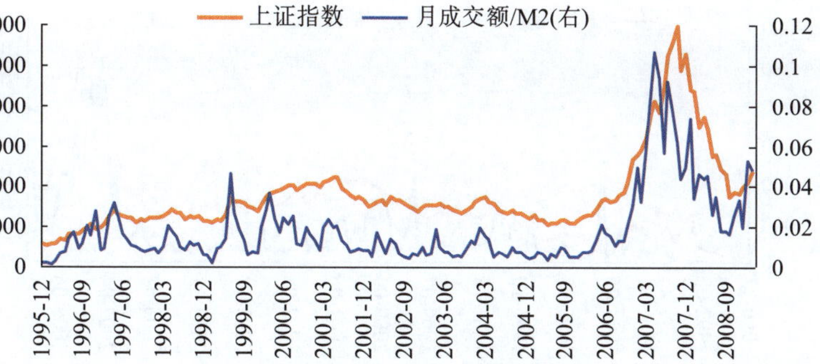

图 7　上证指数与月成交额/M2

2005 年底至 2007 年底，在股市大幅上涨、新股大量发行、限售股大规模解禁等因素的影响下，A 股市场的流通市值膨胀了 9 倍多，再加上股市换手率在 2005 年以后有所上升，A 股市场的成交额急剧放大。但货币供应量增速并没有过于偏离历史平均水平。股市内外环境的变化使得适用于以往的“规律”发生了变化。月成交额/货币供应量指标远远脱离了过去的平均水平，即便 A 股市场在 2008 年 10 月抵达阶段性底部时，月成交额/M1 仍然高达 0. 047。未来 A 股市场月成交额/M1 的底部数值将高于过去的底部水平，除非换手率大大降低或货币供应量成倍增长。

四、成交额/居民和企业存款与股市波动

和成交额/货币供应量相比，成交额/居民和企业存款更侧重于体现居民和企业存款对股市量能的支撑力度。成交额/居民和企业存款与上证指数间的正相关性同样很强（参见表 4）。如果统计起点选择在 1999 年 1 月以后，该指标与上证指数的相关性要略微强于成交额、成交额/货币供应量与上证指数的相关性。

表 4　　上证指数和月成交额/居民和企业存款的相关系数

	1991/01 ~ 2009/03	1996/01 ~ 2009/03	1999/01 ~ 2009/03	2005/01 ~ 2009/03
	上证指数	上证指数	上证指数	上证指数
月成交额/居民和企业存款	0. 824	0. 835	0. 854	0. 844

根据存款性质的不同，成交额/居民和企业存款指标的分母项还可以细分为活期存款和定期存款。就与上证指数涨跌之间的关系而言，成交额/居民和企业存款与成交额/货币供应量相类似（参见图 8）。

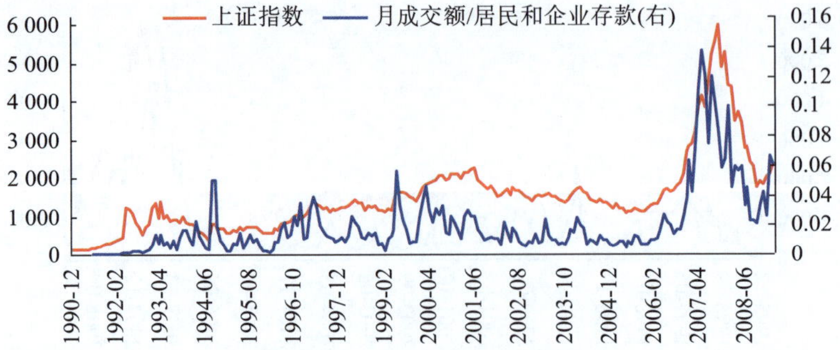

图 8　上证指数与月成交额/居民和企业存款

五、结语

综合来看，除成交额/市值外，成交量、成交额、成交额/货币供应量、成交额/居民和企业存款等指标都与上证指数高度正相关，这些指标在高位形成下滑拐点通常可视为股市见顶信号，如果在低位出现反弹，则股市出现反弹行情的概率就比较大。

上述指标最近几个月的变化是：

1. 2009 年 2 月沪市月成交量创下历史新高，4 月沪市成交额则创下 2008 年 1 月以来的新高。

2. 2009 年 2 月沪市月成交额与总市值、流通市值的比值为 0. 19 和 0. 67，3 月上述比值小幅下降，4 月则分别上升至 0. 23 和 0. 60。从成交额市值比 1997 年以后的变化情况来看，现在的数值已经不低了。

3. 最近几个月的沪市成交额与货币供应量、居民和企业存款的比值与 2005 年以前的水平相比都已上升到比较高的水平；但从 2005 年以后的变化来看，似乎尚未严重偏高。

总的来说，本文所观察指标的当前值均已不低，月成交额/货币供应量、月成交额/居民和企业存款甚至已经高于 2001 年顶部形成前的水平。这些指标的后续变化值得高度关注，如果指标数值能够进一步上升，那么 A 股大盘自 2008 年底以来的反弹行情还能延续，否则就需警惕见顶回落的可能性。

投资者平均盈亏幅度与股指峰谷的相关性

胡厚中　　2009 年 7 月

仅从博弈角度来看交易行为，不可能所有投资人都一直盈利，也不会所有投资者都永远亏损。除非上市公司静态与动态业绩能够为股价提供坚实支撑，否则，投资者随时都有获利了结的冲动。在 A 股市场，业绩能够长期稳定增长并且能够让投资者获得不低于定期存款利率的红利回报的上市公司仅为少数，因此，价差性获利了结是一股不可忽视的力量。当获利幅度达到高位时，风险意识强、按技术指标操作和“见好就收”的投资者，很可能卖出手中的股票。投资者平均获利幅度越高，股市就越有可能在获利了结的压力下大幅度回调。

从另一角度看，当股市经历了大幅度的下挫，投资者平均持仓成本远远高于当前指数，从而形成“整体性深套”时，空仓和轻仓的投资者就很可能出于投资或投机目的大量买入股票。此时，设置止损线的投资者、心理或财务上承受能力较低的投资者，大多已经割肉；剩下的守仓者要么意志坚定，要么把亏损不当回事，要么已经亏至麻木。在这种情况下，空仓或轻仓的投资者可能出于投资或投机目的大量买入股票；被套牢的投资者则很可能持股不动，等待解套时刻的到来。做多力量增强、做空力量减弱，自然导致一轮反弹的到来。投资者平均亏损幅度越大，即平均被套程度越严重，反弹遭遇强阻力的位置就越高，最终的反弹幅度就越大。

本文以上证综合指数为样本，尝试从投资者平均盈亏幅度的角度研究股指波峰与波谷形成的规律。

一、指数均线在波峰波谷的“浮动盈亏”表现

我们考察了上证综合指数从 1997 年到 2009 年的周收盘价数据波动表现，发现指数的峰谷呈现出一定的周期性。平均来说，两个波峰之间的时间间隔大致是 1 年，唯一的例外情况是 2004 到 2006 年两峰间隔达 2.2 年，但是如果我们考虑到 2005 年 5 月开始的股权分置改革所隐含的“对价因素”，可以假定 2005 年包含一个隐藏的波峰。

此外，波峰出现的月份大约为历年 6 月下旬，标准差历年为 2.2 个月，大约 70% 的峰值出现在历年 5 ~ 8 月（参见图 1），几乎所有的波峰都发生在历年 4 ~ 10 月之间。

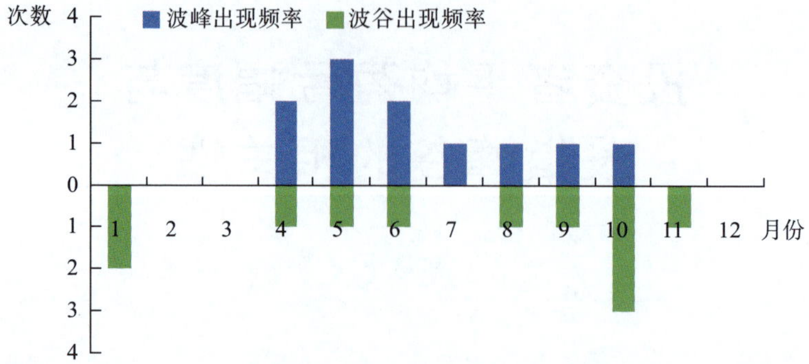

图 1　指数波峰和波谷出现月份的次数

然而，用类似的方法去观察波谷的周期性却发现波谷的特征并不显著。波谷的周期为 1.09 年，但标准差高达 0.37 年，周期性并不显著。波谷出现的月份也是分布零散，无规律可言。

我们观察了 26 周、35 周、43 周、52 周、78 周和 104 周均线和当时指数点位的关系，计算了相应的盈亏幅度。理论上，表现良好的均线不仅能抓住主要的高点或低点，盈亏幅度也要尽可能稳定，波动不能太大。初步分析表明，35 周、43 周和 52 周均线较符合这一特征，并且它们的基本特征相似。图 2 是 43 周均线、指数和盈亏幅度的示意图。

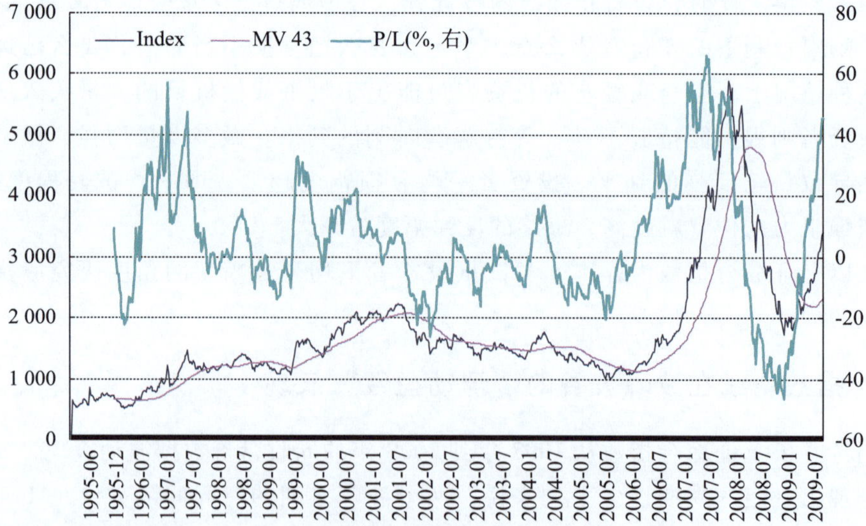

图 2　指数、43 周均线和盈亏幅度

表 1 列出了不同波峰位置的 35 周、43 周、52 周和 78 周均线对应的投资者盈亏状况，表中"涨幅"不同于浮动盈利，它表示从波谷到波峰的最大涨幅。另外，不同的波峰波谷采用"*"表示显著性的高低。如果涨幅不大或者上涨主要归于政策因素，*数量就较少。

表 1　　波峰位置对应的投资者盈利幅度

	指数	涨幅（%）	显著性	P/E	35 周均线	43 周均线	52 周均线	78 周均线
1997-05-09	1 467	65.7	* * *		38.0	47.6	55.2	76.3
1998-05-29	1 411	28.6	* * *	43.8	14.5	13.8	14.2	18.0
1999-09-10	1 660	56.1	* * *	55.3	22.3	17.3	19.3	21.2
2000-08-18	2 090	48.4	* * *	61.4	16.6	18.2	19.1	27.1
2001-06-08	2 223	17.5	* *	51.0	7.3	7.2	8.2	15.9
2002-06-28	1 733	10.2	*	49.3	8.0	6.4	2.6	-6.7
2003-04-018	1 603	21.5	*	43.3	6.2	3.0	2.9	1.9
2004-04-02	1 769	32.9	* * *	36.9	16.3	13.7	13.7	15.0
2006-07-07	1 730	70.7	* * *	25.4	26.0	23.3	26.8	30.2
2007-10-12	5 903	269.4	* * *	46.6	37.0	52.6	60.2	77.9
2008-05-02	3 693	19.3	*	27.6	-24.6	-23.4	-19.6	-6.9
2009-07-31	3 412	97.3	* * *	37.1	30.3	45.7	39.6	28.6
平均		58.2		44.1	14.1	19.3	21.6	29.3

数据表明35周、43周和52周均线的盈亏幅度较有意义。然而，2007年的大牛市让所有的指标都失效，为便于分析，我们不把2007年的大牛市纳入考虑范围。在几个主要波峰位置，35周、43周和52周均线对应的盈利幅度分别介于15%～26%、13%～24%和14%～27%之间。如果我们放宽标准，那么35周、43周和52周均线对应的盈利幅度介于14%～38%、13%～52%和14%～55%之间。

运用同样的方法分析波谷对应的亏损程度（参见表2），可以发现35周、43周和52周均线对应的亏损幅度介于8%～22%、10%～23%和6%～24%之间。但是波谷对应的亏损幅度区间比波峰宽，表现较为隐晦，较难用相对统一的标准来确认波谷。

表 2　　波谷位置对应的投资者亏损幅度

	指数	涨幅（%）	显著性	P/E	35 周均线	43 周均线	52 周均线	78 周均线
1996-12-20	885					11.4	17.7	20.5
1997-10-03	1 097	-25.2	* * *		-9.4	-5.5	-2.1	10.3
1999-05-14	1 063	-24.7	* * *	33.6	-9.8	-11.0	-14.1	-14.5
2000-01-14	1 409	-15.1	*	39.5	-6.7	-4.1	-2.5	1.1
2000-09-22	1 892	-9.5	*	56.3	1.6	5.0	5.9	12.7
2001-10-19	1 572	-29.3	* * *	36.6	-22.8	-24.0	-23.9	-22.2
2003-01-03	1 320	-23.8	*	40.6	-15.7	-17.4	-16.6	-19.7
2003-11-14	1 331	-17.0	* *	31.2	-9.7	-10.9	-10.2	-12.5
2005-06-03	1 014	-42.7	* * *	16.6	-19.4	-20.8	-22.1	-29.7
2006-08-18	1 598	-7.6	* * *	22.8	9.6	9.6	12.5	17.4
2008-04-18	3 095	-47.6	*	23.1	-37.7	-35.8	-32.6	-21.6
2008-10-31	1 729	-53.2	* * *	13.1	-43.2	-47.6	-51.8	-57.7
平均		-26.9		31.3	-14.8	-12.6	-11.7	-9.7

结合不同取数频率的均线在波峰波谷的表现，我们认为43周均线是一个不错的参数，以下分析基于43周均线来进行。

二、利用43周均线对应的投资者浮动盈利来判断波峰的出现

仔细观察每一个波峰对应的盈利幅度（以下简称“盈利线”），可以发现盈利线并不是一根笔直向上的脉冲线，也就是说波峰的出现并不是直上直下的尖峰形态，而是往往在峰值区域有一个整理平台。观察图3可以发现，大致上可以认为盈利线在峰值位置会来回震荡3~4次，耗时大约3~4周的时间，然后开始急速下降。

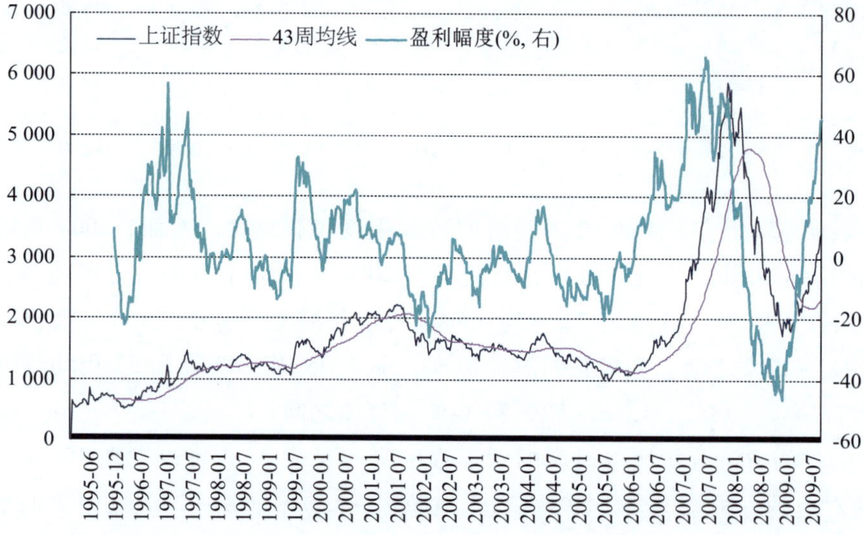

图3　上证指数、43周均线与盈利幅度

结合盈利线的变动区间，我们可以把43周均线对应的盈利>13%并且出现2~3次振动作为指数见顶的标准。若将这一标准应用于历史数据进行回溯检验，我们几乎能把握住每一次股市顶部，但是会在2007年过早离场。

用同样的方法观察波谷的形态，发现盈利线底部的形态不同于顶部，常常会有两个尖谷随行，深度相差不大，幅度在-20%左右，没有发现有平台整理的态势。

如果采用亏损15%作为判断波谷的标准，那么历史上6次买进机会中2001年、2002年和2005年三次在短期角度可以获得一定的盈利，而长期还是因股指继续下跌而发生损失。

此外，我们同时还发现如果前期盈利越丰厚，后续的亏损常常也更严重。这一点在逻辑上也比较容易解释：在一个波动的市场中，向“合理点位”的回归使得过大的上涨必然跟随着大幅下跌。

最后，我们还分析了均线对应的盈利线是否对于股市波动具有领先性，结论是盈

亏算不上领先，但确实是一个同步指标，并且如果存在指数急拉过程，那么盈利线将提前一周或几周就已经到达峰值位置。这一现象在2001年和2008年的波峰位置都出现过。

三、结论

上证综合指数的波峰存在着1年左右的周期，并常常出现在历年5~8月间。采用数据描述的方法，发现35周、43周和52周均线具有某些特点。以43周为例，波峰对应的投资者盈利幅度常常在13%~24%之间，并且在峰值位置常常出现一个整理平台，伴随着3~4周的震荡。通过这两点特征来判断股指见顶，历史检验表明不会漏判大多数波峰的出现，但是可能过早离场。

然而，43周均线的特征对于波谷位置而言，由于亏损幅度过宽，波谷常有双谷随行之态，因此用来判断波谷可能导致失误。

截止到7月31日，35周、43周、52周均线对应的盈利分别为30%、46%和40%，超过通常峰值的范围，并处于较宽松区间的中间位置。考虑到指数尚在拉升之中，浮动盈利仍在上升，目前还没有明显的整理平台态势出现。

但是，7月最后一周的35周和52周均线对应的盈利均出现小幅下滑，43周均线对应的盈利线也是稍稍平盘，结合当前的估值水平，我们认为股指已处于敏感区域。因此，从技术分析角度，我们认为当前应密切观察，一旦确认震荡情形的整理平台，指数很有可能见顶。

必须说明的是，均线分析仅仅是从交易行为的角度来研究股市的周期性波动。其他因素，包括估值、政策、资金流和投资者情绪等因素都会影响市场的表现。此外，即使股指波动并不剧烈，也可能暗藏着波涛起伏的板块轮动和个股行情，我们的这一研究仅仅是探索性的尝试。

从基金股票仓位看A股市场后续走势

谢一飞　　2010年9月

根据我们对开放式股票型基金仓位的跟踪，截至2010年9月3日，股票型基金股票平均仓位为83.84%，自第1季度末以来再度逼近85%；根据浙商证券的测算，目前已有32.15%的股票型基金的仓位已接近基金募集说明书所述的配置上限。那么，接下来A股市场将受何种程度的影响？我们的观点是，股市在基金股票仓位较高的背景下缺乏持续飙升的动力，除非出现某种重大政策变化导致“场外资金”大规模流入股市。

从历史上看，当股票型基金股票仓位达到85%以上时，股市一般处于较大级别顶部，如果股票仓位降至70%以下，股市可能处于较大级别底部。从图1中可以较为明显地发现这一特征：2007年9月底、2009年6月底、2009年12月底，股票型基金股票仓位水平达到85%这一警戒线水平，随后股指见顶回落；2005年3月底与6月底、2008年12月底，股票型基金仓位水平达到70%，随后股指见底反弹。

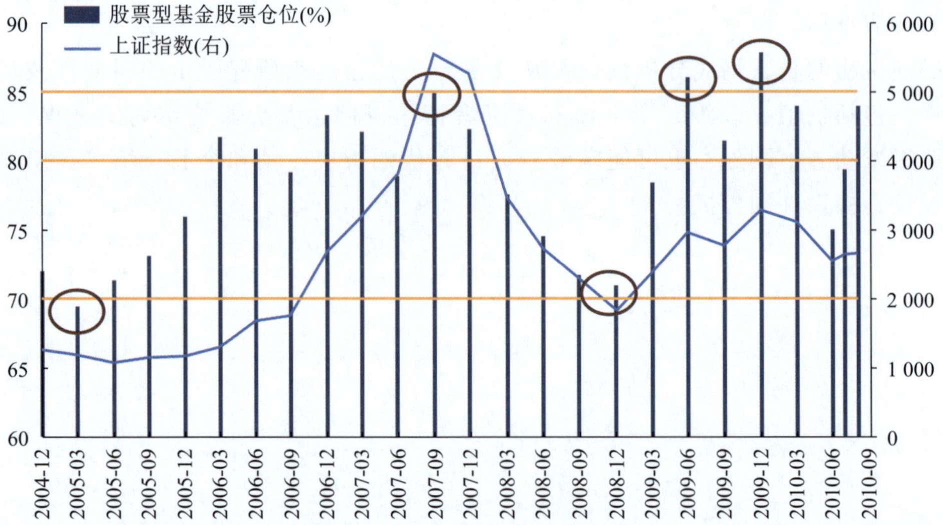

图1　基金仓位与上证指数

两方面原因可以解释这一现象。其一，当投资者极度看多股市或极度看空股市时，往往对应着股市的较大级别顶部或底部，基金仓位的变化恰恰是投资者情绪的一种反映。其二，基金招募说明书对股票投资占基金资产的比例有所限制，一般设定在60%

~95%。当股票型基金股票平均仓位达到85%以上时，很多基金的股票仓位可能已接近招募说明书的上限，即使基金经理看好后市，手中也缺乏“加仓弹药”；反之，当基金仓位降至70%以下时，很多基金的股票仓位已接近招募说明书的下限，不少基金需要被动加仓。因此基金股票仓位水平的高低对于股市的资金面有一定的影响。

但从图1可以看出自2006年3月至2007年3月，股票型基金仓位水平一直处于较高的水平，而A股市场仍然保持了牛市。为什么会有这种情况发生呢？

一方面，从发行情况看，2006年8月至12月是股票型基金发行相对集中的一段时间，这段时间发行份额达到1 364亿份。此外，从2006年11月至2007年6月，股票型基金当月净增份额一直维持在较高的水平，2006年全年净增份额近2000亿份。在股票型基金份额不断扩张的背景下，基金能够在保持股票仓位基本不变的前提下不断买入股票；同时，基金份额扩大也对股市上涨所引起的仓位上升产生了摊薄效应（参见图2、图3）。

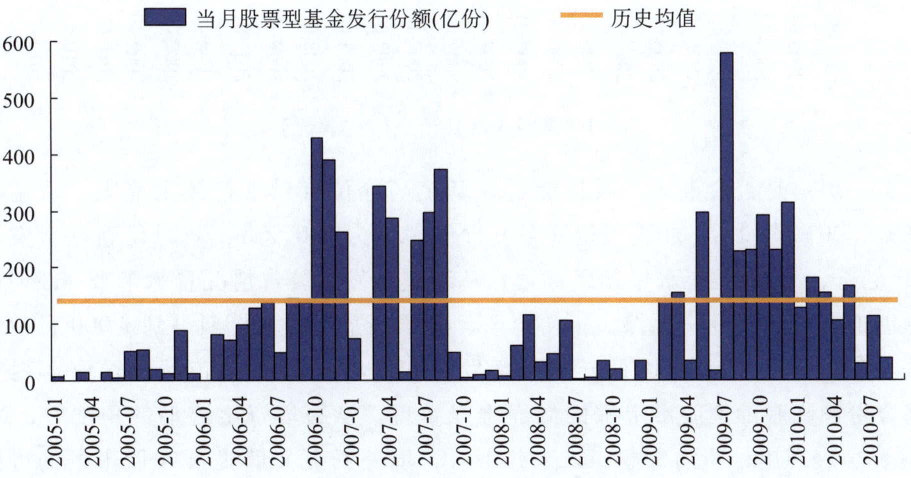

图2　股票型基金发行份额及其历史均值

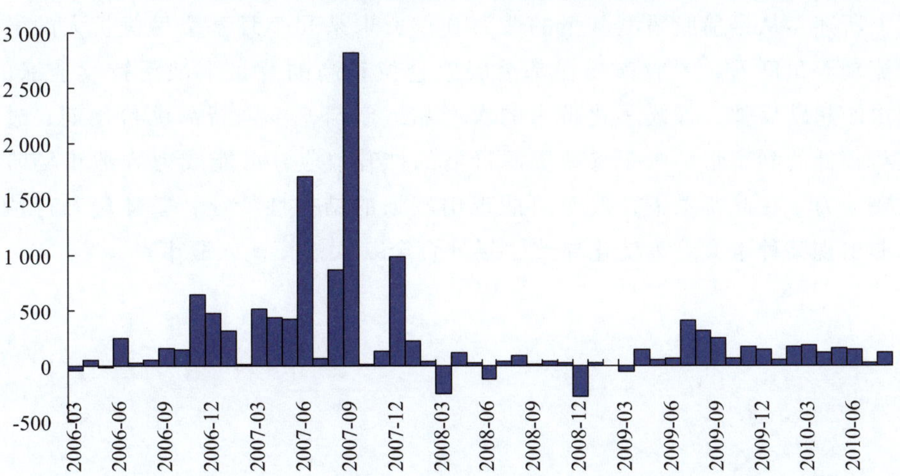

图3　股票型基金当月净增份额（亿份）

另一方面，2006～2007年中国依然保持了高额的贸易顺差，而且人民币升值预期和资产价格上涨预期也吸引热钱大规模涌入，境外资金的不断流入使得A股市场在基金股票仓位较高的情况下也依然有持续上升的动力（参见图4）。

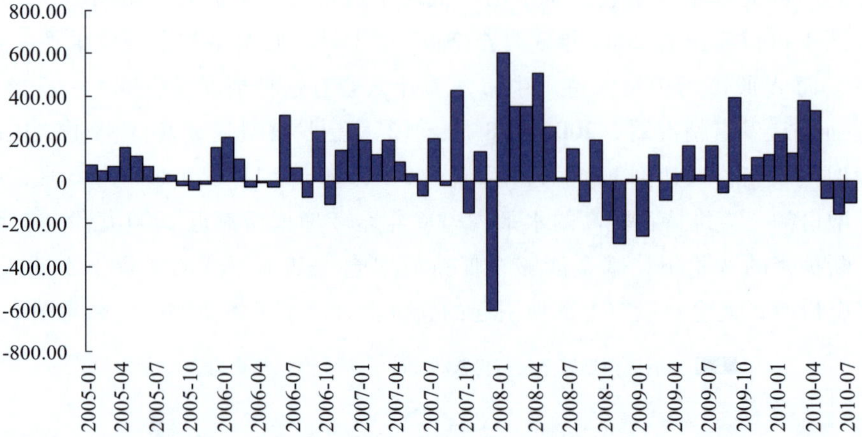

图4　各月份热钱流入（亿美元）

那么，历史是否会重演，股指能否在基金高仓位背景下持续上涨呢？从基金发行情况来看，2010年1～8月股票型基金发行份额仅为900亿份，8月份新基金发行份额不到40亿份，与2006年水平相距甚远；从新基金发行公告情况看，未来一段时间，发行份额也难有明显回升。此外，年初至今，股票型基金净增份额不到1 000亿份，规模也无法与2006年相匹敌。因此，新基金发行和净申购对A股市场的输血作用大打折扣，基金份额膨胀助推股市上涨的局面难以重现。从跨境资金流动的角度看，2010年5～7月资金表现出外流的迹象；未来几个月，境外资金大量流入A股市场的可能性也不大。

综上所述，从当前股票型基金的股票仓位、未来几个月基金份额扩大的潜力和跨境资金流动等角度看，A股市场在基金股票仓位较高的背景下缺乏持续上涨的动力。某些板块的超跌反弹、气候恶化带来的农产品减产与基本消费品涨价预期、过大的货币供应与较低的利率水平对于稀缺资源价格的推升效应，可能成为A股市场阶段性上行的主要动力。在此背景下，股市可能现出较强的结构性特征，整体飙升行情难以重现，除非出现某种重大政策变化导致“场外资金”大规模流入股市。

大规模“有效解禁”出笼或加剧股市资金面紧张程度

谢一飞　　　　2010 年 9 月

根据经济学基本原理，供给、需求双方力量的相互作用使市场价格达到均衡。在一定程度上，股市也遵循这一原理。股票价格是股票的供给方和需求方或者说资金的需求方和供给方相互较量并最终达成一致的结果。本文从限售股（包括“大小非”、首发限售股、增发限售股等形式）解禁的角度来分析 A 股市场上的股票供给变化将会对其价格走势带来怎样的影响。

在一定意义上，上市公司重要股东增减持股票的行为代表着产业资本在主观层面对当前上市公司价值的判断。当大股东认为上市公司被高估时可能会选择主动地减持自家股票，将收益兑现。从股票供需角度看，在投资者对股票需求基本保持稳定的前提下，限售股解禁将增加流通股供给量，从而使得股价有下行的压力。

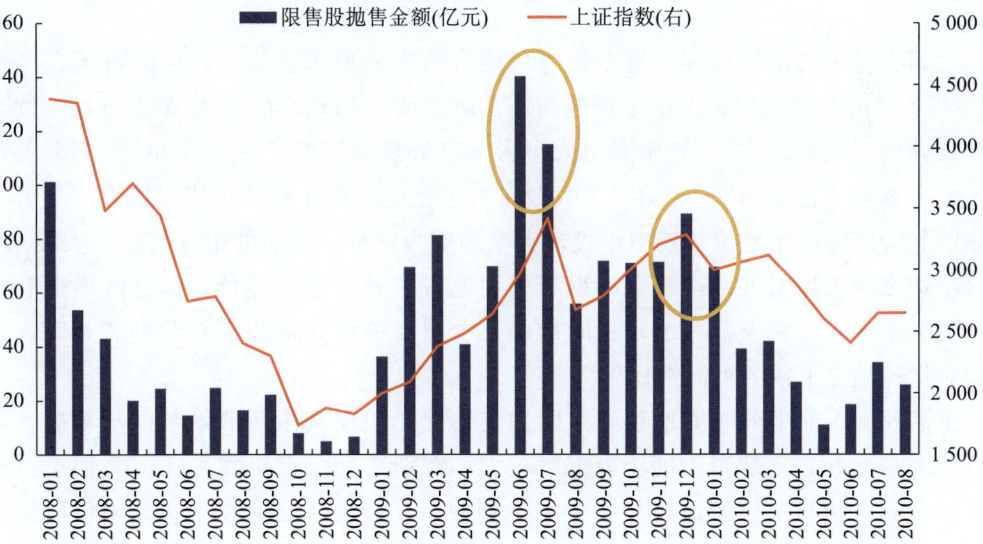

图 1　2008 年 1 月至 2010 年 8 月限售股抛售金额

从图 1 可以看出，2008 年至今，规模较大的一次限售股抛售发生在 2009 年 6 ~ 7 月间，月抛售金额均在百亿元以上。此后的一个月里，A 股遭受重挫，大盘跌幅超过 20%。另一次集中抛售发生在 2009 年 11 月、12 月，这两个月的抛售总金额达 160 亿元，此后 A 股市场进入一轮较长时间的调整。这种现象说明了股东行为与 A 股市场走势有一定的关联性。

自 2010 年 9 月份以来，大股东减持开始进入年度高峰期。仅 9 月 1 日到 10 日，就有 33 家上市公司大股东宣布减持手中已解禁股份，按抛售当日的股价计算，大股东抛售金额达到 33.4 亿元，相当于年内大部分月份全月的抛售量。如果按照此速度推算，9 月份抛售金额将超过 80 亿元，达到年内抛售的小高峰，并接近于 2009 年底的水平（参见图 2）。

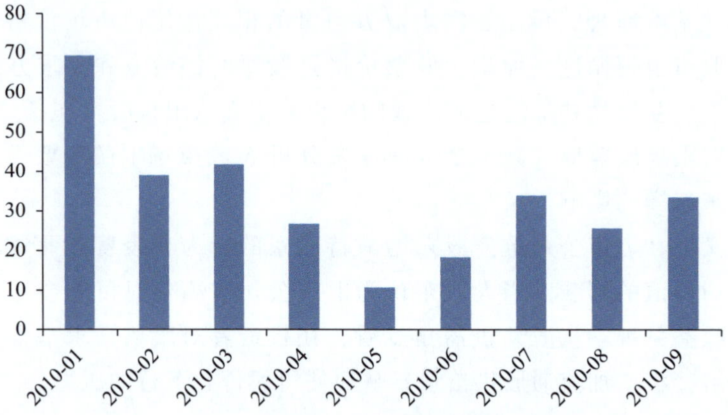

图 2　2010 年 1 ~9 月限售股抛售金额（亿元）

近期大股东的抛售行为，笔者认为可能有两方面原因。第一，A 股市场在经历了 7、8 两个月的上涨之后，无论是资金面还是政策面，都缺乏能够为 A 股市场继续走强提供支撑的“利好因素”，投资者对大盘未来走势显得有些“底气不足”，部分上市公司大股东选择“落袋为安”。第二，大股东对于企业经营业绩的担忧可能有所上升。大股东因其特殊的市场地位，较中小投资者掌握更为完整、全面的企业信息，大股东在 3 季报出炉之前选择抛售自家股票不得不引发笔者这种猜测。此外，从经济增速和企业盈利的关系来看，在未来一个较长时期内，中国经济增速面临下台阶的背景下，企业的盈利增速随之下滑的可能性比较大。

虽然我们不能十分准确地预测实际抛售情况，但仅从限售股解禁的规模看，解禁给 A 股市场中短期走势带来的压力仍然较大。特别是到今年年底，11、12 两个月限售股解禁金额（按目前价格计算）将分别达到两万亿和五千亿元以上，是限售股解禁非常集中的一段时间。这可能会再次引起一波减持高潮，从而导致市场资金面进一步趋紧（参见图 3）。

值得注意的是，解禁金额本身并不能完全代表潜在抛售的压力。一方面，股票解禁后是否一定会被抛售受到股东意愿等诸多因素的影响；另一方面，从限售股性质来看，如果是央企限售股解禁或者大股东带有国企背景，则这部分解禁股份在短时间内

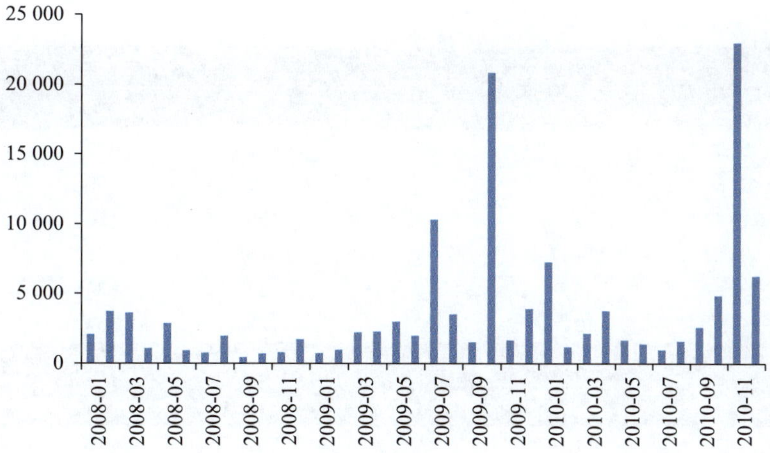

图 3　2008 年 1 月至 2010 年 12 月解禁金额（亿元）

立即被出售的可能性较小。比如今年 10 月份时，中国神华就会有一次金额在 3 000 亿以上的首发原股东限售股份解禁，但我们认为其立即、大量被抛售基本不可能，所以并未将其列入我们的统计范围中。基于这一假设，我们剔除了那些解禁后遭抛售可能性比较小的样本，仅统计了解禁后减持可能性比较大的“有效解禁”部分，从而得到如下解禁时间表：

表 1 中，我们将中小板和创业板解禁单独列出的原因是：从历史统计看，相对于主板上市公司股东而言，中小板和创业板股东抛售自家股票的可能性更大。此外，目前中小板股票的估值水平普遍偏高，中小板上市公司股东更有获利回吐动力。

表 1　　2010 年剩余时间“有效解禁”时间表

9 月	解禁家数		解禁市值（亿元）		占比
	全部	中小板＋创业板	全部	中小板＋创业板	全部
9 月 6 日至 10 日	18	12	124	79	1.91%
9 月 13 日至 17 日	10	5	118	66	1.81%
9 月 20 日至 24 日	12	10	351	141	5.40%
9 月 27 日至 30 日	26	16	599	121	9.22%
当月累计	66	43	1 192	407	18.35%
10 月	解禁家数		解禁市值（亿元）		占比
	全部	中小板＋创业板	全部	中小板＋创业板	全部
10 月 4 日至 8 日	9	7	45	16	0.69%
10 月 11 日至 15 日	15	9	260	63	4.01%
10 月 18 日至 22 日	19	11	167	63	2.57%
10 月 25 日至 29 日	9	6	24	15	0.37%
当月累计	52	33	496	157	7.63%

续表

11 月	解禁家数		解禁市值（亿元）		占比
	全部	中小板＋创业板	全部	中小板＋创业板	全部
11 月 1 日至 5 日	44	35	479	410	7.37%
11 月 8 日至 12 日	25	9	972	555	14.97%
11 月 15 日至 19 日	17	9	159	126	2.45%
11 月 22 日至 25 日	14	11	79	79	1.22%
11 月 29 日至 30 日	10	8	34	34	0.52%
当月累计	110	72	1 723	1 204	26.52%
12 月	解禁家数		解禁市值（亿元）		占比
	全部	中小板＋创业板	全部	中小板＋创业板	全部
12 月 1 日至 3 日	11	7	202	118	3.12%
12 月 6 日至 10 日	19	5	458	175	7.05%
12 月 13 日至 17 日	18	10	357	295	5.50%
12 月 20 日至 24 日	24	11	233	144	3.58%
12 月 27 日至 30 日	43	14	1 836	197	28.26%
当月累计	115	47	3 086	929	47.50%

注：表中“占比”表示当月解禁市值与今年剩余时间有效解禁市值的比例

从时间分布看，9 月、11 月、12 月的“有效解禁”规模相对较大，当月解禁市值分别为 1 192 亿元、1 723 亿元和 3 086 亿元，而 10 月份则是相对平静的一个月。解禁的高峰时段则是在 9 月最后两周、11 月前两周和整个 12 月；特别是 12 月下旬，A 股“有效解禁”市值达 1 836 亿元（参见图 4）。从板块分布看，11 月、12 月是中小板、创业板集中解禁的时间，解禁市值分别达 1204 亿元和 929 亿元。总的来说，未来几个月大规模“有效解禁”的出笼可能会加剧 A 股市场资金面的紧张程度。

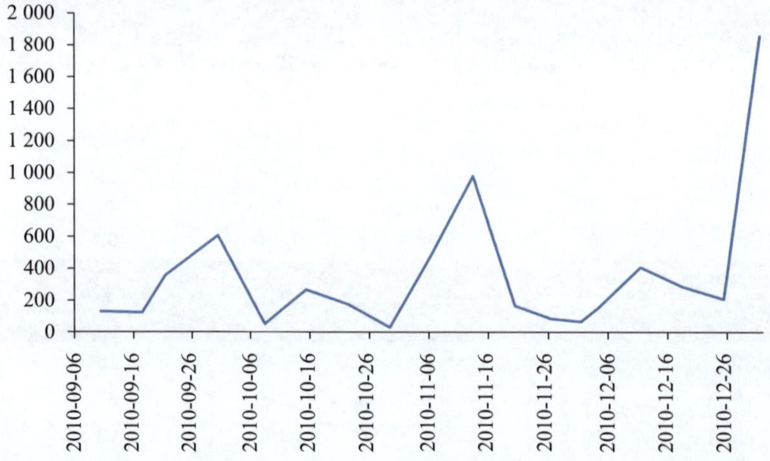

图 4 全部 A 股 2010 年 9 月至 12 月各月份的“有效解禁”规模（亿元）

不过需要指出的是，“有效解禁”规模的大小只是影响股市资金面的一个因素，除此之外，股市资金面的充裕程度还受到上市公司再融资与IPO融资规模大小、开放式股票型基金仓位高低、“场外资金”进入股市的规模和速度以及央行货币政策等一系列因素的影响。我们将对这些因素进行持续跟踪和研究。

从债市利差的角度看 A 股波动方向

章　斌　　2010 年 11 月

股市波动受估值水平、企业盈利、资金面、政策面、投资者情绪等诸多因素的综合影响，可见要成功预测股市波动方向的难度是很大的。和发达经济体股市相比，中国股市“非理性色彩”更浓，经常过度反映“利好”或“利空”因素，要准确把握中国股市涨跌方向则更难。相比之下，债市通常能较理性地反映投资者对宏观经济、通胀水平以及利率走向的预期。因此，对于股市投资者来说，债市指标对于判断股市后市波动方向可能具有较好的参考价值。本文主要探讨是否可借助于观察债券利差来研究 A 股波动。

图 1、图 2 为上证指数与国债、企业债利差（5 年期 - 2 年期或 3 年期 - 1 年期）的叠加图，我们有以下发现：一是利差与上证指数波动之间呈现较强的正相关性，利差由高位下行，股市通常下跌，利差自低位上行，股市往往上涨。从 2007 年以来，这种正相关性表现出增强的态势。二是利差水平几个重大拐点出现的时点均与股市重大拐点一致，有时利差的变动甚至具有领先性。比如，上证指数在 2008 年 10 月底见底，但国债和企业债利差在 9 月中旬后已不再创新低；2009 年底至 2010 年一季度，上证指数震荡筑顶，但企业债利差自 2009 年 10 月下旬后见顶回落，国债利差也从 2009 年 11 月开始逐步回落。

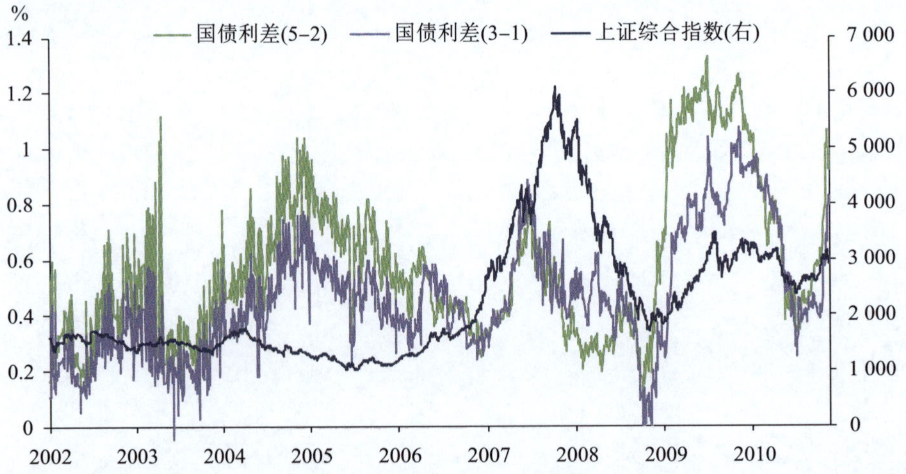

图 1　上证指数与国债利差

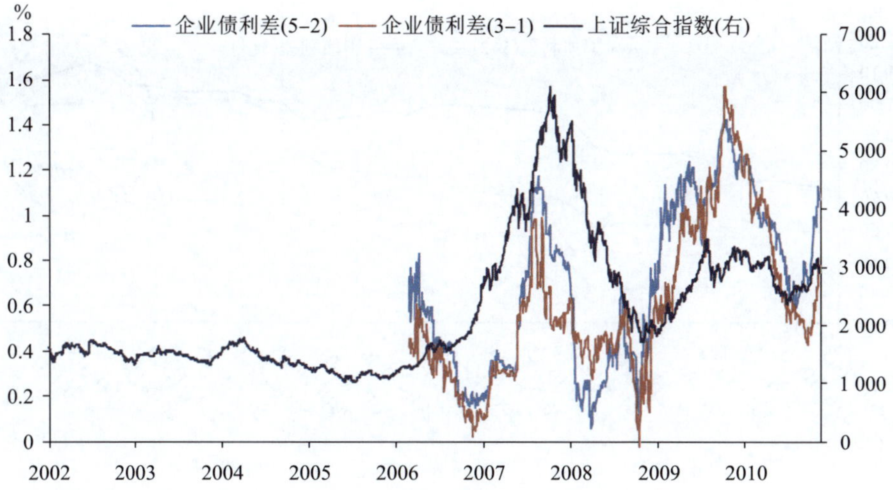

图 2　上证指数与企业债利差

利差变化与 A 股波动呈现正相关性的原因需要深入研究。个人认为这背后可能与机构投资者的风险偏好有关。根据历史经验（参见图 3），当利差开始上升（债券收益率曲线趋于陡峭化）时，债市可能处于牛市末端或熊市，此时投资者风险偏好往往较强。而当利差开始下降时（债券收益率曲线趋于扁平化），债券可能已处于熊市末端，此时投资者风险厌恶情绪往往较高。

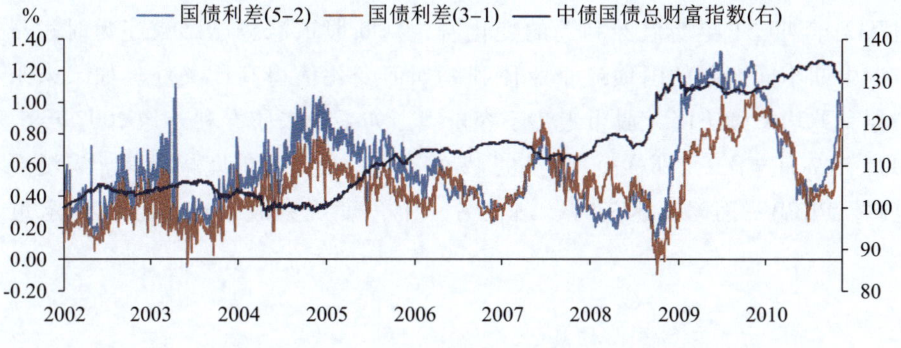

图 3　国债指数与国债利差

近期不同期限利差的分化较为明显。5 年期与 2 年期国债/企业债利差近期高点分别出现在 11 月 10 日和 12 日；最近几个交易日，该期限国债/企业债利差似有掉头向下的迹象。不过，3 年期与 1 年期国债/企业债利差仍在继续上升，11 月 18 日分别上升至 86 个基点和 79 个基点。从回归分析看，5 年期与 2 年期、3 年期与 1 年期债券利差属于同步指标，两个利差指标之间不存在领先或滞后关系；因此，特定期限的利差变化对其他期限利差的变化不具有指向性（参见图 4）。

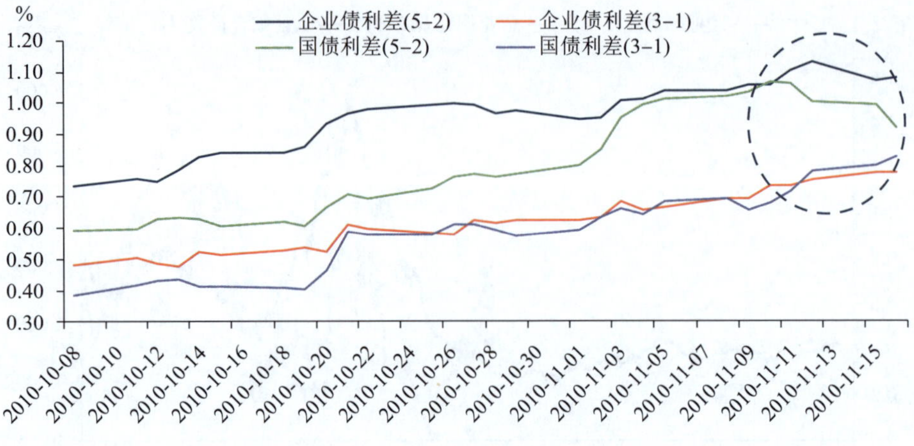

图 4　2010 年 10 月份以来国债利差、企业债利差走势

未来债券利差会如何变化受很多因素的影响。在目前的经济运行环境下，个人认为其相当程度上取决于现实通胀水平与通胀预期两者的变化。当通胀压力未完全转化为现实的物价指数上涨、而通胀预期又较强时，长债收益率上行压力可能大于短债，债券利差保持震荡甚至继续上升的可能性较大。当物价指数涨幅（环比、同比两个层面）上窜到很高水平、通胀预期很大程度上已被兑现时，长债收益率上行压力可能小于短债，此时债券利差持续下降一段时间的可能性就比较大。

单纯根据历史经验，5 年期与 2 年期债券利差的变化似已给出股市阶段性见顶信号，但从 3 年期与 1 年期债券利差的变化看，判断股市涨势已结束还为时过早。由此可见，近中期不同期限的国债或企业债利差如何变化值得高度关注。如果未来不同期限的债券利差均持续下降，股市走势不容乐观。如果未来债券利差像 2007 年 5 月至 10 月、2009 年 7 月至 11 月那样呈现高位震荡的态势，股市可能宽幅震荡。当浸泡于“股指心电图、PEPB”而陷于迷茫时，站在另一个角度观察股市或许会收到意想不到的效果。

基于股市成交量指标的投资策略初探

谢一飞　　　　2011 年 5 月

成交量是股票市场上投资者行为的重要外在表现之一，因此其备受投资者关注；对成交量放大或缩小这个最基本的现象，投资者有若干种解读方式。笔者通过对于历史数据的观察发现，市场整体成交量反映 A 股市场活跃程度。当股票市场欣欣向荣时，当期成交量相对前期水平显著上升，市场成交量持续扩大；低迷时则当期成交量相对前期水平下降。当股票市场位于较大级别的拐点时，一般来说也是当期成交量相对前期水平变动幅度的转折点。这些现象的背后反映出的是投资者心态的变化：当股市向上时，市场热点迭出，投资者频频调整投资组合，信心满满；当股市向下时，投资者则可能倾向于按兵不动观望一段时间，或对其之前看好的股票舍不得卖出，成交量锐减。

基于上述认识，笔者试图根据成交量的变化观察市场情绪，并将其作为构建 A 股市场选时策略的依据之一。但由于近年来股市规模变动显著，单纯依赖成交量的绝对数值已不能得出有效结论（参见图 1）。

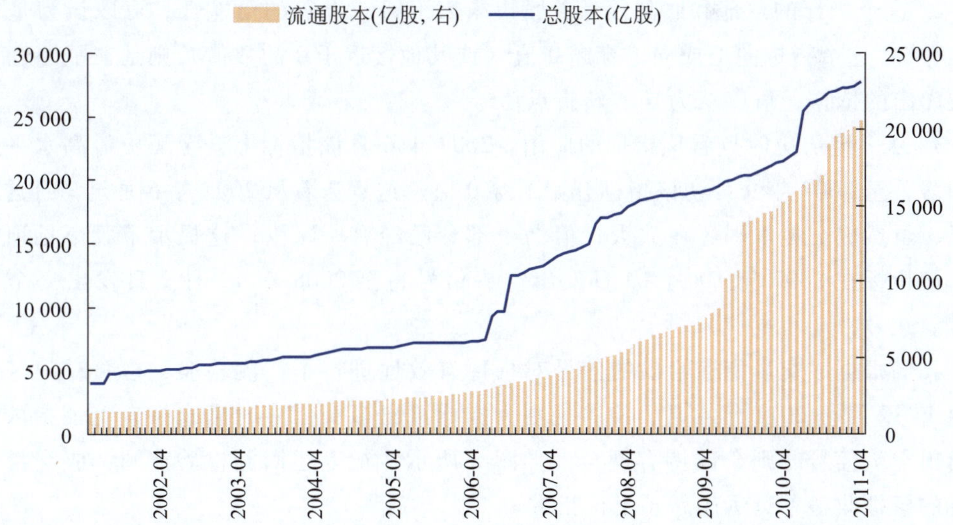

图 1　沪深两市股本规模变动

笔者转而采用了成交量相对前期变动幅度这一指标，观察该指标在不同市场阶段的特性。图 2 为使用了上证指数日成交量数据计算得到的当期成交量相对前期变动的指标（以下简称成交量变动指标）。因市场容量的变化，笔者认为指标的历史回溯观察期不宜取得过长，这里时间起点为 2004 年 12 月 31 日。

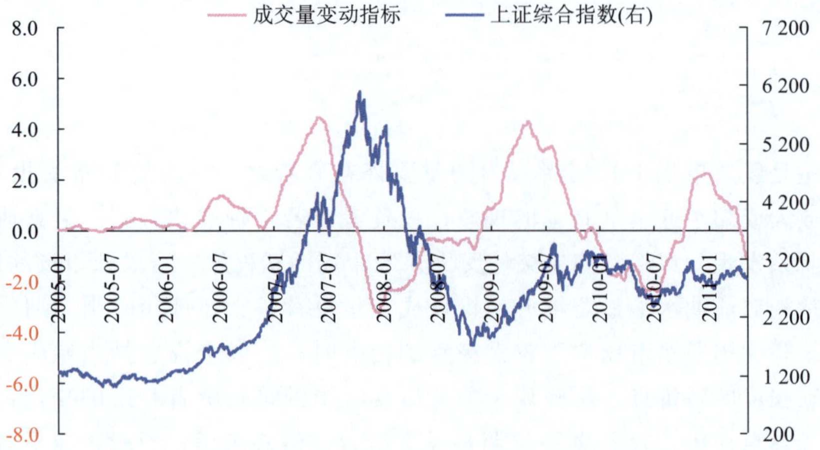

图 2　成交量相对变动指标与上证指数

根据图 2，我们有以下发现：

1. 这是一个适用于判断股指长期走势的指标，历史上该指标只出现了三次顶部和两次底部，其走势比较稳定，因此这个指标不适用于短线投机。这就为其反映 A 股市场较大层次的趋势性波动提供了基础。

2. 这个指标的顶部和底部预示着股市未来下行或上行的可能性，可以认为是“拐点信号”；这个指标向上或向下穿越 0 值（或其他接近于 0 的数值）则是“战略性”买入或卖出的依据，可以认为是“转折点信号”。

3. 从关键历史时点看该指标的应用。2007 年 6 月该指标上升至历史最高水平后陡然回落，至 2007 年 9 月初该指标开始下穿 0 值。这意味着从 2007 年 6 月至 9 月这段时间里，虽然成交量水平还在放大，但增量部分已经有所减少，这提示了股市见顶的风险；该指标在 2007 年 10 月 10 日发出空头信号直至 2008 年 12 月 2 日发出一个多头信号。

我们根据成交量指标给出的信号对指标有效性进行了回溯检验，检验时间区间为 2004 年 12 月至 2011 年 4 月，检验规则为指标给出多头信号时满仓持有上证指数，指标给出空头信号时则全部持有现金。如图 3 所示，在上述回溯检验期间，成交量变动指标的模拟收益率远远超越了上证指数。

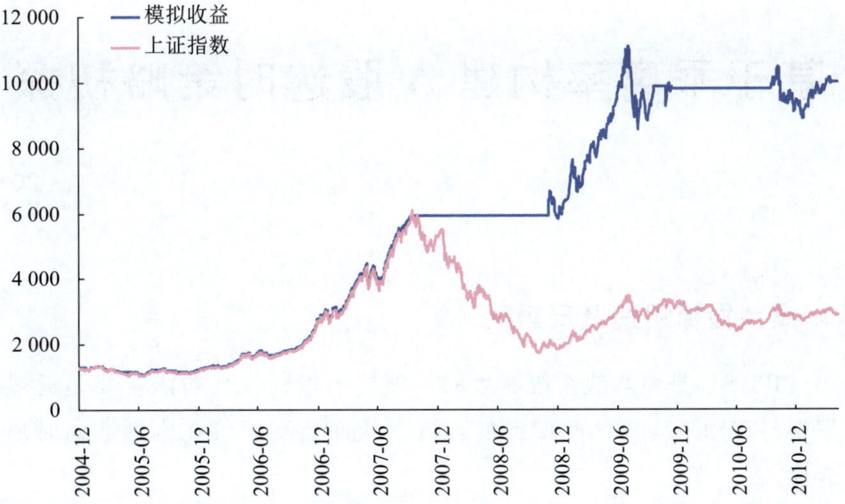

图3　成交量变动指标模拟收益率

基于乖离率构建 A 股选时策略初探

魏 瑄 2011 年 8 月

一、乖离率指标用途及局限性

乖离率（BIAS）是由均线系统派生的一项技术指标，其功能主要是通过测算股价在波动过程中与移动平均线之间偏离的程度，从而监测股价在剧烈波动时出现回调或反弹的可能性。

传统 BIAS 指标的优势在于较为灵敏，对左侧捕捉股市波动顶部和底部有一定效果。主要缺点有：第一，买卖信号过于频繁；第二，使用单一临界值容易在大牛市中较早离场，或熊市中较早入场；第三，由于乖离率指标的“跟随性”特征，在趋势市中容易出现“越涨越卖、越跌越买”的情况。

针对传统乖离率指标的特性，本文尝试从动态、静态维度，并结合动量指标构建修正乖离率选时模型。

二、构建修正乖离率选时模型

第一步：选定买入、卖出区域

为避免单一临界值的局限性，我们采用动态与静态指标相结合的方式，只要满足其中一个条件，就划入买入（卖出）区域。

静态指标：乖离率若小于 a，则买入；若大于 b，则卖出。

其中，a 的测试范围为 -12% ~3%，步长为 1 个百分点；b 的测试范围为 3% ~12%，步长为 1 个百分点。

动态指标：过去 T 时间段内，乖离率的分位数小于 t，则买入；分位数大于 1-t，则卖出。

其中，T 的测试范围为 30 ~200 交易日，步长为 5 个百分点；t 的测试范围为 5% ~15%，步长为 1 个百分点。

第二步：对趋势市中的信号进行识别和调整

加入动量指标的目的是对趋势市中的信号进行调整，即乖离率指标确认股市上涨（下跌）趋势后，若在卖出（买入）提示区域股市上涨（下跌）动力仍充足，则信号维持不变。

方法为：在买入区域，若 BIAS 指标小于过去 n 日的平均 BIAS 值，则确认下跌趋势，转发出卖出信号；在卖出区域，若 BIAS 指标大于过去 n 日的平均 BIAS 值，则确认上升趋势，转发出买入信号。

其中，n 的测试范围为 5% ~50%，步长为 5 个百分点。

第三步：模型参数设定

经测试，我们发现，模型最佳参数组合为：55 周均线；动态时长 T = 125 天（半年），分位数 t = 1%；静态买点 a = -9%，卖点 b = 7%；动量时长 n = 25 日。

三、模型效果

自 2001 年 6 月 14 日（阶段性顶部，2245 点）至 2011 年 8 月，按照修正乖离率选时模型的信号进行交易，模拟交易可获得的累计收益率为 370%，相对于上证指数的超额收益率高达 350%（参见图 1）。

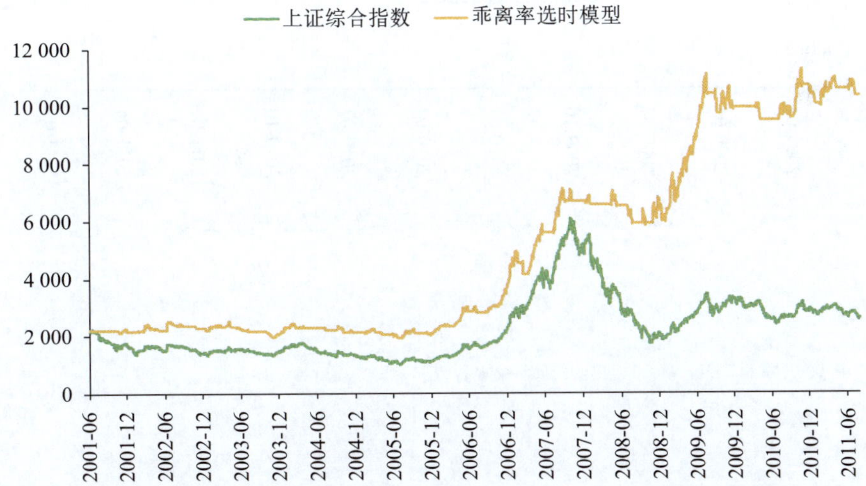

图 1　1998 年 1 月以来乖离率选时模型模拟收益与上证指数走势对比

分年度比较收益率发现，模型的突出优势为熊市中可以避免较大损失，甚至获得正收益（图 2 中方框）。虽然在牛市时往往不能跑赢指数，但差距不会过大。

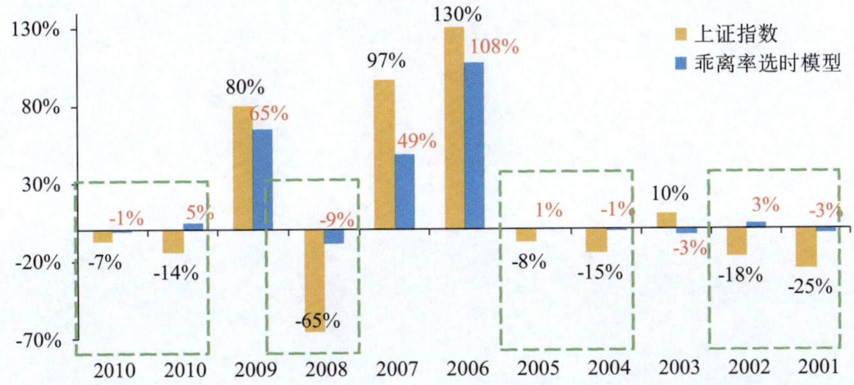

图 2　1998 ~2011 年乖离率选时模型模拟收益与上证指数年收益率对比

观察2009年至2011年8月的信号变化，可以看出，除2009年10月和2011年4月（图3中圆圈）信号效果不理想外，模型较准确地捕捉了主要的上升和下跌波段。不过，该模型的缺陷是信号发出频率偏高，10年共发出126次信号。

模型最后一次信号发出为2011年7月25日，为卖出信号。

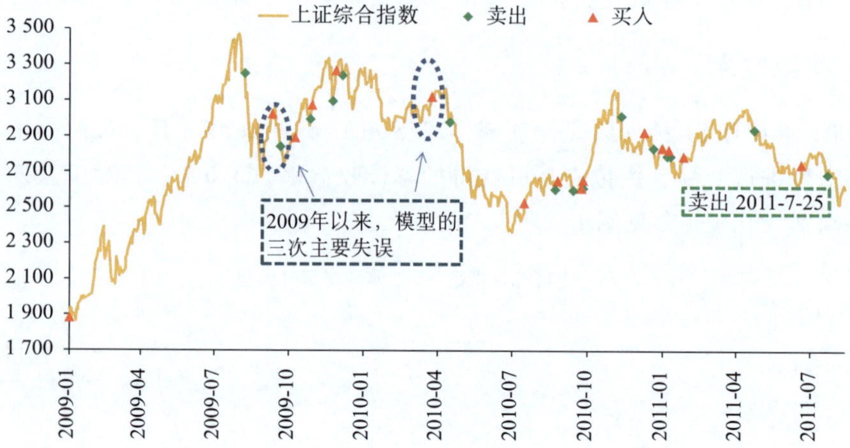

图3 2009年1月以来乖离率选时模型信号变动

第六章

从经验走向模型

A股投资数量化工具体系的初步构建：理念、结构与检验效果

王家春 章 斌 谢一飞 王文丰 2013年5月

一、概述

不论是保险资金投资，还是财富管理领域，股票投资都很重要。同时，做好股票投资的难度也非常高。由于诸多原因，A股市场真正值得信赖和长期投资的上市公司并不多。中大型机构投资者依靠“选股”提升投资收益，不仅容易跌入各种“陷阱”，可挖掘的潜力也很有限。在这种情况下，如果“选时”能力也不过硬，取得长期稳定的超额收益就基本无望。

就A股这样的投机性与波动性较高的不成熟股市而言，“选时”与“选股”相比，前者不仅更重要，而且难度也更大。巴菲特等“价值派”大师的很多经验与感悟，似乎可作为“选股”的逻辑起点，但“选时”的逻辑起点在很大程度上只能靠投资者自己付出足够的辛劳和代价去领悟，因为“选时”方面公认度高又不难理解的“说道”似乎很少。或许是因为A股市场的“选时”实在太难，现实中，大大小小的投资者对于“选时”的绝望情绪广泛存在；对“选股”有信心的人似乎远远多于对“选时”有信心的人。实际上，很多投资者把主要精力放在“选股”方面，在很大程度上放弃了“选时”。如上所述，我们认为，在A股市场通过这种做法提升投资收益的潜力甚为有限。

我们认为，在其他投资者大多主攻“选股”的环境下，对于想获得显著超额收益的机构投资者来说，强化“选时”的意识与能力，显得尤为必要。“选时”难度很高不该是在这方面走“投降主义路线”的理由——解放军智取华山的故事大家都知道，它告诉我们一个辩证的道理——最艰难的路或许就是捷径。

我们认为，在“选时”与“选股”能力建设方面，方法体系的构建与不断完善最为重要；一系列“全量化”与“半量化”模型是这种方法体系的“高等级”表现形式。不能表现为“全量化”或“半量化”模型的方法体系，不论它在原理层面是否完整及可靠，至少在应用上难以有效屏蔽“人”的主观倾向；而且，其使用效果在很大程度上取决于使用者本身对该方法体系的理解能力。由“全量化”或“半量化”模型构成的工具体系，实际上是一个“标准化”了的语言与逻辑体系；没有它，相关主体之间就缺乏一个“统一的语言平台”，彼此间的专业沟通难以达到顺畅、高效的境界。

现实中，“选时”与“选股”方面的量化模型并不少见，但大多数此类模型的名声并不“正面”。其主要原因可能包括两个方面：一是A股市场“选股”、“选时”以及为此构建有效模型的难度都很高，成功的模型自然少见；二是此类模型的很多开发者，其数学造诣远远超过其对股市运行之道的领悟，在模型构建过程中，他们在“纯数学”层面花的功夫过多，对于将模型构建在“股市原理”之上反倒重视不够。

我们相信，尽管股市投资具有非常高的挑战性，但“大道至简”——真正有效的“选时”或“选股”模型，其不寻常之处，应该是全面而坚实的“原理与逻辑基础”，不会是过于复杂的数学方程式。同时，我们认为，构建量化模型必须在“现象观察——原理假设——假设检验”这三个环节都做足功课。

由于探索并建立全面而坚实的“原理与逻辑基础”非常难，开发“选时”与“选股”模型，成功率必然是很低的。换言之，对于谋求在股票市场长期取得较高超额收益的中大型机构投资者来说，构建“选时”和“选股”模型，只是必要条件，不是充分条件。

2008年底以来，保险与投资研究所在A股市场“选时”与“选股”方法的探索，以及模型构建方面投入了大量精力，先后构建了“基于盈利与利率预期的A股合理估值模型”、“A股大级别波动模糊研判系统”、“A股多层次波动量化监测系统”、“A股试错型选时量化模型”和“A股个股组合量化模型”。这些“系统”和“模型”初步构成了一个面向A股市场的“选时”和“选股”工具体系。这些工具在功能上各有其侧重点与局限性。简而言之，“A股试错型选时量化模型”和“A股个股组合量化模型”分别是直接的“选时”与“选股”工具；“基于盈利与利率预期的A股合理估值模型”、“A股大级别波动模糊研判系统”、“A股多层次波动量化监测系统”则是A股选时辅助工具；其中，“基于盈利与利率预期的A股合理估值模型”与“A股大级别波动模糊研判系统”侧重于战略资产配置层面的“选时”，“A股多层次波动量化监测系统”则侧重于战术资产配置层面的“选时”。

“A股试错型选时量化模型”很大程度上是“A股多层次波动量化监测系统”的超越与替代。就战术性资产配置而言，在“A股试错型选时量化模型”诞生后，“基于盈利与利率预期的A股合理估值模型”、“A股大级别波动模糊研判系统”、“A股多层次波动量化监测系统”基本上将“退居二线”。“A股试错型选时量化模型”不仅可用于一般的“选时”，也可作为股指期货战术性交易的支持工具。

我们认为，对于人的认知能力而言，外部世界是“可知”与“不可知”，“可预测”与“不可预测”的对立统一。相应地，我们开发的上述“系统”和“模型”，就其功能而言，不可能绝对灵验，只能是“有效性”与“局限性”的对立统一。展望未来，宏观经济形势的变化、A股市场的制度变革与创新等因素，都可能导致A股市场的运行特性在一定程度上不同于过去。鉴于此，我们将不断深化和修正自己对股市规律和 A 股市场特性的认识，并且在完善与拓展上述工具体系方面付出持续的努力。

二、对 A 股市场的基本认识

（一）A 股市场带有的股市共性

全球的股市都是涨涨跌跌，这背后似乎存在以下共性：

1. 股市波动可划分为五个层次，即短线、次中线、中线、长线、超长线。

2. 股市短线波动的扰动因素太多，具有较高的随机性和不稳定性。

3. 股市非短线波动表现出一定的惯性，而且股市波动的层次越高，惯性就越强。当然，这种惯性不是固定不变的，而是可变的。

4. 没有任何人或任何方法，能够一直对股市波动进行精准的预测。从事后回顾的角度看，股市不同层次波动的一个个拐点是很清晰的，但就事前预测而言，预测有偏差是必然的，无偏差才是偶然的。因此，不论采用什么方法，股市波动预测在本质上都属于“试错型假设”。

5. 在原理层面，股市波动受现实的和预期的利率水平，以及现实的和预期的盈利水平的影响最为直接和显著。在其他条件不变的情况下，现实的和预期的利率水平越低，或现实的和预期的企业盈利越高，股市的估值水平可能就越高。

6. 上市公司盈利变化与股市波动之间并非是简单的正相关关系。一方面，股市波动可能会提前反映盈利变化；另一方面，如果股市估值水平原已偏高，盈利向好对股市就未必还能起到支撑作用。

7. 流动性松紧程度可能对股指走向产生某种程度的影响，二者之间时常表现出正相关性。

8. 股市波动与投资者平均盈亏幅度密切相关。通常情况下，投资者平均获利幅度越大，股市回调压力就越大；投资者平均亏损幅度越大，股市反弹的可能性就越大。

9. 股市波动与投资者的整体情绪密切相关，过度乐观的整体情绪一般对应着较高等级的顶部；过度悲观的整体情绪，则往往对应着较高等级的底部。

（二）A 股市场的“特殊性”

与欧美成熟股票市场相比，A 股市场似乎存在以下“特殊性”：

1. 无论是国企类还是民企类上市公司，大多缺乏尊重小股东权利的意识；误导和欺骗小股东的行为普遍。国企类上市公司大多处于管理层控制之下，以丰厚盈利回报股东的观念也比较淡薄。

2. 大多数国企与民企上市公司在融资与再融资的关口常有虚夸盈利的倾向，但在其他时候有隐藏盈利的倾向（以便少缴税、少分红）。上市公司对盈利核算和信息披露的操控，时常缺乏有效的外部监督和严格的处罚。

3. 从国企到民企，企业成长周期普遍比较短，在门槛和壁垒较低的行业尤其如此。

4. 宏观调控政策通常在过紧与过松之间交替轮回；投资者平均成熟度比较低，整体情绪大起大落，这些因素加剧了A股市场的波动性。

5. 上市公司之间相对股价紊乱的现象比较常见，相对股价的合理矫正所需要的时间一般比较长。

6. 在整个市场或某板块内部，不分投资价值高低，同涨同跌的现象较为普遍。在牛市中，“鸡犬升天”；熊市里，“玉石俱焚”。

7. 基本面越差的股票，越容易变成被严重操控的“庄股”。

8. 由于存在上述一系列缺陷，A股市场大部分上市公司实际上缺乏稳固、透明的价值基础，综合性股指和大部分股票的股价“牛短熊长”、“大起大落”的特征较为显著。

根据A股市场的这些“特殊性”，我们认为，纯粹的价值投资，成功的可能性不高，反倒比较容易跌入陷阱。当然，完全抛开“价值”思维的纯粹投机也是非常危险的。

我们认为，对于股票市场上的“大资金”而言，“选时”的重要性远远高于“选股”；资金规模越大，就越是如此。从A股市场实际特性出发，以下三点对于机构投资者较为重要：

一是，应投入足够多的精力，研究A股较高等级波动的“规律性”，进而构建胜率较高、模拟收益率较高、灵敏度适度的、可用于对股市波动的惯性方向进行“试错型判断”的量化模型，并以模型输出的信号作为A股投资的“选时”依据。

二是，构建并利用有效的量化选股模型，辅以必要的“人工”筛选，建立“相对价值股票池”。

三是，以选时策略为基础进行个股买卖，即形成“以趋势投资为基础的价值投资”模式。

三、“A股选时与选股工具体系”包含的基本理念

（一）以多角度、多指标的方法体系降低错判风险

如前所述，股市波动受利率水平、盈利水平、流动性松紧程度、投资者平均盈亏幅度等多种因素影响，并与投资者整体性的极端化情绪密切相关。因此，从多个角度，筛选出尽可能多的较为有效的指标，分别构建有效的选时与选股方法体系，对于降低“误判”的几率是必要的。

将方法体系“模型化”的好处是显而易见的。这有助于提高“选时”与“选股”研究的效率，以及屏蔽个人情绪波动对投资带来的不利影响；同时，这也为相关主体构建了一个“统一的语言平台”，彼此间的沟通可以更顺畅和高效，也便于方法体系的

结论在更大的范围内推广和应用。

(二)“场外因素”和“场内特征”的研究应该有效结合，并以后者为侧重

经济数据及其预期的变化、企业盈利及其预期的变化、实际出台的政策及政策预期等各种“场外”因素，如果能够对股市波动产生实质性的影响的话，就必然在股市成交量、价格、均线系统、量价关系、资金流等“场内特征”的变化上体现出来。因此，研究各类“场内特征”对股市波动惯性的“代表性”，是构建股市波动趋势量化监测模型的可行之路。

“场外因素”研究，基本上包含了现实中的宏观面与基本面研究；“场内特征”研究在较大程度上属于人们常说的技术面研究。二者都应得到足够的重视；但在我们看来，不论是构建研判模型，还是传统意义上的股市波动研判，“场内特征”研究的重要性都高于“场外因素”的分析与预测，因为各种“场外因素”与股市波动之间的对应关系实际上并不稳定，而且“场外因素”分析和预测的难度并不低。

(三)重视历史经验，但又不能刻舟求剑或守株待兔

股市研判方法的创建，离不开历史经验的总结。在构建模型的过程中，更是需要对所有的待选指标进行较长时间跨度的历史回溯测试。但股市外部环境、参与者结构、以及股市内部制度等方面发生的变化，都可能导致某些在过去“有效”的方法或指标在以后“失灵”。因此，对历史上或回溯测试中显得较为有效的方法或指标，应从原理层面思考其长期有效的可能性，并且不断探索新方法与新指标。

(四)选时侧重于研判次中线以上等级的波动

股市短线波动的影响因素太多，偶然性很强，越是把注意力放在低层级波动中，就越容易犯下严重的错误。因此，机构投资者不宜对短线获利抱有过高期望；在股市波动研判中，应将“短线”放到相对次要的位置上。

保险资金的特点决定了，在战术资产配置层面，应注重股市“次中线”和“中线”波动的研判；在战略资产配置层面，应注重“长线”和“超长线”波动的研判。

(五)对于股市的后市走向，当下给出的只能是“试错型假设”

研究股市的人们，不论自己是否清晰地意识到，实际上都绕不开一个又一个古老的哲学问题，其中包括：未来是否可以被提前预知？遗憾的是，这个问题，古今中外的哲学家们各执己见，没有标准答案。我们的一孔之见是：未来是“可预知”与“不可预知”的对立统一（限于篇幅，这里不展开论述）；股市的后市也是“可预测”与“不可预测”的对立统一；而且，对于同一时点的不同主体或不同时点的同一主体而

言，“可预测性”与“不可预测性”的相对“比例”也是不同的。

更进一步地，在股市趋势研判方面，我们认为，当下一切判断之对错，都只能以未来现实的检验为标准；“对”与“未被证明为错”是同一涵义——不被证明为“错”即为“对”；不被证明为“错”才算对。因此，在我们看来，任何一个预测，在其被提出但尚未经受现实检验之前，本质上只是一个“试错型假设”。

（六）选股注重挖掘上市公司的隐蔽价值

如前所述，A 股上市公司在公司治理与信息披露方面存在诸多问题，同时市场成熟度也比较低，这使得不少“显性估值指标”难以真实、客观地反映上市公司内在价值。另一方面，“显性估值指标”往往已经比较充分地反映在上市公司当前股价变化中。因此，若想在 A 股市场通过选股获取较高的超额收益，注重挖掘反映上市公司隐蔽价值的“隐性估值指标”是必要的。

短期而言，隐蔽价值未必会及时反映在上市公司股价变化中，但从中长期的角度看，隐蔽价值必然会逐步体现在股价变化中。

（七）长久性超额收益的获取之道，不是“预测极少出错”，而是“收益与损失”的不对称

前面谈到，事物的未来趋势是“可预测”与“不可预测”的对立统一。就股市而言，其“可预测性”可能比大部分事物更低、更不稳定。所以，企图通过“预测极少出错”获得较高、较长久的超额收益，难度极大，也几乎不可能实现。不难理解，一个人在股市中操作九次都赚钱了，但第十次有可能赔个精光。这说明，预测极少出错，不是长期“幸存”于股市的充分条件。

我们研究发现：收益与损失的极端不对称性（即：预判正确时获得的收益远远大于预判错误时发生的损失）是股市上长久获得较高超额收益的不二法门。实现这种极端不对称，需要三个条件：一是在选时方面有较可靠的方法体系（尤其是，基本逻辑成立且经过验证的量化选时模型），从而最大限度地提高“试错型预测”的胜率和纠错的及时性；二是在仓位策略方面有足够的伸缩性，甚至加上一定幅度的“杠杆”；三是在选股方面有较可靠的方法体系（它应当是基本逻辑成立且经过验证的量化选股模型与合理的人工选股方法的有效结合），从而在选股层面也产生较高、较稳定的超额收益。

四、“基于盈利与利率预期的 A 股合理估值模型”（以下简称“估值模型”）的基本原理、应用实例与局限性

（一）估值模型的原理

根据股息贴现模型（Dividend Discount Model，DDM），单个上市公司的合理价值可

用以下公式估算：

$$V=\frac{D_1}{(1+y)}+\frac{D_2}{(1+y)^2}+\frac{D^3}{(1+y)^3}+\cdots=\sum_{t=1}^{\infty}\frac{D_t}{(1+y)^t}$$

其中，V 代表估算的上市公司内在价值，D 为投资者得到的股利，y 为贴现率。

如果将一个股市中所有上市公司看成是一个整体，那么利用相同的原理，就可以建立一个可用于对大盘“合理点位”进行估算的模型，模型最终推导所得的公式如下所示：

$$\Omega=E\times\frac{(i-g)\times[(1+i)^n-(1+g)^n]+\frac{1}{dR}\times(1+g)^{n-1}}{(1+i)^n\times\frac{1}{d}}$$

其中，Ω 为大盘“合理点位”，E 为盈利，d 为分红比例，g 为盈利增长率，i 为无风险收益率，R 为中长期存款利率，n 为投资年限。

显然，不论是对于个股还是对于大盘，在应用上述模型时，盈利预期和利率预期是最关键的两个要素。如果侧重于采用估算者本人的“理性预期”，无论结果“对”还是“不对”，对实际投资的指导意义都未必高。股市波动是“群体预期”推动的结果，而“群体预期”与“个人预期”未必一致。因此，模型利用者在对大盘“合理点位”进行估算时，应尽可能地贴近市场的“群体预期”。

基于上述原理，我们在 2008 年底构建了“基于盈利和利率预期的 A 股合理估值模型”。如上所述，该模型中盈利和利率两个指标的“预期”是我们作为模型应用者所判断的市场“群体预期”，而非我们自己的预期。

当然，市场的“群体预期”是不容易把握的，也是经常改变的。在应用模型时，可大体框定预期值的基本分布范围，在此基础上估算出股市“合理点位”的分布区间。同时，也可以把某个时点的市场主流观点理解为“群体预期”，在此基础上估算股市“合理点位”。这两种计算结果对于投资者来说都有参考意义。

（二）估值模型的应用实例

在估值模型构建后，我们定期更新参数，估算 A 股大盘的“合理点位”范围。表 1 是我们在 2011 年 11 月 9 日发布的报告《2012 年宏观经济与投资市场展望》中应用模型估算沪深 300 指数“合理点位”区间的一个实例。

从表 1 可知，在贴现率在 1.5% ~3.0%，盈利增速为 0 ~10% 的假设条件下，沪深 300 指数的“合理点位”在 1 749 ~2 759 点。当时沪深 300 指数实际点位在 2 750 点附近，这意味着只有盈利增速达到 15% 以上，或贴现率下降到 1.5% 以下且盈利增速不低于 10%，沪深 300 指数在 2 750 点才是“合理”的。

表 1　“基于盈利与利率预期的 A 股合理估值模型”估算出的沪深 300 指数“合理”点位（2011 年 11 月 9 日）

盈利增速预期 / 合理点位 / 贴现率	沪深 300 指数成份股加权平均盈利增速预期						
	-10%	-5%	0%	5%	10%	15%	20%
4.00%	1 099	1 360	1 667	2 026	2 441	2 920	3 468
3.50%	1 125	1 393	1 708	2 075	2 501	2 992	3 553
3.00%	1 152	1 426	1 749	2 126	2 563	3 065	3 641
2.50%	1 180	1 461	1 792	2 179	2 626	3 141	3 473
2.00%	1 209	1 497	1 837	2 233	2 691	3 220	3 824
1.50%	1 239	1 534	1 882	2 288	2 759	3 300	3 920
1.00%	1 269	1 572	1 929	2 346	2 828	3 383	4 019

结合当时我们自己对宏观经济和企业经营前景的预判，我们认为，企业盈利增速达到 10% 已经是非常乐观的预期了，而贴现率从 3.0% 下降到 1.5%，即使成为现实，也需要一个较长的过程。据此，我们在上述报告中指出：“沪深 300 指数在当前点位向下的想象空间大于向上的想象空间”。从股市运行的实际情况看，在模型结论给出后一年的时间里（2011 年 11 月 10 日至 2012 年 11 月 10 日），沪深 300 指数基本上都是在 2759 点下方震荡。

表 2 是我们在 2013 年 1 月 30 日发布的《A 股市场观察》中应用模型估算沪深 300 指数“合理点位”区间的又一个实例。

表 2　“基于盈利与利率预期的 A 股合理估值模型”估算出的沪深 300 指数“合理”点位（2013 年 1 月 30 日）

盈利增速预期 / 合理点位 / 贴现率	沪深 300 指数成份股加权平均盈利增速预期			
	-5%	0%	5%	10%
3.0%	1 829	2 161	2 382	2 615
2.5%	2 375	2 631	2 901	3 185
2.0%	3 013	3 337	3 679	4 039
1.5%	4 076	4 516	4 979	5 466

从表 2 可知，在利率水平基本稳定、盈利增速为 0 ~ 10% 的假设条件下，沪深 300 指数“合理点位”在 2 161 ~ 2 615 点。当时沪深 300 指数实际点位在 2 700 点附近。这意味着即使盈利增速达到 10%，沪深 300 指数“合理点位”仍小幅低于当时的点位；如果盈利增速低于 10%，那么沪深 300 指数当时的点位明显高于其“合理点位”。

根据历史经验，中国企业盈利对经济冷热程度的敏感性很高。由于中国经济长期平均增速“下台阶”已为定局，未来几年企业盈利平均增速能否达到10%存在较大风险。关于利率中期走向，当时市场主流观点是“基本稳定甚至小幅上行”。据此，我们在上述《A股市场观察》中指出：“沪深300指数在当前点位轻度高估”。

（三）估值模型的局限性

所有的估值模型都不可避免地带有局限性，“基于盈利和利率预期的A股合理估值模型”也不例外。

该模型在利率预期和盈利预期两大关键参数的选取方面，需要从“个人主观”出发判断“群体预期”，这显然难以避免出现偏差。

该模型仅适合于对股市大盘当下是被“高估”还是被“低估”做出模糊的判断。但在现实中，“高估”时，未必不会进一步“高估”；“低估”时，未必不会进一步“低估”。

因此，该模型估算结果对于侧重于利用市场“中线”和“次中线”波动获利的投资者而言，指导意义是有限的，仅在战略资产配置层面，具有一定的参考意义。

五、“A股大级别波动模糊研判系统”（以下简称“模糊系统”）的结构、局限性与应用实例

（一）模糊系统的结构与局限性

“A股大级别波动模糊研判系统”是我们在2009年三季度初步构建，并在此后逐步完善的一套针对A股大盘长线波动的研判方法。

模糊研判系统包含五个角度（估值、非金融部门基本面、资金面、投资者情绪与中长线技术指标），42个指标（核心指标28个，辅助指标14个），详见表3。

表3 “A股大级别模糊研判系统”构架（核心指标）

分析角度	指标类别	指标名称
估值		全部A股市盈率倒数/1年期存款利率
		全部A股（除金融服务）PE倒数/1年期存款利率
		沪深300PE倒数/2年期企业债收益率
		沪深300（除金融服务）PE倒数/2年期企业债收益率
		全部A股PE中位数倒数/1年期存款利率
		全部A股（除金融服务）PE中位数倒数/1年期存款利率
非金融部门基本面	非金融部门类PEG	非金融部门“类PEG”
	第二产业毛利宽松度	PPI、PPIRM同比增幅差值
		PPI、PPIRM同比增幅差值的同比差额
		终端价格指数、PPIRM同比增幅差值
		终端价格指数、PPIRM同比增幅差值的同比差额

续表

分析角度	指标类别	指标名称
	资金面	M1 季调趋势项环比增幅
		自由流通市值/M0
		自由流通市值/M1
		自由流通市值/M2
	投资者情绪	开放式股票型基金股票仓位
		首发市盈率（经利率调整）
		首发市盈率（经上市首日涨跌幅调整）
	中长线技术指标	LWR
		MACD
		XYF01W
		XYF02W
		WWF03W
		WWF04W
		XYF03W
		XYF04W

模糊系统属于“半量化”模型。一方面，该系统的基础指标都是客观的；但另一方面，利用指标体系研判股市的过程中离不开主观判断，结论本身和结论形成的过程在较大程度上都是主观的。因此，该系统不同的应用者给出的结论可能显著不同，它对使用者实际上有较为苛刻的要求。

模糊系统侧重于研判股市大盘在长线和超长线层次的波动，对战术资产配置的指导意义不及对战略资产配置的指导意义。模糊系统基本的功能是判断股市大盘在一个较大级别的波动中是处于顶部区域，还是处于底部区域。若系统的大部分指标显示，大盘既不像处于顶部区域，也不像是处于底部区域，它就很难对股市中线走向作出判断。

在实际应用中，在对股指中线运行方向的研判方面，我们主要借助于后文将会介绍的“A 股多层次波动量化监测系统”。

（二）模糊系统应用实例与应用效果

自 2009 年 3 季度模糊系统初步形成后，我们每月末利用该系统判断 A 股大盘在大级别波动中所处的位置，并尽可能对股市的后市走向做出定性的判断，系统结论输出的界面经历过多次调整。从 2013 年开始，我们尝试利用一组“场内指标”，就股市可能的走向做出判断。表4至表8分别是2009年至2013年具有代表性的几个应用实例。

表4　“A股大级别波动模糊研判系统”应用实例（2009年12月25日）

指标名称	短期风险度	中长期风险度	指标名称	短期风险度	中长期风险度
估值面					
市盈率（国内历史比较）	★★★	★★★★	市盈率（国际横向比较）	★★★	★★★★
市盈率（Ohlson和DDM估值模型）	★★★	★★★★★	首发市盈率	★★★	★★★★★
市净率（国内历史比较）	★★★	★★★★	市净率（国际横向比较）	★★★	★★★★★
市净率（Ohlson估值模型）	★★★	★★★★	A股“合理点位”	★★★	★★★★★
市盈率倒数/1年期存款利率	★	★★★★	股利收益率/1年期存款利率	★	★★★★
基本面					
企业盈利增速对市盈率支撑力	★★★★★	★★★★★	企业盈利增速对市净率支撑力	★★★★	★★★★
CPI与PPI同比增幅差值	★★★★★	★★★★★	PPI与PPIRM同比增幅差值	★★★★★	★★★★★
资金面					
M1同比增幅	—	★★★★★	M1与M2同比增幅差值	—	★★★★★
流通市值与货币供应量的比值	★★★★★	★★★★★	A股市场筹资金额	★★★★	★★★★★
投资者情绪					
居民定期存款环比减少额/市值	★★★★★	★★★★★	股票型和混合型基金仓位	★★★★★	★★★★★
股票型和混合型基金新发行份额	—	★★★★			
技术面					
周K线MACD	★★★★	★★★★	周均线系统（5.10.20）	★★★★	★★★★
20周均线向下拐点	★★★★	★★★★	涨跌比例	★★★	★★★★
投资者获利幅度	★	★★	RSI	—	★★★
波林线百分区	—	★★★	KDJ	—	★★★
周成交额与市值的比值	—	★★★			
总体评价	A股再次探底的可能性较大				

表 5　“A 股大级别波动模糊研判系统”应用实例（2010 年 8 月 24 日）

分析角度	指标名称	从空间维度判断股市在大级别波动中所处位置			
		较大级别调整过程开端或初期	较大级别调整过程中期	较大级别调整过程末期	新一轮较大级别上升过程开端或初期
估值水平	沪深 300 指数成份股整体估值水平对“合理”估值水平的偏离度	★★★	★★★	★	⯨
	上证指数、沪深 300 等指数当前 P E、P B 与“重要底部”时相比的偏离度	★	★★★★	★★★	★
	工业企业类 PEG	⯨	★★	★★★★	★
分析角度	指标名称	从时间维度判断股市在大级别波动中所处位置			
		较大级别调整过程开端或初期	较大级别调整过程中期	较大级别调整过程末期	新一轮较大级别上升过程开端或初期
资金面	M1 同比增幅	⯨	★★★★⯨	★	⯨
	流通市值/M0	★★★	★★★★⯨	★	⯨
	流通市值/M1	★★★	★★★★⯨	★	⯨
	流通市值/M2	★★★	★★★★⯨	★	⯨
工业企业毛利宽松度	PPI、PPIRM 同比增幅差值	⯨	★★	★★★★	★★
	PPI、PPIRM 同比增幅差值的同比差额	⯨	★★	★★★★	★★
	CPI、PPIRM 同比增幅差值	⯨	★★	★★★★	★★
	CPI、PPIRM 同比增幅差值的同比差额	⯨	★★	★★★★	★★
投资者情绪	开放式股票型基金股票仓位	⯨	★★★★	★★★⯨	★
	首发市盈率	★★	★★★★	★★★	⯨
技术面	周均线系统	⯨	★★★★	★★★⯨	★⯨
	周 MACD 金叉/死叉	⯨	★★★★	★★★⯨	⯨
	50 周投资者平均获利幅度	⯨	★★★★	★★★	★⯨
	沪深两市 110 日涨跌比例	⯨	★★★★⯨	★★	⯨
	月 K 线 RSI	⯨	★★★★	★★★	⯨
结论	从空间与时间两个维度及多类别指标判断，当前 A 股市场处于大级别调整过程中后期的可能性较大。				

表 6　“A 股大级别波动模糊研判系统”应用实例（2011 年 4 月 27 日）

角度	指标名称	沪深 300 指数未来 3 个月上行可能性	沪深 300 指数未来 3 个月震荡可能性	沪深 300 指数未来 3 个月下行可能性
静态相对估值（不含继续加息预期）	全部 A 股市盈率倒数/1 年期存款利率	★★★★	★★★	★★
	沪深 300PE 倒数/ 2 年期企债收益率	★★★★	★★★	★★

续表

角度	指标名称	沪深 300 指数未来 3 个月上行可能性	沪深 300 指数未来 3 个月震荡可能性	沪深 300 指数未来 3 个月下行可能性
动态相对估值（含继续加息预期）	沪深 300PE 倒数/ 2 年期企债收益率（含加息不超过 45 个基点的预期）	★★★★	★★⯨	★★
	沪深 300PE 倒数/ 2 年期企债收益率（含加息 45 ~85 个基点的预期）	★★★	★★★	★★⯨
	沪深 300PE 倒数/ 2 年期企债收益率（含加息超过 85 个基点的预期）	★★⯨	★★★⯨	★★★⯨
工业企业 “类 PEG”		★★★★⯨	★★★	★
资金面	M1 同比增幅	★★	★★★	★★★★
	流通市值/M0	★	★★⯨	★★★★
	流通市值/M1	★	★★⯨	★★★★
	流通市值/M2	★	★★⯨	★★★★
工业企业毛利宽松度	PPI、PPIRM 同比增幅差值	★★★⯨	★★★	★
	PPI、PPIRM 同比增幅差值的同比差额	★★★⯨	★★★	★
	终端价格指数、PPIRM 同比增幅差值	★★★⯨	★★★	★
	终端价格指数、PPIRM 同比增幅差值的同比差额	★★★⯨	★★★	★
债券利差	国债利差（5 年 ~2 年）	★★⯨	★★★⯨	★★★
	国债利差（3 年 ~1 年）	★★⯨	★★★⯨	★★★
	企业债利差（5 年 ~2 年）	★★	★★★	★★★⯨
	企业债利差（3 年 ~1 年）	★★	★★★	★★★⯨
投资者情绪	开放式股票型基金股票仓位	★★	★★⯨	★★★★
	首发市盈率（经利率调整）	★★	★★★	★★★★⯨
	居民存款环比变化额/流通市值	★★	★★⯨	★★★★
技术面	周均线系统	★★⯨	★★★⯨	★★⯨
	周 MACD 金叉/死叉	★★	★★★	★★★⯨
	50 周投资者平均获利幅度	★★⯨	★★★⯨	★★⯨
	沪深两市 110 日涨跌比例	★★	★★★⯨	★★★
	月 K 线 RSI	★★⯨	★★★	★★⯨
结论	大盘中线上涨的可能性比较小，构筑又一个顶部的可能性在增加。			

表 7　　　　“A 股大级别波动模糊研判系统”应用实例（2012 年 1 月 4 日）

分析角度	指标名称	A 股大盘中长线已经见底的可能性（5 颗星代表最大可能性）
静态相对估值	全部 A 股市盈率倒数/1 年期存款利率	★★★★
	沪深 300PE 倒数/2 年期企债收益率	★★★
	全部 A 股 PE 中位数倒数/1 年期存款利率	★★★
动态相对估值	全部 A 股市盈率倒数/1 年期存款利率	★★★★⯪
	沪深 300PE 倒数/2 年期企债收益率	★★★
	全部 A 股 PE 中位数倒数/1 年期存款利率	★★⯪
工业部门“类 PEG”	工业部门“类 PEG”	★★★⯪
资金面	M1 同比增幅	★★★
	M1 季调趋势项环比增幅	★★★★
	自由流通市值/M0	★★
	自由流通市值/M1	★★
	自由流通市值/M2	★★
工业企业毛利宽松度	PPI、PPIRM 同比增幅差值	★★⯪
	PPI、PPIRM 同比增幅差值的同比差额	★★⯪
	终端价格指数、PPIRM 同比增幅差值	★★⯪
	终端价格指数、PPIRM 同比增幅差值的同比差额	★★⯪
债券利差	利差 1	★★★⯪
	利差 2	★★★⯪
投资者情绪	开放式股票型基金股票仓位	★★⯪
	首发市盈率（经利率调整）	★★★
中长线技术指标	110 日涨跌比例	★★★★
	500 日均线上方个股比例	★★★⯪
结论	股指可能接近于或处于阶段性底部左侧，但形成新一轮趋势性上涨的条件尚不具备。	

表 8　　　　“A 股大级别波动模糊研判系统”应用实例（2013 年 5 月 26 日）

指标分类	指标名称	A 股大盘处于大级别底部可能性（五颗星为最大可能性）	指标位置或方向对大盘长线趋势的影响
估值	全部 A 股市盈率倒数/1 年期存款利率	★★★	—
	全部 A 股（除金融服务）PE 倒数/1 年期存款利率	★★	—
	沪深 300PE 倒数/ 2 年期企业债收益率	★★⯪	—

续表

指标分类		指标名称	A 股大盘处于大级别底部可能性（五颗星为最大可能性）	指标位置或方向对大盘长线趋势的影响
估值		沪深 300（除金融服务）PE 倒数/ 2 年期企业债收益率	★★	—
		全部 A 股 PE 中位数倒数/1 年期存款利率	★★	—
		全部 A 股（除金融服务）PE 中位数倒数/1 年期存款利率	★★	—
		全部 A 股 PB 中位数	★★½	—
		全部 A 股（除金融服务）PB 中位数	★★★	疑似负面转非负面
非金融部门基本面	非金融部门类 PEG	非金融部门"类 PEG"	★★★	不明
	第二产业毛利宽松度	PPI、PPIRM 同比增幅差值	★½	疑似负面
		PPI、PPIRM 同比增幅差值的同比差额	★½	疑似负面
		终端价格指数、PPIRM 同比增幅差值	★½	疑似负面
		终端价格指数、PPIRM 同比增幅差值的同比差额	★½	疑似负面
资金面		M1 季调趋势项环比增幅	★½	负面
		自由流通市值/M0	★½	负面
		自由流通市值/M1	★½	负面
		自由流通市值/M2	★½	负面
投资者情绪		开放式股票型基金股票仓位	★½	负面
		首发市盈率（经利率调整）	—	—
		首发市盈率（经上市首日涨跌幅调整）	—	—
中长线技术指标		LWR	—	正面
		MACD	—	疑似负面转正面
		XYF01W	—	负面
		XYF02W	—	疑似正面转负面
		WWF03W	—	疑似正面转非正面
		WWF04W	—	疑似非负面转正面
		XYF03W	—	疑似正面转非正面
		XYF04W	—	疑似正面转负面
结论：不能确认大盘处于大级别底部区域，长线或超长级角度大盘有下探的压力				

图 1 则是模糊研判系统应用效果图示，从此图可见，自 2009 年三季度以来，模糊系统在大部分时间里都对 A 股大盘后续运行方向作出了比较准确的判断。

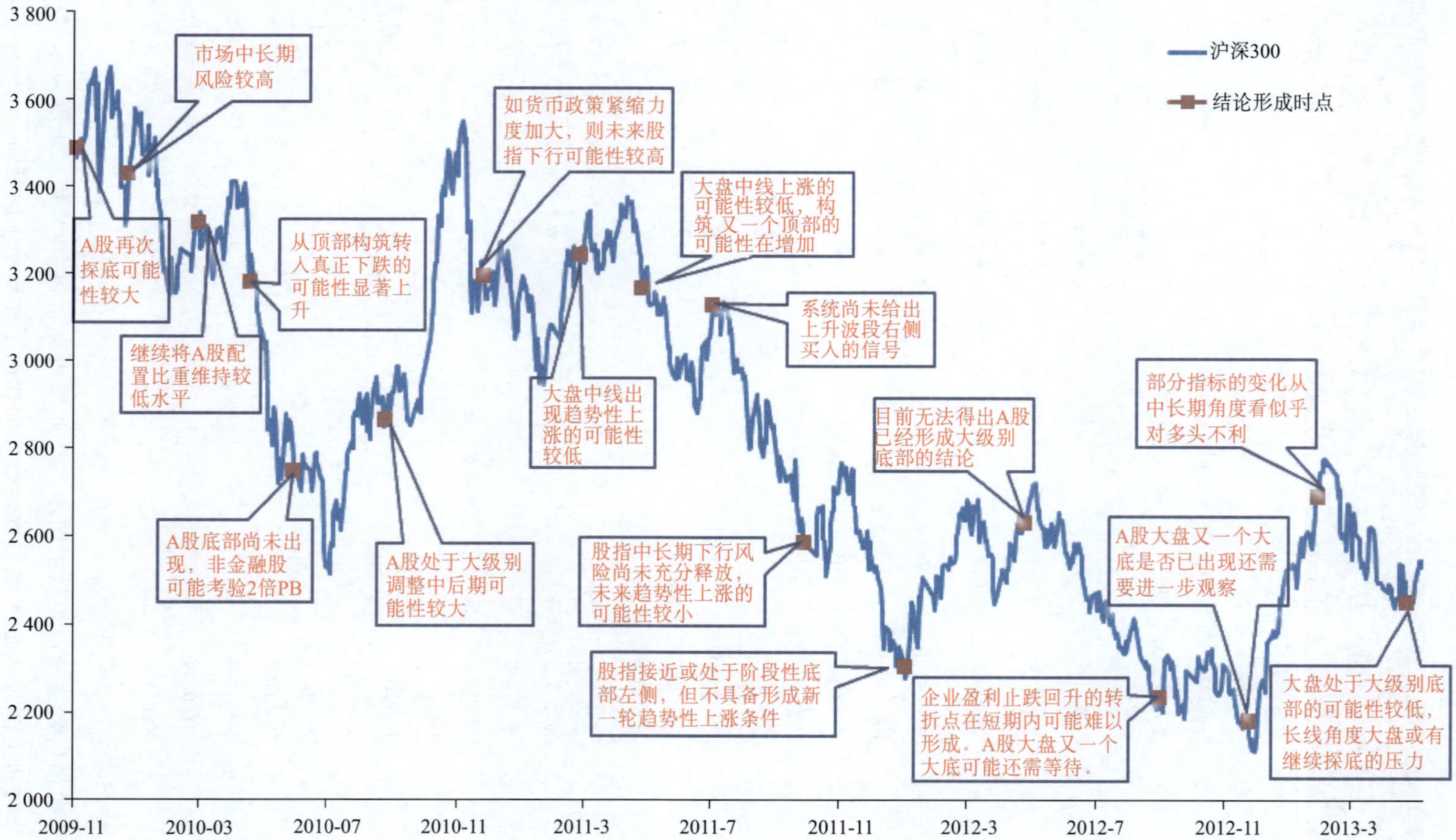

图 1 “A 股大级别波动模糊研判系统”应用效果图示

六、"A 股多层次波动量化监测系统"（以下简称"量化系统"）的结构、效果与局限性

（一）量化系统的结构

"A 股多层次波动量化监测系统"初步形成于 2011 年初，并在 2012 年上半年基本定型。该系统的信号生成都是自动完成的，不需要人工干预。

按照监测股市波动的不同层次，量化系统指标可划分为长线、中线、次中线三类；按照指标角度，可划分为价格、成交量、量价关系以及资金流四类；按照指标来源，一类是由我们独立研发，另一类是对经典指标的参数优化。

量化系统的基本架构，详见下表。表中"信号频率系数"代表历史统计中次中线、中线、长线三类指标信号变动的稳定性；系数越高，信号越灵敏，系数越低，信号越稳定。"历史检验有效系数"则代表历史统计中各指标相对上证指数获得的超额收益。

表 9　"A 股多层次波动量化监测系统"架构

长线波动量化监测子系统				
指标名称	指标角度	信号频率系数	历史检验有效系数	指标来源
PXYF01	价格	1.5	2.97	独立研发
VXYF03W	成交量	1.5	3.2	独立研发
VXYF04W	成交量	1.7	3.45	独立研发
VXYF02W	成交量	2.3	4.15	独立研发
VWWF03W	成交量	3	3.43	独立研发
VWWF04W	成交量	3.9	3.02	独立研发
中线波动量化监测子系统				
指标名称	指标角度	信号频率系数	历史检验有效系数	指标来源
PVZB01	量价关系	4.2	3.47	独立研发
PVZB02	量价关系	4.3	4.56	独立研发
RSI_ ADJ	价格	5.7	3.41	传统指标参数优化
MACD_ ADJ	价格	6.7	3.32	传统指标参数优化
PWWF01	价格	8	4.9	独立研发
PWX01ZX	价格	11.7	3.64	独立研发
次中线波动量化监测子系统				
指标名称	指标角度	信号频率系数	历史检验有效系数	指标来源
PWWF02	价格	14	8.64	独立研发
RSV_ ADJ	价格	14	3.71	传统指标参数优化
W&R_ ADJ	价格	17.3	4.56	传统指标参数优化
ZB03	资金流	20	4.13	独立研发
PVWWF05W	量价关系	26.4	3.35	独立研发
PVWWF06W	量价关系	33.6	4.87	独立研发
PVWWF07W	量价关系	34.2	3.87	独立研发
PWWF08W	价格	14	3.88	独立研发

（二）量化系统各类指标在历史回溯检验中的表现

在开发量化系统的过程中，我们对各指标均进行了时间跨度达 10 年以上的历史回

溯检验。在计算各指标的模拟收益率时，采用了最简单的策略规则——如果某指标给出多头信号，则全仓持有上证指数；如果它给出空头信号，则空仓。

如图 2 所示，2000 年 1 月至 2011 年 4 月，各指标获得相对于上证指数的超额收益率在 248% ~615% 之间，大部分在 350% 以上。

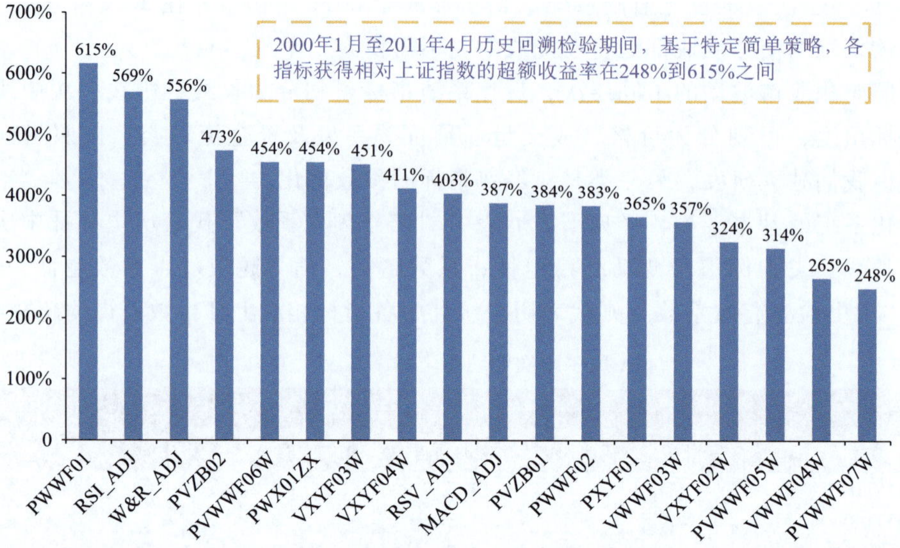

图 2 “A 股多层次波动量化监测系统”各指标历史回溯检验表现

如果按某个子系统的多头信号比例设定股票仓位，则可计算各个子系统的模拟收益率（详见图 3）。由图 3 可见，在历史回溯期间，次中线、中线和长线子系统相对上证指数分别取得了 375%、447% 和 357% 的超额收益率。

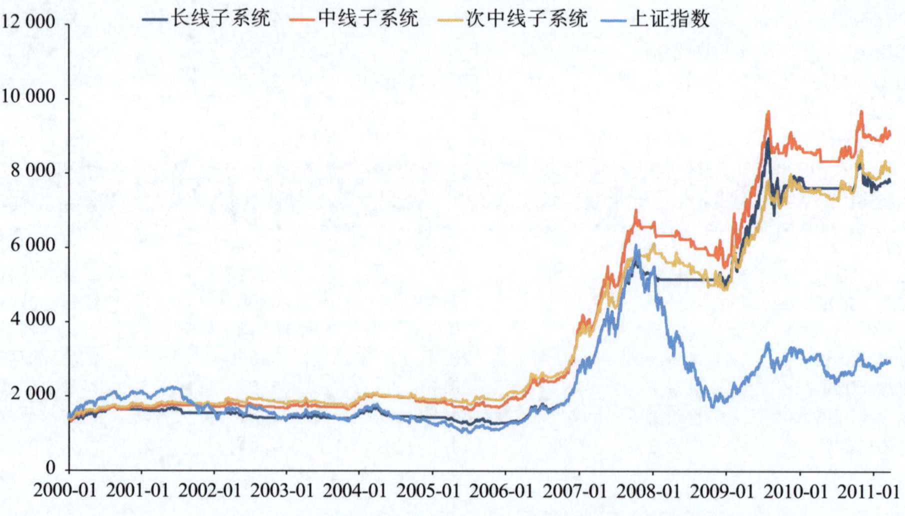

图 3 “A 股多层次波动量化监测系统”三个子系统历史回溯检验表现

（三）量化系统初步形成后的模拟应用结果

在量化系统初步形成后，我们在研究层面对其进行了模拟应用。自 2011 年 4 月初至 2013 年 3 月末，基于前述简单策略规则，量化系统各指标获得相对上证指数的超额收益率在 7% ~41% 之间，多数指标超额收益率在 20% 以上，详见图 4。

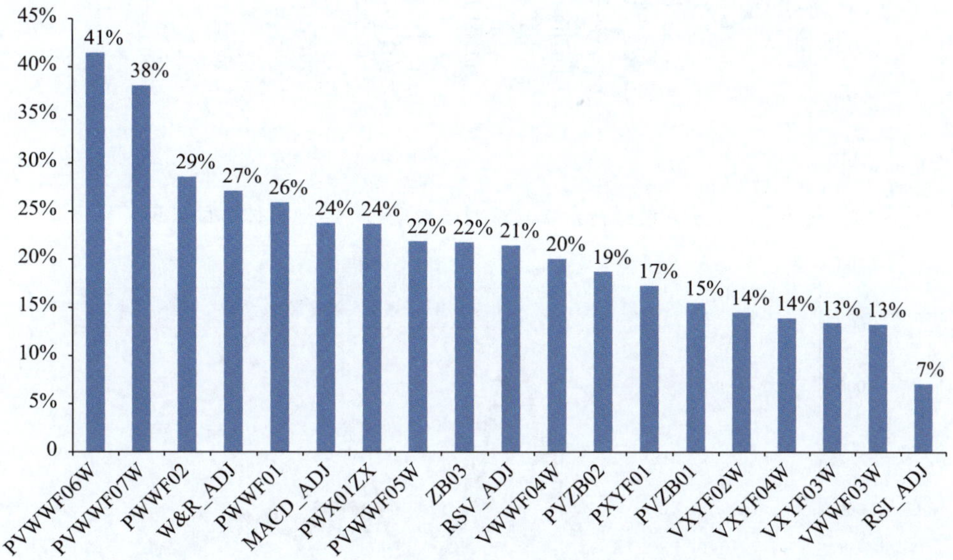

图 4 “A 股多层次波动量化监测系统”各指标运行检验表现

我们认为，判断一个模型的好坏，不能仅仅将其模拟收益与股指做比较。如果股指单边上涨，任何“右侧”选时模型在不用杠杆工具的情况下，均很可能输给大盘；如果股指窄幅震荡，选时模型一般也很难战胜大盘；如果股指显著走熊，选时模型则比较容易打败大盘。因此，在某个时间段，在忽略市况的前提下，将模型的模拟收益与股指做对比，未必能客观、真实地反映模型的有效性。

我们认为，判断模型优劣更好的角度，是将其模拟收益和“人”的实际收益或模拟收益做对比，因为模型真正的意义是帮助“人”最大限度地提高投资收益，而不是战胜指数。为此，我们在模型的模拟应用期间，把模型的模拟收益与两个“专业群体”的模拟收益进行对比，2012 年 7 月 1 日以来，次中线和中线子系统累计平均收益率为分别为 4.29% 和 6.17%，明显高于同期群体 1 和群体 2 的累计平均收益率 1.87%、2.86%，详见图 5。

从历史回溯检验和模拟应用的结果看，量化系统三个子系统表现出不同的特点，详见图 6 ~ 图 8。

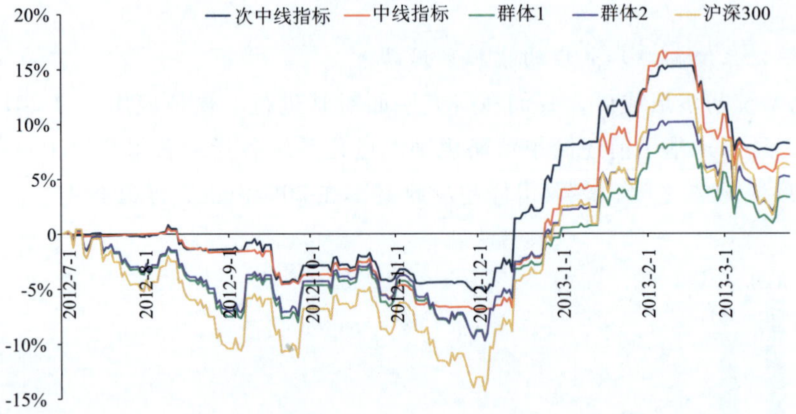

图 5　三个子系统运行检验（相对于大盘和“专业群体”的表现）

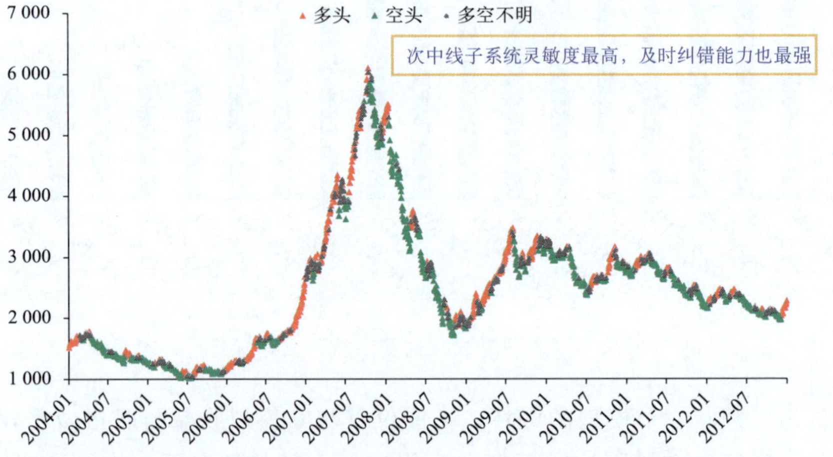

图 6　次中线子系统历史回溯检验期间信号变化

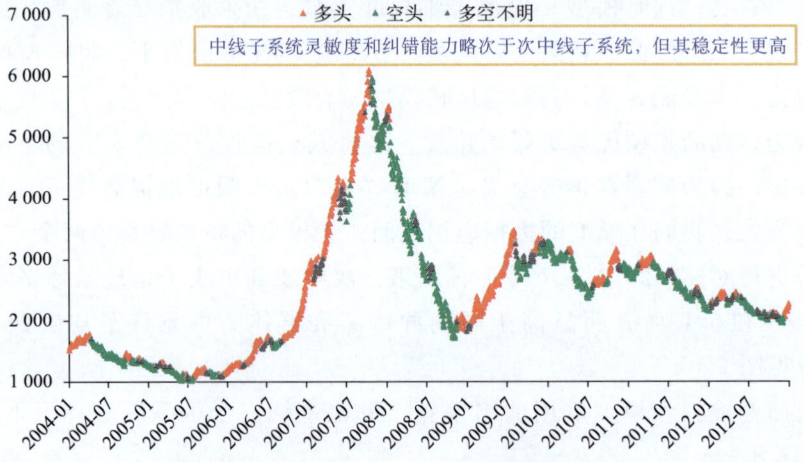

图 7　中线子系统历史回溯检验期间信号变化

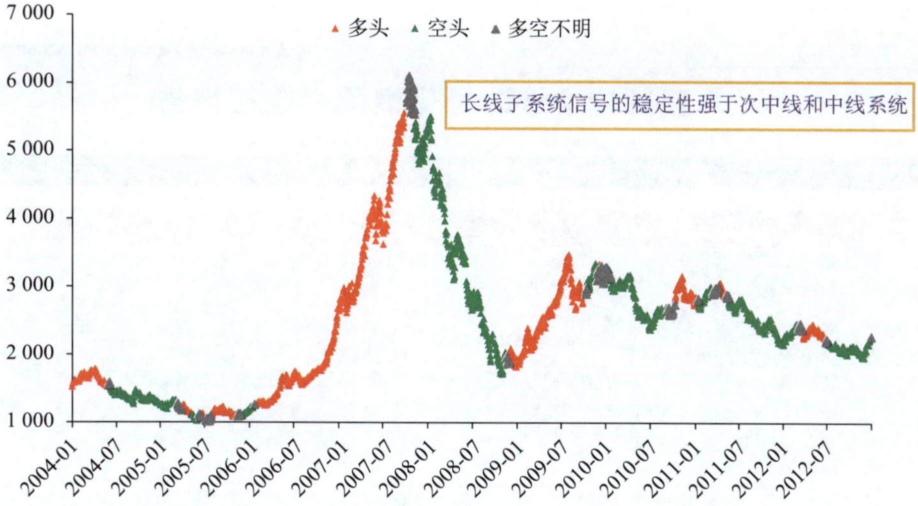

图 8　长线子系统历史回溯检验期间信号变化

（四）量化系统的局限性与延伸开发——“A 股试错型选时量化模型”由此诞生

尽管“A 股多层次波动量化监测系统”在历史检验和模拟应用期间都有相当不错的表现，但其功能局限性也值得一提。

如前所述，任何一种“右侧”选时模型，在牛市和窄幅震荡市中都难以战胜股市大盘，我们对自己的模型也不抱这样的奢望。

量化系统只是一个基础信号模型，它本身并不给出投资策略。投资者可以利用模型的基础信号制定自己的投资策略，但也容易陷入困惑，因为长线、中线、次中线三个子系统的信号方向或信号强度常常是不一致的，各子系统内部的各指标之间的信号方向也常有不一致的情况。因此，以量化系统的基础信号为基础，结合应用者的投资约束与投资风格开发量化策略模型，是必要的。

为此，我们在 2013 年 1 ~ 5 月，在对量化系统指标特性深入研究的基础上，经过反复的逻辑思考和大量的计算检验，初步构建了“A 股试错型选时量化模型”（以下简称“选时模型”），该模型的界面如图 9 所示。

选时模型最终输出的是股票仓位策略。图 10 为选时模型在历史回溯期间输出的股票仓位与上证指数走势的对比。

如图 11 所示，在历史回溯测试期间（2005 年底至 2013 年 1 季度），选时模型累计收益率为 542.6%，年化 26.13%，而上证指数累计收益率仅为 90.4%，年化 8.3%，其表现远远超越了大盘。同期，量化系统按照简单策略（次中线和中线子系统多头信号比例为股票仓位）可达到的累计收益率为 297.6%，年化 18.8%。由此可见，选时模型的回溯检验效果值得惊叹。

模型应用
股市波动研究

2013年6月4日
股市波动研究·模型应用

PICC 中国人保资产管理股份有限公司 保险与投资研究所

A股试错型选时量化模型试运行报告

（起始时间为2013年6月3日）

保险与投资研究所 2013年6月4日

		首选策略	次选策略
股票仓位策略	当前仓位（%）		
	相对于前一交易日的仓位变动幅度（百分点）		
	最近一次仓位变动起始时间		
	最近一次仓位变动幅度（百分点）		
收益	累计收益（%）		
	累计超额收益1（百分点）		
	累计超额收益2（百分点）		
	累计超额收益3（百分点）		
收益来源	有效调仓带来的累计收益（%）		
	无效调仓带来的累计损失（%）		
累计胜率	加仓胜率（%）		
	减仓胜率（%）		
累计月均调仓频率（次/月）			

图9 “A股试错型选时量化模型”界面

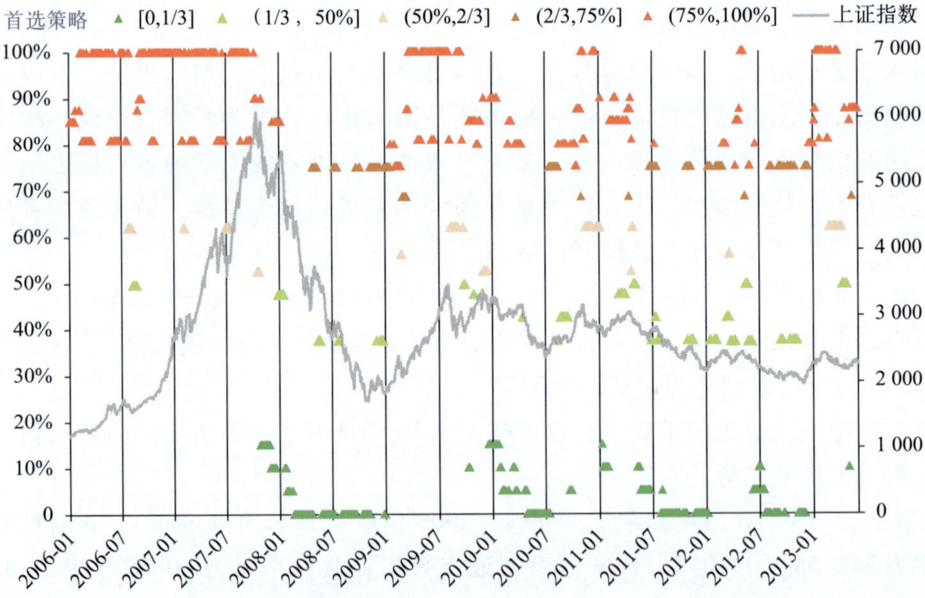

图10 “A股试错型选时量化模型”输出的股票仓位与上证指数走势对比

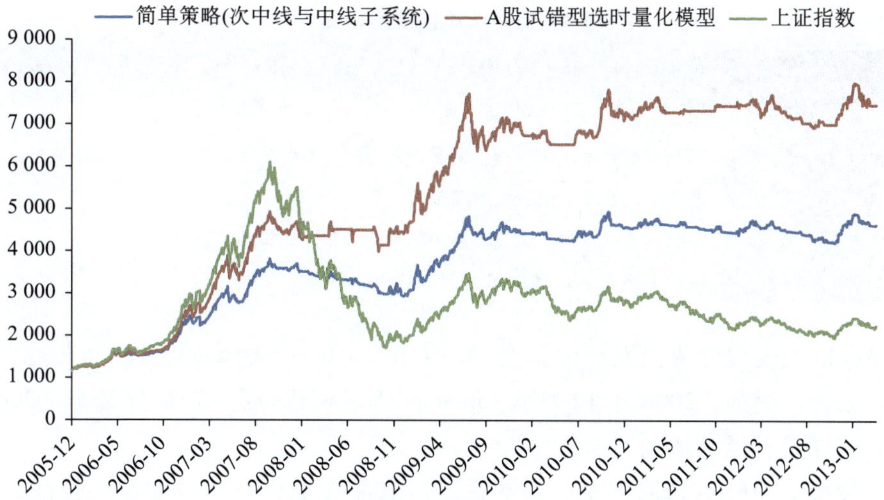

图 11　“A 股试错型选时量化模型”回溯测试表现

从绝对收益来看，在 2006 ~ 2012 年的 7 年时间里，选时模型仅在 2008 年的绝对收益率小幅为负（同期上证指数暴跌 65.4%），在其余年份里均取得了正回报，详见表 10。这说明该模型在绝对回报投资中将很有用武之地。

表 10　“A 股试错型选时量化模型”年绝对收益、超额收益

	简单策略绝对收益	选时模型绝对收益	简单策略超额收益	选时模型超额收益	上证指数涨跌幅
2012 年	4.32%	0.86%	1.15%	-2.31%	3.17%
2011 年	-2.51%	3.03%	19.16%	24.70%	-21.68%
2010 年	1.14%	2.86%	15.07%	16.79%	-13.93%
2009 年	54.18%	59.51%	-25.00%	-19.67%	79.18%
2008 年	-18.36%	-3.42%	47.03%	61.97%	-65.39%
2007 年	58.39%	87.15%	-38.27%	-9.51%	96.66%
2006 年	94.77%	109.57%	-35.66%	-20.86%	130.43%

七、“A 股个股组合量化模型”（以下简称“个股组合模型”）概况、检验效果与局限性

（一）个股组合模型概况及其局限性

MEAG 在 2000 年初构建了一套针对欧洲股市的量化选股模型，该模型指标体系如表 11 所示：

表 11　　MEAG 量化选股模型的指标体系

价值	市净率、市盈率、市现率、市销率、股利收益率 EV/销售额、EV/EBITDA、EV/EBIT、EV/现金流量净额
成长性	净利润增长率、净利润长期增速、PEG、销售额增长率
盈利质量	净资产收益率、每股盈利稳定性
分析师预测调整	净利润预测调整、现金流量净额预测调整、销售额预测调整
动量	股价 1 个月、3 个月、6 个月、12 个月涨幅

MEAG 以该模型为依托发行的基金 MEAG Euro Invest Dynamic Value 在过去几年获得了多项荣誉。例如，2006 年 12 月获 Financial Webworks 同类别最佳基金、2007 年 11 月获 Feri 当年最佳欧洲股票基金。

我们参考了 MEAG 选股模型的基本原理，结合 A 股市场个股波动的特性，在 2013 年上半年初步构建了“A 股个股组合量化模型”。个股组合模型的基础指标如下表所示；这些基础指标，以及我们以此为基础构建的一系列复合指标共同构成了模型的指标体系。

表 12　　“A 股个股组合量化模型”基础指标

显性估值	市值/净利润、市值/净资产、市值/营业总收入、市值/现金流量净额等
隐性估值	市值/分红、市值/总资产、市值/经营性现金流量净额、市值/主营业务利润等
成长性	经营性现金流入增长率、经营性现金流量净额增长率、主营业务利润增长率、净利润增长率等
安全性	市值/负债、市值/长期负债、市值/现金资产等
盈利能力	销售毛利率、主营业务利润率、净资产收益率、总资产收益率等
盈利质量	经营性现金流量净额/净利润、主营业务利润/净利润等

在个股组合模型研发过程中，我们就各个指标对不同行业内个股的适用性作了大量检验。在此基础上，针对各个行业筛选出有效性较高的指标，并根据有效性高低对这些指标赋予一定权重，构成复合指标，以此作为最终的个股精选依据。

个股组合模型在中间环节输出的是各个板块投资价值较高的若干只股票，投资价值高低通过分值来体现；同时，模型也可以输出投资价值较低的若干支股票，从而为做空或对冲交易提供支撑。

个股组合模型最终输出的是一个包含个股配置权重的股票组合，组合中个股配置比例，按以下公式分配。

$$w_{ki} = \partial_k \times \frac{\chi_i}{\sum(\chi_1 + \chi_2 \cdots + \chi_i \cdots + \chi_j)}$$

其中，∂_k 为检验开始时点沪深 300 指数中板块 k 市值占总市值的比例，χ_i 为板块

k 中选股得分排在第 i 位股票的配置权重系数，w_{ki}为板块 k 中选股得分排在第 i 位股票在组合中的配置比例。

（二）个股组合模型的检验效果

为了检验选股模型的有效性，我们利用该模型从沪深 300 指数成份股和全部 A 股（不含创业板）中，筛选出得分较高的 50 只股票和 100 只股票，并分别利用上述方法构建成两个组合（以下简称“组合 1”和“组合 2”）。

如图 12 和图 13 所示，在 2010 年 4 月 30 日至 2013 年 4 月 30 日的三年时间里，组合 1 相对于沪深 300 指数获得了 17.6% 的超额收益，组合 2 相对于沪深 300 指数获得了 27.6% 的超额收益。

图 12　“组合 1”与沪深 300 指数走势对比（2010 年 4 月 30 日 =1）

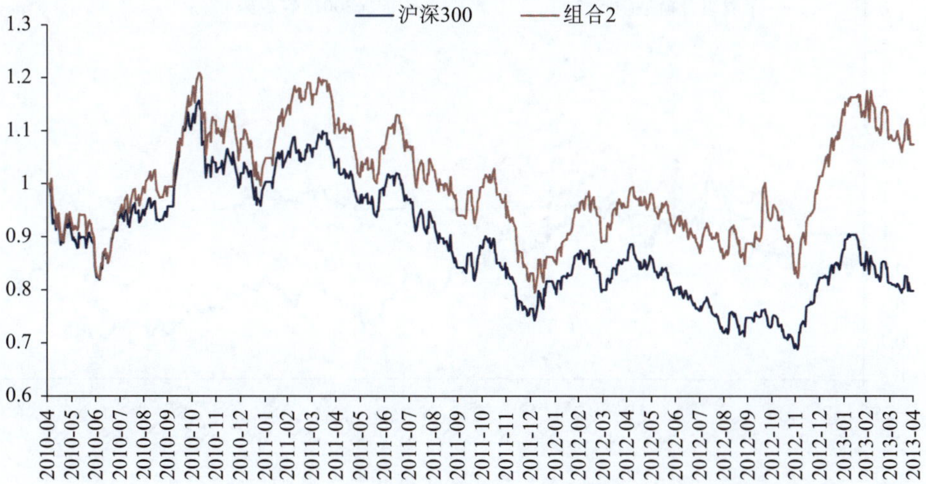

图 13　“组合 2”与沪深 300 指数走势对比（2010 年 4 月 30 日 =1）

我们以上年年报公布日期与当年中报公布日期为准，将上述三年时间划分为六个时间段，“组合 1”仅有 1 个时间段未能相对沪深 300 指数获得正的超额收益，“组合 2”则在所有时间段均获得了正的超额收益，详见表 13。

表 13　　不同时间段组合 1、组合 2 相对沪深 300 指数获得超额收益率

时间	组合 1	组合 2
2010/4/30 -2010/8/30	2.50%	4.72%
2010/8/31 -2011/4/29	3.81%	2.31%
2011/4/30 -2011/8/30	2.32%	2.82%
2011/8/31 -2012/4/29	4.99%	0.08%
2012/4/30 -2012/8/30	-1.23%	4.19%
2012/8/31 -2013/4/30	5.24%	13.51%

上述数据说明，无论是以沪深 300 指数成份股为选股范围，还是将范围扩大至全部 A 股，依托于个股组合模型构建的股票组合，均能较为稳定地跑赢沪深 300 指数，这在很大程度上体现出模型背后方法的有效性。

八、“A 股试错型选时量化模型”与“A 股个股组合量化模型”的叠加应用效果

我们通过选时模型和个股组合模型的叠加应用，构建了一个量化投资组合；我们发现，这可以取得惊人的绝对回报和相对回报。如图 14 所示，2010 年 2 季度至 2013 年 1 季度，模拟组合取得的绝对收益率为 58.06%，年化 16.49%；同期，沪深 300 指数累计下跌 17.4%，年化 -6.1%。在此期间，模拟组合相对于沪深 300 指数的超额收益高达 74.11%，年化 22.15%。

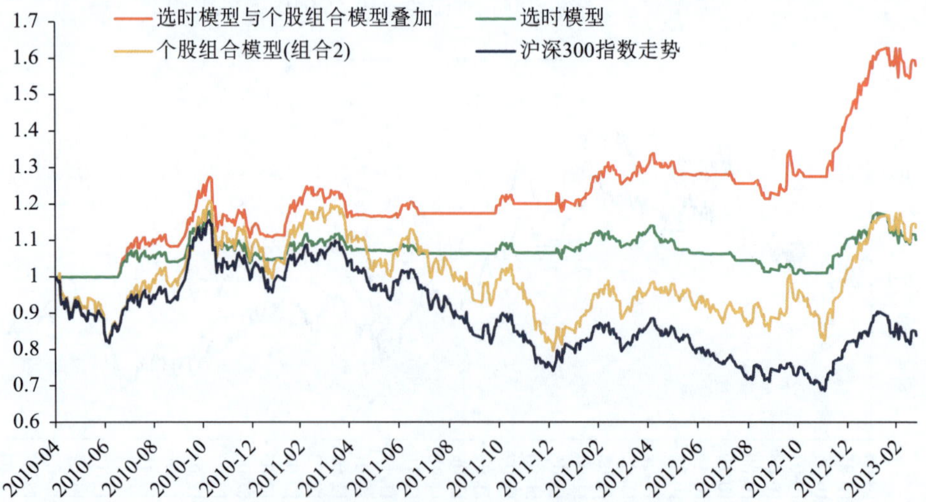

图 14　选时模型与个股组合模型的叠加应用

如表14所示，在2010年第二季度至2013年第一季度的12个季度里，模拟组合有9个季度取得了正收益；一个季度（2010年第二季度）模拟组合收益率为零，但同期沪深300指数暴跌15.1%；模拟组合的净值仅在2011年第二季度和2012年第三季度小幅下跌，且跌幅均明显小于沪深300指数。与之形成对比的是，沪深300指数在这12个季度里，负收益的季度多达6个。这些数据说明模拟组合在收益率的稳定性方面是相当出色的。

表14 “A股试错型选时量化模型”与“A股个股组合量化模型”叠加应用收益率

	模拟收益（选时模型与个股组合模型叠加应用）	沪深300指数
2010Q2	0.0%	-15.1%
2010Q3	8.4%	14.3%
2010Q4	4.6%	6.56%
2011Q1	6.2%	3.04%
2011Q2	-2.9%	-5.56%
2011Q3	0.4%	-15.2%
2011Q4	2.3%	-9.13%
2012Q1	4.5%	4.62%
2012Q2	2.1%	0.27%
2012Q3	-3.9%	-6.85%
2012Q4	16.9%	10.02%
2013Q1	9.8%	-1.10%
累计	58.06%	-17.4%

股债相对价值分析体系

麦　静　段善雨　胡　劼　2013 年 5 月

一、股债相对价值分析体系的理念

1. 体系建立背景。对于投资范围广泛的投资组合而言，各资产的收益率可以互为机会成本，大类资产的相对价值判定对提高组合收益率和降低组合风险至关重要。而对于保险资金运用来说，在各种资产中占比最大的债券与波动相对剧烈的股票之间的相对价值判定成为优化资产配置的分析关键。

2. 体系基本理念。债券和股票市场作为经济中主要的两大资本市场，同时受到经济、货币以及政策等宏观因素影响。但中国股票市场和债券市场在投资主体、资金来源和政策影响等多个方面差异较大，市场相对隔离，股债相对表现除了受到共同的宏观基本面影响之外，还受到其他众多不同因素的影响（例如资金流动和市场情绪等），并且在短期内这种非共享影响因素甚至可能占据主导地位。因此，股债的相对价值判断必须结合联合与独立的分析，一方面需要自上而下地基于宏观经济进行判断，这种判断的结果主要是对中长期的趋势性的指向；另一方面需分别从预判股票和债券未来表现的角度进行分析，即分别对股市和债市进行择时，这种判断更加侧重于市场的短期走势。

二、股债相对价值分析体系的主要方法

股债相对价值分析体系是个多维度、多手段、联合与独立分析共存的分析体系（参见图 1）。

在联合分析层面，从影响股债价值的共同因素着手，利用定性和定量两种手段判定股债中长期的投资价值：

第一，判断经济周期进而判定中长期股债相对价值；

第二，利用优选的宏观经济指标量化判定未来 3 ~ 6 个月股债相对表现。

在分市场择时方面，利用量化指标和定性分析分别判断股市和债市的短期表现：

在股市择时方面，采用工业产成品周期指标进行中期择时；采用个股涨跌比例和资金净流入率进行短期择时。

在债券择时方面，通过量化手段从众多的宏观经济变量中选出对债市走势有显著且决定性影响的通胀和货币政策指标进行择时。

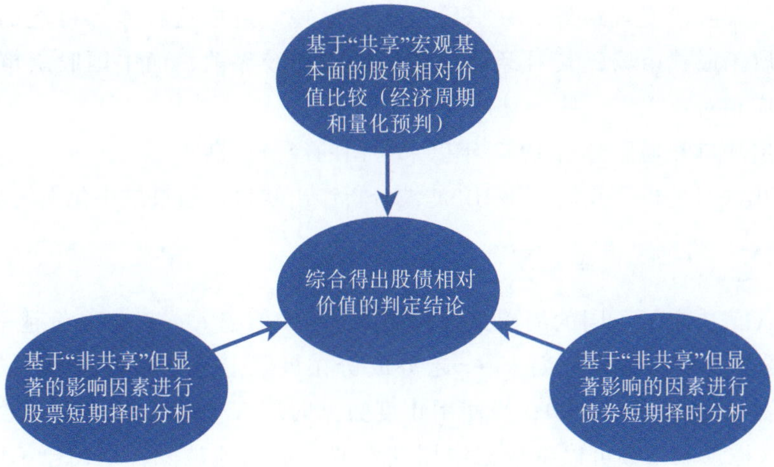

图1 股债相对价值分析框架示意图

（一）股债市场共同因素分析

在影响股票、债券市场的共同因素分析层面，分别从中长期和中短期进行相对价值的判断：从中长期角度，采用经济周期和投资时钟的方法，结合中国市场实证得到的特性，判断中长期股债的相对价值；在中短期角度，采用量化分析手段，通过筛选出对股债相对表现影响显著的指标，定量地判定未来3到6个月股、债走势的相对强弱。

1. 建立在经济周期与投资时钟之上的相对价值分析（中长期判断）。从最为长期角度对股债相对价值的判断建立在经济周期和投资时钟之上，但对于美林投资时钟在中国的使用需考虑市场的不同特征进行本土化处理。

产出缺口和CPI同比是在投资时钟中界定经济周期的主要标尺。一般来说，一个时间序列由长期趋势和波动因子组成，波动因子是时间序列对长期趋势的偏离程度，在经济学中研究长期趋势为经济增长的范畴，而对波动因子进行研究则为经济周期范畴。因此，在现代宏观经济学中，经济周期的衡量通常采用实际GDP相对于长期（潜在）GDP的上升或下降的方法（即产出缺口方法）。CPI同比是衡量通胀水平的最重要的指标，也是货币当局政策取向的重要参考值，因此，我们将直接采用CPI同比衡量通胀水平。

根据1992～2012年中的数据，从大类市场对经济周期的反应来看，中国债券市场对经济周期的反应基本上没有差别：在衰退阶段（经济通胀双下行），债券表现最佳；在复苏阶段（经济上行但通胀下行），债券表现次佳（次于股票但好于现金）；在经济繁荣和滞胀阶段（主要是通胀上行），债券的表现都较差。但美国股市和中国股市对经济周期的反应不同：美国股市在经济复苏阶段表现最好、滞胀阶段表现最差，而中国股市在经济繁荣阶段表现最好、衰退阶段表现最差。造成这种差异可能的原因是：美国股票市场属于成熟市场，其对经济周期的反应比较靠前，而中国股票市场对经济周期变化的反应相对要迟缓一些，具体分析如下：

根据产出缺口和通胀分析 1992 年以来中国的经济周期：

（1）产出缺口分析。我们采用 HP 滤波分析产出缺口，通过最小化损失函数而实现：

$$Loss = \sum_{t=1}^{T}(y_t - s_t)^2 + \lambda\sum_{t=2}^{T-1}((s_{t+1} - s_t) - (s_t - s_{t-1}))^2$$

不同的 λ 值决定了不同的周期方式和平滑度。λ 值越大，趋势成份越平滑。当 λ = 0 时趋势成份就是数据本身，当 λ→∞趋势成份在极限上是线性时间趋势。根据经验，当使用季度数据时取 λ = 1 600；当使用年度数据时取 λ = 100；当使用月度数据时取 λ = 14 400。这样选取系数可以将数据中周期性波动适当地消除掉。由于 GDP 数据是季度数据，因此选取 λ = 1 600。

我们首先选取 1992 ~ 2012 年第二季度的实际 GDP 增长率季度数据，然后利用 HP 滤波的方法过滤出趋势项（即自然增长率），最后用季节调整后的 GDP 增长率减去趋势项，即为产出缺口（参见图 2）。

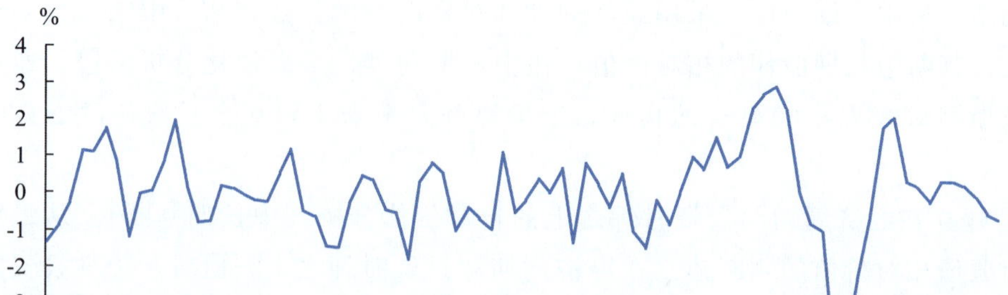

图 2　产出缺口（1992 ~2012 年）

从图 2 可判断产出缺口的峰值在 1993 年第二季度、1994 年第四季度、1997 年第二季度、1998 年第四季度、2000 年第二季度、2001 年第四季度、2003 年第一季度、2007 年第三季度、2010 年第一季度，谷值在 1992 年第一季度、1993 年第四季度、1995 年第二季度、1998 年第二季度、1999 年第四季度、2000 年第四季度、2002 年第一季度、2004 年第四季度、2008 年第四季度、2012 年第二季度。

（2）通胀率峰谷分析。从图 3 可判断 CPI 当月同比的峰值在 1994 年 10 月、2001 年 5 月、2004 年 7 月、2008 年 2 月、2011 年 7 月，谷值在 1992 年 1 月、1999 年 5 月、2002 年 4 月、2006 年 3 月、2009 年 7 月、2012 年 6 月。

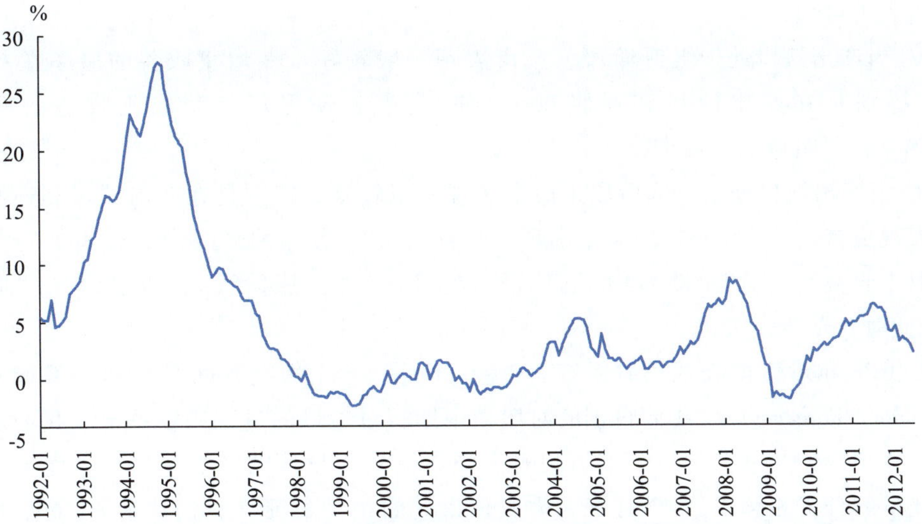

图 3　CPI 当月同比

根据以上经济周期的划分结果，我们分别以上证综合指数代表股市（样本区间 1992 年 1 月 ~2012 年 6 月），中证全债指数代表债券市场（由于数据限制，样本区间取 2003 年 1 月 ~2012 年 6 月），对股票资产和债券资产在各个时期的表现进行比较（见表 1）。

表 1　　股票资产和债券资产在经济周期各阶段表现比较

产出缺口	通胀水平	上证综合指数月均收益率	中证全价指数月均收益率	时间
向上	向上	5.69% (62.03%)	0.06% (61.54%)	1992 年 1 月 ~1993 年 6 月、1994 年 1 ~10 月、1998 年 7 ~12 月、2000 年 1 ~6 月、2001 年 1 ~5 月、2002 年 5 ~12 月、2006 年 4 月 ~2007 年 9 月、2009 年 8 月 ~2010 年 3 月
	向下	2.33% (58.49%)	0.50% (72.73%)	1995 年 7 月 ~1997 年 6 月、2001 年 6 ~12 月、2005 年 1 月 ~2006 年 3 月、2009 年 1 月 ~2009 年 7 月
向下	向上	-0.38% (55.93%)	0.06% (57.50%)	1993 年 7 ~12 月、1999 年 6 ~12 月、2000 年 7 ~12 月、2003 年 1 月 ~2004 年 7 月、2007 年 10 月 ~2008 年 2 月、2010 年 4 月 ~2011 年 7 月
	向下	-1.42% (56.36%)	0.84% (80.77%)	1994 年 11 月 ~1995 年 6 月、1997 年 7 月 ~1998 年 6 月、1999 年 1 ~5 月、2002 年 1 ~4 月、2004 年 8 月 ~2004 年 12 月、2008 年 3 月 ~2008 年 12 月、2011 年 8 月 ~2012 年 6 月

注：括号里的数据为期间月度收益为正或为负的概率。

由表1可知：

A. 当产出缺口处于上升阶段，股市表现一般较好（获取正收益的概率在60%左右），特别是在产出缺口和通胀双上行时股市表现更优（获取正收益的概率为62.03%），要明显优于债市。

B. 当产出缺口处于下降阶段，股市表现一般较差，特别是在产出缺口和通胀双下行时表现更差（有56.36%的概率出现负收益），此时债市明显占优（有80%以上的概率获取正收益）。当产出缺口向下而通胀向上时（即滞胀阶段），极易带来“股债双杀”，此时，现金为王。

2. CPF相对价值表现预判系统（3~6个月）（中短期判断）。CPF（Comparative Performance Forecast）是我们自创的对股债中期相对走势的量化判定系统。我们通过回归分析找到股债共享且对两个市场相对表现影响较为显著的经济变量，并通过对这些经济变量的分析测算3~6个月区间内股债市场的相对表现（我们认为3~6个月是一个能够兼顾指标可用和发挥策略功效较为适宜的时间段选择）。

以沪深300指数和中债总财富指数分别代表股票市场和债券市场，考察股债3个月累计收益差、股债6个月累计收益差两个指标[①]，如果累计收益差为正，代表投资股票市场收益要优于投资债券市场；如果累计收益差为负，代表投资股票市场收益要差于投资债券市场。

在各种宏观经济指标作为因变量的处理上，通过实验发现因变量所处的趋势状态比绝对数值对股债相对表现的判断更有影响力，这也是符合经济逻辑的：在不同的历史时期，同样数值的宏观指标代表的经济意义可能有异，但各种指标所处的趋势（实际上对应的是不同经济周期阶段）却能够持续地、较好地刻画不同市场的表现。因此，我们在数据处理时选择将各种宏观经济指标转化为“上升、下降”的状态变量。

从众多的宏观经济变量中经过反复筛选，我们发现有七个宏观变量对预判股债累计收益差的作用较大，分别为宏观经济先行指数、M1同比增速、M2同比增速、M1与M2增速剪刀差、CPI同比增速、PPI同比增速、CPI与PPI同比增幅剪刀差，并根据“峰谷原理”将各指标按其趋势转化为状态变量[②]，其中上升趋势用“1”表示、下降趋势用“-1”表示，股债累计收益差指标也用同样的方法转化为相应的状态变量。根据以上七个宏观变量的月度变化值来判断其状态与根据“峰谷原理”判断其状态的偏差率分别为8.8%、20.8%、16.0%、20.8%、21.6%、8.8%、9.6%，整体来看，M1同比增速、M1与M2增速剪刀差和CPI同比增速等三个宏观变量的状态偏差率在21%

① 累计收益差=沪深300指数累计收益率-中债总财富指数累计收益率

② 采用状态变量替代具体数值主要是考虑到：一方面，根据宏观经济变量的趋势（即上升还是下降）而不是具体数值来判断股市和债市的相对价值与前面的投资时钟相呼应。另一方面，预测未来宏观经济变量的趋势要比预测具体数值更具有可操作性一些。

左右，其余四个宏观变量的状态偏差率都比较低，显示这四个宏观变量的趋势性较强同时月度数据扰动相对较小（参见表2、表3）。

表2　3个月区间各相关指标与股债累计收益差（均为状态变量）的相关系数

	股债3个月累计收益差	宏观经济先行指数	M1同比增速	M2同比增速	M1－M2	CPI同比增速	PPI同比增速	CPI－PPI
股债3个月累计收益差	1.00							
宏观经济先行指数	0.26	1.00						
M1 同比增速	0.27	0.27	1.00					
M2 同比增速	0.14	0.23	0.46	1.00				
M1 与 M2 增速剪刀差	0.07	0.10	0.34	−0.02	1.00			
CPI 同比增速	0.18	0.03	0.15	−0.08	0.19	1.00		
PPI 同比增速	−0.15	−0.13	0.02	−0.08	0.20	0.39	1.00	
CPI 与 PPI 增速剪刀差	0.34	0.20	0.13	0.17	−0.20	−0.16	−0.65	1.00

表3　6个月区间各相关指标与股债累计收益差（均为状态变量）的相关系数

	股债6个月累计收益差	宏观经济先行指数	M1同比增速	M2同比增速	M1－M2	CPI同比增速	PPI同比增速	CPI－PPI
股债6个月累计收益差	1.00							
宏观经济先行指数	0.20	1.00						
M1 同比增速	0.27	0.28	1.00					
M2 同比增速	0.20	0.25	0.44	1.00				
M1 与 M2 增速剪刀差	0.00	0.09	0.35	−0.02	1.00			
CPI 同比增速	0.08	0.00	0.16	−0.07	0.18	1.00		
PPI 同比增速	−0.34	−0.17	0.03	−0.07	0.18	0.36	1.00	
CPI 与 PPI 增速剪刀差	0.51	0.23	0.13	0.16	−0.19	−0.14	−0.64	1.00

我们分别采用了2002年~2012年7月和2006年~2012年7月的数据对各单个指标的状态变量，分别与股债3个月累计收益差及股债6个月累计收益差的状态变量进行回归，我们发现，选择不同时间段对参数的具体数值仅有小幅影响，整体来看择时胜率较高，相对来看2006年以来大部分指标的择时胜率较2002年以来对应指标的择时胜率高（参见表4）。

表 4 以股债 3 个月累计收益差为因变量（均为状态变量）测算不同指标的择时胜率

以股债 3 个月累计收益差为因变量	择时胜率（2002 年以来）	择时胜率（2006 年以来）
较不显著指标		
M2 同比增速	56.80%	66.23%
M1 与 M2 增速剪刀差	55.20%	53.25%
CPI 同比增速	57.60%	57.14%
PPI 同比增速	58.40%	66.23%
较显著指标		
宏观经济先行指数	63.20%	70.13%
M1 同比增速	63.20%	67.53%
CPI 与 PPI 增速剪刀差	66.40%	74.03%
合计	66.40%	77.92%

根据以上结果，我们选取了择时胜率最高的三个指标分别与股债 3 个月累计收益差及股债 6 个月累计收益差的状态变量建立回归模型，利用 2006 年到 2012 年 5 月时间段的数据进行了回归分析，样本区间 2006 年 1 月至今的回归结果如下所示：

股债 3 个月累计收益差 = -2.57% +19.37% ×宏观经济先行指数 +21.55% ×M1 同比增速 +37.63% ×CPI 与 PPI 增速差值

股债 6 个月累计收益差 = -1.00% +4.38% ×宏观经济先行指数 +29.65% ×M1 同比增速 +49.56% ×CPI 与 PPI 增速差值

从以上回归结果可以看出，对于未来 6 个月区间的择时，CPI 与 PPI 增速差值变化趋势起决定性作用，但当 CPI 与 PPI 增速差值的数值趋于稳定时，宏观经济先行指数和 M1 同比增速对 6 个月走势的决定性比较关键。

（二）股市单独择时

针对股票市场的独立择时中我们采用了三个指标，“工业产成品周期择时”是基于中长周期的大级别走势判断，“股涨跌比例”指标和“资金净流入”指标是根据市场本身展现的特征寻找短期市场波动信号。

1. 工业产成品周期择时。利用工业产成品周期择时的原理：虽然工业产成品累计同比增长率滞后于股指与工业增加值（参见图 4），但是利用其作为后验指标周期性较稳定的特点，我们依然能将其作为一个中长期择时指标。

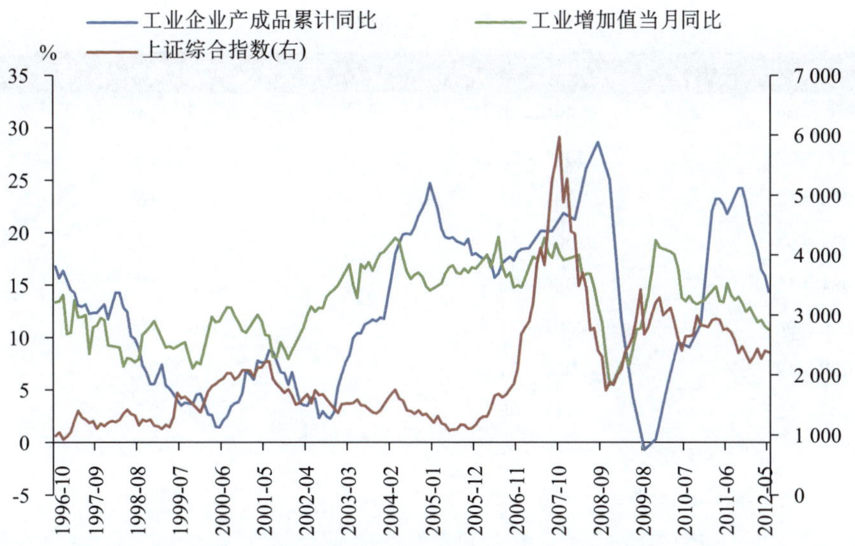

图 4　工业产成品、工业增加值与上证综指

构建工业产成品周期择时指标的步骤如下：

首先，我们使用傅里叶分析识别其历史周期（参见图 5）。

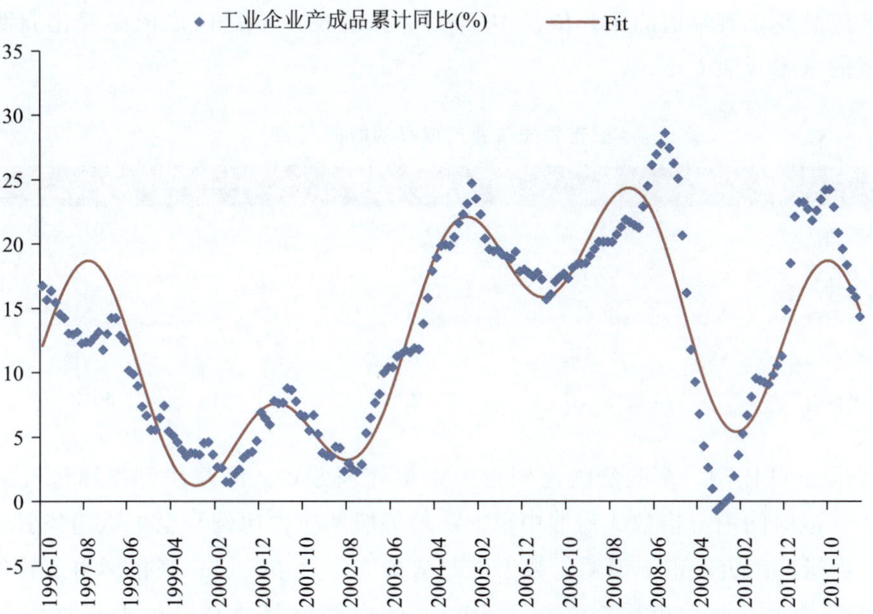

图 5　工业产成品的历史周期（傅里叶分析）

根据历史上工业产成品半周期持续时间的统计，得到产成品变化的半周期大约为 21 个月，标准差在 3.8 个月（参见表 5）。

表 5　　　　历史上工业产成品周期统计

顶	底	历史产成品变化周期 峰谷间隔（月）
1997-09	1999-08	24
1999-09	2001-03	19
2001-04	2002-07	16
2002-08	2004-10	27
2004-11	2006-03	17
2006-04	2007-11	20
2007-12	2009-11	24
2009-12	2011-09	22
平均峰谷间隔		21.13
峰谷间隔标准差		3.80
中位数		21

接下来需要确定股市领先产成品变化的阶数。我们使用最小二乘法确定与股指拟合度最优的领先阶数。这里既可以选择产成品变化的实际时间序列，也可以使用傅里叶拟合的时间序列。使用傅里叶拟合值得到的股市领先产成品变化的月数是 8 个月，而使用产成品变化实际值的领先值是 10 个月，两者的差异是由产成品变化周期的不稳定性造成的（参见表 6）。

表 6　　　　股市领先工业产成品的时间（月）

	傅里叶拟合值	产成品变化实际值
上轮峰值时间	2011-10	2011-10
峰谷间隔中位值	21	21
股市领先月数	8	10
预计股市几个月后见底	13	11
预计股市见底时间	2012-11	2012-09

2. 个股涨跌比例。个股涨跌比例指数数据处理方式：涨跌比例指标每日滚动跟踪计算过去一段时间内，指数成份股中呈上涨趋势股票所占比例与呈下跌趋势股票所占比例的差。当指标由负转正，说明指数上涨趋势确立，后市看涨；当指标由正转负，说明指数下跌趋势确立，后市看空，是一个较好的右侧交易指标。另外根据经验，在震荡市中，当指标上穿 0.4 时指数同步见顶、及当指标下穿 -0.4 时指数同步见底的概率都比较大，并可作为左侧交易参考指标。但需要注意的是，如果在趋势性的下跌过程中，该指标可以反复下穿 -0.4 同时较长时间处于该水平之下，如果据此进行左侧交易将面临较大风险，所以若要使用本指标判断左侧做多机会，最好在估值和市场点位具

有较大安全边际的背景下进行。

指标的计算方法如下。首先，识别个股趋势。技术分析理论中趋势识别的方式有许多，主要包括均线突破和阻力突破。此处我们使用的是布林线突破策略，它是阻力突破的一种。当股价跌破布林线下轨时，认为下跌趋势确立；当股价突破布林线上轨时，认为上涨趋势确立；当股价在布林线上下轨间运行时，认为无明显趋势，此中间状态可以较好地过滤毛刺信号。布林线的发明已经有30多年的历史，计算方法非常成熟。我们在计算中采用了指数平滑均线，并优化了参数，以达到更好的择时效果。其次是在计算涨跌比例的过程中，我们使用指数平均的方法计算上涨和下跌股票的比例，使得指标在减少毛刺信号的同时能够保持对近期市场变化的敏感度（参见图6）。

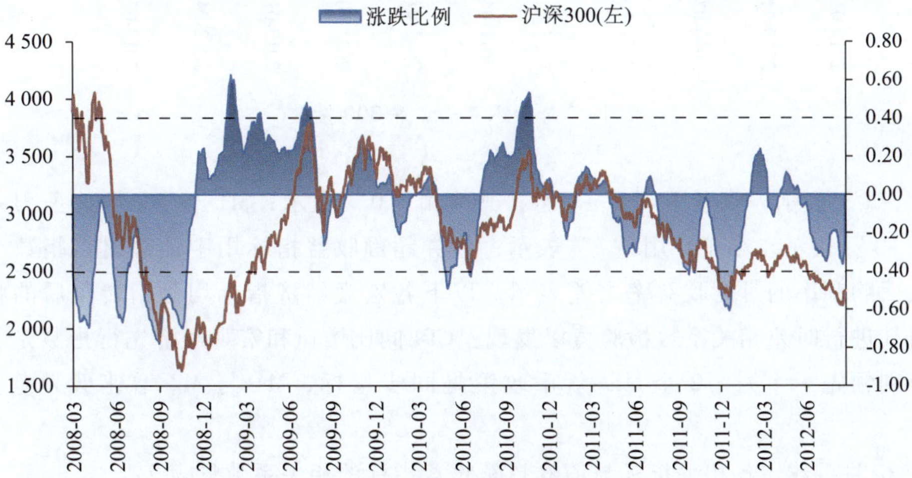

图6 涨跌比例指标与沪深300指数

3. 净流入率。

净流入率指标介绍：此指标来自万得函数，用来跟踪一段时间内市场上大单及机构资金的净流入率（参见图7）。具体公式如下：

个股区间净流入金额 = 区间大单和机构资金净流入

个股区间净流入率 = 个股区间净流入金额/区间成交额

指数净流入率 = 对个股区间净流入率按流通市值加权平均

（三）债市量化择时

1. 指标选取。从众多的宏观经济变量中经过多次筛选，我们得出有四个宏观变量对预判债市走势的作用较大，分别为CPI同比增速、宏观经济先行指数、货币政策、M2/M1剪刀差。根据“峰谷原理”将CPI同比增速、宏观经济先行指数按其趋势转化为状态变量，其中上升趋势用“1”表示，下降趋势用“-1”表示；货币政策放

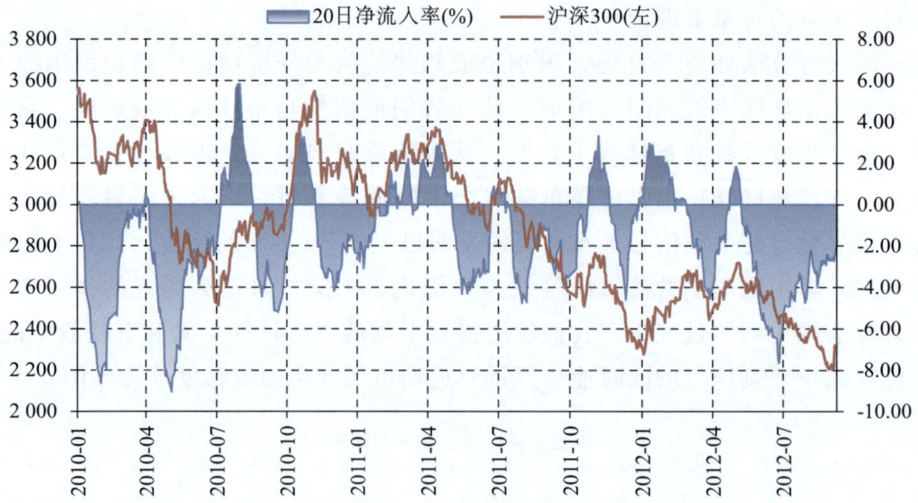

图7　净流入率与沪深300指数

松用“-1”表示，收紧用“1”表示，其他用“0”表示；M1与M2增速剪刀差大于0用“-1”表示，小于0用“1”表示；债券超额收益指标用中债总财富指数与银行间七天回购利率的月度收益率之差表示。以下各宏观经济指标均是指转化后的状态变量，对其进行时差相关系数检验可以发现：CPI同比增速和宏观经济先行指数是领先指标，分别领先1个月、2个月；货币政策是同步指标，M1与M2增速剪刀差滞后1个月。

2. 相关系数。各相关指标与债券超额收益指标的相关系数见表7：

表7　　　各相关指标与债券超额收益指标的相关系数

	债券月度超额收益率	CPI同比（-1）	宏观经济景气指数：先行指数（-2）	货币政策	M2/M1剪刀差（+1）
债券月度超额收益率	1.00				
CPI同比（-1）	-0.33	1.00			
宏观经济景气指数：先行指数（-2）	-0.13	0.11	1.00		
货币政策	-0.22	0.31	-0.18	1.00	
M1与M2增速剪刀差(+1)	-0.09	0.13	0.19	-0.02	1.00

3. 模型构建及结果分析。先以各单个指标的状态变量分别与债券超额收益指标进行统计分析（数据选取区间为2002年1月~2012年7月），再对债券资产在各个时期的表现进行比较（参见图8）。

表 8　　债券资产在各个时期的表现比较

宏观变量及状态		月均超额收益率	月度超额收益为正的概率
CPI 同比（-1）	向下	0.47%	67.31%
	向上	-0.18%	50.67%
宏观经济先行指数（-2）	向下	0.19%	60.94%
	向上	-0.02%	53.97%
货币政策	放松	0.42%	65.63%
	收紧	-0.05%	54.55%
	居中	0.08%	55.56%
M1 与 M2 增速剪刀差（+2）	大于 0	0.16%	61.25%
	小于 0	-0.03%	51.06%

由表 8 可知：

（1）在通胀向下或货币政策放松阶段，债市表现最好，月均超额收益率分别为 0.475%、0.42%，月度超额收益为正的概率分别达 67.31%、65.63%；而在通胀向上或货币政策收紧阶段，债市表现较差，月均超额收益率分别为 -0.18%、-0.05%。

（2）当经济向下时，债市表现较好，月均超额收益率为 0.19%，月度超额收益为正的概率为 60.94%；当经济向上时，债市表现较差，月均超额收益率为 -0.02%。

（3）当 M1 与 M2 增速剪刀差大于 0 时（表明企业和居民选择将资金以定期存款的形式保留在银行，银行可能拿出部分资金来配置债券），债市表现较好，月均超额收益率为 0.16%，月度超额收益为正的概率为 61.25%；当 M1 与 M2 增速剪刀差小于 0 时，债市表现较差，月均超额收益率为 -0.03%。

然后将以上指标复合并考虑时差关系，与债券超额收益指标建立回归模型，回归结果见表 9。

表 9　　部分宏观指标与债券超额收益指标之间的回归结果

变量	系数	Std. Error	t - Statistic	显著程度
C（常数项）	0.17%	0.09%	1.90	显著
CPI 同比（-1）	-0.24%	0.09%	-2.69	显著
宏观经济景气指数：先行指数（-2）	-0.09%	0.08%	-1.07	不显著
货币政策	-0.16%	0.10%	-1.56	比较显著
M1 与 M2 增速剪刀差（+1）	-0.12%	0.08%	-1.48	不显著

剔除不显著指标后的回归结果见表 10。

表 10　　CPI 同比、货币政策与债券超额收益指标之间的回归结果

变量	系数	Std. Error	t - Statistic	显著程度
C（常数项）	0.20%	0.09%	2.32	显著
CPI 同比（-1）	-0.27%	0.09%	-3.12	显著
货币政策	-0.12%	0.10%	-1.26	比较显著

以上模型的择时胜率（若拟合收益率的正负号与实际债券超额收益的正负号一致则为择时正确，否则为择时错误）为57.48%，与债券月度超额收益率为正的概率（57.03%）比较接近。虽然择时胜率不高，但是择时组合（即在债券和七天回购之间进行选择）的超额收益还是比较明显的（参见图8）。具体如下：假设构建一个择时组合，择时规则为当拟合收益率大于0，则下个月的债券仓位100%；当拟合收益率小于等于0，则下个月的债券仓位0%，其余全部为七天回购。

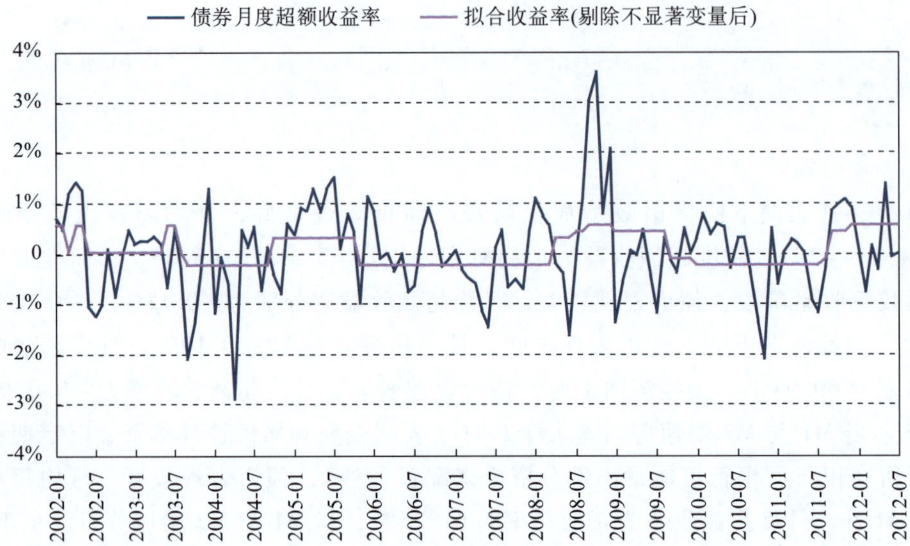

图8　债券月度超额收益率与拟合收益率比较

同时，经统计发现在大部分时间段择时组合都有正的超额收益，具体结果如表11所示：

表11　债市择时模型获得的超额收益

	2002.2～2012.7	2006.1～2012.7	2008.1～2012.7	2009.1～2012.7	2010.1～2012.7	2008.1～2008.12
择时组合累计收益率	51.56%	30.69%	24.59%	10.90%	12.48%	12.34%
中债总财富指数累计涨幅	41.51%	26.46%	25.50%	9.23%	10.61%	14.90%
累计超额收益率	10.05%	4.23%	-0.91%	1.67%	1.87%	-2.56%

三、股债相对价值分析体系中主要方法的历史回溯

（一）CPF的历史回溯

CPF择时胜率的历史回测：择时胜率即正负号胜率，若股债累计收益差的状态和预期存在正相关关系的宏观指标的状态一致则为择时正确，否则为择时错误；而若宏观指标与股债收益差存在负相关关系则刚好相反。

表 12　模型的择时胜率（以三个月为判断周期）

以股债 3 个月累计收益差为因变量	择时胜率
较不显著变量	
M2 同比增速	56.80%
M1 与 M2 增速剪刀差	55.20%
CPI 同比增速	57.60%
PPI 同比增速	58.40%
较显著变量	
宏观经济先行指数	63.20%
M1 同比增速	63.20%
CPI 与 PPI 增速剪刀差	66.40%
合计	66.40%

由表 12 可知，在以三个月为判断周期的模型中，宏观经济先行指数、M1 同比增速、CPI 与 PPI 增速剪刀差等指标的择时胜率较高，分别为 63.20%、63.20%、66.40%。这三个指标综合在一起的择时胜率为 66.40%。

表 13　模型的择时胜率（以六个月为判断周期）

以股债 6 个月累计收益差为因变量	择时胜率
较不显著变量	
M1 与 M2 增速剪刀差	51.64%
CPI 同比增速	52.46%
较显著变量	
M2 同比增速	59.84%
PPI 同比增速	67.21%
较显著并最终使用的变量	
宏观经济先行指数	59.84%
M1 同比增速	63.11%
CPI 与 PPI 增速剪刀差	75.41%
最终使用的三个变量合计	75.41%

由表 13 可知，在以六个月为判断周期的模型中，宏观经济先行指数、M1 同比增速、PPI 同比增速、M2 同比增速、CPI 与 PPI 增速剪刀差等指标的择时胜率较高，分别为 59.84%、63.11%、67.21、59.84%、75.41%。其中代表价格的指标 PPI 增速与 CPI 及 PPI 增速差值相比后者胜率更高，所以舍弃类同的 PPI 指标。将宏观经济先行指数、M1 同比增速、M2 同比增速和 CPI 及 PPI 增速差值等指标复合在一起建立回归模型，此时 M2 同比增速指标不显著，剩余三个指标复合在一起的择时胜率达到

了75.41%。

如果根据CPF构建一个择时策略的择时规则如下：若综合指标的状态为“1”，则下个月的权益仓位18%，固定收益仓位82%；若综合指标的状态为“-1”，则下个月的权益仓位6%，固定收益仓位94%。标配组合的权益仓位12%，固定收益仓位88%，以股债3个月累计收益差为因变量时（数据选取区间为2002年2月至2012年5月），择时组合的累计收益率为98.83%，标配组合的累计收益率为56.87%，超额收益率为41.96%。其间，沪深300指数累计涨幅115.43%，中债总财富指数累计涨幅40.78%。

以股债6个月累计收益差为因变量时（数据选取区间为2002年2月至2012年2月），择时组合累计收益率为94.36%，标配组合累计收益率为53.94%，超额收益率为40.43%。其间，沪深300指数累计涨幅115.60%，中债总财富指数累计涨幅37.86%。

根据选用宏观变量的月度变化值来判断其状态的股债3/6个月累计收益差模型的偏差率分别为39.20%、32.79%，即按照已知数据相对于上一期数据的变化状态对未来3个月和6个月股债相对价值进行判断的胜率分别为60.8%和67.21%。

若根据以上股债3/6个月累计收益差模型并选用宏观变量的月度变化值来判断其状态进行择时，则该择时组合的累计收益率分别为74.89%、77.57%，高于标配组合的累计收益率（分别为56.87%、53.94%）。

（二）股市单独择时的历史回测

1. 产成品周期择时的历史回测。在能够准确判断工业产成品库存周期的假设下，在上述拟合曲线见底时做多，见顶时平仓，可以非常准确地把握住市场的上涨趋势，大幅跑赢市场，说明产成品周期与股市走势能够较好吻合。从单次给出的买入和卖出信号来看，买入信号有时可能出现滞后，但整体上据此进行操作均将获取正收益（参见表14）。

表14　根据工业产成品库存周期择时的收益情况（假设对产成品周期判断正确）

日期	信号	上证综指点位	策略净资产	单次交易收益%	上证综指累计涨幅%	策略净资产累计涨幅%
1999-01	做多	1 134.67	1 000.00	78.13	78.13	78.13
2000-08	平仓	2 021.20	1 781.31			
2001-12	做多	1 645.97	1 781.31	5.81	53.49	88.48
2004-03	平仓	1 741.62	1 884.83			
2005-08	做多	1 162.80	1 884.83	230.35	238.54	522.65
2007-04	平仓	3 841.27	6 226.46			
2009-04	做多	2 477.57	6 226.46	17.25	156.03	630.08
2011-02	平仓	2 905.05	7 300.77			

因此，产成品周期判断的准确度将直接决定能否较为准确把握中长期市场底部或顶部。根据产成品中期较为稳定的周期特征，在均值为21个月，标准差为3.8个月的情况下，从策略上可以结合市场点位，通过操作节奏控制风险并增加胜率。

2. 个股涨跌指标择时的历史回测。我们对此指标进行了回溯测试，当指标由负转正时满仓，当指标由正转负时空仓，所得结果如图9和表15所示。

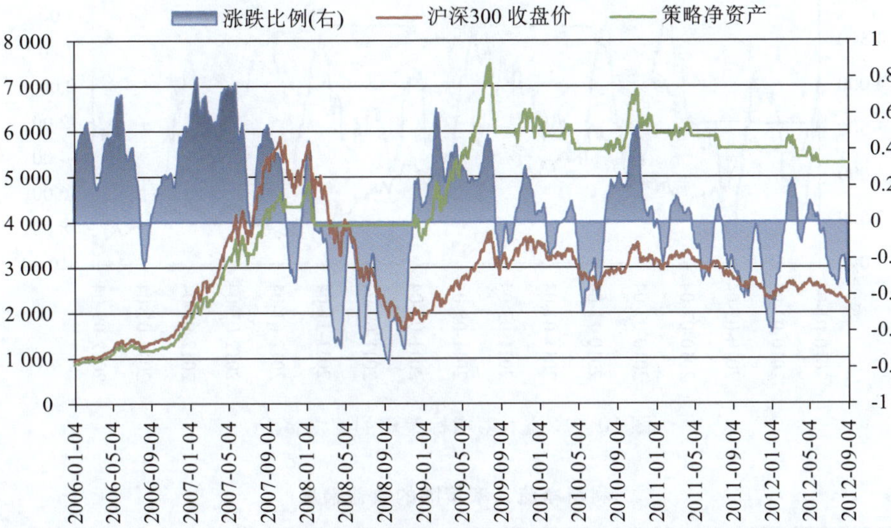

图9 涨跌比例策略回溯情况

表15 **涨跌比例策略回溯收益情况**

区间	市场形态	策略涨跌幅（%）	沪深300涨跌幅（%）	策略超额收益（%）
2006-1-1~2012-06-29	混合	183.54	87.01	96.53
2006-1-1~2007-12-28	趋势上涨	168.11	175.45	-7.35
2008-1-1~2008-12-31	趋势下跌	-23.14	-107.73	84.59
2009-1-1~2009-12-31	趋势上涨	56.29	67.66	-11.37
2010-1-1~2012-09-10	震荡下跌	-17.72	-42.97	25.25

从回溯结果中可以看出，策略在2006至2012年整体大幅战胜指数。从细分区间来看，虽然在强势上涨的2007、2009年略跑输市场，但是在2008年较好地控制了风险。而在之后的震荡下跌过程中虽然未能取得正收益，但是也能控制风险。

3. 净流入率择时的历史回测。我们使用沪深300成份股，设定20日为统计区间，计算了该指标的历史走势。由于万得提供的历史数据所限，仅从2010年来看，每当该指标上穿0值时，往往对应了市场的阶段低点，表明了经过前阶段的资金净流出率收窄，市场开始进入资金净流入区间，上涨行情即将开始。反之，当该指标下穿0值时，往往对应了行情的阶段顶部。我们以当指数上穿0值时做多，下穿0值时平仓制定交易策略，图 10 及表 16 记录了该策略的回测结果。由于大单数据有限，我们仅能提供自 2010 年 1 月起的测试结果。

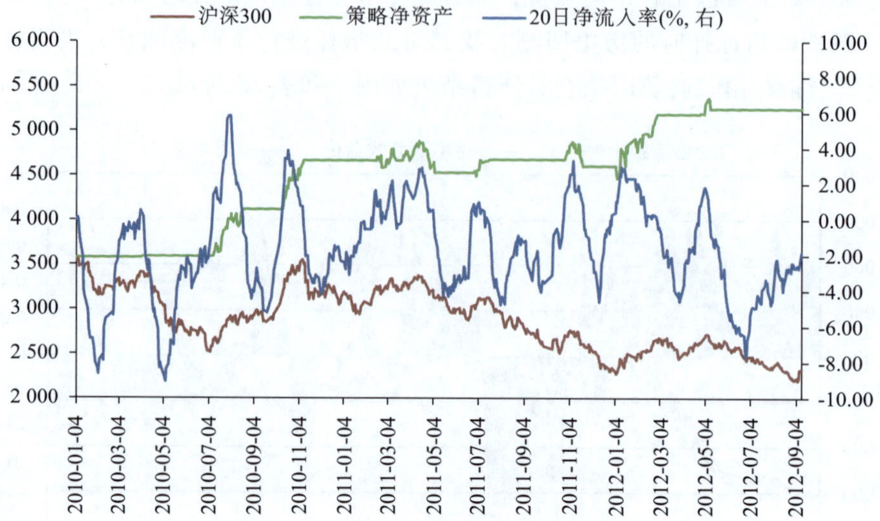

图 10　净流入率指标策略的回溯情况

表 16　　**利用净流入率策略的收益情况**

	策略涨跌幅（%）	沪深 300 涨跌幅（%）	策略超额收益（%）
2010 -03 -31	0.00	-6.65	6.65
2010 -06 -30	0.39	-26.64	27.03
2010 -09 -30	13.74	13.57	0.17
2010 -12 -31	12.46	6.36	6.10
2011 -03 -31	0.02	2.99	-2.97
2011 -06 -30	-2.42	-5.72	3.30
2011 -09 -30	2.67	-16.49	19.16
2011 -12 -30	-1.60	-9.57	7.97
2012 -03 -30	11.97	4.55	7.42
2012 -06 -29	1.19	0.27	0.92
2012 -09 -10	0.00	-5.64	5.64

回测结果显示该策略具有很强的择时能力，大幅跑赢市场。但是由于历史数据较短，未来表现还需观察。

但需要注意的是，该指标给出的买入信号并不能完全同步契合市场低点，有时可能出现滞后，在上涨（反弹）的幅度较小和持续时间较短的情况下，该指标可能给出不合时宜的信号（在上涨末端给出买入信号，例如在 2011 年 3 月和 2011 年 10 月）。但整体来看，按照该指标进行操作获取正收益的概率很大，同时即使在买入信号错误的情况下，由于指标内在逻辑存在一个止损机制，能够较大幅度降低指标使用风险（表 17）。

表 17　　利用资金净流入指标操作的收益情况

信号日期	方向	信号点位	收益（%）	高低点日期	高低点	收益（%）
2010-7-8	做多	2 575.9	11.79	2010-7-1	2 526.07	15.70
2010-8-20	平仓	2 898.3		2010-8-19	2 955.4	
2010-10-11	做多	3 132.9	11.76	2010-9-16	2 857.79	20.86
2010-11-9	平仓	3 524.0		2010-11-5	3 520.8	
2011-2-14	做多	3 219.1	1.35	2011-2-22	3 163.58	5.39
2011-3-14	平仓	3 262.9		2011-3-9	3 338.86	
2011-3-22	做多	3 223.0	-3.05	2011-3-17	3 197.1	4.95
2011-5-5	平仓	3 126.1		2011-4-18	3 359.44	
2011-6-24	做多	3 027.5	0.97	2011-6-20	2 874.9	8.26
2011-7-12	平仓	3 056.9		2011-7-5	3 122.5	
2011-7-14	做多	3 115.7	0.22	无趋势出现		
2011-7-18	平仓	3 122.6				
2011-10-26	做多	2 651.6	-2.58	2011-10-21	2 507.88	9.72
2011-11-23	平仓	2 584.0		2011-11-4	2 763.75	
2011-12-30	做多	2 345.7	11.60	2012-1-5	2 276.38	15.67
2012-2-29	平仓	2 634.1		2012-2-28	2 662.46	
2012-4-25	做多	2 626.0	1.18	2012-3-29	2 443.12	10.65
2012-5-10	平仓	2 657.2		2012-5-7	2 717.78	

四、整体相对价值分析系统的运行情况

从经济周期角度来看，从 2012 年三季度起，判断经济短周期处于衰退期后期，股票相对于债券的配置价值上升。

在 2012 年 9 月准备四季度战术资产配置建议中首次采用 CPF 模型的结果如表 18 所示：

表 18　　CPF 模型得出的结果

	宏观经济先行指标	M1 同比	物价剪刀差	常数项	3 个月股债累计收益差
四季度参数预测	1（上行）	1（上行）	1（上行）		
3 个月系数	19.37	21.55	37.63	-2.57	75.98（股>债）
6 个月系数	4.38	29.65	49.56	-1	82.59（股>债）

前 3 个季度宏观经济先行指标一直处于下行阶段、M1 同比增速在历史底部波动、物价指数剪刀差继续回升的情况下，我们判断四季度 M1 同比增幅会小幅回升，物价指数剪刀差会维持上升趋势。根据以上判断 CPF 系统显示未来 1 ~ 2 个季度股市表现将好于债市。从市场实际运行情况来看，四季度沪深 300 上涨 10.02%，中债总财富指数上涨 0.56%；第四季度和 2013 年第一季度沪深 300 上涨 8.81%，中债总财富指数上涨 1.79%。3 ~ 6 个月股市的实际表现均优于债市，印证了模型之前的判断。

在股市单独择时方面，在 2012 年 9 月的第四季度资产战术配置报告中判断此轮产成品去库存周期将在 2013 年 7 月见底，而股市将提前 8 ~ 10 个月，即在 2012 年第三季度末、第四季度初见底。因此，该指标判断四季度股市见底回升有较大概率。截至 2013 年第一季度 A 股的运行情况来看，该判断被市场印证正确。

个股涨跌指标在 12 月 19 日给出买入信号，并在 2013 年 3 月 18 日平仓；之后在 3 月 22 日到 28 日间有一次不成功的持仓。总体看来该指标有不错的风险控制能力，但在给出信号时略偏右侧。整体策略自 2012 年 10 月 1 日到 2013 年 4 月 30 日，跑输沪深 300 指数收益率 103BP。从应用情况来看，该指标信号较为滞后，这一弱点在趋势市中不太明显，但在波动区间较窄的震荡市中可能跑输基准。这一指标的使用最好结合其他指标或对市场运行特征的主观判断（参见图 11）。

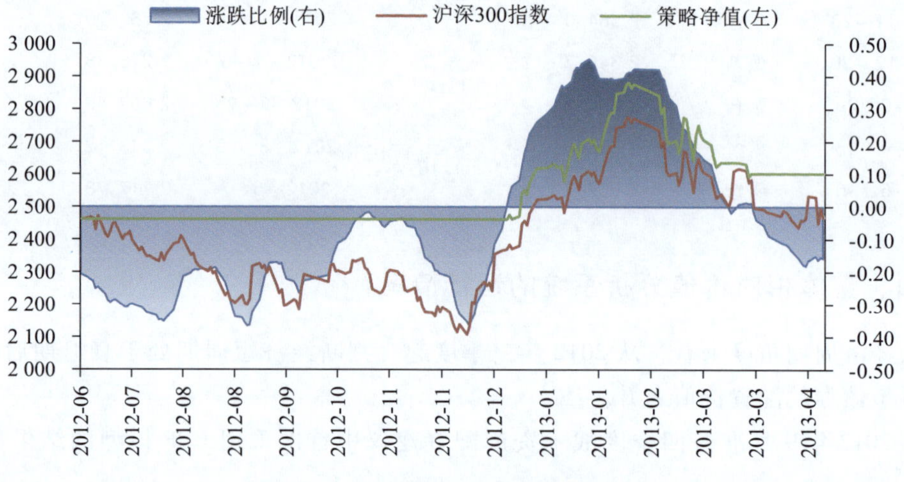

图 11　个股涨跌比例指标的运行情况

净流入指标在 12 月 14 日给出买入信号，并在 2013 年 2 月 19 日平仓，之后一直保持空仓，几次波段把握均较为准确。整体策略自 2012 年 10 月 1 日到 2013 年 4 月 30 日，超越沪深 300 指数收益率 331BP（参见图 12）。

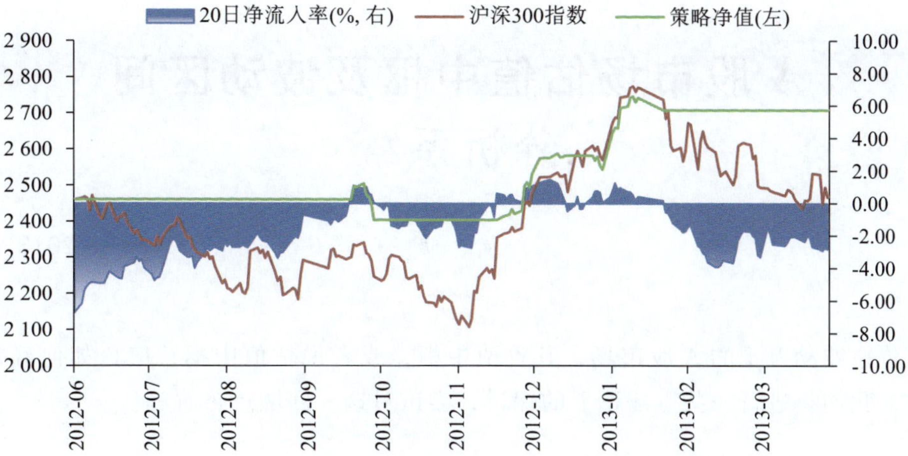

图 12 净流入率指标的运行情况

债市单独择时的运行情况：在 2012 年第四季度战术资产配置建议中首次采用此债市量化择时模型（参见表 19）。当时判断，第三季度通胀已出现上行，在此情况下货币政策已成为影响债市走势的最为关键的变量，若后期货币政策不再放松，则债券的投资回报还不如 7 天回购，若后期货币政策出现局部放松（比如央行下调存款准备金率或大量进行净投放），则债券将有望获取正的超额收益。从市场实际运行情况来看，第四季度未出现降准，虽然 7 天回购利率均值从第三季度的 3.53% 下降到 3.29%，但 CPI 出现一定的上行。第四季度中债总财富指数上涨 0.56%（年化为 2.23%）。

表 19 债市单独择时的运行情况

	CPI（-1）	货币政策	常数项	第四季度债市预测
第四季度参数	1（上行）	0（平稳）		
系数	-0.27	-0.12	0.20	-0.07（不及回购）

A股市场估值中枢及波动区间分析系统

黄　明　　2013年5月

在价格波动万千的A股市场，其价值中枢，或者说估值中枢，应该如何确定？在本文中，我们将进行一些方法论上的探讨，尝试对这一问题进行解答。

一、A股市场估值中枢概述

我们认为，A股市场的估值中枢是A股市场价值的反映，在影响A股大的宏观因素不变情况下，A股市场的价格，也即指数，将围绕其估值中枢上下波动。因此，如果我们能找出影响A股的各种因素，并将其量化，就能确定A股市场合理的估值中枢，进而指导我们的投资决策。然而，影响A股市场运行的因素多种多样、纷繁复杂，我们只能尝试着找出这其中影响比较大的因素，尽可能去估算出A股市场在一段时间内的大致估值中枢。

一般认为，自上而下看，经济体的增速水平决定了上市公司的盈利增速水平，而上市公司的盈利水平决定了A股的合理估值中枢（参见图1）。

图1

然而，实际情况更为复杂。除了影响经济增速的宏观经济因素之外，流动性水平、A股的历史估值情况、风险溢价，以及不同资本市场之间的替代性等等因素都会对A股的估值中枢产生影响。我们对于A股估值中枢的理解是：基于现行的经济和货币利率环境，在综合评估A股市场历史估值、波动性、成长性、盈利能力和风险溢价等要素的基础上，测算的A股市场相对于其他大类资产市场（如固定收益、不动产、大宗商品等）以及不同经济体的同类市场（欧美股市、新兴市场）的相对投资价值所对应的合理点位（参见图2）。

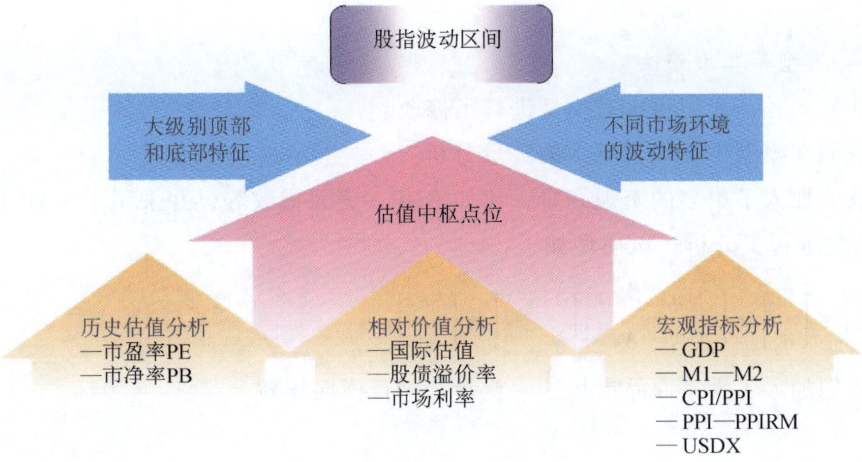

图2 什么是A股市场的估值中枢

对于保险资金而言，A股市场估值中枢的研究有着重大意义。考虑到保险资金具有“安全性、收益性和流动性”要求，保险资金的运用应该坚持价值投资理念，注重估值的合理性。在实际投资过程中，一方面，A股市场估值中枢的测算可以帮助保险资金进行战略资产配置；另一方面，A股估值中枢的测算能够帮助保险资金确定安全边界，提高资产安全性。

二、A股市场估值中枢模型的研究过程

过去几年中，随着我们对A股市场估值中枢这一课题认识的加深，A股市场估值中枢模型经历了几次大的修改。

（一）模型建立之初

2008年11月，我们建立了第一个版本的A股估值中枢模型。这一模型假设：

1. 长期看资产价格之间具有比价效应；
2. 长期看虚拟资本和真实资本之间具有稳定的比价；
3. 股票价格是由盈利及其成长性决定的，高成长的市场享有一定的估值溢价；
4. 产业资本的定价是市场估值的底线；

在这些假设的基础上，我们从资产重估、实体经济与虚拟资本匹配、估值与企业盈利、产业资本定价等多个角度对A股估值中枢进行了测算。

（二）模型第一次修改

2009年6月，我们对A股估值中枢模型进行了第一次修改。考虑到A股的结构性特征，我们加入了从成长性估值溢价的角度对A股估值中枢进行测算。

（三）模型第二次修改

2010 年 6 月，我们再次对模型进行了修改。

1. 我们在模型中加入了更多的定量分析。

2. 我们加入了更多的宏观变量，比如 GDP、美元指数等，并采用了 VAR 模型从股市联动角度进行了分析。该模型如下：

$$\begin{bmatrix} y_{1,t} \\ y_{2,t} \end{bmatrix} = \begin{bmatrix} c_1 \\ c_2 \end{bmatrix} + \begin{bmatrix} A_{1,1} & A_{1,2} \\ A_{2,1} & A_{2,2} \end{bmatrix} \begin{bmatrix} y_{1,t-1} \\ y_{2,t-1} \end{bmatrix} + \begin{bmatrix} c_{1,t} \\ c_{2,t} \end{bmatrix}$$

3. 我们加入了大宗商品市场这一变量，进行横向比较。

（四）模型第三次修改

2012 年 2 月，我们对模型第三次进行了修改。

1. 我们增加了 A 股市场波动性的研究，对极端情形下市场底部和顶部特征做了分析，先计算出 A 股市场的“天花板”和“地板”，然后在这个大区间内测算 A 股估值中枢及波动范围。

2. 在不同的市场环境下，大盘围绕估值中枢运行的偏离程度是有差别的。为了提高估值中枢的实用性，我们基于当前的市场判断和历史波动率给出估值中枢的波动区间。

3. 2005 年股权分置改革以后，随着解禁市值的大幅增加，导致市场供求关系的严重失衡，因此，我们对之前因制度缺陷造成的历史估值数据用流通市值/M2 和流通市值/总市值指标为因子做了技术处理，从而使 A 股估值的历史数据可比性增强。

4. A 股市场与国际市场的相互影响越来越强，估值与国际接轨也是大势所趋，因此，我们增加了 A 股市场与国际股市在估值、盈利性和成长性之间的比较分析。

最后，随着银行理财产品、信托产品、民间借贷及其他金融工具的增多，利率市场化的进程加速，因此，在对股债溢价率指标进行分析时，我们既考虑了包括国债、中票在内的债券收益率，又增加了 6M 票据直贴利率（长三角）和 SHIBOR3M 等反映实体资金紧张程度的利率指标，更加贴近市场，提高了分析的可靠性。

（五）模型第四次修改

2012 年 9 月，我们在之前的基础上继续对模型进行了改进，形成了目前所使用的最新模型。

1. 考虑到中国股市结构化现象明显，我们将动态 PE 这一变量分为包含金融服务和不包含金融服务两种情况加以考虑。

2. 我们在国际估值部分改进了计算方法，而在宏观指标部分加入了 PPI/PPIRM 作为新的指标。

3. 我们对整个估值中枢的模型体系进行了一些调整，加入了自下而上的估值中枢测算办法，并将其和自上而下的模型结果相互印证。

4. 由于2012年10月创业板将迎来解禁大潮，我们采用数量化方法对解禁潮可能的影响进行了估算。

三、目前所使用的A股估值中枢模型介绍

在最新的A股市场估值中枢模型当中，我们将模型计算分为了两大部分：自上而下估值中枢测算和自下而上估值中枢测算。在自上而下估值中枢测算中，我们又根据不同的测算角度分为了历史估值分析、相对价值分析和宏观指标分析三个方面。在自下而上估值中枢测算中，我们根据数据的来源不同分为了外部券商估值和内部估值两个方面。

（一）自上而下估值中枢测算

1. 历史估值分析。历史估值的分析是A股估值中枢模型的重要组成部分。在采用这一变量构建模型的过程中，我们遇到了两个问题：（1）历史上，A股曾经发生过体制性的变革，比如2005年开始的股权分置改革，这将使得其前后的历史估值数据不一致，在模型中缺乏参考性；（2）A股在2010年之后，呈现出了明显的结构性特征，金融服务板块估值一直保持在低位，而中小盘成长股估值高企。为解决这两个问题，我们首先将历史估值数据分为了包含金融服务的历史估值和不包含金融服务的历史估值。然后，我们采用流通市值和总市值为因子，对历史估值的时间序列数据进行了校正。从图3中我们可以看到，历史上A股调整后的估值走势基本上和沪深300指数走势同步。

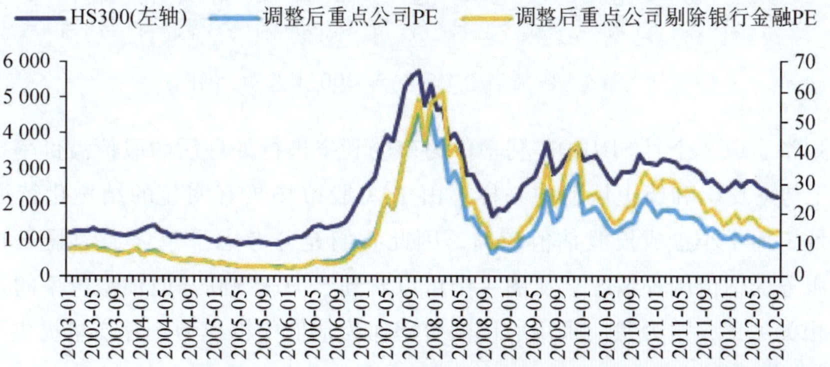

图3 历史估值和沪深300指数走势对比图

2. 相对价值分析。

（1）国际估值比较。随着我国资本市场越来越开放，A股的估值水平也渐渐和国

际接轨。当 A 股估值水平过高时，相比其他国家，A 股市场的吸引力将下降，国际资本将流出，导致其估值水平下降。而当 A 股估值水平过低时，相比其他国家，A 股市场的吸引力将上升，国际资本将流入，导致其估值水平提高。因此，在估值中枢模型中，我们假设未来 A 股估值水平将和国际估值水平趋于一致，将国际估值这一变量纳入到模型的计算当中。

（2）股债溢价率。投资者在进行大类资产配置的时候会比较股票市场、债券市场以及其他利率市场的预期收益情况。如果股市的估值过低，预期收益较大，那么资金将流入股市，抬高价格，从而抬升估值。反之，如果股市的估值过高，预期收益较低，资金将流出股市，压低价格，从而降低估值。因此，我们将股市隐含收益率和债券市场或其他市场化利率之间的差值作为估值中枢模型中的一个变量来进行预测。实际上，随着银行理财产品、信托产品、民间借贷及其他金融工具的增多，利率市场化的进程加速。因此，在股债溢价率指标分析时，我们既考虑了包括国债、中票在内的债券收益率，又增加了 6 个月票据直贴利率（长三角）和三个月 SHIBOR 利率等反映实体资金紧张程度的利率指标，更加贴近市场，提高了分析的可靠性。

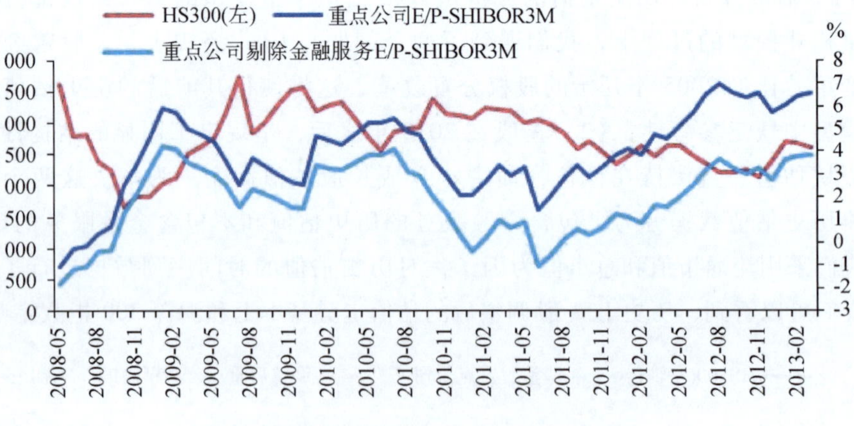

图 4　股债溢价率和沪深 300 走势对比图

图 4 列举了以 3 个月 SHIBOR 利率作为市场利率进行处理后的股债溢价率指标走势和沪深 300 走势对比。和历史估值中一样，由于 A 股市场具有明显的结构化特征，金融服务估值较低，而中小盘成长股估值较高，因此我们充分考虑了包含金融服务的估值和不包含金融服务的估值两种情况。从图 4 中可以看到，沪深 300 与股债溢价率的走势呈现出明显的负相关关系，这为我们采用股债溢价率作为估值中枢模型测算变量提供了依据。

3. 宏观指标分析。

（1）国内生产总值（GDP）。宏观经济和股市之间存在稳定的相关关系。宏观经济增速会对企业盈利产生很大的影响，而企业盈利又会影响股票价格。因此，在 A 股估值中枢模型中，我们将 GDP 作为一个重要的变量加以考量。从图 5 中可以清晰地看到，

A 股总市值在大趋势上随着 GDP 的增长而增长。为了让 GDP 这一变量更有预测性，我们在实际处理过程中剔除了通货膨胀的影响，同时采用总市值对其进行了校正。

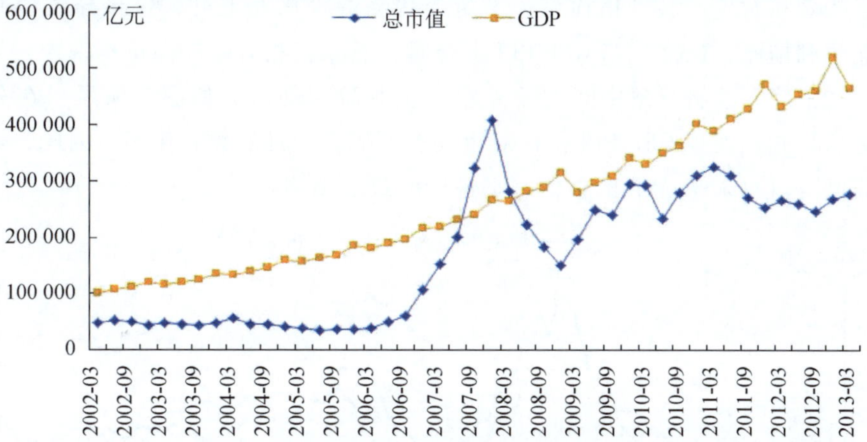

图 5　GDP 和 A 股总市值的关系

（2）M1 同比增速 - M2 同比增速：货币流动性。货币流动性一直是影响 A 股估值的一个重要变量。从历史上看，当流动性充裕的时候，A 股估值水平将会提高。而当流动性收紧的时候，A 股的估值水平将会下降（参见图 6）。

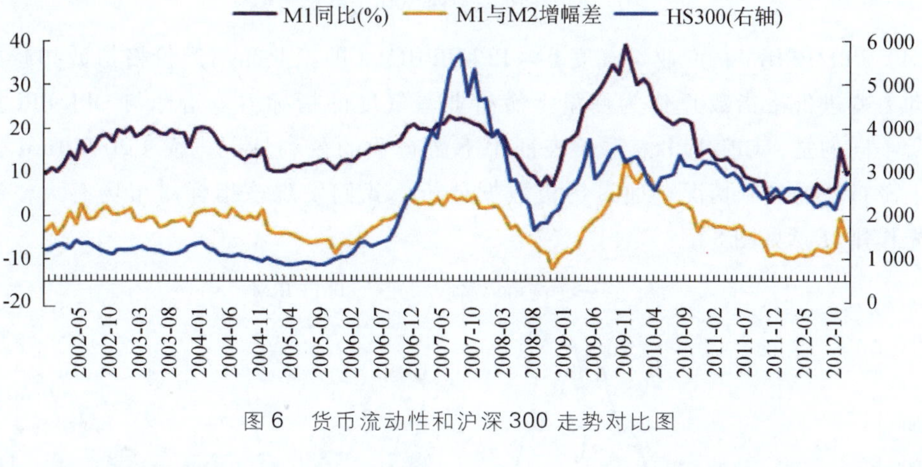

图 6　货币流动性和沪深 300 走势对比图

在 A 股估值中枢模型中，我们采用 M1 - M2 这一变量来衡量货币流动性，如果 M1 增速大于 M2 增速，意味着企业的活期存款增速大于定期存款增速，企业和居民交易活跃，微观主体盈利能力较强，企业景气度上升；如果 M1 增速小于 M2 增速，表明企业和居民选择将资金以定期存款的形式保留在银行，微观主体盈利能力下降，未来可选择的投资机会有限，多余的资金开始在实体经济中沉淀下来，经济增速回落。从图 5 中可以看到，M1 - M2 指标和 A 股走势存在很强的同步关系，这一关系有助于我们对 A 股合理的估值水平进行测算。

（3）CPI/PPI：产业景气度Ⅰ。CPI 和 PPI，分别衡量的是下游消费品和上游生产品的价格状况。我们选取 CPI/PPI 作为衡量中下游行业景气程度指标，即当 CPI/PPI 上升时，意味着相对生产品价格而言，下游消费品的价格在上升，这将导致中间利差扩大，企业盈利增厚；反之，当 CPI/PPI 下降时，意味着相对生产品价格来说，下游消费品的价格在下降，这将导致中间利差缩小，企业盈利削薄。如图 7 所示，在分析了历史数据之后，我们发现 CPI/PPI 指标对市场有大概 2 个月的领先作用。因此，通过这一指标，我们可以对未来 A 股的估值水平进行大致的预测。

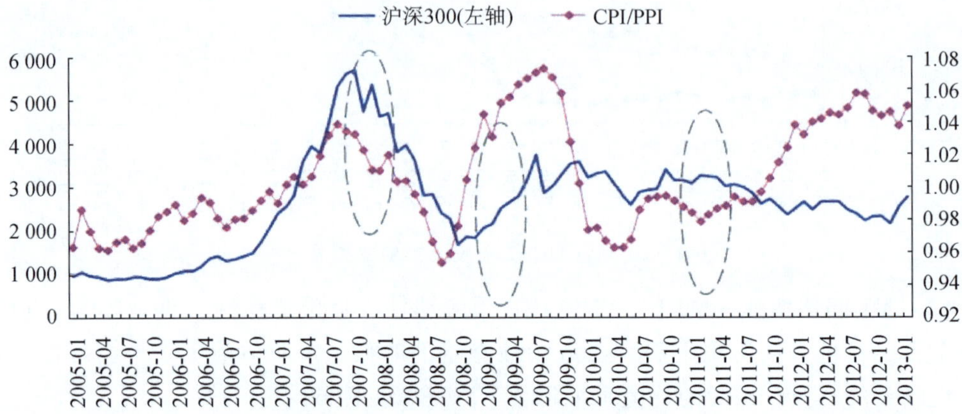

图 7　CPI/PPI 与沪深 300 走势对比图

（4）PPI/PPIRM：产业景气度Ⅱ。PPI/PPIRM（即工业品出产价格指数扣减原材料燃料动力购进价格指数）作为衡量上游行业景气度的指标。该指标与 CPI/PPI 指标类似，所不同的是，CPI/PPI 偏重于表征中下游行业的盈利情况，而 PPI/PPIRM 偏重于表征上游行业的盈利情况。通过历史数据分析，我们发现该指标对市场有大概 3 个月的领先作用（参见图 8）。

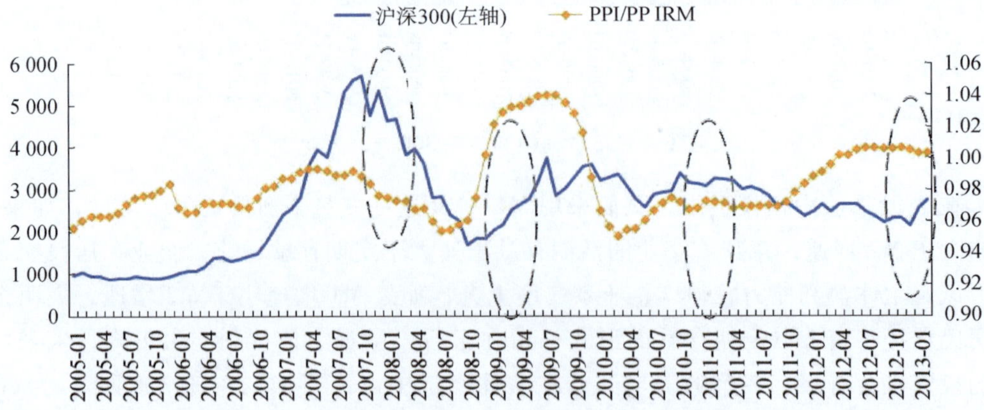

图 8　PPI/PPIRM 与沪深 300 走势对比图

（5）USDX：美元指数。美元指数作为全球主要的避险货币，对国际资本流动具有显著的代表性和指向性，对新兴股票市场的估值水平也会产生重要影响。一般来说，当美元指数上升时，反映了国际资本撤出新兴市场、回流成熟市场。反之，当美元指数下降时，反映了国际资本撤出成熟市场，涌入新兴市场。经过我们测算，历史上，美元指数和沪深300指数之间显著负相关，其相关系数为-0.62。因此，我们将美元指数作为一个重要的宏观变量纳入到估值中枢模型当中（参见图9）。

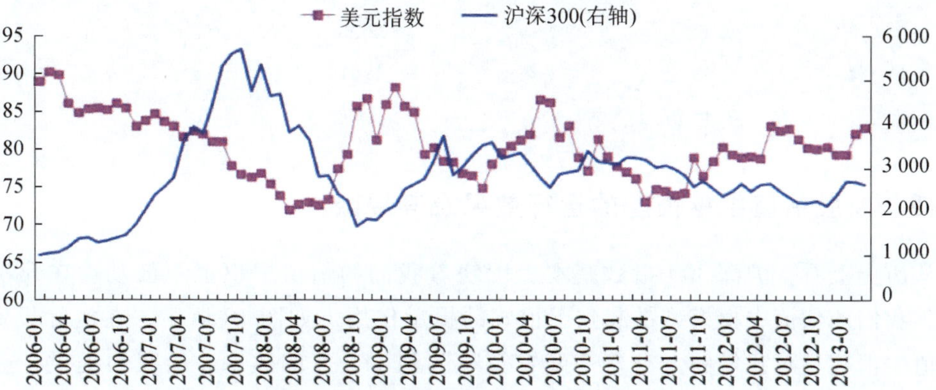

图9　美元指数和沪深300走势对比图

（二）自下而上估值中枢测算

A股市场是由一只只个股所组成的，如果我们能够确定每只个股的合理估值，那么，将其汇总起来，我们就可以得到整个A股市场的合理估值。从这一逻辑出发，我们构建了自下而上的估值中枢测算方法，用以与自上而下的估值中枢测算方法相互印证。

我们假设，研究员们能充分把握所覆盖公司的基本面情况，准确预测所覆盖公司的未来现金流。那么，根据估值模型，研究员们能得出每一家公司的合理价格，将之按照编制指数的方式汇总起来，我们就可以得到沪深300指数的合理价格。

因此，在进行自下而上估值中枢模型测算的时候，我们在沪深300指数中选取了最具有代表性的50只股票，占沪深300总市值的53.12%。为了尽量模拟沪深300指数，我们将这50只股票的行业权重设置为和沪深300指数一致。然后，根据沪深300指数的行业权重，我们再在行业内部对个股权重进行调整，以此得到重编的指数（参见表1）。

我们分别让外部券商和内部研究员对这50只股票进行估值，再按照之前提到的权重分配方式汇总计算得到沪深300指数的价格，这一价格就是自下而上估值中枢的测算结果。

表 1　　沪深 300 指数行业权重分布

申万一级行业	权重（%）	申万一级行业	权重（%）	申万一级行业	权重（%）
采掘	6.7	机械设备	4.43	商业贸易	1.83
餐饮旅游	0.16	家用电器	2.59	食品饮料	6.83
电子	1.1	建筑建材	5.1	信息服务	1.96
房地产	6.25	交通运输	2.92	信息设备	1.03
纺织服装	0.34	交运设备	5.18	医药生物	4.86
公用事业	2.5	金融服务	32.82	有色金属	6.76
黑色金属	1.93	农林牧渔	1.01	综合	0.22
化工	3.44				

四、A 股估值中枢模型的运行效果及其局限性

从历史上看，沪深 300 指数基本上围绕着我们的估值中枢上下波动。在几次大的底部，我们的估值中枢模型都起到了很好的提示作用。如图 10 所示，在实际投资中 A 股估值中枢模型对我们的大类资产配置策略起到了极好的效果，给我们提供了一个用以校正的准星，提高了我们判断市场的胜率。

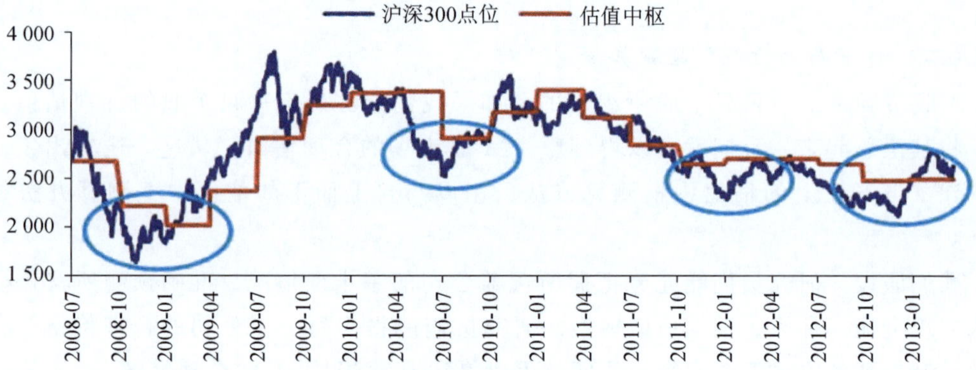

图 10　A 股估值中枢历史运行效果图

需要指出的是，尽管我们对这一模型作出了深入的研究，取得了一些成绩，但是模型依然存在着不少局限性，需要我们在未来的研究中加以克服：

1. 影响估值中枢的因素很多，也太复杂，有些因素还没有纳入到模型中来，比如情绪、政策等对股市的影响，本课题的研究只是初步的尝试，需要在投资实践中不断完善。

2. 我们采用了尽量多的宏观指标进行模型预测。然而，有些指标更适合定性分析，用来做定量分析有一定的指示作用，但给出的点位可能偏差略大。

3. 数据、时间段、参数的选择和设定存在一定的主观因素，这将影响到结果的可

靠性；另外，随着时间的推移，有效性会降低，后期需要对模型进行不断的调整和完善。

4. 在对 A 股历史数据进行分析时，我们假设这些规律依然适用于未来的 A 股市场。但是，历史不会简单重复，我们在运用 A 股估值中枢的结论时，要结合当前的实际情况慎重决策。

分形市场假说及对深证成份 A 指分形结构的实证检验和择时策略研究

吴　滨

2011 年 6 月

一、有效市场假说与现实的悖论

早在 1900 年，法国数学家 Henri Poincare 的得意门生 Louis Bachelier 在他的博士论文《投机的理论》中首次利用分子的布朗运动描述股价波动。经过学术界对这一论证的不断研究和发展，美国金融学家 Eugene Fama 于 1970 年首次提出了著名的有效市场假说（Efficient Market Theory，简称 EMH），该假说认为在有效市场里，由于股票价格已经充分反映了所有公开的和未公开的信息，因此任何企图战胜市场的行为都是徒劳的，由于股票价格对信息的迅速反应，任何潜在的套利空间将被有效市场挖掘而使股价迅速达到均衡。因此股票收益率不存在时间序列上的自相关性或“记忆性”，投资者无法根据历史价格来推演未来的股价走势。

EMH 是一个通过简单线性微分方程来描述投资者行为的模型，它的成立需要严格的前提条件：（1）市场的参与者都是理性、有秩序和条理的；（2）每一个作用都有与之成比例的反作用，因此市场和股价总是反映了这些理性参与者的供求平衡；（3）股票价格能充分反映资产所有可获得的信息，信息流入市场是迅速的，当信息变动时股票的价格也会迅速发生相应的波动。

然而，EMH 将资本市场看得过于理想化和简单化，现实中市场作为一个交易主体复杂多样而信息流入开放的系统，其运行受到内部运行机制和外部干扰因素的多方面影响，并不像 EMH 所描述的那样理性和有序，而投资人的风险偏好、对信息的解读、对投资和投资资产的收益预期也并非完全趋同。否则，在市场参与者对信息的反应和未来收益预期完全一致的情况下，股市要么零成交（没有交易对手）、要么朝一个方向作趋势性运动（暴涨或暴跌）。由于现实中的资本市场难以达到 EMH 成立所需的严格前提，所以 EMH 并不能很好地解释诸如股市泡沫、崩盘和羊群效应等现象。

越来越多的现代金融研究和实证分析对 EMH 提出了挑战和质疑，比如资本市场中的日期效应、小公司效应和低市盈率效应等现象均难以用 EMH 解释。诸多对指数收益率序列的计量研究也表明，收益率序列经常表现出自相关性，容易表现出尖峰和厚尾的特征等等。20 世纪 80 年代以后，随着一些新的理论和假说（如行为金融学、动力学）的涌现和兴起，学者们开始试图突破随机漫步相关理论的约束，把资本市场视为一个存在动态适应性和不断交互作用的系统，通过一些新的工具（如非线性的动力学系统）来研究和解释股票价格的波动特征。

二、股市呈现混沌与分形的特征

混沌的英文单词Chaos，最早源于国外学者对中国“道”的译名，可惜后来的中文翻译又偏差地将其译成了“混沌”。混沌的金融解释，可以理解成资本市场上貌似混乱的现象或随机性，其实有内在规律可言，混乱中又有一定的秩序。

正如资本市场通常表现出来的是动态的稳定，反映了包括理性投资人和非理性投资人的博弈、信息获取优先的投资人或信息不对称参与者的博弈、价值投资者与趋势投资（投机）者的博弈，而短暂的成交量均衡和价格平稳仅仅是市场短期由混乱回归有序的体现。当市场再度面临交易主体的变动、预期的变动或新发布信息的冲击时，其短暂的均衡又会被打破而重新寻找新的稳态结构，如此循环反复、周而复始。而分形理念，很好的描述了资本市场这种短暂或阶段性的稳态结构。

所谓市场的分形结构，其实就是局部与整体有某种方式相似的形体，这类形体极其破碎而复杂，但它们之间却是有着自相似的联系。我们以自然界的分形结构为示意，一片叶子可以由多个形状相似的小叶子组成，而小叶子又可以由形状相同的更小的叶子组成，如此循环反复，直至图形被划分至最小的粒子空间。这与金融投资中的K线极其类似，一组大周期的K线排列可以由不同层次的小周期的K线排列而成（参见图1）。

图1 叶片的分形结构

我们可以通过数学公式来描述图1这种叶片的形状，一条无限迭代的级数即可描绘出类似叶片的分形规律。可见，自然界中看似复杂的图形，其实也有着其自身的规律。同样在资本市场上，一些看起来琐屑无序、不规则的K线排列，其实也有着某种内在的联系和规律有待我们的深入研究和挖掘。

不少国外金融学者对最大李雅普诺夫指数和分形维的检验证明了资本市场存在混

沌的行为。随着非线性动力学的发展，基于混沌和分形理论的新框架为我们提供了解释和预测资本市场股价波动序列的新方法，而分形市场假说（Fractal Market Hypothesis，简称 FMH）的提出是在该领域取得的重大突破之一。FMH 最早由 Edgar E. Peters 于 1994 年提出，与 EMH 提出的股票收益率服从独立的 Gauss 分布不同，该理论强调资本市场信息接受程度和投资期限对投资者行为的影响，指出股票收益率服从"尖峰厚尾"的有偏随机游走分布，进而指出股票市场是一个非线性的动力系统，并认为所有市场都存在分形结构。

为了弥补 EMH 的缺陷，FMH 从假设前提上作了更加贴近市场现实的改进：

1. 市场由众多不同类型的投资者组成，投资期限的差异对其投资行为产生显著的影响。处于短期投资期限的投资者会进行频繁的交易，而处于长期投资期限的投资者则在较长的时期内保持持仓稳定。

2. 利好或利空信息对不同投资期限的投资者所产生的影响也不相同。投资者对信息的反应和解读取决于投资者自身的投资水平，技术分析和基本分析都是适用的。通常短期限的投资者倾向于关注技术面的信息，而长期限的投资者倾向更关注基本面的信息。

3. 市场的稳定（供需平衡）取决于流动性的保持，只有当市场是由处于不同投资水平上的众多参与者构成时，充分多元化的预期和投资观点的不一致，方能使市场流动性（或交易对手）得以维持。如果长线投资者停止交易或转向偏好短线交易，短线投资者的群体效应将导致股价阶段性的剧烈变化，造成混沌现象。

4. 股票价格不仅反映投资者基于技术分析所作出短期交易，也反映了基于基本分析对市场所作的长期估值。

5. 如果单只股票与经济周期无关，那么其本身并无长期趋势可言，交易行为、市场流动性和短期信息将在市场中起主导作用。从短期来看，资本市场存在分形结构，这一结构建立于长期经济循环的基础之上。市场的全局有序和局部的无序使得短期预测是可能的，但时间越长预测就越不可靠。

一般而言，股市的分形结构存在以下五个方面的特征：（1）自相似性。对于同一收益率序列，用不同时间标度对其进行分割，分割后的不同序列具有类似的分布。自相似性反映了序列整体的稳定性。（2）标度不变性。股市的标度不变性体现在不同的时间标度具有相似的形态。变更时间标度不会改变它的形态、不规则性。对于一般的分形结构而言，标度的不变性不是无限的，而是存在一定的范围。（3）记忆性。历史信息和股价走势对未来走势产生影响，使得短期预测成为可能，但在期限上是有限的。（4）非线性。股票市场本身是复杂的、开放的非线性系统，因此应当采用相应的非线性理论（如动力学理论）来研究市场内在的运行规律。（5）分形维。根据 EMH，分形维恒等于 1.5，即随机序列；但在 FMH 框架下，分形维分布在 1 ~ 2 之间。随着序列分形维接近于1，序列的光滑程度也越明显；当序列分形维趋近于2，序列比标准的随机游走更不光滑，容易出现反转的现象。

三、分形市场结构的度量：Hurst 指数和 R/S 分析法

Hurst 指数是用于混沌和分形学中判断时间序列混沌性和成群性的统计学参数，于20世纪中叶由英国水文学家 H. E. Hurst 所提出。Hurst 在研究尼罗河水库水流量和存储能力的关系时发现有偏随机游走（分形布朗运动）能够很好地描述水库的长期存储能力，并在此基础上提出了用重标极差 R/S 分析法来建立 Hurst 指数模型，用于判断数据的时间序列是否存在分形结构和持续性，并可估算系统初始信息的完全丢失时间长度。

Hurst 的三种取值范围是：$H=0.5$；$0\leqslant H<0.5$；$0.5<H\leqslant 1$。当 $H=0.5$ 时，意味着股票收益率的时间序列随机游走。当 $0\leqslant H<0.5$ 时，意味着反持久性的时间序列，被称为是“均值回归”。反持久性行为的强度依赖于 H 指数靠近 0 的程度。如果前一个时间期间是上升的，则它在下一个时间期间多半会下跌；反之亦然。当 $0.5<H\leqslant 1$，意味着稳定的分形市场，具有持久性，且强度取决于 H 接近 1 的程度。如果上一个区间市场是上涨（或下跌）的，那么，下一个区间内市场将继续上涨（或下跌）。

R/S 分析法的基本思路是：

对于一个长度为 T 的时间序列（x_1，$x_2...x_T$），将该序列分成 A 个长度为 N 的等长子区间，即 $T=A*N$。对于第 a 个子区间（$a=1$，2，3…，T），其均值记为：

$$X_a=\frac{1}{N}\sum_{i=1}^{N}x_{a,i}$$

每个子区间的标准差为：

$$S_a=\sqrt{\frac{1}{N}\sum_{i=1}^{N}(x_{a,i}-X_a)^2}$$

第 a 个子区间中的第 i 个元素的累积离差为：

$$X_{a,i}=\frac{1}{N}\sum_{i=1}^{N}(x_{a,i}-X_a)$$

找出第 a 个子区间的各个元素的累积离差求最大值和最小值，其差值便为令极差：

$$R_a=\max(X_{a,i})-\min(X_{a,i})$$

定义第 a 个子区间的重标级差为 R_a/S_a，则把所有 A 个子区间的重标级差平均起来可得到重标级差的均值：

$$(R/S)_N=\frac{1}{A}\sum_{a=1}^{A}(R_a/S_a)$$

为比较不同类型的时间序列，Hurst 建立了以下关系：

$$R/S=(k\times N)^H$$

对上式两边求对数，我们得到：

$Log((R/S)_N) = K + H \times Log(N)$

在对原始序列进行分割时，根据 N 的不同取值得到相应的$(R/S)_n$，然后对 Log $((R/S)_n)$和 Log (N) 进行 OLS（最小二乘法）回归可得到 Hurst 指数。现在对于未来的影响可以表现为一种相关性：

$C = 2^{(2H-1)}$

其中，C 为相关性度量；H 为 Hurst 指数；时间序列的分形维 D 衡量其波动的剧烈程度或参差不齐性：$D = 2 - H$，故 D 的取值范围为 $0 < D < 2$。

当 H 等于 0.5 时，意味着时间序列是标准的随机游走，不同时间的值是独立的，收益率呈正态分布，即 EMH 中假设的情形。当 H 不等于 0.5 时，时间序列就不是独立的，每一个观察值都带有它之前发生的记忆性，通常被称作 Markov 型短期记忆。理论上它是永远延续的，近期事件的影响比远期大。国内外的实证经验结果表明，用 R/S 估计的 Hurst 指数，数据的序列越长，估计的精度也越高，收益率序列并非 EMH 中假设的正态分布，往往容易呈现“尖峰厚尾”的特征。通过观察 log（R/S）和 log（N）的关系图，我们可以清晰的观察 Hurst 指数在何处发生突变，而突变之处所对应的 N 就是时间序列的初始条件信息完全失去记忆的时间长度。

为证明混沌和分形现象的存在，Peters 将 1928 年 1 月至 1989 年 12 月的标普 500 指数五日收益率进行统计研究，证实了收益率的分布比正态分布具有“尖峰厚尾”的特征，并得到 H 值为 0.78，平均记忆期为 48 个月，因此可以拒绝 EMH 而接受 FMH。徐龙炳、陆蓉（1999）对我国上证指数 1998 年 10 月以前的历史数据也进行了 R/S 分析，得出上证指数的 H 值为 0.661、深证指数的 H 值为 0.643，同样具有较明显的分形结构特征。

四、对深证成份 A 指的分形检验

虽然国内一些早期的研究也应用了 R/S 方法得出沪深股市具有分形特征的结论，但是由于分析经验多基于 2000 年或 2006 以前的数据，数据周期偏长、时间跨度不够，因此可能存在数据可信度和适用性问题。2006、2007 年以来，由于金融、采掘和资源行业的大市值公司的相继上市，导致上证综合指数的成份变动较大，因此指数序列的连续性可能未得到较好的体现。因此，本文着重研究成份股变更频率较低、且不含 B 股成份的深证 A 股成份指数（简称深证成份 A 指），由于该指数的 BETA 要高于上证指数，市场在涨跌起伏时可观测到的周期起伏的特点将更为明显直接。

本文分别选取了 2002 年 1 月至 2011 年 6 月的深证成份 A 指日收盘价（共 2 282 个数据样本）进行实证检验，判断深证成份 A 指是否存在特定的分形结构和界定它的平均记忆期 N 的取值。

（一）深证成份 A 指的正态性检验

时间序列的正态性检验我们常用 Kolmogorov – Smirnov 检验来进行，运用 MATLAB 对深证成份 A 指的日收益率序列进行的检验结果否定了 Null Hypothesis（H_0 假定序列呈正态分布），统计参数显示：Skewness = 0.2460，turo = 4.9935，说明日收益率序列存在明显的峰尖厚尾，且分布不对称呈左倾，故我们拒绝 H_0（参见图 2）。

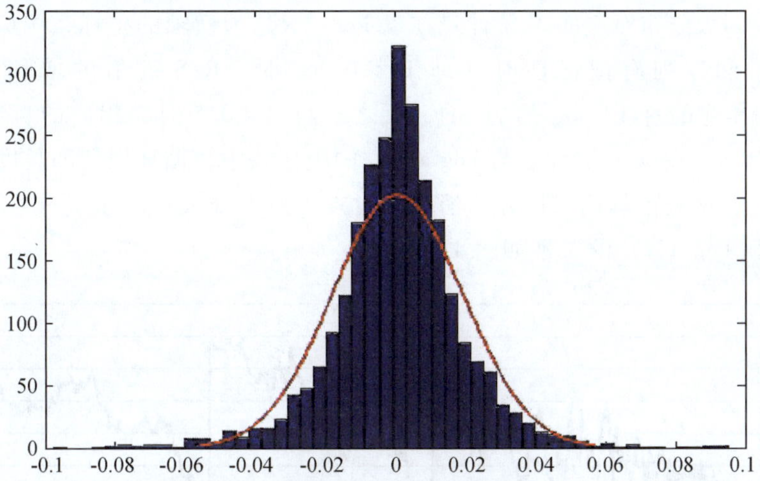

图 2 深证成份 A 指的分布拟合

（二）应用 R/S 分析法检验深证成份 A 指的分形特征

为本文关于指数收益率序列是否存在分形结构的研究开展，我们运用前述的 R/S 分析步骤对深证成份 A 指的日对数收益率序列进行计算，得到 Log（R/S）和 Log（N）的关系如图 3 所示：

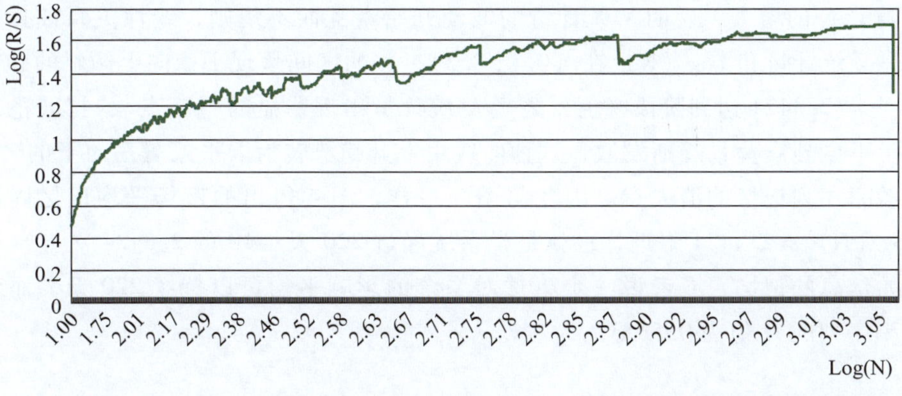

图 3 深证成份 A 指 Log（R/S）与 Log（N）的关系

从图3中我们可以看到，随着N值的增大，Log（R/S）与Log（N）两者的线性关系越不稳定，为了更精确地判定在哪个N值使得两者的关系被打破（即指数的平均记忆周期），我们可以考察V统计量与Log（N）的关系，V统计量的定义为：

$V_N = (R/S)_N/\sqrt{N}$

如果V统计量的分母R/S与分子N的平方根是同阶，那么V随着N的变化应为一条直线，即Gauss分布对应的V统计量在以Log（N）为横轴的坐标系中应为水平的直线。当一个时间序列有记忆性时（即 $H>0.5$）时，R/S的值的增长速度要快于Log（N），则相应的直线应该是向上的；反之，当 $H<0.5$ 时，相应的直线应该向下，斜率为负。因此，在以V统计量与Log（N）的坐标系中，循环周期的长度对应于V走势改变的时点，就是市场记忆性开始消失的时点。对深证成份A指进行R/S分析得到的V统计量和Log（N）的关系如图4所示：

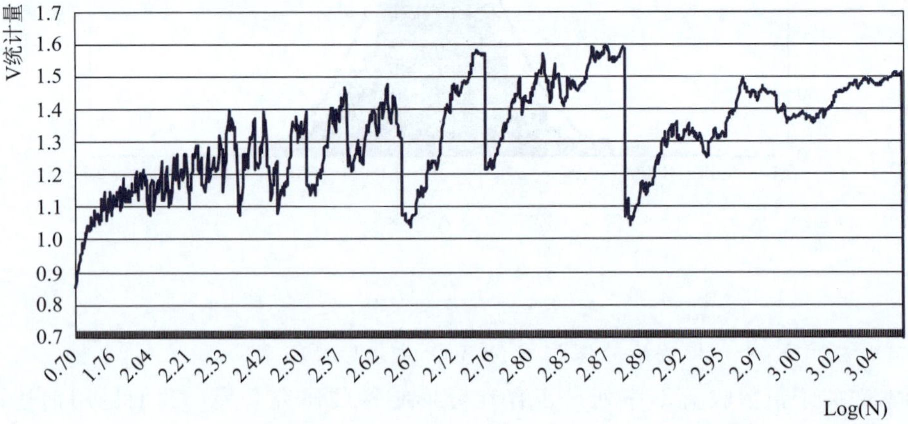

图4　深证成份A指V统计量与Log（N）关系

由图4可见，在Log（N）≤2.3424的区间，V与Log（N）呈较明显的上倾线性关系，随着N的增大，后期V统计量的波动开始紊乱而不规则，线性关系被打破。直观上看，V统计量和Log（N）在（0.7，2.3424）的区间呈现平稳向上倾斜的趋势，到Log（N）=2.3424达到阶段峰值，之后V统计量出现明显的“断点”，打破稳定上升趋势后上下剧烈震荡且逐渐发散，这种曲线由上升趋势转为展平或震荡向下的“断点”就是收益率序列记忆的消失点。因此与图3一样，图4得出的市场平均记忆周期时点均是Log（N）=2.3424附近，也就是说系统经过220天（10的2.3424次方）就失去了对初始信息的记忆，或者说一个事件对系统的影响平均可以持续220天，而整个对数收益率序列的H值为0.5853。

五、基于局部 Hurst 指数的择时策略研究

（一）局部 Hurst 指数的定义和算法

目前国内学术界大多数研究只是静态的计算 Hurst 指数来讨论市场的记忆期和对长期趋势的依赖性，但这种全局的 Hurst 指数难以描述市场的阶段性特征，对我们在投资实践中提供不了过多的帮助。我们面临的是一个动态的市场，所以应该从动态的角度来研究市场。因此，与全局 Hurst 指数对应，我们引入局部 Hurst 指数（Local Hurst Exponent）来描述滚动一段时间内市场的稳定性和情绪。

在全局时间序列（1，T）内，选取局部区间（i，i+N-1），使用 R/S 方法计算出这段时间的 Hurst 指数 H（i+N-1），即为该局部区间内的局部 Hurst 指数，（i，i+N-1）称为该 Hurst 指数的时间窗。在 $1 \leqslant i \leqslant T-N+1$ 的取值范围内，我们可以取得 T-N+1 个局部 Hurst 指数。

局部 Hurst 指数可以用来判断未来市场的趋势是否会延续、随机或减弱甚至反转。由于局部 Hurst 指数的取值与时间窗 N 的长度的选择有密切关系，因此在计算局部 Hurst 指数之中，判定一个市场的平均记忆周期是非常必要的。我们在前述对深证成份 A 指的实证检验中，发现了 N=220 天为股市分形结构的平均记忆周期。另一方面，为消除供求关系的波动对市场的影响，时间窗口的长度一般适合控制在半个交易年度至一个交易年度，于是我们分别对 220 天的平均记忆周期附近（$180 \leqslant N \leqslant 240$）进行了测试，并发现当 N=200 天时，局部 Hurst 指数获取了较佳效果。图 5 为基于 200 天平均记忆期的局部 Hurst 指数和深证成份 A 指收盘价的对数坐标的拟合图：

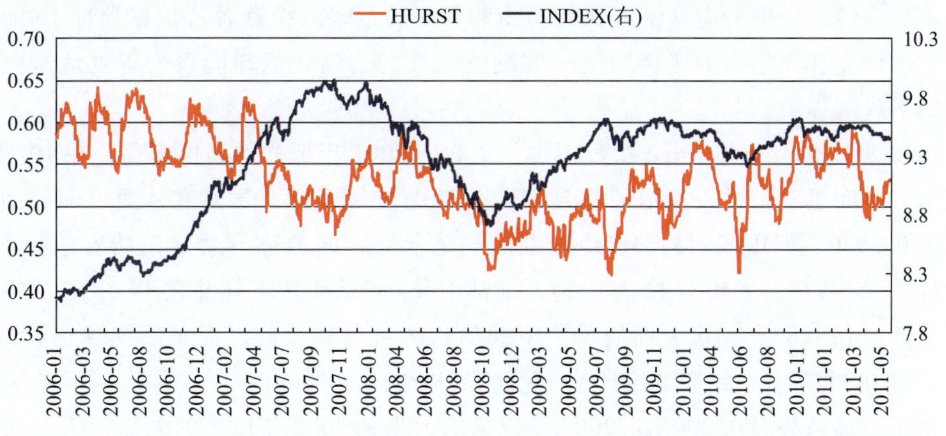

图 5　2006 年以来局部 Hurst 指数与深证成份 A 指收盘价历史走势图

（二）局部 Hurst 指数与市场走势的拟合分析

由于股改以来成份股的调整、市场参与结构的变化和流通市值的大幅上升，数据

的阶段连续性可能面临的可信度问题，因此我们过滤了2002～2005年股改过程中的数据，我们可以看到图5中2006年以来局部Hurst指数和深证成份A指走势的对应关系：局部Hurst指数一般在0.4～0.7的区间内波动，当H值在0.5附近表示未来的趋势呈随机游走的可能性较高我们不做趋势判断；当H值向上往0.6方向移动时，表明市场的趋势将延续的可能性更大；而当H值快速跳落向0.4方向移动时，表明市场对前期的趋势记忆正在衰减，未来趋势可能呈现反转。事实上，在2006～2007年上半年的单边大牛市中，局部Hurst指数大部分时间分布在0.55上方，时常快速向上突破0.6。

2006年8月上旬至9月上旬、2007年1月中旬至2月下旬，局部Hurst指数均有阶段性的快速回落（意味着对前期趋势的记忆性减弱），但由于最低均未有效跌破0.54，而之后均快速拉起并站稳0.6上方，因此期间局部Hurst指数发出的信号均为多头持续。Hurst指数最后一次向上突破是在2007年的3月13日至4月6日，由0.5363快速上攻至0.6292，而之后Hurst指数便由5月9日的0.6005快速下跌至5月29日的0.5000和5月30日的0.4928，创出阶段跌幅最大和近两年的阶段低位。这预示着前期强势上涨的趋势可能结束，与之对应的便是众所周知的“5·30调整”。而“5·30”之后市场虽然仍出现了继续上涨，但Hurst指数并未再有效突破0.55，7月以后开始震荡走低并在8月14日创下阶段新低0.4765，再次预示着前期单边上涨的趋势可能将结束，基于局部Hurst指数发出的信号投资者应该执行继续卖出和看空的策略，然而在2007年的存款搬家、新基金发行、公募基金集体对蓝筹股的“抱团取暖”策略下股市的赚钱效应仍在8月以后得以持续，因而指数后续仍出现了向上冲浪的行情，但局部Hurst指数反而继续在更低的重心波动，并在11月5日又创下阶段新低0.4664，继续提示趋势反转，投资者应该继续执行卖出和看空的策略。投资者若依据局部Hurst指数操作，或许会在大牛市的尾声踏空一波继续上涨的行情，但却能极大程度地避免2008年单边下跌的损失。

2008年以来，局部Hurst指数不再像2006～2007年那样的高位震荡，在10月之前的大部分时间里并未进入提示趋势延续或反转的显著区间，虽然在4月9日达到了区间峰值0.5940，但市场的趋势已由前期的趋势上涨转向趋势下跌（意味着趋势下跌的持续性）。直到9月下旬至11月上旬，局部Hurst指数快速下降并在10月31日达到了至历史低位0.4283，预示着前期单边下跌的趋势将出现反转，而事实上这也正好是A股在2008年全球金融风暴下绝佳的“抄底”机会。

由于市场趋势经历2006和2007年以来的大牛和2008年以来的大熊，Hurst指数亦由前期的高位波动演变为低位震荡运行。在2008年10月之后，A股市场大幅反弹。期间Hurst指数虽在2009年3月下旬至5月上旬再度探底，在5月4日达到阶段低点0.4365，但由于期间指数的趋势不明确（滚动200日的涨跌幅在5%以内，我们视这段期间的趋势不够显著），不视其为有效信号的发出。直到2009年7月下旬，局部Hurst

指数由7月23日的0.5223快速下降至8月6日的0.4206，再次预测了指数面临“变盘”的拐点。而2009年8月以后的近一年时间里，由于Hurst指数并未达到极端的波幅，故未再发出任何信号。

2009年8月以后Hurst指数的波幅开始加大但并未达到2006~2007年的高位（再没有突破过0.6），说明运用Hurst指数来判断指数是否趋势延续的这一功能难以发挥，于是我们只好依赖于Hurst指数快速下降到历史低位来提示的趋势反转这一功能。2010年6月，局部Hurst指数由5月27日的0.5272快速下降至6月11日的0.4207，说明2010年上半年指数的下跌趋势可能会面临反转。虽然之后指数受当时市场回购利率高企和恐慌情绪延续仍出现了惯性下跌直至7月5日才见底，但以中线走势来看，仍是有效实现了相对的低点的成功抄底。遗憾的是在11月上旬的这个市场相对高位的区间，Hurst值也达到了0.58附近的阶段高位，虽未达到足够显著预测趋势延续的0.6以上，但也相对暗示了当时市场的趋势仍较良好，因而没有发生风险预警。

局部Hurst指数在之后至2011年3月中旬一直在0.55~0.59区间窄幅波动，没有达到显著的赋值或变动足以发出买卖信号。而在2011年3月中下旬以来，局部Hurst指数再度出现了快速下移，由3月底的0.5846快速下跌至4月中旬的0.4873，再度发出阶段性卖出和看空的信号。之后在4月下旬至6月，指数果然再度出现单边下行的局面。

（三）设定统计参数和阈值构建择时模型

既然局部Hurst指数是描述市场局部区间里的特征和情绪，我们就不应对Hurst指数的关键值赋予固定的数值。最为有效和科学地描述滚动一段时间内数值的分布方法是百分位（percentile）和置信度（significance），因此我们对滚动200个交易日的历史Hurst指数样本（$H(j-200+1)$，$H(j-200+2)$，… $H(j)$）计算均值和标准差：

$$\sigma(j)=\sqrt{\frac{1}{200}\sum_{i=1}^{200}\left(H(j-200+i)-\mu(j)\right)^2},\ \mu(j)=\frac{1}{200}\sum_{i=1}^{200}H(j-200+i)$$

并在正态分布的假设下计算第j个Hurst指数$H(j)$在过去200个样本中的Z值：

$$Z(j)=(H(j)-\mu(j))/\sigma(j)$$

由于样本数据足够多（达到200只），可以假定$H(j)$服从正态分布，$Z(j)$是$H(j)$经正态化处理后服从$N(0,1)$分布的标准值，如$Z=1.645$时代表着$H(j)$处于95%的置信度或分位，$Z=1.96$时代表着$H(j)$处于97.5%的置信度或分位。因此通过计算$Z(j)$的序列，我们可以很好地捕捉到在滚动200个交易日的周期里，$H(j)$是否处于异常，即在特定置信度下达到了偏左或偏右的显著值，而不是单纯的0.65或0.45，因为随着市场结构和环境的不同，局部Hurst序列的分布也不尽相同。

为确保模型的可靠性，我们设定Z的绝对阈值为1.75（标准正态分布下95%的置信度对应 Z 值为 1.645)，即出现 Type I 类统计偏差的 p 值小于 5%。同时，众多券商的金融工程研究指出，在投资实践中 Hurst 指数预测反转的效果要强于预测趋势延续的，因此我们对满足右侧条件的 Z 值还要加上 H 值达到 0.6 以上的限制（方可有效确认趋势延续)。另一方面，不管判断趋势延续还是反转，我们都需得知过去一段时间 (j, j - N + 1) 的市场趋势是上涨还是下跌，因此我们还计算出了局部区间涨幅序列 (return (j) 定义为 P(j)/P(j - N) - 1)，并对区间涨幅进行显著性筛选，如对于 200 日涨跌幅达到 10% 或以上的序列才定义为明确的上涨或下跌趋势，对于涨跌幅在 10% 以内的序列判定了趋势不明确，即使 Hurst 指数发出延续或反转的信号，也不展开交易。

将上述统计方法和显著性筛选的限制条件用 VBA 写进局部 Hurst 指数模型中，得到 2006 年至 2011 年 6 月以来的量化择时模型，我们把它定义为“分形市场假说择时模型”（Fractal Market Hypotheses Timing Model，简称 FMHTM)，模型的买卖交易情况如图 6 所示：

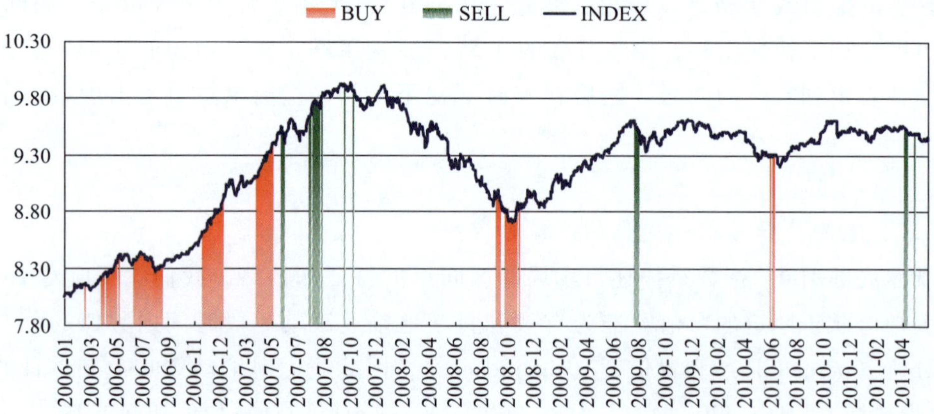

图 6　FMHTM 给出的买入与卖出信号

整体来看，2006 年以来 FMHTM 模型基于深证成份 A 指的日收盘数据的择时效果较佳，在 2006 年启涨的时点连续发出买入信号，在 2007 年 2 月底发出过卖出信号后随即在市场再度转入上涨过程中又发出买入信号，之后在 2007 年的“5·30”前、7～8 月和 11 月发出卖出信号，虽然过早离场，但却较好的回避了 2008 年大熊市的下跌风险。在 2008 年较早的进行左侧抄底（9 月下旬至 10 月上旬开始抄底，但深证见 5 938.69的大底发生在 10 月 28 日)，虽承受了短暂最后一杀的阵痛，但却捕捉到大级别底部。而之后的 2009 年 8 月逃顶、2010 年 6 月抄底和 2011 年 4 月的撤退也与市场中线趋势较好的吻合，可见分形市场理论和经优化过的 FMHTM 模型能够较好地适用于 A 股市场，为绝对收益的投资者提供择时策略参考。

假定 2006 年初的组合净值为 1.00，在模型首次发出买入信号或卖出信号后立即以收盘价全仓买入或卖出指数，在考虑 0.2% 的单边交易成本情况下，组合的模拟净值（NAV）如表 7 所示：

表 7　　2006 年以来 FMHTM 的净值与各类指数的量化绩效比较

模拟组合＼指数	FMHTM_NAV	深证成份 A 指	上证综合指数	中小板指	华夏大盘精选
区间收益率	719.36%	312.62%	132.99%	284.06%	1098.00%
日收益率均值	0.170%	0.132%	0.084%	0.128%	0.202%
标准差	1.463%	2.214%	1.985%	2.213%	1.710%
Sharpe Ratio	10.82%	5.43%	3.61%	5.24%	11.10%

注：计算 Sharpe ratio 的无风险收益率按国债收益率的均值 3.5% 测算。

基于深证成份 A 指的分形市场择时策略，2006 年以来 FMHTM 模型的模拟净值为 819.36，虽然交易频率不高，但由于成功把握了波段机会，使得累计收益率达到 719.36%。由于阶段性的空仓规避风险，使得标准差显著低于上证、深证成份 A 指和中小板指数。较高的收益均值和显著低的标准差，使得 NAV 的夏普比率达到了 10.82%，为深成指的两倍。

六、结束语

分形理论在中国证券市场是显著存在并适用的。由于市场大量存在着各种不同投资期限、流动性偏好和对信息解读不一致的投资人，市场时而有序时而无序，具有明显的分形特征；上证和深证均给出了 0.58～0.6 的长期 Hurst 指数，说明市场对前期趋势有明显的记忆性，这个周期约持续 200～220 天。

市场稳定的分形结构被打破往往是大量长期投资者转向短期投资造成的。当各类不佳的经济数据、政策消息流入市场时，以“价值”为名、“趋势”和“排名”为实的基金或个人投资者容易处于不稳定的状态，当他们觉得赖以进行市场评价的基本面信息不再重要时，他们大举减仓、卖出的行为将加速退出长期投资行列而成为短期投资者，因而市场在熊市或经济危机期间容易发生暴跌或崩溃的现象。

在不同的市场时点，局部 Hurst 指数存在不同的分布特征。Hurst 值的绝对高、低并不能有效判断局部趋势的持续、反转，因而引入分位值判断局部 Hurst 指数的显著性更具意义；Hurst 指数对于判定趋势反转要比判定延续更为有效，因此判定趋势延续的统计检验要设定得更加严格。

分形模型容易把握出自市场自身的波动规律，对外力因素（如政策面或消息面的变化）干扰的预判性较低；由于记忆期取值 N = 200，因此对波段的把握主要立足于中线。

市场记忆周期的选取非常重要，将决定局部 Hurst 指数的分布和预测效果。目前很多券商研究员为把握短期波动使用了 N = 100 天的记忆周期，但并不能解释大盘的中线波动。

分形市场模型最大的优势在于输入要素简单（仅用到指数的日 K 线），且不涉及成交量，因此不是一个动量或趋势的右侧模型，而是根据市场自身规律的左侧模型。FM-HTM 自身不带有任何未来函数，纯基于过去的数据进行分析。对 2000 条左右历史数据的运算处理速度在 40 秒钟之内，比起要处理大量高频数据的资金流模型享有速度上的绝对优势。

模型最新的交易信号是在 4 月 14 日发出卖出，并在 4 月 21 日和 4 月 22 日进一步确认中线看空。目前局部 Hurst 指数走势离发出中线反转的信号还有一定的距离。市场技术走势上看，仍然是空头延续。

在不作任何改进基础上的 FMHTM 模型能够达到 700% 以上的区间回报和 10% 以上的夏普比率；如对分形模型加入动量或风险因子，提高中短线波段的交易频率，模型存在较大的改进空间并能进一步提升业绩。

量化投资及优化数量选股模型

李　毅　　2011 年 6 月

一、量化投资的逻辑

Fabozzi 在《Challenges In Quantitative Equity Management》里曾给出过这样的定义：通过信息和个人判断来管理资产为基本面投资或者传统投资，如果遵循固定规则，根据计算机模型进行投资决策则可被视为数量化投资。这是一种形式上的定义，也是人们对量化投资通常的认知。

从表面来看，量化投资根本就不需要通过大脑的思考，仅是单纯依靠电脑对一大堆数据的处理就进行投资决策，而投资者对投资对象或许根本就不了解，这种投资方式似乎显得过于轻率了。量化投资的这种表象给它带来了很多的误解，特别是美国长期资本管理公司破产之后，人们对它更是唯恐避之不及，大家难以相信这种靠冷冰冰的计算机模型来投资的方式存在其科学性和合理性。

但量化投资却依然在投资界持续创造着辉煌，最成功的莫过于西蒙斯的大奖章基金。这支靠纯量化策略进行投资的基金在 1988～2008 年间年均收益率达到 35.6%，超过基本面派的泰斗巴菲特，后者为年均 18%。量化策略之所以能像基本面派一样取得持续优异的投资业绩，是因为跟后者一样，它也来自于历史经验，只不过两者是以不同的视角和方式来审视和借鉴这些宝贵的历史财富。

量化策略来自于历史经验，它通过对数据精确的计算来发现并利用投资市场历史上所展现出来的规律性，并假设这种规律在未来继续有效。而基本面派其实同样是历史经验的忠实追随者，只不过此时经验的作用并不直接显露于表面，而是潜移默化地产生作用。举例来说，基本面分析者的逻辑分析框架并不会与生俱来，其中包含着对历史经验的提炼和升华；筛选股票所依据的基本面指标，如 PB、PE 等，需要在历史上得到认可之后投资者才会加以使用；分析师对未来的预测也需要建立在过往历史经验的基础之上。

但两者总结和利用历史经验的过程却截然不同。基本面派对历史经验的总结是全面的，它是投资者对过去资本市场所发生变化的各方面感受的综合，包括国家政策、突发事件等等。任何可感知的因素都会在基本面派的逻辑框架上投下自己的影子，并在人们未来的投资决策中产生潜移默化的作用。而量化策略却做不到这么全面，它专注于历史数据的考察，但数据记录未必能完全还原真实的历史，同时非量化因素由于难以进入数量模型而使得量化模型总是看起来不够完整。

那么我们为什么还要进行量化投资？它有什么相对优势？

1. 从对历史的认识来看，基本面分析看似全面却并不见得准确。人的大脑已开发的功能有限，难以正确处理纷繁复杂的海量信息，某些信息被主观放大，另外一些信息则会被忽略，这很容易导致人们的认知出现偏差甚至是错误，这将对未来的投资产生误导。而计算机对于输入的全部信息都会平等地加以考察，对每个因素所发挥的历史作用都能进行精确的测量，也就是说，它在有限的信息范围内能做到准确全面的处理。当然，准确全面的程度有赖于使用计算机的人的能力，但从方法论的角度来说，它无疑是最精确的。

2. 从投资决策方面来说，基本面派难以做到足够的客观，主观感性的影响无处不在。即使经历相似的投资者在面对同样的信息时也会得出不同的判断，同一个人在不同环境中也可能作出完全迥异的操作，显然人为主观因素（包括一个人的喜好、心情、性格等）产生了极其重要的影响。当然这并不是要否定主观感性，而是想说明人为主观很可能会使得投资者放弃理性的思考，扭曲对客观事实的理解。而冷冰冰的计算机程序足以克服人性的弱点，避免这种现象的发生，它能够非常忠实地执行模型开发者所完成的理性的研究成果，而不受其他因素的干扰。同样的信息输入，它得出的结论是唯一的、明确的，并且足够客观、足够理性。

3. 量化投资可以大大减轻人脑的负荷，帮助人们进行更高效的投资。计算机程序可以同时处理大量的信息，例如数量选股模型可以在输入千万个数据后快速批量地输出股票组合，而人脑如果要选出同样的组合恐怕需要好几个月的辛勤劳作，却并不见得能取得更好的成绩。另外计算机还能不知疲倦地工作，这会显著提高投资者把握机会的几率。

因此，开展量化方面的投资和研究是非常有必要的，它将对传统投资起到非常好的补充和提升作用。我们不可因为长期资本管理公司的破产就产生恐惧心理，而致因噎废食。量化模型是很优秀的投资工具，结果好坏的关键在于开发者和使用者如何运用，而不应归咎于量化手段本身。

二、国内量化投资及方法的发展

量化投资的种种优势促成了该模式在全球的快速发展，特别是近十年以来，如下两图所示，全球量化基金的数目和资产规模都呈现出飞速增长的势头。2003 年后量化基金资产规模年增速达到15%，而传统投资的增速小于5%，目前量化基金资产规模已占到美国市场的 30% 左右（参见图 1、图 2）。

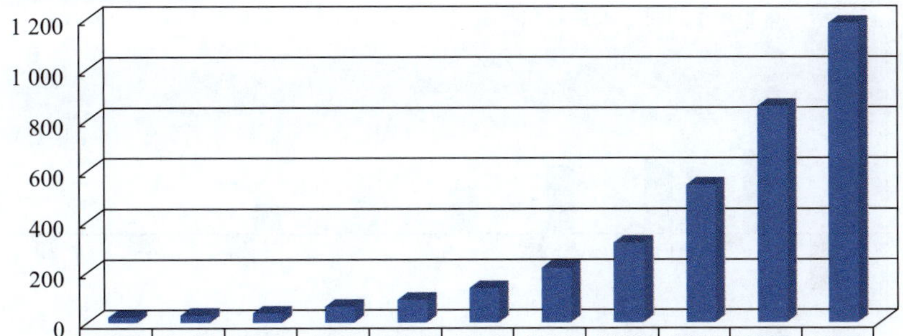

	1988	1990	1992	1994	1996	1998	2000	2002	2004	2006	2008
■基金数	21	29	37	64	90	136	217	316	545	856	1 184

图 1 1988 ~2008 年全球数量化基金数目（家）

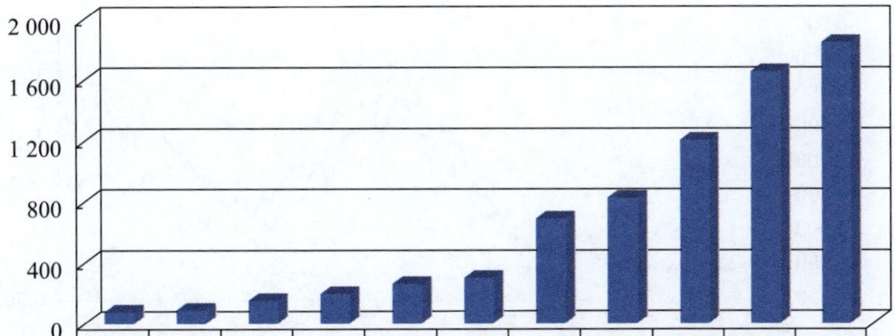

	1988	1990	1992	1994	1996	1998	2000	2002	2004	2006	2008
■亿USD	80	91	154	199	264	303	691	826	1 208	1 657	1 848

图 2 1988 ~2008 年全球数量化基金总资产（亿美元）

我国量化投资起步很晚，近几年各金融机构才纷纷开始量化方面的研究。2009 年是量化投资理念开始被接受的重要分界点，该年新成立了 5 只量化基金。到 2011 年总数已经达到了 12 只，平安和泰康资产管理公司也组建了专门的数量投资部。不过从实际投资的情况来看，我国量化选股基金并没有展现出持续优秀的业绩。虽然在 2010 年普遍超越了大盘，但 2011 年市场风格转换之后，绝大多数量化基金的业绩都落后于大盘，2010 年表现最好的华商动态阿尔法 2011 年却已经落后达到 12%（参见图 3）。

这反映了中国很多投资机构目前的数量选股能力还不够，而这方面的研究成果也确属欠佳。以申万的价值选股模型为例，如图 4 所示。可以看到，虽然该模型在 2002 ~2010 年的历史模拟中与大盘的比值从 1 倍上升至 1.6 倍，似乎还是不错的，但在长达 6 年的历史模拟中这样的表现其实还是不够的，并不能为未来的投资成功提供足够的支持和保障。

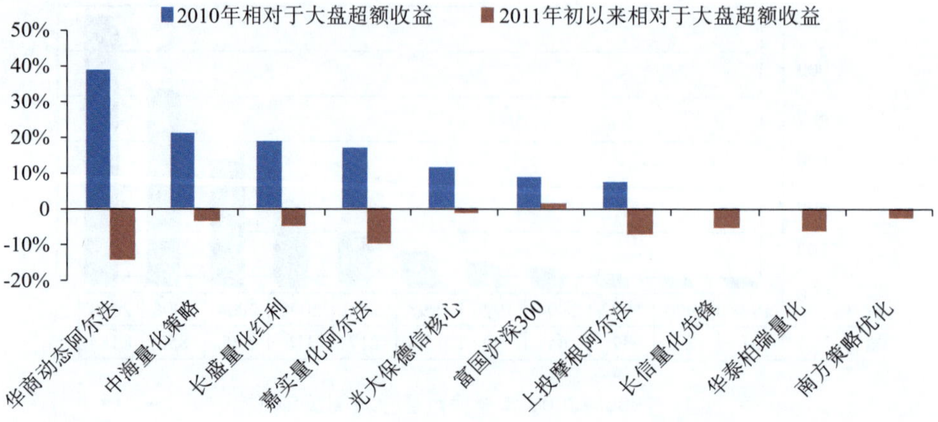

图 3　我国量化基金表现

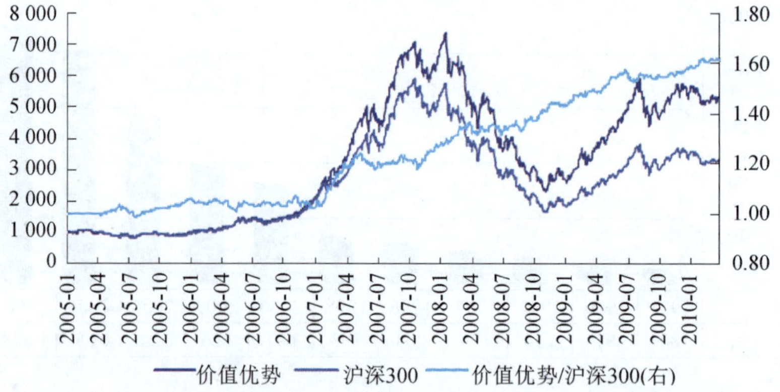

图 4　申万价值数量选股模型模拟效果

同时，在实际应用过程中这些量化模型所依赖的选股指标及权重始终保持不变，难以适应市场环境所发生的变化，于是就有了量化基金 2011 年表现集体偏差的状况出现。

很多量化模型所存在的缺点皆源于其在研究方法层面没有取得很好的突破。目前几乎所有数量选股模型建立的基础都是“看图说话”，通常是将所有股票以某个指标（如 PE）平均划分为高中低几档进行模拟，观察这种划分方式在历史中的累积表现，看其最高或最低档是否能取得超额收益；并在筛选出那些能取得超额收益的指标之后，赋予每个选股指标以同样的权重，即得到一个数量模型。以光大证券的模型为例，如图 5 所示。

这种建立在纯观察基础上的模型显得比较简单和粗糙，仅以各指标一段期间的一次性累积表现就断定其有效性显然有失偏颇。另外各指标权重只进行了简单的算术平均，并不能甄别和体现各指标的相对重要性。即使某些模型尝试给各指标赋予不同权

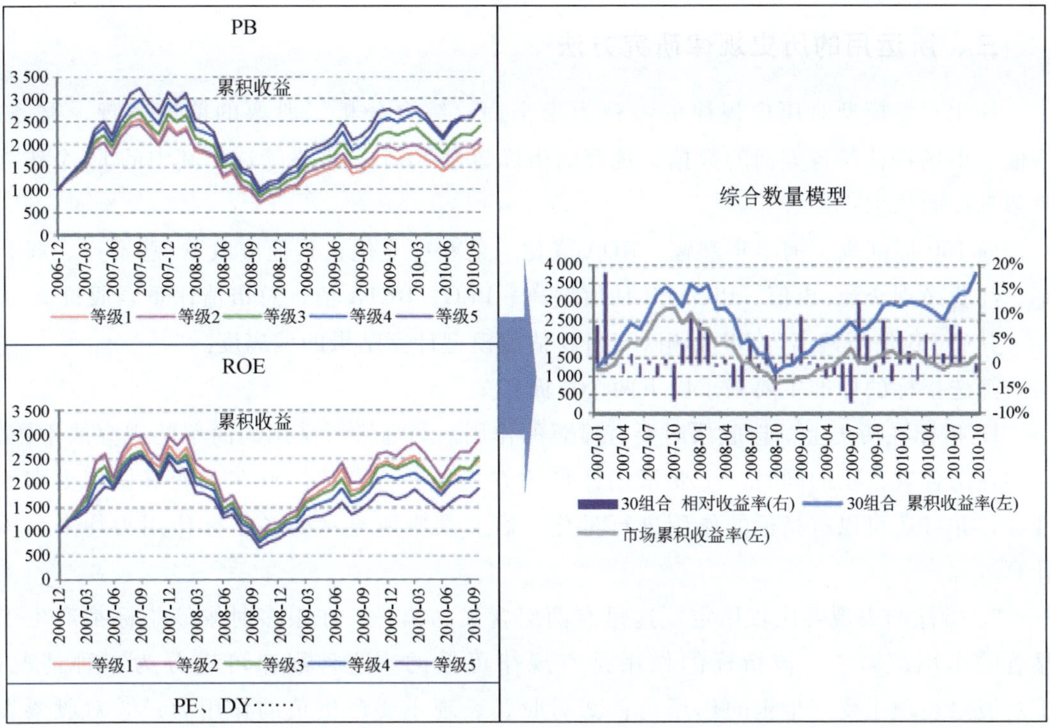

图5　光大证券量化选股方法

重，但其具体权重数值的设置却实际上并没有充分的证据和逻辑支持。同时我们也不难理解为何量化基金的表现会时好时坏，因为这种研究建立在历史某一长期表现的基础上，忽略掉期间不同时期的变化，从而在实际投资中也无法应对市场环境的变化。这对于以年为单位进行业绩考核的投资机构来说，实际上是极为不利的。

而要化解这类数量选股模型的缺陷，就必须在研究方法上有实质性的突破。后文将要介绍的优化数量选股模型，就是通过引入计量方法和环境优化因子而对传统模型实现了很好的提升，从下表两个模型的对比中可以看到该模型的优点所在（参见表1）。

表1　　市场现有数量模型与优化数量模型的比较

	市场现有模型	优化数量模型
选股指标的角度	通常从股票有限几个角度出发，比较片面	全面综合考虑所有具有选股意义的量化指标
选股指标的复合	简单平均权重，无法实现对各选股指标的有效利用和结合	通过计量方法可给予每个指标以最优的不同的权重，实现最有效的复合
研究的精细程度	只能进行长期整体的一次性研究，比较粗糙，效果有限	可分拆成单位时间段（如半年）进行研究，以各期的最优实现长期整体的最优
对市场的适应能力	选股指标及其权重固化，无法适应市场变化，业绩时好时坏	各指标权重可根据股市环境变化而变化，能很好地适应市场风格转换

三、所运用的历史规律研究方法

优化数量模型对历史规律的考察力求全面，综合分析了股票的前期表现、财务、估值、市场特征等各方面的数据，观察的指标超过40个，最终筛选出其中的13个作为股票选择的依据：

前100周涨幅、前半年涨幅、ROA变化、毛利率变化、其他应收款/总资产、股利率、经营净现金流/市值、PB、PB估值偏离、PEG、BETA值、总市值比重、股价。

其中PB估值偏离为PB值相对于PB估值模型计算结果的偏离度。

筛选指标的标准主要基于以下两个方面：

1. 指标在历史上筛选股票时要有显著的作用。与通常所采用的简单的观察法不同，我们在结合观察法的同时，主要采用计量的方式来进行，其优点在于能够做到更细致准确，并且还可以将指标的作用进行量化。后文图中所显示的各指标作用力均来自该计算过程。

2. 指标的表现要比较稳定。这里有两层含义，第一，在很多时候该指标都产生了显著的作用；第二，该指标的作用是有规律可循的。这种规律可以分为三种情况：①对股票表现主要产生正的作用力；②对股票表现主要产生负的作用力；③对股票表现的作用时大时小、时正时负，但我们有办法来把握这种变化。

大/小盘风格是尝试把握这种变化的一个切入点。如表2所示，在不同的大/小盘风格下，不同指标的作用存在较明显的差异，估值及财务指标在大盘风格期间表现很显著，在小盘风格期间则相对弱化；前100周涨幅则相反，在小盘风格期间作用十分显著。

表2　　大/小盘风格期间指标作用的正负表现

显著性	1995	1996	1997	1998	1999	2000	2001	2002	2003	2004	2005	2006	2007	2008	2009
大/小盘股	偏小	偏小	小	小	小	小	无	大	大	大	偏小	偏小	偏小	小	小
前100周涨幅	−	−	−	−		−	−		−			−	−	−	−
PE3	−	−	+		+	−		−	−	−		−			+
ROA变化	+	+					+	+	+				+	+	
股利率		+					+	+	+	+	+		+		
（净流入−净利润）/总市值						+			+	+			+		

但大/小盘风格只能对指标的作用方向有指示，对其作用力大小无法进行描述，同时大/小盘风格转换的预测还是一个未解的课题。因此，我们放弃了大/小盘转换的模式，转而寻求另外一个更加有效的指标——所有股票前期收益率标准差（后文简称收

益率标准差），即个股前期表现的分化程度，它与各指标作用力在历史上的良好相关性是选择它的主要理由。

从某种意义上来说，该指标的大小可以反映市场风险偏好的强弱。如下图所示，历史上收益率标准差与股市的风险溢价要求存在负相关关系。该图中的风险溢价历史值是根据 Ohlson 估值模型测算的，数值越高代表股市风险偏好越弱，越低代表风险偏好越强。进而可以推知收益率标准差越高则市场风险偏好越强，越低则风险偏好越弱。而不同风险偏好下投资者的选择必然具有不同特征，而这些特征又恰好会体现在各个指标上（参见图 6）。具体将在下一节进行分析。

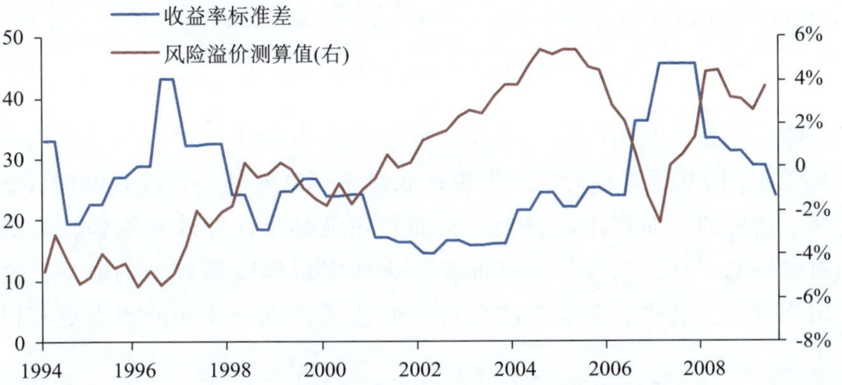

图 6　收益率标准差与股市风险偏好

四、来自历史经验规律的启示

（一）前期表现类指标

股票在前期的涨跌必然会对其后的市场表现产生重要的影响。不过这种影响的方式存在着两种相反的观点：一种认为前期涨幅过大会挤压后期的表现，另一种则认为前期上涨的动能对后期有助推作用。那么数据所反映的真实历史现象究竟是怎样的？

我们将 1994 年以来的数据分为 32 个时段来考察，每个时段半年，以年报（及一季报）和三季报的公布截止日为起始时点。在对 1 个月至 100 周四个不同期限的前期涨幅的考察中，我们看到它们有着完全不同的表现，如图 7 所示。

可以看到，前 100 周涨幅多数时间在统计上为负向作用，即前两年涨幅越高，则后期表现就相对越差。前半年涨幅则多为正向指标，即前半年的上涨对后市有助推作用。前 3 月涨幅没有明显的倾向性，前 1 月涨幅则不够显著。因此我们保留前两个指标作为选股的参考。

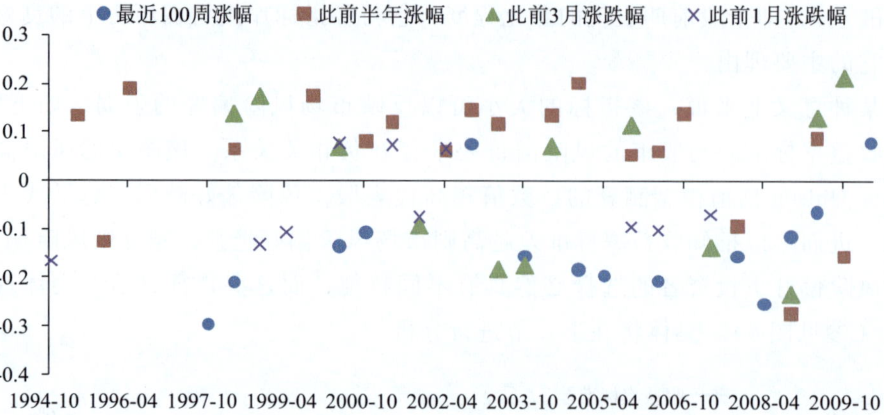

图 7　前期表现类指标的作用力

通过与收益率标准差相比较，可以发现这两个指标的作用力与之存在着显著的反向关系。从图 8、图 9 所显示的含义来说，收益率标准差越小，或者说投资者风险偏好越弱，这两个指标的正面作用就越大、负面作用就越小，即前期涨幅较大的股票还可能取得相对较好的表现。当收益率标准差很大或者说风险偏好强的时候，这两个指标的负面作用都较大，意味着那些曾经落后的股票或许由于补涨的理由更有机会获得高收益。

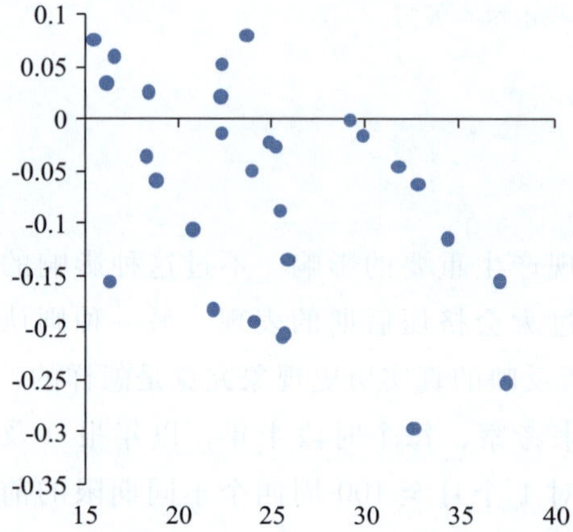

图 8　前 100 周涨幅作用力与收益率标准差

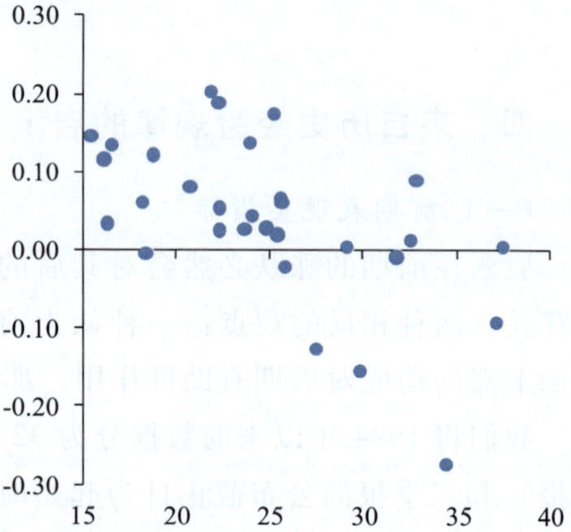

图 9　前半年涨幅作用力与收益率标准差

注：横轴为所有股票前 100 周收益率标准差，纵轴为各指标的作用力，下同。

以前半年涨幅的作用为例，收益率标准差为 26 大致可看作临界点。当该标准差小于 26 时，前半年涨幅的作用力为正，也就是说应优先选择前半年涨幅大的股票。而当该标准差大于 26 时，前半年涨幅的作用力为负，此时应优先选择前半年涨幅小的股票。2011 年 3 月初收益率标准差值为 24.6，前 100 周涨幅和前半年涨幅的作用力分别

为 -0.7 和 0.5，前者为负后者为正，此时就该优先选择前 100 周涨幅较小而前半年涨幅较大的股票。

（二）财务及估值类指标

1. 盈利能力指标。这里包括静态和动态成长两个角度的盈利能力指标，分别考虑了资本回报、毛利率、净利润等各方面，从中挑选出几个具有代表性的指标展示在图 10 中。

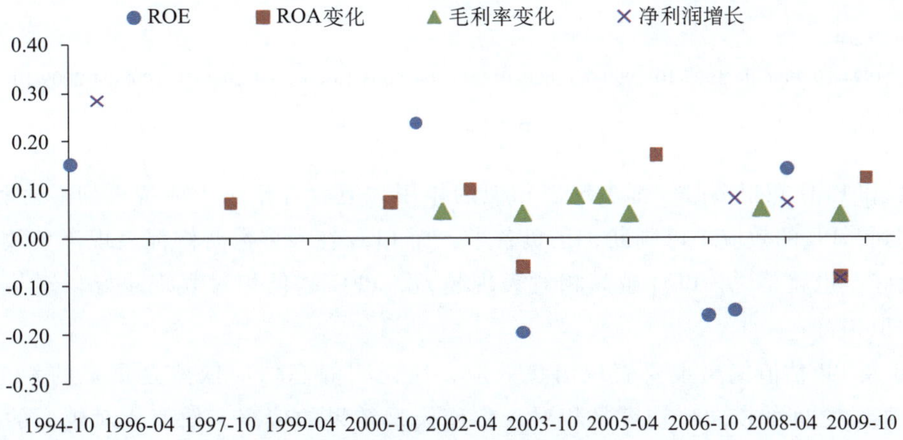

图 10　盈利能力类指标的作用力

ROA、ROE、毛利率等表现资本静态盈利能力的指标并没有表现出明显的倾向性，这说明盈利能力已经反映在现有的股价里，而不是反映在未来股价的变化上。而反映盈利能力变化的指标则对股价的变化具有比较明显的正面推动作用，ROA 变化在多数时候都为正，毛利率变化作用显著的时期几乎全为正向，也就是说在选择股票时，这两个数值越高越好。

净利润增长虽基本表现出正向作用，但大多数时候并不显著。可能存在两方面原因，其一是由于选取的起始时点为财报截止日，而在此之前绝大部分公司已发布财报并反映到了股价上。其二可能是投资者对这个最受关注的指标此前已经形成了很充分的预期，股价已体现了这种预期，所公布利润增长与预期的差别才会对股价造成影响，但历史预期这个变量却没有数据来支持定量考察。

2. PE/PB 类估值指标。PE/PB 类指标是投资者最常使用的估值指标，图 11 中的四个指标表现较为典型。其中 PE 及 PEG 中的 E 综合考虑了近三年的利润，而不是单纯的当期利润，从而避免单期盈利波动过大造成的影响。

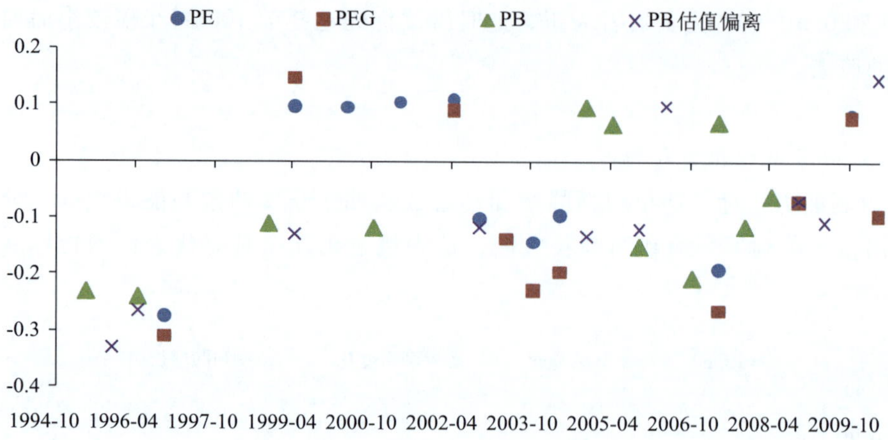

图 11　PE/PB 类指标的作用力

PE 和 PEG 在很多时候都表现出相似的作用，但后者相对于前者更加显著和稳定。可以看到，PE 的效应难以判断，正负各半；而 PEG 在大多数时候都表现出负效应，稳定性较好。也就是说，PEG 越高相对表现越差，PEG 越低相对表现越好，这与我们的投资常识相符。

PB 及 PB 估值偏离主要表现出负效应，这说明静态估值依然是重要的参考指标，不论是股票之间的横向比较还是相对于估值模型结果的偏离，估值相对较低的股票在多数情况下存在优势。

3. 其他财务/估值指标。图 12 是几个比较典型的财务/估值类指标。资产负债率在历史上的作用表现并不明显，且显示出不符合逻辑的正向作用。经营净现金流/市值基本上是正向的作用，表现很显著，这说明虽然投资者对现金流指标重视不足，但它对于判断公司真实价值其实是非常重要的。

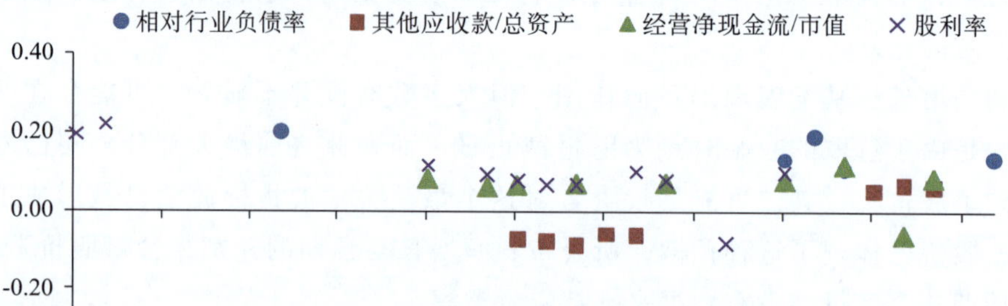

图 12　其他财务/估值类指标的作用力

股利率也是一个典型的正向作用指标，图 12 中的显著性作用基本为正值。另外，股利率作用力与收益率标准差之间存在一定的反向关系，如图 13、图 14 所示。在收益率标准差小、市场风险偏好低的时期，股利率这种基本面指标是重要的参考因子，股利率越高股票涨幅就越大；但在收益率标准差大、市场风险偏好强的时期，人们更多追逐于概念或题材，股利率不再产生明显的影响，此时就不用再考虑该指标。

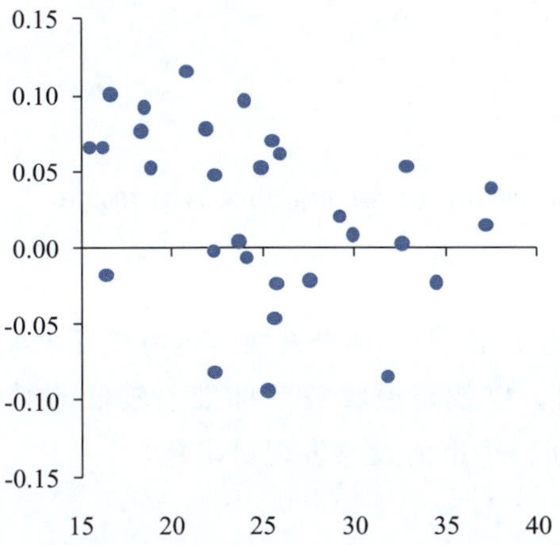

图 13　股利率作用力与收益率标准差

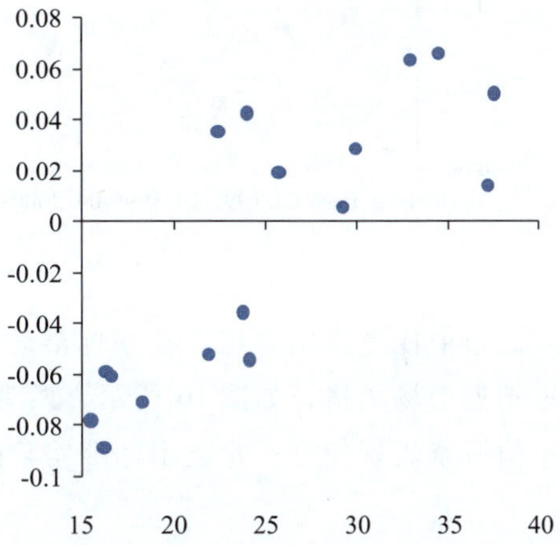

图 14　其他应收款/总资产作用力与收益率标准差

其他应收款/总资产虽然在图 12 中倾向性表现不明显，不能直接断定其正/负向作用，但图 14 显示该指标作用与收益率标准差之间存在显著的正向关系，且收益率标准差 26 可作为临界转换点。对此或许可以解读为，在市场风险偏好较低（收益率标准差低于 26）的时候，谨慎的投资者担心应收款在未来转变为坏账的可能，那么其他应收款比重越大股票表现就相对越差。而在市场风险偏好较高的时候，其他应收款则被激进的投资者看作未来可能兑现的收益，其比重越大股票表现就越好。

（三）市场特征类指标

图 15 描述了股票的三种市场特征：表现其相对于市场风险敏感程度的 BETA 值、市值占全部 A 股的比重、股票价格（不复权）。可以看到，多数时候 BETA 值的显著性作用都是负的，也就是说相对风险比较高的股票并不见得能取得更高的收益，这或许提示我们在同等条件下应优先选择那些较低风险的股票，特别是在市场风险偏好低的时候。

市值比重的效用非常明显，几乎出现在每一个时间段里，这说明如果能准确判断大小盘风格确实能给投资带来超额收益。从图 15 来看，该指标的负面效应居多，且负面效应的影响力显得更大。因此，长期来看，小市值股票相对于大盘股确实能获得更好的收益。

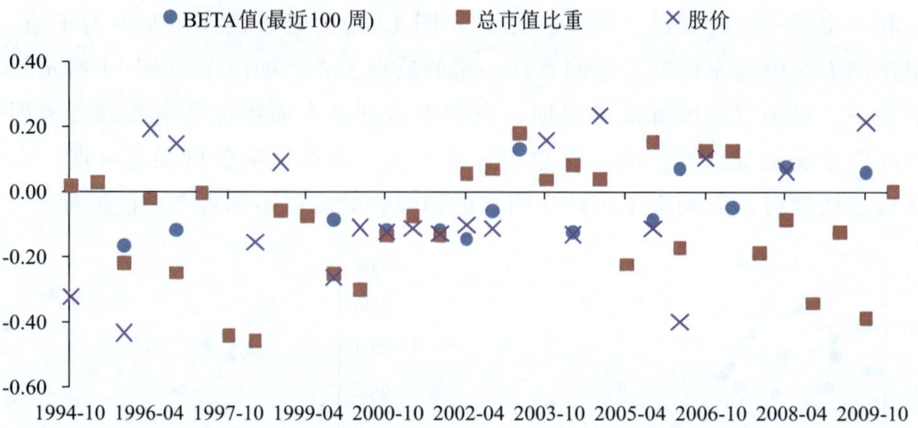

图 15　市场特征类指标的作用力

总市值比重作用力与收益率标准差之间也存在较显著的相关性，这有助于我们更好地把握市场风格，如图 16 所示，两者为反向。也就是说收益率标准差较低的时期，大市值股票表现较好；收益率标准差较高的时期，小市值股票表现更出色。

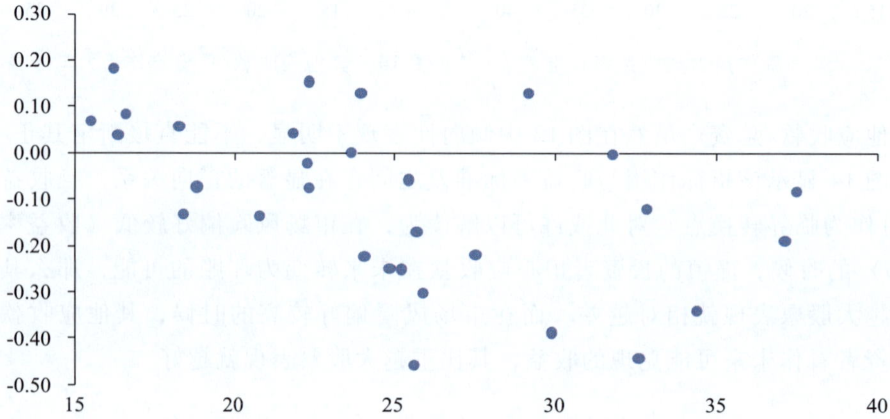

图 16　总市值比重作用力与收益率标准差

股价在大多数时候是负面效应，即股价低的股票整体来看相对上涨幅度较大，这可能是我国股民认为价格低就是“便宜”的错误看法所导致的。由于这一指标从理性的角度来说并不应对资产实际价值造成影响，我们在模型计算中将其影响进行了弱化。

五、数量选股模型的构建

利用上面筛选出的 13 个指标，综合分析它们的历史作用以及这些作用与收益率标准差之间的相关性，我们可以总结并形成一套数量化的选股系统，具体体现为表 3 中的算式：

表 3　数量化选股系统公式

前 100 周涨幅	前半年涨跌幅	ROA 变化	毛利率变化
0.13 -0.008 * D	0.28 -0.01 * D	0.06	D <26，0.06；D >26，0
PEG	**PB**	**PB 估值偏离**	**其他应收款/总资产**
D <24，-0.12；D >24，0	0.006 * D -0.17	D <26，0；D >26，-0.04	0.006 * D -0.16
股利率	**经营净现金流/市值**	**BETA 值**	**市值比重**
Max（0.13 -0.005 * D，0）	0.12 -0.003 * D	-0.03	3.9 -0.2 * D
股价			
-0.04			

注：其中 D 为所有股票前 100 周收益率标准差。

通过这些算式，我们就可以对不同 D 值（即不同风险偏好）情况下的指标设置一个权重，并按此权重将每只股票的 13 个指标值加权打分，最后选取分数高的股票作为优选的股票。2011 年 3 月各指标的权重计算结果如表 4 所示：

表 4　2011 年 3 月底各指标权重

前 100 周涨幅	前半年涨跌幅	ROA 变化	毛利率变化
-0.07	0.05	0.06	0.06
PEG	**PB**	**PB 估值偏离**	**其他应收款/总资产**
0	-0.03	0	-0.01
股利率	**经营净现金流/市值**	**BETA 值**	**市值比重**
0.01	0.04	-0.03	-0.08
股价			
-0.04			

六、模型的历史模拟结果

按照表 3 的算式可以进行历史模拟检验，表 5 为模拟结果（股票池所选数量约为当期全部股票数量的 10% ~15%）。

表 5　数量化选股系统的历史模拟结果

时间	股票池涨幅%	股票池涨幅平均分位%	全部股票平均涨幅%	上证指数涨幅%	与上证涨幅差异%
1995 -10 -30	21.11	26.83	8.97	-5.76	26.87
1996 -4 -30	125.69	20.37	56.25	40.78	84.91
1996 -10 -30	58.10	37.90	40.80	45.34	12.76
1997 -4 -30	-11.94	45.83	-15.29	-15.71	3.77

续表

时间	股票池涨幅%	股票池涨幅平均分位%	全部股票平均涨幅%	上证指数涨幅%	与上证涨幅差异%
1997-10-30	46.33	25.85	22.87	14.35	31.98
1998-4-30	22.33	27.24	2.64	-9.39	31.72
1998-10-30	-2.17	39.82	-8.39	-7.92	5.75
1999-4-30	33.93	51.54	33.96	34.22	-0.29
1999-10-30	34.99	45.77	31.93	22.05	12.94
2000-4-30	25.85	33.96	13.50	7.47	18.38
2000-10-30	13.17	33.92	6.30	7.38	5.79
2001-4-30	-19.74	46.00	-20.42	-20.59	0.85
2001-10-30	2.37	43.13	0.39	-0.89	3.26
2002-4-30	-8.41	38.58	-11.38	-9.48	1.07
2002-10-30	4.51	24.36	-8.36	0.78	3.73
2003-4-30	-5.67	20.04	-18.73	-11.62	5.95
2003-10-30	19.62	38.39	12.34	18.66	0.96
2004-4-30	-4.87	22.05	-20.13	-17.24	12.37
2004-10-30	-10.66	34.44	-18.94	-12.22	1.56
2005-4-30	3.48	41.45	-0.53	-6.75	10.23
2005-10-30	34.54	44.42	29.97	33.25	1.29
2006-4-30	53.97	35.08	40.13	25.65	28.32
2006-10-30	175.36	40.92	160.04	112.27	63.09
2007-4-30	19.35	51.75	18.82	53.52	-34.17
2007-10-30	15.42	28.58	-6.39	-37.38	52.80
2008-4-30	-52.57	39.92	-55.55	-52.25	-0.32
2008-10-30	136.75	30.92	108.21	40.48	96.27
2009-4-30	40.58	37.33	29.52	20.92	19.66
2009-10-30	34.05	28.25	17.13	-4.55	38.60
2010-4-30	9.65	49.25	11.26	3.77	5.88
全部年份	24314	36.80	1470.29	310.44	24003.64
2002年至今	1632	35.63	292.93	77.90	1553.97
2005年至今	1787	38.90	718.47	155.96	1630.55

注：黄色为股票池表现优异的时期，绿色为表现不好的时期。至今为截至2010-10-31。

可以看到，该选股系统在过去15年的30个时间段中，仅有2次股票池涨幅略低于股市平均涨幅。选股系统在大多数时间都打败了上证指数，且在很多时候大幅跑赢了大盘；跑输上证指数的次数只有3次，其中只有1次为大幅落后。而2007年4~10月期间的这次大幅落后，主要缘于大盘股过度走强而大多数股票较弱，其中金融指数涨幅达83%、采掘指数涨幅达116%，而全部A股平均涨幅却仅为18.8%。

从最后总计结果来看，30次选股的平均涨幅排在全部股票约前1/3的位置。全部15年该系统累计涨幅达到243倍，而上证仅为3.1倍；2002年至今该系统累计涨幅为16.3倍，而上证仅为77.9%；2005年至今该系统累计涨幅为17.8倍，而上证仅为1.6倍。

如果将半年数据整合成年度数据，可以得到图17所示的涨幅对比图。可以看到，在所有年份，该股票池都跑赢了大盘指数。该股票池涨幅在大盘上涨的年份比大盘显著，在大盘下跌的年份则跌幅更小，甚至仍然能保持正收益。

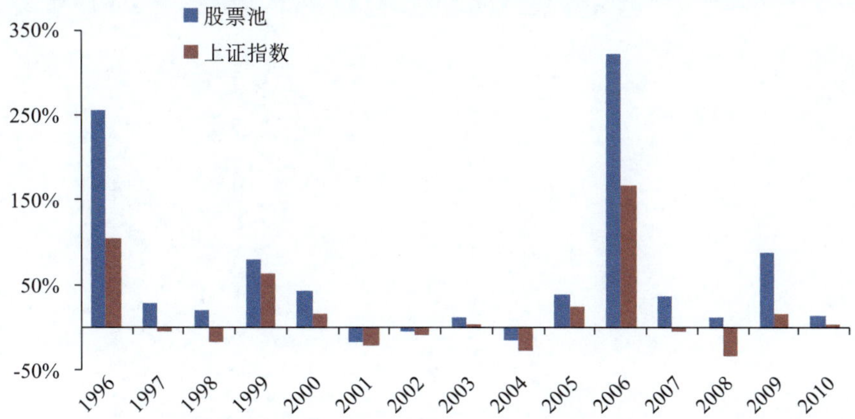

图 17　2000 年以来系统选股模拟表现

注：图中每年时间范围为当年 4 月 30 日至次年 4 月 30 日。

用图 18 可以直观动态地表现选股系统模拟的效果。其中蓝色实线为历史所选股票表现，红色虚线为上证指数，图中绿色阴影代表从初始计，利用该系统进行模拟投资的市值与利用大盘进行投资的净值之比。可以看到，该比值大多数时间里都在持续地攀升，说明利用该系统所选股票相对表现优异。

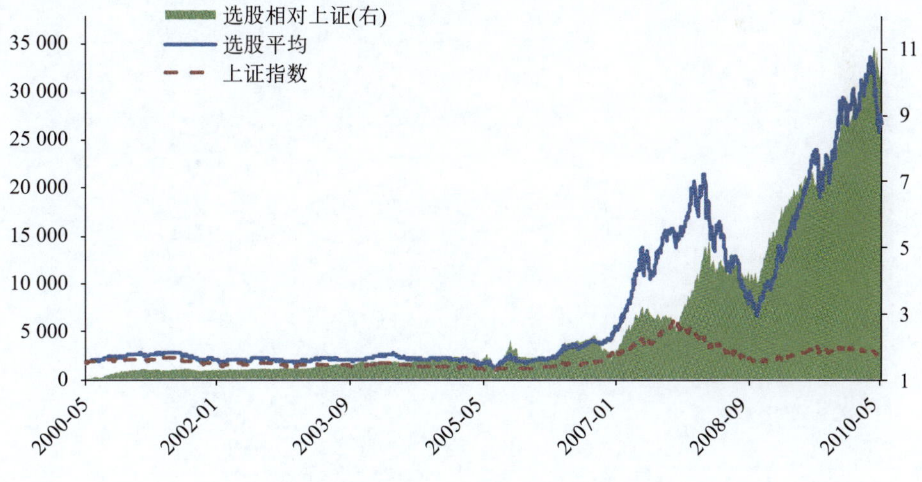

图 18　2000 年以来系统选股模拟表现

实际上，量化投资涉及的领域非常宽广，数量选股模型只是其中的一个方面。我们还可以利用量化手段来优选债券品种、优化大类资产配置、优化行业配置，这对于公司各方面投资的业绩都将起到支撑作用。